Soziale Netzwerke im Internet –
Eine Gefahr für das Persönlichkeitsrecht?

Schriften zum Wirtschafts- und Medienrecht, Steuerrecht und Zivilprozeßrecht

Herausgegeben von Jürgen Costede
und Gerald Spindler

Band 53

PL ACADEMIC RESEARCH

Carlo Piltz

Soziale Netzwerke im Internet – Eine Gefahr für das Persönlichkeitsrecht?

PL ACADEMIC RESEARCH

Bibliografische Information der Deutschen Nationalbibliothek
Die Deutsche Nationalbibliothek verzeichnet diese Publikation in der Deutschen Nationalbibliografie; detaillierte bibliografische Daten sind im Internet über http://dnb.d-nb.de abrufbar.

Zugl.: Göttingen, Univ., Diss., 2012

D 7
ISSN 1614-2071
ISBN 978-3-631-62735-8

PL Academic Research ist ein Imprint der Peter Lang GmbH

www.peterlang.de

Meinen Eltern

Vorwort

Die vorliegende Arbeit wurde im Sommersemester 2012 vom Fachbereich Rechtswissenschaften der Georg-August-Universität Göttingen als Dissertation angenommen. Rechtsprechung und Literatur konnten bis Dezember 2012 berücksichtigt werden.
Die Arbeit entstand während meiner Tätigkeit als wissenschaftlicher Mitarbeiter am Lehrstuhl von *Prof. Dr. Gerald Spindler* und meiner Nebentätigkeit in der Rechtsabteilung der VZ Netzwerke Ltd (jetzt poolworks (Germany) Ltd).
Ein besonders herzlicher Dank gebührt meinem Doktorvater, *Herrn Prof. Dr. Gerald Spindler*, für die Einblicke und Erfahrungen, die ich während meiner Tätigkeit an seinem Lehrstuhl im Bereich des Medienrechts sammeln durfte, für seine Betreuung und Ratschläge während der Dissertation und für die rasche Erstellung des Erstgutachtens. Er gab mir stets das Gefühl auf dem richtigen Weg zu sein und hat dadurch mich und das Gelingen dieser Arbeit in besonderer Weise geprägt.
Ganz herzlich möchte ich mich auch bei *Herrn Prof. Dr. Andreas Spickhoff* für die schnelle Erstellung des Zweitgutachtens bedanken.
Besonderer Dank gebührt auch denjenigen, die mich mit Fragen, Diskussionen und Ratschlägen zu dem Thema „soziale Netzwerke" beeinflusst und immer wieder auf neue Ideen gebracht haben. *Stephie*, *Haiko*, *Lenz* und *René*, vielen Dank.
Ebenso möchte ich mich auch bei meinen „nicht juristischen" Freunden bedanken, die mir während der Arbeit an dieser Untersuchung stets zur Seite standen und mich den Kontakt zur Außenwelt nie verlieren ließen. *Timo*, *Christian*, *Florian*, *Christian*, *Jonas* und meine Schwester *Carmen*, ich danke Euch.
Allein Worte reichen für den Dank, den ich meinen lieben Eltern, *Evi Nützel* und *Burghard Piltz*, zukommen lassen möchte nicht aus. Sie haben mich, jeder auf die ihm eigene Weise, bedingungslos unterstützt und waren immer für mich da. Ihnen ist diese Arbeit gewidmet.

Berlin, im Dezember 2012 *Carlo Piltz*

Inhaltsverzeichnis

Abkürzungsverzeichnis

a. A.	andere(r) Ansicht
aaO.	am angegebenen Ort
Abl.	Amtsblatt (der Europäischen Union)
Abs.	Absatz
AcP	Archiv für civilistische Praxis
a. E.	am Ende
AEUV	Vertrag über die Arbeitsweise der Europäischen Union
a. F.	alte Fassung
AfP	Zeitschrift für Medien- und Kommunikationsrecht (Archiv für Presserecht)
AG	Amtsgericht
AGB	Allgemeine Geschäftsbedingungen
Alt.	Alternative
Anh.	Anhang
AöR	Archiv des öffentlichen Rechts
ARD	Arbeitsgemeinschaft der öffentlich-rechtlichen Rundfunkanstalten der Bundesrepublik Deutschland
Art.	Artikel
BAG	Bundesarbeitsgericht
BB	Betriebs-Berater
Bbg DSG	Brandenburgisches Datenschutzgesetz
BDSG	Bundesdatenschutzgesetz
Begr.	Begründung
Beschl.	Beschluss
BGB	Bürgerliches Gesetzbuch
BGB-InfoVO	Verordnung über Informationspflichten nach bürgerlichem Recht
BGH	Bundesgerichtshof
BGHZ	Entscheidungen des Bundesgerichtshofs in Zivilsachen
BITKOM	Bundesverband Informationswirtschaft, Telekommunikation und neue Medien e. V.
BR-Drs.	Drucksachen des Deutschen Bundesrates
BT-Drs.	Drucksachen des Deutschen Bundestages
BvD	Bundesverband der Datenschutzbeauftragten Deutschlands
BVerfG	Bundesverfassungsgericht

bzgl.	bezüglich
bzw.	beziehungsweise
CEO	Chief Executive Officer
CNIL	Commission nationale de l'informatique et des libertés
CR	Computer und Recht
CSU	Christlich-Soziale Union
ders.	derselbe
DGRI	Deutsche Gesellschaft für Recht und Informatik
d. h.	das heißt
dies.	dieselbe(n)
Diss.	Dissertation
DSG NRW	Datenschutzgesetz – Nordrhein-Westfalen
DuD	Datenschutz und Datensicherheit
EG	Europäische Gemeinschaft
EGBGB	Einführungsgesetz zum Bürgerlichen Gesetzbuch
Einf	Einführung
endg.	endgültig
etc.	et cetera
EU	Europäische Union
EuGH	Gerichtshof der Europäischen Union
EuGVVO	Verordnung über die gerichtliche Zuständigkeit und die Anerkennung und Vollstreckung von Entscheidungen in Zivil- und Handelssachen vom 22.12.2000.
EUV	Vertrag über die europäische Union (Maastricht-Vertrag vom 07.02.1992)
EuZW	Europäische Zeitschrift für Wirtschaftsrecht
e. V.	eingetragener Verein
evtl.	eventuell
EWR	Europäischer Wirtschaftsraum
f.	folgende
ff.	fortfolgende
Fn.	Fußnote
FS	Festschrift
FTC	Federal Trade Commission
gem.	gemäß
GewO	Gewerbeordnung
GG	Grundgesetz für die Bundesrepublik Deutschland

GRUR	Gewerblicher Rechtsschutz und Urheberrecht
GRUR Int	Gewerblicher Rechtsschutz und Urheberrecht, Internationaler Teil
GRUR-RR	Gewerblicher Rechtsschutz und Urheberrecht, Rechtsprechungs- Report
Habil.	Habilitation
h. M.	herrschende Meinung
Hrsg.	Herausgeber
Halbs.	Halbsatz
i. S. d.	im Sinne des
i. S. v.	im Sinne von
IJLIT	International Journal of Law and Information Technology
ITRB	Der IT-Rechts-Berater
i. V. m.	in Verbindung mit
JIPITEC	Journal of Intellectual Property, Information Technology and E-Commerce Law
JuS	Juristische Schulung
JZ	JuristenZeitung
Kap.	Kapitel
KG	Kammergericht
KOM	Dokument der EG-Kommission, Legislativvorschläge und andere Kommissionsmitteilungen
K&R	Kommunikation und Recht
krit.	kritisch
KUG	Gesetz betreffend das *Urheberrecht* an Werken der bildenden Künste und der Photographie (Kunsturhebergesetz)
LDSG BW	Landesdatenschutzgesetz Baden-Württemberg
LG	Landgericht
Lit/lit	Buchstabe/littera
MMR	Multimedia und Recht
m. w. N.	mit weiteren Nachweisen
NJW	Neue Juristische Wochenschrift
NJW-RR	Neue Juristische Wochenschrift – Rechtsprechungs-Report
Nr.	Nummer
NVwZ	Neue Zeitschrift für Verwaltungsrecht
OBA	Online Behavioural Advertising
OLG	Oberlandesgericht
PreisangabenVO	Preisangabenverordnung

RabelsZ	Rabels Zeitschrift für ausländisches und internationales Privatrecht
RDV	Recht der Datenverarbeitung
RGSt	amtliche Sammlung der Rechtsprechung des Reichsgerichts in Strafsachen
RL	Richtlinie
Rn.	Randnummer
ROM I-VO	VO (EG) Nr 593/2007 vom 17. Juni 2008 über das auf vertragliche Schuldverhältnisse anzuwendende Recht
Rs.	Rechtssache
Rz.	Randziffer
S.	Satz, Seite
SEC	United States Securities and Exchange Commission
SigG	Gesetz über Rahmenbedingungen für elektronische Signaturen (Signaturgesetz)
SPD	Sozialdemokratische Partei Deutschlands
StGB	Strafgesetzbuch
TDG	Gesetz über die Nutzung von Telediensten (Teledienstegesetz)
TDDSG	Gesetz über den Datenschutz bei Telediensten (Teledienstdatenschutzgesetz)
TKG	Telekommunikationsgesetz
TMG	Telemediengesetz
Tz.	Textziffer
u. a.	unter anderem
UrhG	Gesetz über Urheberrecht und verwandte Schutzrechte (Urheberrechtsgesetz)
USA	United States of America
UWG	Gesetz gegen den unlauteren Wettbewerb
v.	vom, von
verb.	verbundene
VerlG	Gesetz über das Verlagsrecht
VersR	Versicherungsrecht
vgl.	vergleiche
VO	Verordnung
Vorb.	Vorbemerkung
VuR	Verbraucher und Recht
VZBV	Verbraucherzentrale Bundesverband e. V.
WP	Working Paper (Art. 29 Datenschutzgruppe)

WRP	Wettbewerb in Recht und Praxis
z. B.	zum Beispiel
ZD	Zeitschrift für Datenschutz
ZD-Aktuell	Newsdienst ZD-Aktuell
ZDF	Zweite Deutsche Fernsehen
Ziff.	Ziffer
zit.	zitiert
ZRP	Zeitschrift für Rechtspolitik
zugl.	zugleich
ZUM	Zeitschrift für Urheber- und Medienrecht
ZUM-RD	Zeitschrift für Urheber- und Medienrecht, Rechtsprechungsdienst

Literaturverzeichnis

Alexander, Christian — Urheber- und persönlichkeitsrechtliche Fragen eines Rechts auf Rückzug aus der Öffentlichkeit, ZUM 2011, 382.

Arndt, Hans-Wolfgang — Datenschutz im Internet, in Arndt, Hans-Wolfgang/Knemeyer, Franz-Ludwig/Kugelmann, Dieter/Meng, Werner/Schweitzer, Michael (Hrsg.) Festschrift für Walter Rudolf, Völkerrecht und Deutsches Recht, Verlag C. H. Beck, München 2001 (zit.: Arndt in FS Rudolf).

Art. 29 Datenschutz-gruppe — Arbeitsunterlage: Die Verarbeitung personenbezogener Daten im Internet, WP 16.

Dies. — Stellungnahme 4/2007 zum Begriff „personenbezogene Daten“, WP 136.

Dies. — Arbeitspapier 1/2008 zum Schutz der personenbezogenen Daten von Kindern, WP 147.

Dies. — Stellungnahme 1/2008 zu Datenschutzfragen im Zusammenhang mit Suchmaschinen, WP 148.

Dies. — Stellungnahme 5/2009 zur Nutzung sozialer Online-Netzwerke, WP 163.

Dies. — Stellungnahme 1/2010 zu den Begriffen „für die Verarbeitung Verantwortlicher“ und „Auftragsverarbeiter“, WP 169.

Dies. — Stellungnahme 2/2010 zur Werbung auf Basis von Behavioural Targeting, WP 171.

Dies. — Stellungnahme 8/2010 zum anwendbaren Recht, WP 179.

Dies. Stellungnahme 15/2011 zur Definition von Einwilligung, WP 187.

Dies. Stellungnahme 16/2011 zur Best-Practice-Empfehlung von EASA und IAB zu verhaltensorientierter Online-Werbung, WP 188.

Dies. Stellungnahme 1/2012 zu den Reformvorschlägen zum Datenschutz, WP 191.

Bamberger, Heinz Georg/ Roth, Herbert (Hrsg.) Beck'scher Online-Kommentar, Bürgerliches Gesetzbuch, Stand: 01.05.2012, Edition: 23, Verlag C. H. Beck, München 2012 (zit.: Bearbeiter in Bamberger/Roth, BeckOK BGB).

Baston-Vogt, Marion Der sachliche Schutzbereich des zivilrechtlichen allgemeinen Persönlichkeitsrechts, J. C. B. Mohr Siebeck Verlag, Tübingen 1997, zugl. Univ. Diss. Bielefeld 1997 (zit.: Baston-Vogt, Der sachliche Schutzbereich des zivilrechtlichen allgemeinen Persönlichkeitsrechts).

Bauer, Stephan Personalisierte Werbung auf Social Community-Websites, Datenschutzrechtliche Zulässigkeit der Verwendung von Bestandsdaten und Nutzungsprofilen, MMR 2008, 435.

Beater, Axel Bildinformationen im Medienrecht, AfP 2005, 133.

Ders. Medienrecht, Mohr Siebeck Verlag, Tübingen 2007 (zit.: Beater, Medienrecht).

Becker, Maximilian/ Becker, Felix Die neue Google-Datenschutzerklärung und das Nutzer-Metaprofil, Vereinbarkeit mit nationalen und gemeinschaftsrechtlichen Vorgaben, MMR 2012, 351.

Berberich, Matthias Die urheberrechtliche Zulässigkeit von Thumbnails bei der Suche nach Bildern im Internet, MMR 2005, 145.

Ders. Der Content „gehört" nicht Facebook! AGB-Kontrolle der Rechteeinräumung an nutzergenerierten Inhalten, MMR 2010, 736.

Bizer, Johann Web-Cookies – datenschutzrechtlich, DuD 1998, 277.

Busemann, Katrin/ Gscheidle, Christoph Web 2.0: Aktive Mitwirkung verbleibt auf niedrigem Niveau, Ergebnisse der ARD/ZDF-Onlinestudie 2011, abrufbar unter http://www.ard-zdf-onlinestudie.de/fileadmin/Online11/07082011_-Busemann_Gscheidle.pdf (zit.: Busemann/Gscheidle, Web 2.0: Aktive Mitwirkung verbleibt auf niedrigem Niveau).

Bräutigam, Peter Das Nutzungsverhältnis bei sozialen Netzwerken, Zivilrechtlicher Austausch von IT-Leistungen gegen personenbezogene Daten, MMR 2012, 635.

Breyer, Patrick Anmerkung zu OLG Brandenburg, Urteil vom 11. November 2006 7 U 52/05, MMR 2006, 407

Brühann, Ulf Die Veröffentlichung personenbezogener Daten im Internet als Datenschutzproblem, Zur Rechtsprechung des Europäischen Gerichtshofs, DuD 2004, 201.

Bruns, Alexander Persönlichkeitsschutz im Internet- medienspezifisches Privileg oder medien-persönlichkeitsrechtlicher Standard?, AfP 2011, 421.

Bundesverband der Datenschutzbeauftragten Deutschlands (BvD) Stellungnahme des BvD e.V. zu dem Entwurf der EU Datenschutzverordnung, Wichtige Säule des Datenschutzes wird demontiert, 13. Dezember 2011, abrufbar unter https://www.bvdnet.de/fileadmin/BvD_eV/pdf_und_bilder/bvd-allgemein/Stellungnahme_BvD-_Entwurf_EU_Datenschutzverordnung.pdf (zit.: BvD, Stellungnahme zu dem Entwurf der EU Datenschutzverordnung).

Canaris, Claus-Wilhelm Grundrechtswirkungen und Verhältnismäßigkeitsprinzip in der richterlichen Anwendung und Fortbildung des Privatrechts, JuS 1989, 161.

Conrad, Albrecht Anmerkung zu BGH, Urteil vom 29. April 2010 – I ZR 69/08 – Vorschaubilder, ZUM 2010, 585.

CSU-Netzrat Positionspapier, In Freiheit und Fairness, abrufbar unter http://www.csu.de/dateien/partei/dokumente/110131_positionspapier_netzrat.pdf (zit.: CSU-Netzrat, Positionspapier).

Däubler, Wolfgang Die Übermittlung von Arbeitnehmerdaten ins Ausland, CR 1999, 49.

Ders./Klebe, Thomas/Wedde, Peter/Weichert, Thilo Bundesdatenschutzgesetz, 3. Auflage, Bund-Verlag, Frankfurt am Main 2010 (zit.: Däubler/Klebe/Wedde/Weichert, BDSG).

Damm, Renate/Rehbock, Klaus Widerruf, Unterlassung und Schadensersatz in den Medien, 3. Auflage, Verlag C. H. Beck, München 2008 (zit.: Damm/Rehbock, Widerruf, Unterlassung und Schadensersatz in den Medien).

Dammann, Ulrich/Simitis, Spiros EG-Datenschutzrichtlinie, Nomos Verlagsgesellschaft, Baden-Baden 1997 (zit.: Dammann/Simitis, EG-Datenschutzrichtlinie).

Dasch, Norbert Die Einwilligung zum Eingriff in das Recht am eigenen Bild, C. H. Beck'sche Verlagsbuchhandlung, München 1990 (zit.: Dasch, Die Einwilligung zum Eingriff in das Recht am eigenen Bild).

Data Protection Commissioner Facebook Ireland Ltd, Report of Audit, 21. Dezember 2011, abrufbar unter http://dataprotection.ie/viewdoc.asp?m=f&fn=/documents/Facebook%20Report/final%20report/report.pdf (zit.: Data Protection Commissioner, Report of Audit).

Deutsche Gesellschaft für Recht und Informatik Stellungnahme der DGRI zum Entwurf einer EU-Datenschutz-Verordnung, 21. Dezember 2011, abrufbar unter http://www.dgri.de/index.php/fuseaction/download/lrn_file/stellungnahme-dgri-datenschutz-vo.pdf (zit.: DGRI, Stellungnahme zum Entwurf einer EU-Datenschutz-Verordnung).

Dies. Ergänzende Stellungnahme der DGRI an das BMI zum Entwurf einer EU-Datenschutz-Verordnung, 22. Februar 2012, abrufbar unter http:// www.dgri.de/index.php/fuseaction/download/lrn_file/120220-stellungnahme-dgri.pdf (zit.: DGRI, Ergänzende Stellungnahme zum Entwurf einer EU-Datenschutz-Verordnung).

Dix, Alexander Daten- und Persönlichkeitsschutz im Web 2.0, in Klumpp, Dieter/Kubicek, Herbert/Roßnagel, Alexander/Schulz, Wolfgang (Hrsg.), Netzwelt – Wege, Werte, Wandel, Springer Verlag, Berlin/Heidelberg, 2010, S. 195 (zit.: Dix, Daten- und Persönlichkeitsschutz im Web 2.0).

Ders./Lepper Ulrich Gemeinsame Presseerklärung der Landesbeauftragten für Datenschutz und Informationsfreiheit in Berlin und Nordrhein-Westfalen vom 03. November 2011, Verhaltenskodex für soziale Netzwerke nur mit den Aufsichtsbehörden, abrufbar unter http://www.datenschutzberlin.de/attachments/840/711.322.1.pdf? 1320309792 (zit.: Gemeinsame Presseerklärung der Landesbeauftragten für Datenschutz und Informationsfreiheit in Berlin und Nordrhein-Westfalen, Verhaltenskodex für soziale Netzwerke nur mit den Aufsichtsbehörden).

Dreier, Thomas/ Schulze, Gernot — Urheberrechtsgesetz, 3. Auflage, Verlag C. H. Beck, München 2008 (zit.: Bearbeiter in Dreier/Schulze, UrhG).

Drewes, Stefan — Werbliche Nutzung von Daten, Die Implosion der BDSG-Novelle und Auswirkungen der EuGH-Rechtsprechung, ZD 2012, 115.

Ders./Siegert, Michael — Die konkludente Einwilligung im Telefonmarketing und das Ende des Dogmas von der datenschutzrechtlichen Schriftform, RDV 2006, 139.

Dreyer, Gunda/ Kathoff, Jost/ Meckel, Astrid — Urheberrecht, 2. Auflage, C. F. Müller Verlag, Heidelberg 2009 (zit.: Bearbeiter in Dreyer/Kathoff/Meckel, Urheberrecht).

Düsseldorfer Kreis — Zur Notwendigkeit einer schriftlichen Einwilligung in telefonische Werbung, RDV 2007, 86.

Ders. — Entschließung der 82. Konferenz der Datenschutzbeauftragten des Bundes und der Länder vom 28./29. September 2011, Datenschutz als Bildungsaufgabe, abrufbar unter http://www.datenschutz-bayern.de/dsbk-ent/DSK_82-Bildung.pdf (zit.: Entschließung der 82. Konferenz der Datenschutzbeauftragten des Bundes und der Länder, Datenschutz als Bildungsaufgabe).

Ders. Beschluss des Düsseldorfer Kreises vom 08. Dezember 2011, Datenschutz in sozialen Netzwerken, abrufbar unter http://www.bfdi.bund.de/SharedDocs/Publikationen/Entschliessungssammlung/DuesseldorferKreis/08122011DSInSozialenNetzwerken.pdf?__blob=publicationFile (zit.: Beschluss des Düsseldorfer Kreises vom 08.12.2011, Datenschutz in sozialen Netzwerken).

Ders. Presseinformation, Datenschutzrechtliche Anforderungen an Facebook und andere soziale Netzwerke aus Sicht der deutschen Datenschutzaufsichtsbehörden vom 02. März 2012, abrufbar unter http://www.lda.brandenburg.de/sixcms/media.php/4055/Anforderungen.pdf (zit.: Düsseldorfer Kreis, Datenschutzrechtliche Anforderungen an Facebook und andere soziale Netzwerke aus Sicht der deutschen Datenschutzaufsichtsbehörden).

Duhr, Elisabeth/ Naujok, Helga /Schaar, Peter Anwendbarkeit des deutschen Datenschutzrechts auf Internetangebote, MMR 7/2001, XVI.

Durner, Wolfgang Zur Einführung: Datenschutzrecht, JuS 2006, 213.

Ebnet, Peter Widerruf und Widerrufsbelehrung, NJW 2011, 1029.

Eckhardt, Jens Datenschutz im Direktmarketing nach dem BDSG – Quo vadis, CR 2009, 337.

Ders. IP-Adressen als personenbezogenes Datum - neues Öl ins Feuer, Personenbezug im Datenschutzrecht – Grenzen der Bestimmbarkeit am Beispiel der IP-Adresse, CR 2011, 339.

Ders. EU-DatenschutzVO – Schreckgespenst oder Fortschritt?, CR 2012, 195.

Ehmann, Eugen/ Helfrich, Marcus EG Datenschutzrichtlinie, Verlag Dr. Otto Schmidt, Köln 1999 (zit.: Ehmann/Helfrich, EG Datenschutzrichtlinie).

Enquete-Kommission Internet und digitale Gesellschaft Zwischenbericht Datenschutz und Persönlichkeitsrechte, 10. Oktober 2011, abrufbar unter http://www.bundestag.de/internetenquete/dokumentation/Sitzungen/20111212/Ausschussdrucksache-_17_24_42.pdf (zit.: Enquete-Kommission Internet und digitale Gesellschaft, Zwischenbericht Datenschutz und Persönlichkeitsrechte).

Epping, Volker/ Hillgruber, Christian Grundgesetz, Verlag C. H. Beck, München 2009 (zit.: Bearbeiter in Epping/Hillgruber, GG).

Erd, Rainer Datenschutzrechtliche Probleme sozialer Netzwerke, NVwZ 2011, 19.

Erkeling, Sabrina Datenschutz in Online-Spielen und anderen Virtuellen Welten, DuD 2011, 116.

Ernst-Moll, Jürgen Das Recht am eigenen Bildnis – vor und vor allem nach dem Tode, GRUR 1996, 558.

Europäische Kommission Mitteilung an das Europäische Parlament, den Rat, den Europäischen Wirtschafts- und Sozialausschuss und den Ausschuss der Regionen, Gesamtkonzept für den Datenschutz in der Europäischen Union, 4. November 2010, KOM (2010) 609 endg. (zit.: Mitteilung der Europäischen Kommission, Gesamtkonzept für den Datenschutz in der Europäischen Union, KOM (2010) 906 endg.).

Fahl, Constantin Die Nutzung von Thumbnails in der Bildersuche, K&R 2010, 437.

Federrath, Hannes/ Fuchs, Karl-Peter/ Herrmann, Dominik/ Maier, Daniel/ Scheuer, Florian/ Wagner, Kai Grenzen des „digitalen Radiergummis“, DuD 2011, 403.

Ferrari, Franco/ Kieninger, Eva-Maria/ Mankowski, Peter/ Otte, Karsten/ Saenger, Ingo/ Schulze, Götz/ Staudinger, Ansgar Internationales Vertragsrecht, 2. Auflage, Verlag. C. H. Beck, München 2012 (zit.: Bearbeiter in Ferrari, Internationales Vertragsrecht).

Fierdag, Hanno Persönlichkeitsrechte in Zeiten des Web 2.0, in: Götting, Hans-Peter/Lauber-Rösnberg, Anne (Hrsg.), Aktuelle Entwicklungen im Persönlichkeitsrecht, Nomos Verlagsgesellschaft, Baden-Baden 2010, S. 51 (zit.: Fierdag, Persönlichkeitsrechte in Zeiten des Web 2.0).

Finger, Manuela Neue datenschutzrechtliche Pflichten für Diensteanbieter im Internet, Kritische Anmerkungen zum Entwurf zur Änderung des TMG, ZD 2011, 109.

Fischermann, Thomas/ Hamann, Götz Zeitbombe Internet, Gütersloher Verlagshaus, Gütersloh 2011 (zit.: Fischermann/Hamann, Zeitbombe Internet).

Forkel, Hans Lizenzen an Persönlichkeitsrechten durch gebundene Rechtsübertragung, GRUR 1988, 491.

Frömming, Jens/ Peters, Butz Die Einwilligung im Medienrecht, NJW 1996, 958.

Fromm, Karl Friedrich/ Nordemann, Wilhelm Urheberrecht, 10. Auflage, Verlag W. Kohlhammer, Stuttgart 2008 (zit.: Bearbeiter in Fromm/Nordemann, UrhG).

Fuchs, Christian Facebook, Web 2.0 und ökonomische Überwachung, DuD 2010, 453.

Gabel, Detlev Neue Rahmenbedingungen für den Datenschutz im Internet, ZUM 2002, 607.

Geiger, Rudolf/ Khan, Daniel-Erasmus/ Kotzur, Markus EUV/AEUV, Vertrag über die Europäische Union und Vertrag über die Arbeitsweise der Europäischen Union, 5. Auflage, Verlag. C. H. Beck, München 2010 (zit.: Bearbeiter in Geiger/Khan/Kotzur, EUV/AEUV).

Gennen, Klaus/ Kremer, Sascha Datenschutzrelevante Funktionalitäten und deren Vereinbarkeit mit dem deutschen Recht, ITRB 2011, 59.

Giesen, Thomas Das Grundrecht auf Datenverarbeitung, JZ 2007, 918.

Götting, Horst-Peter Sanktionen bei Verletzung des postmortalen Persönlichkeitsrechts, GRUR 2004, 801.

Ders./ Schertz, Christian/ Seitz, Walter Handbuch des Persönlichkeitsrechts, Verlag C. H. Beck, München 2008 (zit.: Bearbeiter in Götting/Schertz/Seitz, Handbuch des Persönlichkeitsrechts).

Gola, Peter/

Schomerus, Rudolf BDSG Bundesdatenschutzgesetz, 10. Auflage, Verlag C. H. Beck. München 2010 (zit.: Gola/Schomerus, BDSG).

Gounalakis, Georgios/ Rhode, Lars Persönlichkeitsschutz im Internet, Verlag C. H. Beck, München 2002 (zit.: Gounalakis/Rhode).

Grentzenberg, Verena/ Schreibauer, Marcus/ Schuppert, Stefan Die Datenschutznovelle (Teil I), K&R 2009, 368.

Gundermann, Lukas E-Commerce trotz oder durch Datenschutz?, K&R 2000, 225.

Gurlit, Elke Verfassungsrechtliche Rahmenbedingungen des Datenschutzes, NJW 2010, 1035.

Härting, Niko Internetrecht, 4. Auflage, 2010, Verlag Dr. Otto Schmidt, Köln (zit.: Härting, Internetrecht).

Ders. Datenschutz im Internet – Gesetzgeberischer Handlungsbedarf, BB 2010, 839.

Ders./Schätzle, Daniel Rechtsverletzungen in Social Networks, ITRB 2010, 39.

Ders. Datenschutz zwischen Transparenz und Einwilligung, Datenschutzbestimmungen bei *Facebook, Apple* und *Google*, CR 2011, 169.

Ders./Schätzle, Daniel Transparenzgebot und Inhaltskontrolle für soziale Netzwerke, ITRB 2011, 40.

Ders./Schneider, Jochen Das Dilemma der Netzpolitik, ZRP 2011, 233.

Hamburgischer Beauftragter für Datenschutz

und Informations-freiheit Zur aufsichtsrechtlichen Zuständigkeit über den Internet-Dienst Facebook, 21. Juli 2011, abrufbar unter http://www.datenschutzhamburg.de/fileadmin/user_upload/documents/Gutachten_Facebook-Nutzungsbedingungen.pdf (zit.: HmbBfDI, Zur aufsichtsrechtlichen Zuständigkeit über den Internet-Dienst Facebook).

Hanloser, Stefan „opt-in" im Datenschutzrecht und Wettbewerbsrecht, Konvergenzüberlegungen zum Einwilligungsbegriff die der E-Mail-Werbung, CR 2008, 713.

Hawellek, Christian EuGH: IP-Adressen sind personenbezogene Daten, ZD-Aktuell 2011, 129.

Heckmann, Dirk Internetrecht, jurisPraxisKommentar, 2. Auflage, juris GmbH, Saarbrücken 2009 (zit.: Heckmann in jurisPK-Internetrecht).

Ders. Öffentliche Privatheit - Der Schutz der Schwächeren im Internet, K&R 2010, 770.

Heidenreich, Peter Die Einwilligung Minderjähriger bei Eingriffen in das Recht am eigenen Bild und in sonstige Persönlichkeitsrechte, AfP 1970, 960.

Helle, Jürgen Die Einwilligung beim Recht am eigenen Bild, AfP 1985, 93.

Ders. Besondere Persönlichkeitsrechte im Privatrecht, J. C. B. Mohr Siebeck, Tübingen 1991 (zit.: Helle, Besondere Persönlichkeitsrechte im Privatrecht).

Hoeren, Thomas IPR und EDV Recht, CR 1993, 129.

Ders. Datenschutz- und haftungsrechtliche Fragen bei Social Networks im Web 2.0, in Schneider, Jochen (Hrsg.)

Festschrift für Benno Heussen, Der moderne Anwalt, Verlag Dr. Otto Schmidt, Köln, 2009, S. 207 (zit.: Hoeren in FS Heussen).

Ders. Anonymität im Web – Grundfragen und aktuelle Entwicklungen, ZRP 2010, 251.

Ders. Persönlichkeitsrechte im Web 2.0, in Kleist, Thomas/Roßnagel, Alexander/Scheuer, Alexander (Hrsg.), Europäisches und nationales Medienrecht im Dialog, Festschrift aus Anlass des 20-jährigen Bestehens des Instituts für Europäisches Medienrecht e. V. (EMR), Nomos Verlagsgesellschaft, Baden-Baden 2010, S. 483 (zit.: Hoeren in Kleist/Roßnagel/Scheuer, Europäisches und nationales Medienrecht im Dialog).

Ders. Facebook und Co., Risiken für Unternehmen und Privatnutzer, DeutscherAnwaltSpiegel, Ausgabe 12 2011, 9.

Ders./Sieber, Ulrich Handbuch Multimediarecht, Stand: Dezember 2011 (30. Ergänzungslieferung), Verlag C. H. Beck, München 2012 (zit.: Bearbeiter in Hoeren/Sieber, Handbuch Multimediarecht).

Hoffman-Riem, Wolfgang Grundrechts- und Funktionsschutz für elektronisch vernetzte Kommunikation, Archiv des öffentlichen Rechts, 134. Band, 2009, S. 513 (zit.: Hoffmann-Riem, AöR 2009).

Hohmann-Dennhardt, Christine Freiräume - Zum Schutz der Privatheit, NJW 2006, 545.

Hornung, Gerrit Datenschutz durch Technik in Europa, Die Reform der Richtlinie als Chance für ein modernes Datenschutzrecht, ZD 2011, 51.

Ders. Eine Datenschutzgrundverordnung für Europa? Licht und Schatten im Kommissionsentwurf vom 25.1.2012, ZD 2012, 99.

Hubmann, Heinrich Das Persönlichkeitsrecht, 2. Auflage, Böhlau Verlag, Köln/Graz 1967 (zit.: Hubmann, Das Persönlichkeitsrecht).

Ihde, Rainer Cookies – Datenschutz als Rahmenbedingung der Internetökonomie, CR 2000, 413.

International Working Group on Data Protection in Telecommunications Bericht und Empfehlung zum Datenschutz in sozialen Netzwerkdiensten, „Rom Memorandum", 04. März 2008, abrufbar unter http://www.datenschutz-berlin.de/attachments/470/675.36.13.pdf? 1302613327 (zit.: International Working Group on Data Protection in Telecommunications, Rom-Memorandum).

Internet&Gesellschaft Co:llaboratory Abschlussbericht, Gleichgewicht und Spannung zwischen digitaler Privatheit und Öffentlichkeit, Berlin 2011 (zit.: Internet&Gesellschaft Co:llaboratory, Gleichgewicht und Spannung zwischen digitaler Privatheit und Öffentlichkeit).

Jandt, Silke Grenzenloser Mobile Commerce, DuD 2008, 664.

Dies./Roßnagel, Alexander Datenschutz in Social Networks, Kollektive Verantwortlichkeit für die Datenverarbeitung, ZD 2011, 160.

Dies./Ders. Social Networks für Kinder und Jugendliche, Besteht ein ausreichender Datenschutz?, MMR 2011, 637.

Jarass, Hans D. Das allgemeine Persönlichkeitsrecht im Grundgesetz, NJW 1989, 857.

Ders./Pieroth, Bodo Grundgesetz, 11. Auflage, Verlag C. H. Beck, München 2011 (zit.: Jarass/Pieroth, GG).

Jauernig, Othmar (Hrsg.) Bürgerliches Gesetzbuch, 14. Auflage, Verlag C. H. Beck, München 2011 (zit.: Bearbeiter in Jauernig, BGB).

Jotzo, Florian Gilt deutsches Datenschutzrecht auch für Google, Facebook & Co. bei grenzüberschreitendem Datenverkehr?, MMR 2009, 232.

Karg, Moritz Anmerkung zu BGH, Urteil vom 13. Januar 2011 – III ZR 146/10, MMR 2011, 345.

Ders. IP-Adressen sind personenbezogene Verkehrsdaten, MMR-Aktuell 2011, 315811.

Ders./Fahl, Constantin Rechtsgrundlagen für den Datenschutz in sozialen Netzwerken, K&R 2011, 453.

Klass, Nadine Die zivilrechtliche Einwilligung als Instrument zur Disposition über Persönlichkeitsrechte, AfP 2005, 507.

Kohte, Wolfhard Die rechtfertigende Einwilligung, Archiv für civilistische Praxis, 185. Band, 1985, S. 105 (zit.: Kohte, AcP 185).

Köhler, Helmut Kritik der Regel „protestatio facto contraria non valet“, JZ 1981, 464.

Köhntopp, Marit/ Köhntopp, Kristian Datenspuren im Internet, CR 2000, 248.

Krüger, Stefan/

Maucher, Svenja-Ariane Ist die IP-Adresse wirklich ein personenbezogenes Datum? Ein falscher Trend mit großen Auswirkungen auf die Praxis, MMR 2011, 433.

Kühling, Jürgen/ Bohnen, Simon Zur Zukunft des Datenschutzrechts – Nach der Reform ist vor der Reform, JZ 2010, 600.

Kutscha, Martin Grundrechtlicher Persönlichkeitsschutz bei der Nutzung des Internet, Zwischen individueller Selbstbestimmung und staatlicher Verantwortung, DuD 2011, 461.

Lange, Knut Werner Neue Marketingstrategien im Internet – ökonomische und rechtliche Analyse, BB 2002, 561.

Larenz, Karl/ Wolf, Manfred Allgemeiner Teil des Bürgerlichen Rechts, 9. Auflage, Verlag C. H. Beck, München 2004 (zit.: Larenz/Wolf, BGB AT).

Lerch, Hana/ Krause, Beate/ Hotho, Andreas/ Roßnagel, Alexander/ Stumme, Gerd Social Bookmarking-Systeme – die unerkannten Datensammler, Ungewollte personenbezogene Datenverarbeitung?, MMR 2010, 454.

Libertus, Michael Die Einwilligung als Voraussetzung für die Zulässigkeit von Bildnisaufnahmen und deren Verbreitung, ZUM 2007, 621.

Lienemann, Kerstin What's the Way the Cookie Crumbles?, Umsetzung der E-Privacy Richtlinie in der Europäischen Union, K&R 2011, 609.

Loewenheim, Ulrich Handbuch des Urheberrechts, 2. Auflage, Verlag C. H. Beck, München 2010 (zit.: Bearbeiter in Loewenheim, Handbuch des Urheberrechts).

Luch, Anika Stellungname des wissenschaftlichen Dienstes des Schleswig-Holsteinisches Landtages, 24. Oktober 2011, Umdruck 17/2988 (zit.: Luch, Stellungname des wissenschaftlichen Dienstes des Schleswig-Holsteinisches Landtages).

Mainusch, Johannes/ Burtchen, Christian Kontrolle über die eigenen Daten in sozialen Netzwerken, DuD 2010, 448.

Maisch, Michael Marc Nutzertracking im Internet, Personenbezug von IP-Adresse, Cookie und Browser Fingerprint, ITRB 2011, 13.

Marsoof, Althaf Online Social Networking and the Right to Privacy: The Conflicting Rights of Privacy and Expression, IJLIT, Vol. 19, No. 2, S. 110.

Musuch, Andreas Neues Muster für Widerrufsbelehrungen, NJW 2008, 1700.

Maultzsch, Felix Rechtswahl und ius cogens im Internationalen Schuldvertragsrecht, Rabels Zeitschrift für ausländisches und internationales Privatrecht, 2011, 60 (zit.: Maultzsch, RabelsZ 2011).

Mayer-Schönberger, Viktor Delete - Die Tugend des Vergessens in digitalen Zeiten, Berlin University Press, Berlin/Köln 2011 (zit.: Mayer-Schönberger, Delete - Die Tugend des Vergessens in digitalen Zeiten).

Menzel, Hans-Joachim Datenschutzrechtliche Einwilligungen, Plädoyer für eine Rückkehr zur Selbstbestimmung, DuD 2008, 400.

Mester, Britta Alexandra Selbstbestimmung in einer Welt der Netze, DuD 2011, 679.

Meyerdierks, Per Sind IP-Adressen personenbezogene Daten?, MMR 2009, 8.

Moos, Flemming Unzulässiger Handel mit Persönlichkeitsprofilen? Erstellung und Vermarktung kommerzieller Datenbanken mit Personenbezug, MMR 2006, 718.

Ders. Die Entwicklung des Datenschutzrechts im Jahr 2008, K&R 2009, 154.

Möhring, Philipp/ Nicolini, Käte Urheberrechtsgesetz, 2. Auflage, Verlag Franz Vahlen, München 2000 (zit.: Bearbeiter in Möhring, Nicolini, UrhG).

Müller, Gerda Der Schutzbereich des Persönlichkeitsrechts im Zivilrecht, VersR 2008, 1141.

Münchener Kommentar zum Bürgerlichen Gesetzbuch Säcker, Franz Jürgen/Rixecker, Roland (Hrsg.), Band 1, 6. Auflage, Verlag C. H. Beck, München 2012; Band 4, 5. Auflage, 2009; Band 10, 5. Auflage, 2010; Band 11, 5. Auflage, 2010; Säcker, Franz Jürgen/Rixecker, Roland/Oetker, Hartmut (Hrsg.), Band 2, 6. Auflage, Verlag C. H. Beck, München 2012 (zit.: Bearbeiter in MüKomm/BGB).

Nationaler IT Gipfel 2011 Arbeitsgruppe 5, 11 Tipps für einen sicheren Umgang mit sozialen Netzwerken, abrufbar unter http://www.it-gipfel.de/IT-Gipfel/Redaktion/PDF/it-gipfel-2011-ag-5-verantwortung-und-schutzrechte-in-der-vernetzten-welt,property=pdf,bereich=itgipfel, sprache=de,rwb=true.pdf (zit.: Nationaler IT Gipfel 2011, Arbeitsgruppe 5, 11 Tipps für einen sicheren Umgang mit sozialen Netzwerken).

Nolte, Norbert Zum Recht auf Vergessen im Internet, Von digitalen Radiergummis und anderen Instrumenten, ZRP 2011, 236.

Oberwetter, Christian Soziale Netzwerke im Fadenkreuz des Arbeitsrechts, NJW 2011, 417.

Ohly, Ansgar „Volenti non fit iniuria" - Die Einwilligung im Privatrecht, J. C. B. Mohr Siebeck Verlag, Tübingen 2002, zugl. Univ. Habil., München 2001 (zit.: Ohly, Volenti non fit iniuria).

Ders. Verändert das Internet unsere Vorstellung von Persönlichkeit und Persönlichkeitsrecht?, AfP 2011, 428.

Ders. Zwölf Thesen zur Einwilligung im Internet, Zugleich Besprechung zu BGH, Urt. v. 19.10.2011 – I ZR 140/10 – Vorschaubilder II, GRUR 2012, 983.

Ohrmann, Christoph Der Schutz der Persönlichkeit in den Online-Medien, Peter Lang Verlag, Frankfurt am Main 2010, zugl. Univ. Diss., Düsseldorf 2009 (zit.: Ohrmann, Der Schutz der Persönlichkeit in den Online-Medien).

Ott, Stephan Zulässigkeit der Erstellung von Thumbnails durch Bilder- und Nachrichtendienstsuchmaschinen?, ZUM 2007, 119.

Ders. Das Internet vergisst nicht – Rechtsschutz für Suchobjekte?, MMR 2009, 158.

Ders. Bildersuchmaschinen und Urheberrecht, Sind Thumbnails unerlässlich, sozial nützlich, aber rechtswidrig?, ZUM 2009, 345.

Palandt, Otto Bürgerliches Gesetzbuch, 71. Auflage, Verlag C. H. Beck, München 2012 (zit.: Palandt/Bearbeiter).

Paschke, Marian/ Berlit, Wolfgang/ Meyer, Claus (Hrsg.) Hamburger Kommentar, Gesamtes Medienrecht, 2. Auflage, Nomos Verlagsgesellschaft, Baden-Baden 2012 (zit.: Bearbeiter in Paschke/Berlit/Meyer).

Petershagen, Jörg Der Schutz des Rechts am eigenen Bild vor Hyperlinks, NJW 2011, 705.

Peukert, Alexander Persönlichkeitsbezogene Immaterialgüterrechte?, ZUM 2000, 710.

Piltz, Carlo Anmerkung zu LG Berlin, Urteil vom 6. März 2012 – 16 O 551/10, CR 2012, 270.

Ders. Rechtswahlfreiheit im Datenschutzrecht?, K&R 2012, 640.

Priebe, Reinhard EU-Kommission: Vorschlag eines neuen europäischen Datenschutzrahmens, EuZW 2012, 163.

Prinz, Matthias/ Peters, Butz Medienrecht, Verlag C. H. Beck, München 1999 (zit.: Prinz/ Peters, Medienrecht).

Raabe, Oliver/ Lorenz, Mieke Die datenschutzrechtliche Einwilligung im Internet der Dienste, Zur Notwendigkeit qualifizierter elektronischer Signaturen, DuD 2011, 279.

Räther, Philipp C./ Seitz, Nicolai Übermittlung personenbezogener Daten in Drittstaaten, Angemessenheitsklausel, Safe Harbor und die Einwilligung, MMR 2002, 425.

Rammos, Thanos Datenschutzrechtliche Aspekte verschiedener Arten „verhaltensbezogener“ Onlinewerbung, K&R 2011, 692.

Rasmussen, Heike Die elektronische Einwilligung im TDDSG, DuD 2002, 406.

Raue, Peter Persönlichkeitsrechte, Die Verteidigung der persönlichen Ehre, Fischer Taschenbuchverlag, Frankfurt am Main 1997 (zit.: Raue, Persönlichkeitsrechte).

Reding, Viviane Sieben Grundbausteine der europäischen Datenschutzreform, ZD 2012, 195.

Regierung von Mittelfranken Datenschutzrechtliche Einwilligungserklärungen, RDV 2007, 84.

Reinemann, Susanne/ Remmertz, Frank Urheberrecht an User-generated Content, ZUM 2012, 216.

Roggenkamp, Jan Dirk Anmerkung zu LG Erfurt, Urteil vom 15. März 2007 – 3 O 1108/05, K&R 2007, 328.

Rolf, Christian/ Rötting, Michael Google, Facebook und Co als Bewerberdatenbank für Arbeitgeber?, RDV 2009, 263.

Ronellenfitsch, Michael Von der informationellen Selbstbestimmung zum Mediengeheimnis - Zur Dynamik der Grundrechtsordnung, RDV 2008, 55.

Roßnagel, Alexander Globale Datennetze: Ohnmacht des Staates - Selbstschutz der Bürger, ZRP 1997, 26.

Ders. (Hrsg.) Handbuch Datenschutzrecht, Verlag C. H. Beck, München 2003 (zit.: Bearbeiter in Roßnagel, Handbuch Datenschutzrecht).

Ders. Anmerkung zu EuGH, Urteil vom 6. November 2003 - Rs. C-101/01, MMR 2004, 99.

Ders./Scholz, Philip Datenschutz durch Anonymität und Pseudonymität, Rechtsfolgen der Verwendung anonymer und pseudonymer Daten, MMR 2000, 721.

Rost, Martin/Bock, Kirsten Privacy By Design und die anderen Neuen Schutzziele, Grundsätze, Ziele und Anforderungen, DuD 2011, 30.

Schack, Haimo Anmerkung zu OLG Jena, Urteil vom 27. Februar 2008 - 2 U 319/07, MMR 2008, 414.

Ders. Urheber- und Urhebervertragsrecht, 5. Auflage, J. C. B. Mohr Siebeck Verlag, Tübingen 2010 (zit.: Schack, Urheber- und Urhebervertragsrecht).

Schertz, Christian/ Höch, Dominik Privat war gestern: Wie Medien und Internet unsere Werte zerstören, Ullstein Buchverlage, Berlin 2011 (zit.: Schertz/Höch, Privat war gestern).

Scheuring, Michael Das Gesetz zur Änderung datenschutzrechtlicher Vorschriften – die richtige Antwort auf die Datenskandale?, NVwZ 2010, 809.

Schnabel, Christoph Das Recht am eigenen Bild und der Datenschutz, Die richterrechtliche Dogmatik zur Einwilligung vor dem Hintergrund europarechtlicher Einflüsse des Datenschutzes, ZUM 2008, 657.

Ders./Freund, Bernhard „Ach wie gut, dass niemand weiß...“ – Selbstdatenschutz bei der Nutzung von Telemedienangeboten, CR 2010, 718.

Schneider, Jochen/ Härting, Niko Warum wir ein neues BDSG brauchen, Kritischer Beitrag zum BDSG und dessen Defiziten, ZD 2011, 63.

Ders./Ders. Wird der Datenschutz nun endlich internettauglich? Warum der Entwurf einer Datenschutz-Grundverordnung enttäuscht, ZD 2012, 199.

Ders./Ders. Datenschutz-Grundverordnung (DS-GVO), abrufbar unter http://www.schneider-haerting.de/2012/02/dsgvo (zit.: Schneider/Härting, Datenschutz-Grundverordnung).

Schricker, Gerhard/ Loewenheim, Ulrich Urheberrecht, 4. Auflage, Verlag C. H. Beck, München 2010 (zit.: Bearbeiter in Schricker/Loewenheim, UrhG).

Schröder, Birgit/ Hawxwell, Anne Die Verletzung datenschutzrechtlicher Bestimmungen durch sogenannte Facebook Fanpages und Social-Plugins, Ausarbeitung des wissenschaftlichen Dienstes des Bundestages, 07. Oktober 2011, WD 3 – 3000 – 306/11 neu (zit.: Schröder/Hawxwell, Ausarbeitung des wissenschaftlichen Dienstes des Bundestages, WD 3 – 3000 – 306/11 neu).

Schröder, Markus Datenschutzrechtliche Fragen beim Einsatz von Flash-Cookies – Ist ein rechtssicherer Einsatz von Cookies vor dem Hintergrund der EU-Privacy-Richtlinie möglich?, ZD 2011, 59.

Ders. SPD-Entwurf zur Umsetzung der E-Privacy-RL, ZD-Aktuell 2012, 02761.

Schulz, Sebastian Privacy by Design, CR 2012, 204.

Seidel, Janine/Nink, Judith Personensuchmaschinen, CR 2009, 666.

Simitis, Spiros (Hrsg.) Bundesdatenschutzgesetz, 7. Auflage, Nomos Verlagsgesellschaft, Baden-Baden 2011 (zit.: Bearbeiter in Simitis, BDSG).

Soehring, Jörg Presserecht, 4. Auflage, Verlag Dr. Otto Schmidt, Köln 2010 (zit.: Soehring, Presserecht).

Solmecke, Christian/ Dam, Annika Wirksamkeit der Nutzungsbedingungen sozialer Netzwerke - Rechtskonforme Lösung nach dem AGB- und dem Urheberrecht, MMR 2012, 71.

Spindler, Gerald Das neue Telemediengesetz – Konvergenz in sachten Schritten, CR 2007, 239.

Ders. Bildersuchmaschinen, Schranken und konkludente Einwilligung im Urheberrecht, Besprechung der BGH-Entscheidung „Vorschaubilder“, GRUR 2010, 785.

Ders. Persönlichkeitsschutz im Internet – Anforderungen und Grenzen einer Regulierung, Gutachten F zum 69. Deutschen Juristentag, Verlag C. H. Beck, München, 2012 (zit.: Spindler, Persönlichkeitsschutz im Internet)

Ders./Schuster, Fabian (Hrsg.) Recht der elektronischen Medien, 2. Auflage, Verlag C. H. Beck, München 2011 (zit.: Bearbeiter in Spindler/Schuster).

Spies, Axel Neue Europäische Datenschutzverordnung: Kommissionsentwurf gibt tiefen Einblick in EU-Reformpläne, ZD-Aktuell 2011, 121.

Ders. USA: Regierung stellt neue Datenschutz-Prinzipien vor – Consumer Privacy Bill of Rights, ZD-Aktuell 2012, 02788.

Stadler, Thomas Verstoßen Facebook und Google Plus gegen deutsches Recht? Ausschluss von Pseudonymen auf Social-Media-Plattformen, ZD 2011, 57.

Staudinger, J. von Kommentar zum Bürgerlichen Gesetzbuch, Buch 2, Recht der Schuldverhältnisse, §§ 657 – 704, Neubearbeitung 2006, Dr. Arthur L. Sellier & Co. – Walter de Gruyter, Berlin 2006; Buch 2, Einleitung zum Schuldrecht; §§ 241 – 243, Neubearbeitung 2009, Dr. Arthur L. Sellier & Co. – Walter de Gruyter, Berlin 2009 (zit.: Bearbeiter in Staudinger).

Stimmel, Ulrike Die Beurteilung von Lizenzverträgen unter der Rom I-Verordnung, GRUR Int 2010, 783.

Stoffels, Markus AGB-Recht, 2. Auflage, Verlag C. H. Beck, München 2009 (zit.: Stoffels, AGB-Recht).

Stopfer, Juliane M./ Back, Mitja D./ Egloff, Boris Persönlichkeit 2.0, Genauigkeit von Persönlichkeitsurteilen anhand von Online Social Network-Profilen, DuD 2010, 459.

Streinz, Rudolf (Hrsg.) EUV/AEUV, Vertrag über die Europäische Union und Vertrag über die Arbeitsweise der Europäischen Union, 2. Auflage, Verlag C. H. Beck, München 2012 (zit.: Bearbeiter in Streinz, EUV/AEUV).

Ders./Michl, Walther Die Drittwirkung des Europäischen Datenschutzgrundrechts (Art. 8 GRCh) im deutschen Privatrecht, EuZW 2011, 384.

Taeger, Jürgen/

Gabel, Detlev (Hrsg.) Kommentar zum BDSG und zu den Datenschutzvorschriften des TKG und TMG, Verlag Recht und Wirtschaft, Frankfurt am Main 2010 (zit.: Bearbeiter in Taeger/Gabel).

Taraschka, Klaus „Auslandsübermittlung“ personenbezogener Daten im Internet, CR 2004, 280.

Tinnefeld, Marie-Theres/ Viethen, Hans-Peter Das Recht am eigenen Bild als besondere Form des allgemeinen Persönlichkeitsrechts, Grundgedanken und spezielle Fragen des Arbeitnehmerdatenschutzes, NZA 2003, 468.

Tinnefeld, Marie-Theres/ Ehmann, Eugen/ Gerling, Rainer W. Einführung in das Datenschutzrecht, 4. Auflage, R. Oldenbourg Verlag, München/Wien 2005 (Tinnefeld/Ehmann/Gerling, Einführung in das Datenschutzrecht).

Ulmer, Eugen Urheber- und Verlagsrecht, 3. Auflage, Springer Verlag, Berlin/Heidelberg/New York 1980 (zit.: Ulmer, Urheber- und Verlagsrecht).

Ulmer, Peter/ Brandner, Hans Erich/ Hensen Horst-Diether AGB-Recht, 11. Auflage, Verlag Dr. Otto Schmidt, Köln 2011 (zit.: Bearbeiter in Ulmer/Brandner/Hensen, AGB-Recht).

Unseld, Florian Die Übertragbarkeit von Persönlichkeitsrechten, GRUR 2011, 982.

Voigt, Paul Datenschutz bei Google, MMR 2009, 377.

Von Lewinski, Kai Privacy Policies: Unterrichtungen und Einwilligung im Internet, DuD 2002, 395.

Von Mangoldt, Hermann/ Klein, Friedrich/ Starck, Christian — Kommentar zum Grundgesetz, Band 1, 6. Auflage, Verlag Franz Vahlen, München 2010 (zit.: Bearbeiter in von Mangoldt/Klein/Starck, GG).

Von Ungern-Sternberg, Joachim — Anmerkung zu BGH, Urteil vom 6. Dezember 2007 – I ZR 94/05, GRUR 2008, 247.

Ders. — Schlichte einseitige Einwilligung und treuwidrig widersprüchliches Verhalten des Urheberberechtigten bei Internetnutzungen, GRUR 2009, 369.

Vulin, Danica — Ist das deutsche datenschutzrechtliche Schriftformerfordernis zu viel des Guten? Überlegungen zur Umsetzung der europäischen Vorgaben im BDSG, ZD 2012, 414.

Wagner, Edgar — Datenschutz als Bildungsaufgabe, DuD 2010, 557.

Wanckel, Endress — Personenbezogene Prominentenberichterstattung anlässlich zeitgeschichtlicher Ereignisse, NJW 2011, 726.

Wandtke, Artur-Axel/ Bullinger, Winfried (Hrsg.) — Praxiskommentar zum Urheberrecht, 3. Auflage, Verlag C. H. Beck, München 2009 (zit.: Bearbeiter in Wandtke/Bullinger, UrhG).

Weber, Rolf H. — The Right to Be Forgotten, More Than a Pandora's Box?, JIPITEC 2011, 120.

Weichert, Thilo — BDSG-Novellen zum Schutz von Internet-Inhaltsdaten, DuD 2009, 7.

Ders. — Datenschutz bei Internetveröffentlichungen, VuR 2009, 323.

Wenzel, Karl Egbert Das Recht der Wort- und Bildberichterstattung, 5. Auflage, Verlag Dr. Otto Schmidt, Köln 2003 (zit.: Bearbeiter in Wenzel).

Wichert, Michael Web-Cookies – Mythos und Wirklichkeit, DuD 1998, 273.

Wiebe, Andreas Vertrauensschutz und geistiges Eigentum am Beispiel der Suchmaschinen, GRUR 2011, 888.

Wieczorek, Mirko Andreas Facebook: „Freunde-Finder" und Teile der AGB rechtswidrig, WRP 2012, 539.

Wiese, Günther Bewertungsportale und allgemeines Persönlichkeitsrecht, JZ 2011, 608.

Wintermeier, Martin Inanspruchnahme sozialer Netzwerke durch Minderjährige, Datenschutz aus dem Blickwinkel des Vertragsrechts, ZD 2012, 210.

Wolf, Manfred /Lindacher, Walter F./ Pfeiffer, Thomas (Hrsg.) AGB-Recht, 5. Auflage, Verlag C. H. Beck, München 2009 (zit.: Bearbeiter in Wolf/Lindacher/Pfeiffer, AGB-Recht).

Worms, Christoph/ Gusy, Christoph Verfassung und Datenschutz, Das Private und das Öffentliche in der Rechtsordnung, DuD 2012, 92.

Zscherpe, Kerstin A. Anforderungen an die datenschutzrechtliche Einwilligung im Internet, MMR 2004, 723.

Alle Quellen aus dem Internet wurden zuletzt am 01.12.2012 abgerufen.

1 Einleitung

1.1 Allgemein

Dass das Internet unser Leben grundlegend verändert hat, kann wohl kaum bestritten werden. Dies impliziert nicht von vornherein eine negative Veränderung. Durch mannigfaltige Kommunikationsmöglichkeiten, umfassende Suchfunktionen, neue Informationsquellen und andere Internetangebote wird unser Leben bereichert und um neue persönliche, gesellschaftliche und wirtschaftliche Chancen erweitert.

Ein Teil dieser technischen Neuerungen der letzten Jahre ist das sog. Web 2.0. Darunter sind Angebote im Internet zu verstehen, welche die User nicht mehr nur als passive Konsumenten begreifen, sondern ihnen aktive Mitwirkungsmöglichkeiten geben, indem sie eigene Inhalte, durchaus in großem Umfang, erstellen und bearbeiten.[1] Die Attraktivität von Web 2.0 Anwendungen liegt gerade darin begründet, durch die Darstellung seiner eigenen Online-Persönlichkeit aktiv an Webveröffentlichungen mitzuwirken und mit anderen Nutzern zu interagieren.[2] Enorm erfolgreich haben sich in diesem Zusammenhang sog. soziale Netzwerke oder Online-Communities entwickelt. In Deutschland etwa sind 40 Millionen Bundesbürger Mitglieder in sozialen Netzwerken, was ¾ aller Internetnutzer entspricht.[3] Mindestens 800 Millionen Nutzer loggen sich weltweit jeden Monat bei dem amerikanischen Anbieter *Facebook* ein.[4]

Diesen neuen Freiheiten, Ausdrucks- und Entwicklungsformen, welche derartige Angebote bereithalten, stehen jedoch auch neue Gefahren gegenüber, wie dies technische Neuerungen so häufig mit sich bringen.

Denn das Internet und die dort angebotenen Dienste begleiten uns, Smartphones, Tablet-PCs und Notebooks sei Dank, überall hin. Dadurch lässt die Allgegenwärtigkeit elektronischer Datenverarbeitung über diese Geräte kaum einen Lebensbereich der Gesellschaft aus und begründet durch die von den Unterneh-

1 Ohrmann, Der Schutz der Persönlichkeit in Online-Medien, S. 9.
2 Lerch/Krause/Hotho/Roßnagel/Stumme, MMR 2010, 454.
3 Presseinformation des BITKOM (Bundesverband Informationswirtschaft, Telekommunikation und neue Medien e.V.) vom 11.12.2011, S. 2, abrufbar unter http://www.bitkom.org/files/documents/BITKOM_Presseinfos_Netzwerke_Datenschutz_11_12_2011.pdf (zuletzt abgerufen am 01.12.2012).
4 Data Protection Commissioner, Report of Audit, S. 39.

men erhobenen Datenmengen und damit einhergehenden Wissenszuwachs über ihre Nutzer zugleich enorme Machtungleichgewichte zwischen der einzelnen Person und den Anbietern.[5] Dabei ist jedoch ein besonderes Phänomen des Web 2.0 und gerade der sozialen Netzwerke, dass eine Vielzahl von (teilweise sehr persönlichen) Daten von den Nutzerinnen und Nutzern selbst zur Verfügung gestellt wird.[6] Der dem deutschen Datenschutzgesetz inhärente Grundsatz der Datensparsamkeit wirkt in diesem Umfeld wie ein Fremdkörper.[7] Bereitwillig werden Informationen über sich (zum Teil) komplett öffentlich gemacht. Kritische Stimmen sehen einen Verlust des Gespürs für die Bedeutung von Privatheit[8] oder die Gesellschaft gar auf einem Weg, in der die Privatsphäre nichts mehr zählt und es alleine auf die Eigeninszenierung ankommt.[9] Feststeht, dass der weltweite Boom der sozialen Netzwerke dafür spricht, dass die Nutzer eine digitale Präsentation ihrer Person wünschen und gut heißen. Die teilweise nicht anders zu betitelnde Zurschaustellung des Privaten in der Öffentlichkeit ist dabei im Internet zu einem weltweiten Massenphänomen avanciert, was zumindest von einer veränderten Wahrnehmung der Einstellung zur Privatsphäre zeugt.[10] Dass diese Verhaltensweisen enorme Auswirkungen in der realen, vor allem auch der berufsbezogenen Welt, haben können, ist vielen Nutzern in diesem Moment nicht klar oder schlimmstenfalls egal.[11] So wurden und werden etwa privat eingestellte Bilder auch von Boulevardmedien für Schlagzeilengeschichten und auch in einem anderen Zusammenhang genutzt, als für die Präsentation in einem sozialen Netzwerk.[12] Der deutsche Bundesinnenminister *Dr. Friedrich* fasst diese Entwicklung plakativ zusammen, wenn er prophezeit, dass

> „wir uns wohl daran gewöhnen müssen, dass wir durch das Internet auch ein Stück weit zu einer öffentlichen Person werden".[13]

Wer in diesem Moment die „Patentlösung" anbietet, man solle doch einfach nicht Mitglied in derartigen Netzwerken werden, der hat die soziale Dynamik

5 Gurlit, NJW 2010, 1035, 1039 f.

6 Enquete-Kommission Internet und digitale Gesellschaft, Zwischenbericht Datenschutz und Persönlichkeitsrechte, S. 32.

7 Lerch/Krause/Hotho/Roßnagel/Stumme, MMR 2010, 454.

8 Hohmann-Dennhardt, NJW 2006, 545, 548.

9 Schertz/Höch, Privat war gestern, S. 18.

10 „gänzlich veränderten Einstellung" Wagner, DuD 2010, 557, 558.

11 Worms/Gusy, DuD 2012, 92, 96.

12 Schertz/Höch, Privat war gestern, S. 12 f.

13 Internet&Gesellschaft Co:llaboratory, Gleichgewicht und Spannung zwischen digitaler Privatheit und Öffentlichkeit, S. 104.

noch nicht begriffen.[14] Häufig ist eine der ersten Fragen, wenn man eine Person im echten Leben kennenlernt, ob diese etwa auch bei *Facebook* oder *studiVZ* sei? Wer hier verneint, kann unter Umständen Gefahr laufen, den in weiten Kreisen wichtigen sozialen Kontakt über diese Netzwerke zu verpassen. Es entsteht unweigerlich eine Art von Druck, Mitglied zu werden, da es ja alle so machen.[15]

Diese Entwicklung, auch wenn sie sich auf gesellschaftlicher Ebene vollzogen hat bzw. weiterhin vollzieht, kann auch Einfluss auf die rechtliche Beurteilung entsprechender Angebote haben. Soll in der Registrierung bei einem sozialen Netzwerk etwa bereits eine Einwilligung in die Veröffentlichung aller in diesem Zusammenhang eingestellten Daten im Internet gesehen werden?

Rechtlich lässt sich zunächst feststellen, dass bei der Teilnahme an sozialen Netzwerken und anderen Informations- und Kommunikationsformen die Persönlichkeitsrechte Einzelner ebenso, wenn nicht sogar noch gravierender, beeinträchtigt werden können, wie dies bei den klassischen Print- und Funkmedien der Fall ist.[16] Dabei ist das allgemeine Persönlichkeitsrecht aus Art. 2 Abs. 1, Art. 1 Abs. 1 GG in all seinen Ausformungen, sei es dem Recht am Bild, dem Recht auf Privatsphäre oder dem informationellen Selbstbestimmungsrecht, betroffen. Die Herausforderungen an die Sicherung des Rechts auf informationelle Selbstbestimmung und den Vollzug des geltenden Datenschutzrechts werden dabei weiter wachsen.[17] Wie sind diese Herausforderungen, national und international, zu meistern? Gerade auch die hier untersuchten sozialen Netzwerke stellen eine besondere datenschutzrechtliche Herausforderung dar, da sie altbekannte Prinzipien und Mechanismen nutzlos erscheinen lassen.[18] Sind für diese Phänomene etwa gesetzliche Spezialvorschriften nötig? Interessanterweise sind Internet-Plattformen des Web 2.0 und dabei insbesondere soziale Netzwerke in den Standardkommentaren, etwa zum Bundesdatenschutzgesetz (BDSG), dennoch nur ein Randthema.[19] So entbehrt der Vergleich, den *Schertz/Höch* anstellen, wenn sie konstatieren, dass ein

---

14 Fischermann/Hamann, Zeitbombe Internet, S. 125.

15 „sozialen Kosten werden hoch“ Fischermann/Hamann, Zeitbombe Internet, S. 125.

16 Bruns, AfP 2011, 421.

17 Enquete-Kommission Internet und digitale Gesellschaft, Fn. 6, S. 70.

18 Schneider/Härting, ZD 2011, 63, 64; in Bezug auf die veränderte Rollenverteilung, Jandt/Roßnagel, ZD 2011, 160, 165.

19 Härting/Schneider, ZRP 2011, 233 mit einigen wenigen Nachweisen ihrer Betrachtung in der juristischen Kommentarliteratur.

> „Möbelhersteller mit rechtlichen Konsequenzen rechnen muss, wenn er dem Verbraucher unverständliche Bedienungsanleitung für Regale an die Hand gibt, aber dass Nutzer ohne richtige Anleitung zum Surfen in sozialen Netzwerken allein gelassen werden",

niemanden zu stören scheint,[20] durchaus nicht einer gewissen Begründetheit. Die Handhabung der digitalen Medien wird immer einfacher und verbessert sich bei jedem neuen Produkt, was jedoch auch die Illusion der Nutzer fördert, das Internet, sozusagen aus dem Handgelenk, beherrschen und beinahe ohne nachzudenken bedienen zu können. Es bleibt den einzelnen Usern aber dadurch immer mehr verborgen, welche ihrer digitalen Aktivitäten welche Datenspuren im Netz hinterlassen und für wen diese lesbar und verwertbar sind.[21] Kann man dann noch von einer informierten Einwilligung der Nutzer in die Verwendung ihrer Daten ausgehen?

Sicher, die einschlägigen Gesetze bedürfen einer zeitgemäßen Reformation bzw. einer Anpassung. Sie können jedoch den Persönlichkeitsschutz im Internet nicht alleine leisten. So zeichnete *Roßnagel* bereits in einem Beitrag von 1997 ein düsteres Bild in Bezug auf das Verhältnis von Persönlichkeitsschutz und Internet, nämlich dass sich der demokratische Rechtsstaat in der Netzwelt an Ohnmachtserfahrungen gewöhnen müsse, globale Datennetze von ihm kaum mehr zu kontrollieren seien und die informationelle und kommunikative Selbstbestimmung im Internet nicht gewährleistet werden könnten.[22] Ob die Entwicklung der letzten 15 Jahre wirklich derart negativ von Statten ging, mag offen bleiben und ein Urteil jedem selbst überlassen sein. Klar ist jedoch, der Persönlichkeitsschutz ist im Internet heutzutage wichtiger denn je.[23]

Im Zuge dessen stellen sich sowohl rechtliche Herausforderungen, etwa in Bezug auf das Datenschutzrecht, die Internationalität und die Rechtsdurchsetzung, als auch politische und nicht zuletzt gesellschaftliche Herausforderungen, welche es für eine Verbesserung der Situation der Nutzer und ihrer Persönlichkeitsrechte im Internet zu überwinden gilt. Dabei müssen neue Ansätze, wie die rechtliche Technikgestaltung,[24] erprobt und eingesetzt werden. Ebenso gilt es die Menschen, vor allem für Gefahren anfällige Zielgruppen, zu sensibilisieren und weiterzubilden, um bereits von der Basis an ein Fundament für den Persön-

---

20 Schertz/Höch, Privat war gestern, S. 221 f.

21 Wagner, DuD 2010, 557, 558.

22 Roßnagel, ZRP 1997, 26, 27 f.

23 Hoeren in Kleist/Roßnagel/Scheuer, Europäisches und nationales Medienrecht im Dialog, S. 483, 488.

24 So auch schon Roßnagel, ZRP 1997, 26, 28.

lichkeitsschutz zu errichten, welcher zum Teil eben auch in jeder Person selbst verankert ist.

Es gilt gerade für den Bereich des Web 2.0 die Feststellung, dass allein durch Gesetze oder den Staat und seine Stellen nur begrenzte Hilfe zu erwarten ist und es daher auch die Aufgabe der Gesellschaft, der Politik und der Wirtschaft selbst sein muss, uns selbst die Fähigkeiten für den notwendigen Schutz unserer Daten beizubringen.[25]

Auf die hier kurz aufgeworfenen Fragen versucht diese Arbeit rechtlich begründete Antworten zu geben.

1.2 Gang der Untersuchung

Die Gefahren für das allgemeine Persönlichkeitsrecht in sozialen Netzwerken im Internet sind vielfältig und können aus verschiedenen Bereichen des Rechts (straf-, zivil- und öffentlich-rechtlich) untersucht werden. Um eine gewisse Eingrenzung vorzunehmen und die Untersuchung fokussiert betreiben zu können, wird es hier um die zivil- sowie, in Bezug auf den Datenschutz, die öffentlich-rechtliche Beurteilung gehen. Dabei soll vor allem aus dem Blickwinkel der deutschen Nutzer als Verbraucher auf die rechtlichen Probleme der sozialen Netzwerke eingegangen werden. Zudem können hier nicht alle auftretenden rechtlichen Probleme dieser Internetdienste untersucht werden. Vielmehr findet eine Fokussierung der Gestalt statt, dass einzelne, aus der Sicht des Autors entscheidende Gefahrenquellen und in der juristischen Diskussion stehende Themen in das Zentrum der Arbeit gestellt und, mit Blick auf eine Gefährdung des allgemeinen Persönlichkeitsrechts der Nutzer in sozialen Netzwerken, bearbeitet werden.

Um sich nicht in einer Auflistung von verschiedensten Spielarten und Formen der sozialen Netzwerke zu verlieren und die Ausführungen unnötig zu überladen, wird diese Arbeit, soweit auf Beispiele aus der Praxis und Vergleiche zwischen verschiedenen Anbietern zurückgegriffen wird, die Gefahren für die Persönlichkeitsrechte der Nutzer anhand von 4 ausgewählten sozialen Netzwerken beurteilen.

Der Gang der Untersuchung stellt sich dabei im Einzelnen wie folgt dar:

Um den Schutzgegenstand, dessen Beeinträchtigung im weiteren Verlauf untersucht werden soll, genauer zu definieren, wird in Abschnitt 2 auf die dog-

25 Ähnlich: Schertz/Höch, Privat war gestern, S. 218.

matische Verortung des allgemeinen Persönlichkeitsrechts, seine für diese Untersuchung besonders relevanten geschützten Teilbereiche und seine Wirkung auf der Ebene des Zivilrechts eingegangen.

Dem schließt sich in Abschnitt 3 eine Einführung in den Aufbau und die Funktionsweise von sozialen Netzwerken im Internet an, nach der die eigentliche rechtliche Betrachtung in Abschnitt 4 erfolgt. Es wird dabei zunächst eine Gefährdung des Persönlichkeitsrechts durch die eventuell unzulässige Übertragung von Nutzungsrechten durch die Allgemeinen Geschäftsbedingungen (AGB) der Anbieter und die Wirksamkeit solcher Klauseln untersucht. Hierbei werden bereits Zwischenergebnisse und Thesen formuliert, wie eine rechtskonforme Ausgestaltung aussehen sollte. Darauf folgt die Prüfung der sozialen Netzwerke hinsichtlich des von ihnen gewährleisteten und betriebenen Datenschutzes. Dabei wird die Anwendung nationaler und internationaler Datenschutzgesetze untersucht, es wird auf die Problematik der Verantwortlichkeit für die in sozialen Netzwerken auftretenden Daten eingegangen und die in der Praxis verwendeten datenschutzrechtlichen Einwilligungen in sozialen Netzwerken werden einer Prüfung unterzogen. Dem schließt sich eine Untersuchung des Einsatzes von Cookies durch die Anbieter an, ebenso wie die Prüfung der datenschutzrechtlichen Zulässigkeit personalisierter Werbung in sozialen Netzwerken an.

Sodann soll der Blick weg vom Datenschutz, hin zu einer Untersuchung eines anderen Teilbereiches des allgemeinen Persönlichkeitsrechts und seiner möglichen Verletzung im Zusammenhang mit der Nutzung von sozialen Netzwerken gelenkt werden. Dabei steht das Recht am eigenen Bild im Mittelpunkt. Es wird auf die Besonderheiten bei der Veröffentlichung von Bildern in sozialen Netzwerken ebenso eingegangen, wie auf rechtliche Probleme hinsichtlich einer zu erteilenden Einwilligung.

Am Ende der rechtlichen Betrachtung der Gefahren sozialer Netzwerke für die Persönlichkeitsrechte der Nutzer erfolgt in Abschnitt 5 eine Schlussbetrachtung der Untersuchung, sowie eine Zusammenfassung der wichtigsten Ergebnisse der vorangegangenen rechtlichen Prüfung.

Im vorletzten Abschnitt 6 der vorliegenden Arbeit soll der Blick in die Zukunft gerichtet werden und es wird untersucht, welche Maßnahmen derzeit auf dem Weg sind und auf der anderen Seite auch noch angestrengt werden müssen, um den Schutz des allgemeinen Persönlichkeitsrechts im Web 2.0 und insbesondere in sozialen Netzwerken zu stärken. Dabei erfolgt eine Aufteilung der Betrachtung in Maßnahmen, welche im Zusammenhang mit dem Datenschutz stehen, in Maßnahmen, welche sich auf der Bildungsebene ereignen und solchen, die auf wirtschaftlicher bzw. politischer Ebene voranzutreiben sind. Dieser Ausblick in die Zukunft endet in Abschnitt 7 in einem Ergebnis, welches kurz die wichtigsten Gedanken zum zukünftigen Schutz der Persönlichkeitsrechte im Internet und in sozialen Netzwerken zusammenfasst.

2 Das allgemeine Persönlichkeitsrecht und sein Schutz

Die vorliegende Arbeit befasst sich mit den Gefahren und dem Schutz des allgemeinen Persönlichkeitsrechts in sozialen Netzwerken. Um keine Unklarheiten in Bezug auf den hier zu Grunde liegenden Untersuchungsgegenstand, das allgemeine Persönlichkeitsrecht und seine hinsichtlich sozialer Netzwerke besonders gefährdeten Ausprägungen, aufkommen zu lassen, soll dieser kurz identifiziert und dogmatisch verortet werden. Im Laufe der Untersuchung wird es immer wieder nötig sein darauf zurückzukommen, wie die Persönlichkeitsrechte der Nutzer sozialer Netzwerke durch Verfassung und einfache Gesetze geschützt sind.

2.1 Dogmatische Grundlagen

Es gilt prinzipiell zwischen dem grundrechtlich und dem zivilrechtlich geschützten allgemeinen Persönlichkeitsrecht zu unterscheiden.[26] Die Grundlage des zivilrechtlichen allgemeinen Persönlichkeitsrechts, welches über § 823 Abs. 1 BGB als „sonstiges Recht" geschützt wird,[27] ist der verfassungsrechtliche Schutzauftrag aus Art. 2 Abs. 1, Art. 1 Abs. 1 GG.[28] Das einfachrechtliche allgemeine Persönlichkeitsrecht kann jedoch weiter reichen, als das rein verfassungsrechtliche, da die Verfassung dem Gesetzgeber allein einen groben Rahmen zum Schutz dieses Grundrechts vorgibt.[29] Es besteht in tatsächlicher Hinsicht also ein dogmatischer Unterschied zwischen beiden allgemeinen Persönlichkeitsrechten, jedoch wird der Schutzumfang in der Praxis meist identisch

26 BVerfG, Beschl. v. 14.02.1973 - 1 BvR 112/65 = NJW 1973, 1221, 1223; BVerfG, Beschl. v. 22.08.2006 - 1 BvR 1168/04 = NJW 2006, 3409, 3410; Palandt/Sprau, § 823 BGB, Rn. 84; Helle, Besondere Persönlichkeitsrechte im Privatrecht, S. 51; Müller, VersR 2008, 1141; Jarass, NJW 1989, 857, 858.

27 Grundlegend dazu BGH, Urteil v. 25.05.1954 - I ZR 211/53 = NJW 1954, 1404, 1405; BGH, Urteil v. 14.02.1958 - I ZR 151/56 = NJW 1958, 827, 829.

28 BGH, Urteil v. 01.12.1999 - I ZR 49/97 = NJW 2000, 2195, 2197 m. w. N.; Rixecker in MüKomm/BGB, Anhang zu § 12 BGB, Rn. 2; Nink in Spindler/Schuster, § 823 BGB, Rn. 4.

29 Jarass, NJW 1989, 857, 858.

ausfallen.[30] Den nachfolgenden Darstellungen liegt grundsätzlich das zivilrechtlich, durch § 823 Abs. 1 BGB bzw. andere besondere Tatbestände, geschützte Persönlichkeitsrecht zu Grunde. Freilich bedeutet dies nicht, dass eine völlige Ausklammerung der verfassungsrechtlichen Grundlagen möglich ist. Allein schon der Umstand, dass das zivilrechtliche allgemeine Persönlichkeitsrecht seine Entstehung aus den grundrechtlichen Vorgaben bezieht, zwingt dazu, im Rahmen der Feststellung einer Verletzung des allgemeinen Persönlichkeitsrechts und der dafür nötigen Interessenabwägung auf durch das Grundgesetz geschützte Freiheiten zurückzukommen. Das allgemeine Persönlichkeitsrecht ist aufgrund seiner generalklauselartigen Reichweite als ein Rahmenrecht konzipiert und verfügt über keine abschließend normierten Schutzbereiche.[31] Daher wird eine Rechtswidrigkeit bei einem Eingriff in eine geschützte Sphäre auch nicht direkt indiziert, sondern es ist vielmehr eine umfassende Güter- und Interessenabwägung der widerstreitenden Rechtspositionen vorzunehmen.[32]

2.2 Schutzbereiche das allgemeinen Persönlichkeitsrechts

Der Schutzzweck des allgemeinen Persönlichkeitsrechts liegt grundsätzlich darin, den Einzelnen vor der Gefährdung seiner immateriellen Integrität und Selbstbestimmung zu schützen und ihm einen

> „autonomen Bereich der Lebensgestaltung zuzugestehen, in dem er seine Individualität unter Ausschluss anderer entwickeln und wahrnehmen“ kann.[33]

---

30 Götting in Götting/Schertz/Seitz, Handbuch des Persönlichkeitsrechts, § 3, Rn. 6; Baston-Vogt, Der sachliche Schutzbereich des zivilrechtlichen allgemeinen Persönlichkeitsrechts, S. 16; Helle, Besondere Persönlichkeitsrechte im Privatrecht, S. 51 (dort Fn. 17); Jarass, NJW 1989, 857, 858.

31 BGH, Urteil v. 05.12.1958 - IV ZR 95/58 = NJW 1959, 525; Nink in Spindler/Schuster, § 823 BGB, Rn. 5; Götting in Götting/Schertz/Seitz, Handbuch des Persönlichkeitsrechts, § 1, Rn. 2.

32 Vgl. etwa BGH, Urteil v. 09.12.2003 - VI ZR 373/02 = NJW 2004, 762, 764 m. w. N.; Palandt/Sprau, § 823 BGB, Rn. 95; Rixecker in MüKomm/BGB, Anhang zu § 12 BGB, Rn. 9.

33 Götting in Götting/Schertz/Seitz, Handbuch des Persönlichkeitsrechts, § 1, Rn. 3; Rixecker in MüKomm/BGB, Anhang zu § 12 BGB, Rn. 2.

Der Schutz des allgemeinen Persönlichkeitsrechts erstreckt sich insofern nicht nur auf ideelle Bereiche sondern umfasst auch den Schutz kommerzieller Interessen einer Person.[34] Dabei werden nach der durch *Hubmann*[35] entwickelten Sphärentheorie verschiedene Bereiche bzw. Fallgruppen (Intim-, Privat- und Sozialsphäre) mit unterschiedlicher Schutzintensität angenommen.[36] Daneben wurden durch Rechtsprechung und Literatur im Laufe der Zeit weitere eigene Schutzbereiche entwickelt, welche nicht in eine bestimmte Sphäre einzuordnen sind. Für die nachfolgende Untersuchung besonders bedeutsam ist dabei vor allem das durch das *BVerfG* in seinem *Volkszählungsurteil* entwickelte Recht auf informationelle Selbstbestimmung.[37] Zudem werden sog. besondere Persönlichkeitsrechte anerkannt, welche spezialgesetzlich in eigenen Tatbeständen geregelt wurden, wie etwa das Recht am eigenen Bild nach den §§ 22 ff. Kunsturhebergesetz (KUG).[38] Nachfolgend soll der Schutzbereich des Rechts auf informationelle Selbstbestimmung und derjenige des Rechts am eigenen Bild genauer untersucht und konkretisiert werden, da diese beiden Rechte für die zu unternehmende Untersuchung im Mittelpunkt des Interesses stehen werden.

---

34 BGH, Urteil v. 01.12.1999 - I ZR 49/97 = NJW 2000, 2195, 2197; BGH, Urteil v. 29.10.2009 - I ZR 65/07 = NJW-RR 2010, 855, Rz. 21; Götting in Götting/Schertz/Seitz, Handbuch des Persönlichkeitsrechts, § 1, Rn. 36; Rixecker in MüKomm/BGB, Anhang zu § 12 BGB, Rn. 3; Beater, Medienrecht, Rn. 339.

35 Hubmann, Das Persönlichkeitsrecht, S. 268 ff.

36 Palandt/Sprau, § 823 BGB, Rn. 87; Rixecker in MüKomm/BGB, Anhang zu § 12 BGB, Rn. 10; Götting in Götting/Schertz/Seitz, Handbuch des Persönlichkeitsrechts, § 1, Rn. 5 f.; Nink in Spindler/Schuster, § 823 BGB, Rn. 21; für das verfassungsrechtliche allgemeine Persönlichkeitsrecht, auf welches die Sphärentheorie ebenfalls Anwendung findet vgl. etwa Lang in Epping/Hillgruber, GG, Art. 2 GG, Rn. 35 ff.

37 BVerfG, Urteil v. 15.12.1983 - 1 BvR 209/83 = NJW 1984, 419, 421 f.; Götting in Götting/Schertz/Seitz, Handbuch des Persönlichkeitsrechts, § 1, Rn. 14; Nink in Spindler/Schuster, § 823 BGB, Rn. 28.

38 Palandt/Sprau, § 823 BGB, Rn. 85; Nink in Spindler/Schuster, § 823 BGB, Rn. 34; Rixecker in MüKomm/BGB, Anhang zu § 12 BGB, Rn. 10; zu den besonderen Persönlichkeitsrechten im Allgemeinen vgl. vor allem Helle, Besondere Persönlichkeitsrechte im Privatrecht, S. 27 ff.

2.2.1 Das Recht am eigenen Bild

Anerkannt ist, dass das Recht am eigenen Bild eine besondere Ausprägung des allgemeinen Persönlichkeitsrechts darstellt.[39] Es ist das ausschließliche Recht des Abgebildeten, über die Verbreitung und öffentliche Zurschaustellung seines Bildnisses zu entscheiden.[40] Schutzgut ist das Selbstbestimmungsrecht des Abgebildeten, allein darüber zu befinden, ob und in welcher Weise er der Öffentlichkeit im Bild vorgestellt wird.[41] Einfachgesetzlich geregelt wird es in den §§ 22 ff. KUG und es geht dabei in seinem Anwendungsbereich den generalklauselartigen persönlichkeitsrechtlichen Regelungen, vor allem dem § 823 BGB, grundsätzlich vor, wobei jedoch ein Rückgriff auf das allgemeine Persönlichkeitsrecht möglich bleibt.[42] Das Recht am eigenen Bild steht dabei nicht dem Urheber, sondern dem Abgebildeten zu und ist seinem Wesen nach kein Urheber-, sondern ein Persönlichkeitsrecht.[43]

Die sich aus § 22 Abs. 1 KUG ergebende Grundregel lautet, dass eine Verbreitung und öffentliche Zurschaustellung nur mit Einwilligung des Berechtigten erlaubt ist.[44] In Rechtsprechung und Literatur besteht jedoch Streit über die rechtliche Einordnung der Einwilligung zu Eingriffen in das Recht am eigenen Bild.[45] Das „Verbreiten“ wird als eine Form des Inverkehrbringens verstanden,

---

39 BVerfG, Beschl. v. 31.01.1973 - 2 BvR 454/71 = NJW 1973, 891, 892; BGH, Urteil v. 19.12.1995 - VI ZR 15/95 = NJW 1996, 1128, 1129; Schertz in Götting/Schertz/Seitz, Handbuch des Persönlichkeitsrechts, § 12, Rn. 2; Helle, Besondere Persönlichkeitsrechte im Privatrecht, S. 46; ausführlich Dasch, Die Einwilligung zum Eingriff in das Recht am eigenen Bild, S. 7 ff.; Müller, VersR 2008, 1141, 1145.

40 Schertz in Götting/Schertz/Seitz, Handbuch des Persönlichkeitsrechts, § 12, Rn. 1.

41 Götting in Götting/Schertz/Seitz, Handbuch des Persönlichkeitsrechts, § 1, Rn. 20; Prinz/Peters, Medienrecht, Rn. 781; Dreyer in Dreyer/Kathoff/Meckel, Urheberrecht, KUG Einführung, Rn. 1; Beater, Medienrecht, Rn. 1268.

42 BGH, Urteil v. 02.07.1974 - VI ZR 121/73 = NJW 1974, 1947, 1948; Schertz in Götting/Schertz/Seitz, Handbuch des Persönlichkeitsrechts, § 12, Rn. 2; Nink in Spindler/Schuster, § 823 BGB, Rn. 6; Palandt/Sprau, § 823 BGB, Rn. 112a.

43 Dreier in Dreier/Schulze, UrhG, Vor § 22 KUG, Rn. 5; Schertz in Götting/Schertz/Seitz, Handbuch des Persönlichkeitsrechts, § 12, Rn. 1; Ulmer, Urheber- und Verlagsrecht, § 6, S. 31.

44 Schertz in Götting/Schertz/Seitz, Handbuch des Persönlichkeitsrechts, § 12, Rn. 4; Rixecker in MüKomm/BGB, Anhang zu § 12 BGB, Rn. 51; Palandt/Sprau, § 823 BGB, Rn. 112a; Libertus, ZUM 2007, 621.

45 Vgl. dazu etwa Rixecker in MüKomm/BGB, Anhang zu § 12 BGB, Rn. 53 f.; Dasch, Die Einwilligung zum Eingriff in das Recht am eigenen Bild, S. 40 ff.; Klass, AfP 2005, 507, 510 f.; näher dazu unter 4.3.1.4.

die nicht öffentlich, wohl aber körperlich geschehen muss,[46] wohingegen die „Zurschaustellung" an eine unbestimmte Anzahl von Betrachtern erfolgen muss.[47]

Im KUG nicht geregelt wurde die Zulässigkeit der Herstellung eines Bildnisses.[48] Diesbezüglich kann auf den Schutz durch das allgemeine Persönlichkeitsrecht zurückgegriffen werden.[49] Ungeschriebenes Tatbestandsmerkmal des Bildnisses ist die Erkennbarkeit der abgebildeten Person.[50] Zulässig kann eine Verbreitung oder öffentliche Zurschaustellung ohne Einwilligung aber auch dann sein, wenn ein Ausnahmetatbestand des § 23 Abs. 1 KUG einschlägig ist. Besondere Bedeutung kommt dabei vor allem den Bildnissen von Personen aus dem Bereich der Zeitgeschichte nach § 23 Abs. 1 Nr. 1 KUG zu, wobei es sich insofern meist um die Abbildungen prominenter Persönlichkeiten handeln wird.[51] Das Recht am eigenen Bild schützt zudem, ebenso wie das allgemeine Persönlichkeitsrecht, nicht nur die ideellen Bestandteile der Persönlichkeit, sondern auch kommerzielle Interessen.[52]

---

46 Rixecker in MüKomm/BGB, Anhang zu § 12 BGB, Rn. 50; Palandt/Sprau, § 823 BGB, Rn. 112a; Schertz in Götting/Schertz/Seitz, Handbuch des Persönlichkeitsrechts, § 12, Rn. 16.

47 Rixecker in MüKomm/BGB, Anhang zu § 12 BGB, Rn. 50; von Strobl-Albeg in Wenzel, Kap. 7, Rz. 44.

48 Schertz in Götting/Schertz/Seitz, Handbuch des Persönlichkeitsrechts, § 12, Rn. 9.

49 BGH, Urteil v. 25.04.1995 - VI ZR 272/94 = NJW 1995, 1955, 1956; Palandt/Sprau, § 823 BGB, Rn. 112a; Rixecker in MüKomm/BGB, Anhang zu § 12 BGB, Rn. 45.

50 Rixecker in MüKomm/BGB, Anhang zu § 12 BGB, Rn. 48; Schertz in Götting/Schertz/Seitz, Handbuch des Persönlichkeitsrechts, § 12, Rn. 7 m. w. N.; Helle, Besondere Persönlichkeitsrechte im Privatrecht, S. 93 ff.; Prinz/Peters, Medienrecht, Rn. 827.

51 Vgl. dazu etwa BGH, Urteil v. 26.10.2010 – VI ZR 190/08 = NJW 2011, 746, Rz. 13 f.; BGH, Urteil v. 10.03.2009 - VI ZR 261/07 = NJW 2009, 1499, Rz. 9 f.

52 BVerfG, Beschl. v. 22.08.2006 - 1 BvR 1168/04 = NJW 2006, 3409, 3410; BGH, Urteil v. 08.05.1956 - I ZR 62/54 = NJW 1956, 1554, 1555; BGH, Urteil v. 01.12.1999 - I ZR 49/97 = NJW 2000, 2195, 2197; Götting in Schricker/Loewenheim, UrhG, § 22 KUG, Rn. 9; Helle, Besondere Persönlichkeitsrechte im Privatrecht, S. 67.

2.2.2 Das Recht auf informationelle Selbstbestimmung

Eine besondere Fallgruppe des allgemeinen Persönlichkeitsrechts aus Art. 2 Abs. 1, Art. 1 Abs. 1 GG stellt das Recht auf informationelle Selbstbestimmung dar.[53]

Erstmalig anerkannt wurde dieses Recht des einzelnen auf den Schutz seiner persönlichen Daten gegen unbegrenzte Erhebung, Speicherung, Verwendung und Weitergabe durch das *BVerfG* in seinem *Volkszählungsurteil*.[54] Danach gewährleistet dieses aus dem allgemeinen Persönlichkeitsrecht fließende Grundrecht nach Art. 2 Abs. 1, Art. 1 Abs. 1 GG die Befugnis des einzelnen, grundsätzlich selbst über die Preisgabe und Verwendung seiner persönlichen Daten zu bestimmen.[55] Auch auf der europäischen Ebene ist das Recht auf informationelle Selbstbestimmung als spezielles Datenschutzgrundrecht[56] verankert worden und zwar in Art. 8 der Charta der Grundrechte der Europäischen Union. Freilich muss dem hinzugefügt werden, dass diese Grundrechte ihre Wirkung prinzipiell nur im Verhältnis des Staates zu seinem Bürger entfalten.[57]

Im deutschen Recht findet sich eine einfachgesetzliche Konkretisierung dieser verfassungsrechtlichen Vorgaben im Datenschutzrecht, vor allem im BDSG und den §§ 11 ff. Telemediengesetz (TMG).[58] So wird in § 1 Abs. 1 BDSG klargestellt, dass es der Zweck des Gesetzes ist,

> „den Einzelnen davor zu schützen, dass er durch den Umgang mit seinen personenbezogenen Daten in seinem Persönlichkeitsrecht beeinträchtigt wird".

---

53 OLG Hamburg, Urteil v. 02.08.2011 – 7 U 134/10 = GRUR-RR, 2012, 40, 42; Jarass in Jarass/Pieroth, GG, Art. 2 GG, Rn. 42 f.; Nink in Spindler/Schuster, § 823 BGB, Rn. 28; Götting in Götting/Schertz/Seitz, Handbuch des Persönlichkeitsrechts, § 1, Rn. 14; Helfrich in Hoeren/Sieber, Handbuch Multimediarecht, Kap 16.1, Rn. 11; Mester, DuD 2011, 679; Gurlit, NJW 2010, 1035, 1036; Gabel, ZUM 2002, 607; „technologiespezifischer Flankenschutz", Bruns, AfP 2011, 421, 423; vgl. auch Enquete-Kommission Internet und digitale Gesellschaft, Fn. 6, S. 32.

54 BVerfG, Urteil v. 15.12.1983 - 1 BvR 209/83 = NJW 1984, 419, 422.

55 BVerfG, Urteil v. 15.12.1983 - 1 BvR 209/83 = NJW 1984, 419, 422.

56 Streinz/Michl, EuZW 2011, 384, 385.

57 Jarass in Jarass/Pieroth, GG, Art. 1 GG, Rn. 50; Streinz/Michl, EuZW 2011, 384, 385.

58 Starck in von Mangoldt/Klein/Starck, GG, Art. 2 GG, Rn. 177; Palandt/Sprau, § 823 BGB, Rn. 85; Helfrich in Hoeren/Sieber, Handbuch Multimediarecht, Kap 16.1, Rn. 17, 24; Gola/Schomerus, BDSG, § 1 BDSG, Rn. 6; Spindler/Nink in Spindler/Schuster, § 11 TMG, Rn. 2; Schmitz in Hoeren/Sieber, Handbuch Multimediarecht, Kap 16.2, Rn. 15; Gounalakis/Rhode, Rn. 184; Wiese, JZ 2011, 608, 611; Durner, JuS 2006, 213, 214.

Hierdurch erfüllt der Staat seinen Schutzauftrag, unbefugten Datenzugriff und Datenumgang zu verhindern.[59] Insofern wird der Schutz des informationellen Selbstbestimmungsrechts damit auf die privatrechtliche Ebene ausgedehnt. Gerade im Bereich des Internets spielt das Recht auf informationelle Selbstbestimmung eine entscheidende Rolle, denn die Nutzung des Internets und seiner dort angebotenen Dienste ist ohne eine Datenverarbeitung technisch praktisch unmöglich.[60]

Das Schutzgut ist damit nicht, auch wenn man dies aus dem Begriff „Datenschutzgesetz“ ableiten könnte, das Datum an sich, etwa durch die Gewährleistung eines eigentumsähnlichen Schutzes, sondern das Persönlichkeitsrecht der Betroffenen.[61]

Da nach dem *BVerfG* jeder grundsätzlich selbst über die Preisgabe und Verwendung seiner Daten bestimmen darf,[62] wird die Verwendung personenbezogener Daten im BDSG auch nur gestattet, wenn eine Ermächtigung durch eine spezialgesetzliche Vorschrift vorliegt, ein Erlaubnistatbestand des BDSG eingreift oder der Betroffene seine Einwilligung erteilt hat.[63] § 4 Abs. 1 BDSG legt damit ein „Verbot mit Erlaubnisvorbehalt“ für den Umgang mit personenbezogenen Daten fest.[64]

Verletzungen von datenschutzrechtlichen Bestimmungen (vor allem der Verarbeitung personenbezogener Daten ohne gesetzliche Grundlage oder vorliegende Einwilligung) stellen damit eine Verletzung des allgemeinen Persönlichkeitsrechts aus Art. 2 Abs. 1, Art. 1 Abs. 1 GG dar und können Unterlassungs- oder Schadensersatzansprüche aus den §§ 823 Abs. 1, 1004 Abs. 1 BGB nach sich ziehen.[65]

---

59 Ronellenfitsch, RDV 2008, 55, 58; Jandt/Roßnagel, MMR 2011, 637, 638.

60 Bruns, AfP 2011, 421, 427.

61 Garstka in Götting/Schertz/Seitz, Handbuch des Persönlichkeitsrechts, § 22, Rn. 5; Gola/Schomerus, BDSG, § 1 BDSG, Rn. 7; Gurlit, NJW 2010, 1035, 1036; DGRI, Stellungnahme zum Entwurf einer EU-Datenschutz-Verordnung, S. 2.

62 BVerfG, Urteil v. 15.12.1983 - 1 BvR 209/83 = NJW 1984, 419, 422.

63 Spindler/Nink in Spindler/Schuster, § 4 BDSG, Rn. 4; Sokol in Simitis, BDSG, § 4 BDSG, Rn. 2; Gola/Schomerus, BDSG, § 4 BDSG, Rn. 5; Durner, JuS 2006, 213, 215 f.

64 Spindler/Nink in Spindler/Schuster, § 4 BDSG, Rn. 4; Sokol in Simitis, BDSG, § 4 BDSG, Rn. 3; Gola/Schomerus, BDSG, § 4 BDSG, Rn. 3; Garstka in Götting/Schertz/Seitz, Handbuch des Persönlichkeitsrechts, § 22, Rn. 20.

65 Palandt/Sprau, § 823 BGB, Rn 85; Taeger in Taeger/Gabel, BDSG, § 4a BDSG, Rn. 73; Bamberger in Bamberger/Roth, BeckOK BGB, § 12 BGB, Rn. 161.

2.3 Wirkung im Zivilrecht

Im Rahmen der dogmatischen Einordnung und Definition des Schutzbereiches des allgemeinen Persönlichkeitsrechts ist zuletzt darauf einzugehen, inwiefern die dargestellten verfassungsrechtlichen Ausprägungen des allgemeinen Persönlichkeitsrechts und dieses selbst ihre Wirkung im Zivilrecht entfalten. Denn die nachfolgende Untersuchung behandelt den privatrechtlichen Bereich zwischen Nutzern und Betreibern sozialer Netzwerke und untersucht nicht das Verhältnis zwischen Staat und Bürgern, in dem die Grundrechte normalerweise Wirkung entfalten.

Dabei ist ein solcher Begründungsaufwand freilich nicht zu leisten, soweit das allgemeine Persönlichkeitsrecht eine einfachgesetzliche Ausformung erfahren hat und somit direkt zwischen zwei Privatrechtssubjekten wirkt, wie dies etwa im Bereich des Rechts am eigenen Bild nach den §§ 22 ff. KUG der Fall ist. Die Wirkung von Grundrechten auf das Zivilrecht muss jedoch für solche Konstellationen dargestellt werden, in denen sich der Persönlichkeitsschutz aus der Verfassung ableitet sowie für die Fälle, in denen die Wertungen anderer Grundrechte, etwa im Rahmen einer Interessenabwägung bei der Feststellung einer widerrechtlichen Verletzung des allgemeinen Persönlichkeitsrechts, zu berücksichtigen sind.

Eine unmittelbare Grundrechtsbindung von Privatrechtssubjekten wird aufgrund des Wortlauts von Art. 1 Abs. 3 GG insgesamt abgelehnt, da dies nur im Wege der Analogie oder einer anderen Form der wortlautüberschreitenden Rechtsfortbildung möglich wäre.[66] Vielmehr wird durch das *BVerfG* und ihm folgend der h. M. eine „mittelbare Drittwirkung" der Grundrechte, auch im Bereich des allgemeinen Persönlichkeitsrechts, insoweit anerkannt, als bei der Anwendung der dem Schutz des allgemeinen Persönlichkeitsrechts dienenden zivilrechtlichen Normen die Zivilgerichte die grundrechtlichen Maßgaben zu beachten haben.[67] Die Grundrechte entfalten danach eine Ausstrahlungswirkung in das

66 Jarass in Jarass/Pieroth, GG, Art. 1 GG, Rn. 50; Hillgruber in Epping/Hillgruber, GG, Art. 1 GG, Rn. 71; Canaris, JuS 1989, 161.

67 BVerfG, Urteil v. 15.01.1958 - 1 BvR 400/57 = NJW 1958, 257; BVerfG, Urteil v. 15.01.1958 - 1 BvR 400/51 = GRUR 1958, 254, 255; BVerfG, Beschl. v. 25.10.2005 - 1 BvR 1696/98 = NJW 2006, 207, Rz. 26; BVerfG, Beschl. v. 10.06.2009 - 1 BvR 1107/09 = NJW 2009, 3357, Rz. 17 m. w. N.; Jarass in Jarass/Pieroth, GG, Art. 1 GG, Rn. 54; Götting in Götting/Schertz/Seitz, Handbuch des Persönlichkeitsrechts, § 3, Rn. 3; Bruns, AfP 2011, 421, 428; ausführlich dazu Starck in von Mangoldt/Klein/Starck, GG, Art. 1 GG, Rn. 303 ff.; Ladeur in Götting/Schertz/Seitz, Handbuch des Persön-

Privatrecht in der Hinsicht, dass die grundrechtlichen Wertmaßstäbe, in ihrer Wirkung als objektive Wertordnung, über offen gestaltete zivilrechtliche Normen, vor allem Generalklauseln wie §§ 242, 823 oder 826 BGB, zu beachten sind.[68] Bei der Auslegung und Anwendung der zivilrechtlichen Vorschriften müssen die zuständigen Gerichte die betroffenen Grundrechte daher interpretationsleitend berücksichtigen, damit deren wertsetzender Gehalt auch auf der Rechtsanwendungsebene gewahrt bleibt.[69]

Dies gilt auch hinsichtlich solcher Sachverhalte, die sich zwischen Privatrechtssubjekten im Internet abspielen und für das Recht auf informationelle Selbstbestimmung.[70] Auch dort haben der Gesetzgeber sowie vor allem die Gerichte bei der Auslegung der Verfassung und der einfachen Gesetze die Pflicht, die Schutzinteressen der Betroffenen in Bezug auf ihre Daten zu berücksichtigen.[71]

---

lichkeitsrechts, § 9, Rn. 14 ff.; krit. zur mittelbaren Grundrechtsbindung und auf die Schutzgebotsfunktion der Grundrechte abstellend, Canaris, JuS 1989, 161, 163; für den Datenschutz: Gurlit, NJW 2010, 1035, 1040 f.; für das allgemeine Persönlichkeitsrecht: Götting in Götting/Schertz/Seitz, Handbuch des Persönlichkeitsrechts, § 3, Rn. 6; krit. in Bezug auf das Abstellen auf Schutzpflichten etwa Bruns, AfP 2011, 421, 423. In der Tat besteht in der Rechtsprechung des BVerfG eine gewisse Tendenz hin zur Fruchtbarmachung staatlicher Schutzpflichten aus dem GG, vgl. etwa BVerfG, Urteil v. 25.02.1975 - 1 BvF 1 - 6/74 = NJW 1975, 573, 575; BVerfG, Urteil v. 15.02.2006 - 1 BvR 357/05 = NJW 2006, 751, Rz. 120.

68 BVerfG, Urteil v. 15.01.1958 - 1 BvR 400/57 = NJW 1958, 257; BVerfG, Urteil v. 15.01.1958 - 1 BvR 400/51 = GRUR 1958, 254, 255; Hillgruber in Epping/Hillgruber, GG, Art. 1 GG, Rn. 72; Jarass in Jarass/Pieroth, GG, Art. 1 GG, Rn. 55.

69 BVerfG, Urteil v. 06.02.2001 - 1 BvR 12/92 = NJW 2001, 957, 958; BVerfG, Beschl. v. 25.10.2005 - 1 BvR 1696/98 = NJW 2006, 207, Rz. 30; BVerfG, Beschl. v. 10.06.2009 - 1 BvR 1107/09 = NJW 2009, 3357, Rz. 17 m. w. N.

70 BGH, Urteil v. 23.06.2009 - VI ZR 196/08 = NJW 2009, 2888, Rz. 28; Damm/Rehbock, Unterlassung, Widerruf und Schadensersatz in den Medien, Rn. 26; Menzel, DuD 2008, 400, 404; Wiese, JZ 2011, 608, 610; Bruns, AfP 2011, 421, 428; Enquete-Kommission Internet und digitale Gesellschaft, Fn. 6, S. 34; für eine mittelbare Drittwirkung des europäischen Datenschutzgrundrechts vgl. Streinz/Michl, EuZW 2011, 384, 386 f.

71 Bamberger in Bamberger/Roth, BeckOK BGB, § 12 BGB, Rn. 161; Menzel, DuD 2008, 400, 404; Gurlit NJW 2010, 1035, 1041.

3 Aufbau und Funktionsweise der sozialen Netzwerke

Bevor auf die rechtlichen Gefahren für das allgemeine Persönlichkeitsrecht in Rahmen von sozialen Netzwerken im Internet eingegangen werden kann, muss vorab die Ausgestaltung, die Funktionsweise und das Geschäftsmodell dieser Web 2.0 Angebote dargestellt werden. Nur so kann eine fundierte rechtliche Betrachtung anschaulich und verständlich dargebracht werden.

3.1 Ausgestaltung

Das Leben verlagert sich immer mehr in das Internet. Man kann dort nicht nur einkaufen, Zeitungen lesen, eine Restaurantkritik abgeben oder nach Jobangeboten suchen. Auch das soziale Miteinander, der Kontakt zur Familie und Freunden, wird mehr und mehr über den Datenhighway vollzogen. Eine der populärsten Methoden, sich im Internet mit Personen zu unterhalten und in Kontakt zu bleiben, stellen dabei die sog. sozialen Netzwerken wie etwa *Facebook*,[72] *GooglePlus*,[73] *meinVZ*[74] oder *XING*[75] dar.[76] Wie im wahren Leben, können dort Freundschaften begonnen und beendet werden, man kann sich mit Freunden austauschen, Fotos präsentieren, Links zu Webseiten bereitstellen, seine Meinung zu einem Thema kundtun oder nur verfolgen, was im eigenen „Online-Bekanntenkreis" geschieht. Dabei können sich Nutzer ein paralleles virtuelles Leben mit reinen „Facebook-Freunden" aufbauen[77] und Gleichgesinnte können sich altersunabhängig austauschen.[78] Die Nutzung sozialer Netzwerke mündet nicht nur in einer idealisierten Online-Darstellung von sich selbst. Viele Profile dienen laut einer Studie stattdessen tatsächlich dazu, die eigene Persönlichkeit

---

72 Www.facebook.de.

73 Www.plus.google.com.

74 Www.meinvz.net.

75 Www.xing.de.

76 80% der 14-19 Jährigen und 66% der 20-29 Jährigen nutzen Communities zur Kommunikation, Busemann/Gscheidle, Web 2.0: Aktive Mitwirkung verbleibt auf niedrigem Niveau, S. 360.

77 Von der „e-Society" sprechend, Marsoof, IJLIT, Vol. 19, No. 2, S. 110, 112.

78 Dix, Daten- und Persönlichkeitsschutz im Web 2.0, S. 195, 196.

auszudrücken und gegenüber anderen Nutzern zu kommunizieren, wie man (auch in der Wirklichkeit) ist.[79]

Als Fundament aller Formen sozialer Bindungen, sowohl im Online- wie auch im Offline-Bereich, dient der Informationsaustausch und die Kommunikation.[80] Dieser ist daher auch ein Hauptmerkmal sozialer Netzwerke.[81] Man beteiligt sich im Freundes- und Bekanntenkreis sowohl als Informationsgeber als auch als Informationsempfänger. Online-Dienste wie soziale Netzwerke setzen genau an diesem Punkt an und sind mittlerweile zu einem festen Bestandteil unseres Lebens geworden.[82] Zusätzlich zu der reinen Kommunikation, also etwa dem Versenden von Nachrichten, haben die Anbieter viele weitere Funktionen entwickelt. So ist es möglich Freunden zu zeigen, wo man sich gerade befindet, man kann hochgeladene Inhalte bewerten, kommentieren und anderen Nutzern zeigen, Gruppen beitreten oder Personen auf Fotos markieren. Zudem besteht für die Mitglieder die Möglichkeit, weitere Informationen über sich in ihr Online-Profil einzustellen, wodurch diese sich sehr gut dazu eignen, die eigene Persönlichkeit auszudrücken.[83]

Voraussetzung, um Nutzer eines sozialen Netzwerkes zu werden, ist die Registrierung mit einer E-Mail-Adresse, die Angabe einiger Basisdaten wie Name, Geburtsdatum und Geschlecht, sowie die Zustimmung zu den vom Betreiber vorgegebenen Nutzungsbedingungen. Das Wesen und gemeinsame Merkmal dieser Communities besteht darin, dass der Nutzer auf der Website die Möglichkeit erhält, einen eigenen Bereich (sein Profil) mit Informationen zu füllen, sich mit anderen Nutzern zu verbinden und mit diesen in Kontakt zu treten.[84] Der Nutzer legt eine eigene Seite an, auf welcher er persönliche Daten und Bilder, Informationen zu seiner Person, zu seinen Hobbys und Interessen, zu seinem Beruf und seiner Ausbildung einfügt und stellt anschließend Kontakte zu den

---

79 Stopfer/Back/Egloff, DuD 2010, 459, 461.

80 Giesen, JZ 2007, 918.

81 Siehe etwa Ziff. 4.4 der AGB von meinVZ, "Das Netzwerk dient insbesondere dazu, Nutzer zusammenzuführen und diesen die Möglichkeit der Kommunikation zu geben.", abrufbar unter http://www.meinvz.net/l/terms (zuletzt abgerufen am 01.12.2012).

82 Jotzo, MMR 2009, 232; International Working Group on Data Protection in Telecommunications, Rom-Memorandum, S. 1.

83 Stopfer/Back/Egloff, DuD 2010, 459, 461.

84 Fierdag, Persönlichkeitsrechte in Zeiten des Web 2.0, S. 51, 54.

verschiedenen anderen registrierten Nutzern her, indem diese als Freunde oder Kontakte aufgenommen werden.[85]

Fast alle derzeit populären sozialen Netzwerke stellen ihre Dienste grundsätzlich kostenlos zur Verfügung. Kostenpflichtige Angebote sind kaum vorhanden (eine Ausnahme bildet hier *XING*, welches in seiner Grundfunktion jedoch auch kostenfrei nutzbar ist).

Aufgrund der Voraussetzung der Registrierung sind die sozialen Netzwerke keine einfach im Internet für jedermann zugängliche und einsehbare Webseite. Nur die Startseite, mit der Möglichkeit der erstmaligen Registrierung oder der Anmeldung als bereits registrierter Nutzer, ist öffentlich zugänglich.[86] Ein soziales Netzwerk, bzw. das dort erstellte Profil, kann daher nicht per se mit dem offenen Internet gleichgestellt werden kann.[87] Aufgrund der erforderlichen Anmeldung bewegen sich die Nutzer in einer geschlossenen Benutzergruppe, mag man aufgrund der jeweiligen Größe der Netzwerke auch Zweifel an einer „Geschlossenheit" anbringen,[88] so bilden die Mitglieder des Netzwerkes doch einen gewissen Kreis an Nutzern, der nicht gleichzusetzen ist mit dem Internet in seiner Allgemeinheit.

Natürlich lässt sich die Situation der sozialen Beziehungen im Internet nicht eins zu eins mit derjenigen in der analogen Welt vergleichen. Erhebliche Unterschiede zum realen Leben liegen bei den sozialen Netzwerken im Internet in der Schnelligkeit und Einfachheit der Informationsübermittlung, sowie dem potentiell größeren, nämlich weltweiten, Empfängerkreis der bereitgestellten Informationen. Diese Unterschiede machen auf der einen Seite die Attraktivität des Angebots aus,[89] auf der anderen Seite können sie aber auch neue Gefahren für die Persönlichkeitsrechte der beteiligten Nutzer darstellen. Von Kritikern wird beispielsweise darauf hingewiesen, dass die in einem sozialen Netzwerk mitgeteilten Informationen an anderer Stelle im Internet wieder auftauchen, ohne dass der Betroffene seine Einwilligung erklärt hat.[90] Aus diesen Gründen könnte man

---

85 Fierdag, Persönlichkeitsrechte in Zeiten des Web 2.0, S. 51, 54; zu den gemeinsamen Merkmalen sozialer Netzwerke vgl. auch Art. 29 Datenschutzgruppe, Stellungnahme 5/2009 zur Nutzung sozialer Online-Netzwerke, WP 163, S. 5.

86 Aufgrund der individuellen Einstellungen der Nutzer oder auch der plattformimmanenten Voreinstellungen, können auch Nutzerprofile öffentlich im Internet zugänglich sein.

87 Dix, Daten- und Persönlichkeitsschutz im Web 2.0, S. 195, 204.

88 Karg/Fahl, K&R 2011, 453, 454.

89 „immer bedeutender werdende soziale Funktion" Karg/Fahl, K&R 2011, 453; „Möglichkeit zur Selbstverwirklichung" Ohly, AfP 2011, 428, 431.

90 Erd, NVwZ 2011, 19, 20.

die sozialen Netzwerke auch als zweischneidiges Schwert[91] für die Entwicklung der Persönlichkeit bezeichnen.

So wird vor allem angeprangert, dass mit dem Boom der sozialen Netzwerke eine Abstumpfung des Empfindens für Privatheit einhergeht. Es tritt ein gewisser Distanzverlust ein, welcher eine Aufweichung der Trennung des Privaten von der Öffentlichkeit zur Folge hat[92] und es nur noch um das Erregen von Aufmerksamkeit in dem Netzwerk und unter den Kontakten geht.[93] Zwar können sie für die Persönlichkeitsentwicklung und die Meinungs- und Informationsfreiheit durchaus förderlich sein, jedoch nur unter der Voraussetzung, dass mit ihren Funktionen verantwortlich umgegangen wird, da sie ansonsten zu Instrumenten drastischer Beeinträchtigungen der Freiheiten werden, welche sie eigentlich fördern.[94] Soziale Netzwerke und die sie nutzenden User vereinen daher in sich eine, auf den ersten Blick, kaum zu vereinbarende Dichotomie an Bedürfnissen:

> „nach Privatsphäre und Datenschutz einerseits und nach öffentlicher Selbstdarstellung andererseits".[95]

Um die ungebremste Popularität der sozialen Netzwerke zu veranschaulichen und zu verdeutlichen, welche potentiell gefährdete Zielgruppe die vorliegende Untersuchung im Auge hat, sei darauf verwiesen, dass etwa *Facebook* derzeit allein in Deutschland über 25 Millionen Nutzer besitzt.[96] *GooglePlus* gibt eine Gesamtmitgliederzahl von über 90 Millionen Nutzern weltweit an.[97] Die VZ Netzwerke verfügen derzeit über ca. 16 Millionen Mitglieder.[98]

---

91 Marsoof, IJLIT, Vol. 19, No. 2, S. 110.

92 Heckmann, K&R 2010, 770, 771; International Working Group on Data Protection in Telecommunications, Rom-Memorandum, S. 1.

93 Heckmann, K&R 2010, 770, 772; „Form der öffentlichen Selbstdarstellung" Ohly, AfP 2011, 428, 430.

94 Jandt/Roßnagel, MMR 2011, 637.

95 Mainusch/Burtchen, DuD 2010, 448.

96 Http://allfacebook.de/userdata (zuletzt abgerufen am 01.12.2012).

97 Http://investor.google.com/earnings/2011/Q4_google_earnings.html (zuletzt abgerufen am 01.12.2012).

98 Http://www.meinvz.net/l/about_us/1 (zuletzt abgerufen am 01.12.2012).

3.2 Geschäftsmodell

Es ist offensichtlich, dass ein soziales Netzwerk, wie etwa *Facebook* mit 845 Millionen monatlich aktiven Mitgliedern weltweit,[99] seine kostenlosen Dienstleistungen, die Mitarbeiter und technische Infrastruktur finanzieren muss und als Wirtschaftsunternehmen auch Gewinne erzielen möchte.[100]

Dabei stellt Werbung eine wesentliche Einnahmequelle dar.[101] Die Betreiber verkaufen Werbeflächen auf ihren Internetseiten und das Potenzial bzw. die anzubietende Zielgruppe (nämlich die Mitglieder) ist immens. Um diese Werbung so effizient wie möglich platzieren zu können, sind Informationen über die Nutzer, etwa Geschlecht, Alter, Sprache, Wohnort, etc., nötig. Und da es in der Natur der sozialen Netzwerke liegt, dass die Nutzer dort gerade diese Daten im Rahmen ihrer Profilangaben preisgeben und eine Verwendung dieser Daten zur Optimierung von Werbeanzeigen durch Dritte möglich ist, sind diese Angebote für personalisierte Werbung geradezu prädestiniert.

Die Betreiber sind mithin bestrebt, so viele Informationen wie möglich zu erhalten und für den Verkauf an Werbekunden nutzbar machen zu können. Denn damit Werbung eine hohe Effektivität erzielt, ist ein differenziertes Niveau personenbezogener Daten erforderlich. Man spricht bei dieser Art von Werbung, wegen ihrer auf den Empfänger abgestimmten Zielrichtung, auch von personalisierter Werbung.

Die Registrierung zu einem sozialen Netzwerk erfolgt per se kostenlos. Dies darf jedoch nicht über den Austauschcharakter hinwegtäuschen, der der Verbindung zwischen Nutzer und Anbieter zu Grunde liegt. Soziale Netzwerke bieten kommunikative Dienste bzw. weitere Funktionen im Austausch gegen personenbezogene Daten.[102]

---

99 Börsenprospekt der Facebook Inc., S. 1, abrufbar unter http:// www. sec.gov/Archives/edgar/data/1326801/000119312512034517/d287954ds1.htm (zuletzt abgerufen am 01.12.2012).

100 Facebook erwirtschaftete im Geschäftsjahr 2011 einen Umsatz von ca. 3,7 Mrd. US-Dollar, Börsenprospekt der Facebook Inc., S. 9, abrufbar unter http:// www. sec.gov/Archives/edgar/data/1326801/000119312512034517/d287954ds1.htm (zuletzt abgerufen am 01.12.2012).

101 Erd, NVwZ 2011, 19; Marsoof, IJLIT, Vol. 19, No. 2, S. 110, 111; Art. 29 Datenschutzgruppe, Stellungnahme 5/2009 zur Nutzung sozialer Online-Netzwerke, WP 163, S. 5.

102 Erd, NVwZ 2011, 19; Heckmann, K&R 2010, 770, 771; Härting/Schneider, ZRP 2011, 233; Schnabel/Freund, CR 2010, 718; „personal data as their lifeblood“, Data

Natürlich stellt die personalisierte Werbung nicht die einzige Einnahmequelle der Anbieter dar.[103] Jedoch ist diese Einnahmequelle diejenige, die im Bezug auf die Gefahren für das Persönlichkeitsrecht der Nutzer in dem Umgang mit ihren Daten hier untersucht werden soll.

3.3 Rechtliche Risiken

Wie im realen Leben so ergeben sich auch im Internet und gerade in sozialen Netzwerken Gefahren für die Persönlichkeitsrechte der Nutzer. Dabei ist die Besonderheit von Web 2.0 Angeboten, dass Angriffe auf das Persönlichkeitsrecht mit ein paar Klicks durchzuführen sind. Der erforderliche Aufwand schrumpft hier auf ein Minimum, was gleichzeitig die Hemmschwelle oder zumindest das Bewusstsein über das eigene Handeln und die Konsequenzen senkt.

Es gilt dabei zwei Stoßrichtungen zu unterscheiden: Gefahren durch Handlungen der anderen Nutzer und Gefahren durch die Arbeitsweise der Anbieter.

Die Gefahren bestehen dabei in verschiedenen Bereichen. Es kann sich um klassische Verletzungen wie Schmähungen und Beleidigungen handeln, um die Verbreitung und Veröffentlichung von privaten oder anstößigen Fotos und Filmen. Durch die theoretisch mögliche weltweite Verbreitung und Abrufbarkeit von persönlichkeitsrechtsverletzenden Inhalten in sozialen Netzwerken erhalten solche Persönlichkeitsrechtsverletzungen ein besonderes Gewicht.[104] Von solchen Attacken Betroffene können häufig weder die Inhalte noch die Empfänger dieser Inhalte beeinflussen oder kontrollieren[105] und meist erst reagieren, wenn es bereits zu spät ist.

Was jedoch im Rahmen der Nutzung sozialer Netzwerke zu der Gefährdung durch Handlungen anderer Nutzer hinzukommt, ist die intransparente und teilweise auch unzulässige Verwendung der Daten der User, vor allem durch die Diensteanbieter.[106] Verarbeitungsprozesse von Daten laufen im Hintergrund, quasi unsichtbar für die Nutzer ab. Diese Unbeeinflussbarkeit und Unkontrollierbarkeit der Datenströme und ihrer Verarbeitung kann durchaus ein Grund zu

Protection Commissioner, Fn. 4, S. 146; International Working Group on Data Protection in Telecommunications, Rom-Memorandum, S. 3.

103 So werden zudem Verträge mit Anbietern von Apps oder Online-Spielen abgeschlossen.

104 Fierdag, Persönlichkeitsrechte in Zeiten des Web 2.0, S. 51, 56.

105 Jandt/Roßnagel, MMR 2011, 637.

106 Heckmann, K&R 2010, 770, 772.

berechtigter Sorge sein.[107] Es besteht dadurch das Risiko der Datenauswertung und der Zusammenführung von Daten aus dem sozialen Netzwerk zu Persönlichkeits- oder Interessenprofilen, welche verkauft oder auch für eigene Zwecke der Unternehmen genutzt werden.[108]

Aufgrund der technischen Komplexität der sozialen Netzwerke ist es aber vielen Menschen immer noch nicht möglich nachzuvollziehen, was mit ihren Daten geschicht. Viele Internetnutzer verlieren dadurch den Überblick darüber, wer wann und zu welchem Zweck Daten von ihnen speichert oder weitergibt.[109] Eine effektive Ausübung des informationellen Selbstbestimmungsrechts (vor allem eine informierte Einwilligung) scheint dann kaum noch möglich.

Der Rahmen der sozialen Netzwerke, die private Kommunikation mit Freunden, das Teilen von privaten Bildern, Gedanken oder Orten, an denen man sich gerade befindet, suggeriert dabei eine Art von Vertrautheit bzw. Privatheit, die tatsächlich nicht immer gegeben ist.[110] Gerade auch schon im realen Leben gefährdete und von Gesetzes wegen besonders geschützte Personengruppen, wie Kinder und Jugendliche, gehen unbewusst Risiken ein und unterschätzen die Gefahren im Zusammenhang mit der Veröffentlichung von Informationen in sozialen Netzwerken.[111] Die in soziale Netzwerke eingestellten oder gesammelten Daten von Kindern und Jugendlichen, welche sie häufig in ihrem jugendlichen Leichtsinn hinterlassen, betreffen möglicherweise ihr ganzes Leben und werden unter Umständen auch so lange verfügbar sein.[112] Teilweise wird, nicht unberechtigterweise, von einem virtuellen „willentlichen Ausziehen“[113] gesprochen und die freiwillige Preisgabe von Informationen, vor allem in sozialen Netzwerken, als „Sorglosigkeit“ bezeichnet.[114]

Die Krux besteht darin, dass für eine effiziente Teilnahme im sozialen Netzwerk eine virtuelle Öffnung der Persönlichkeit, einschließlich der Preisgabe von Informationen, fast unausweichlich scheint. Wie soll man sich beispielswei-

---

107 Jotzo, MMR 2009, 232; Enquete-Kommission Internet und digitale Gesellschaft, Fn. 6, S. 63.

108 Jandt/Roßnagel, MMR 2011, 637.

109 Entschließung der 82. Konferenz der Datenschutzbeauftragten des Bundes und der Länder, Datenschutz als Bildungsaufgabe, S. 1.

110 Heckmann, K&R 2010, 770, 772; International Working Group on Data Protection in Telecommunications, Rom-Memorandum, S. 2 f.

111 BR-Drs. 156/11, S. 5; Entschließung der 82. Konferenz der Datenschutzbeauftragten des Bundes und der Länder, Datenschutz als Bildungsaufgabe, S. 1.

112 Jandt/Roßnagel, MMR 2011, 637, 638.

113 Hoeren, ZRP 2010, 251, 252.

114 Heckmann, K&R 2010, 770, 772.

se mit seinen Freunden virtuell vernetzen, wann man nicht unter seinem Namen angemeldet und auffindbar ist? Die Kommunikation und Beteiligung am „virtuellen Leben" erfordert eine gewisse Exponierung. Zudem benötigen Informations- und Kommunikationsdienste einige Daten als Grundlage ihrer Funktionen und zur Erbringung des Dienstes, was jedoch auch ein Gefahrenpotenzial bereithält.[115]

Auch verändert sich das Bild von Privatsphäre und Öffentlichkeit durch die Nutzung sozialer Netzwerke.[116] Diese Begriffe besitzen für Persönlichkeitsrechte etwa im Rahmen der Abwägung des Kunsturhebergesetzes (KUG) Relevanz. Ist das soziale Netzwerk bereits Öffentlichkeit? Sind Inhalte, die ich mit Freunden im Netzwerk teile noch privat? Bei wie vielen Freunden liegt die Grenze bzw. gibt es eine Grenze?

Dass rechtliche Risiken bei der Nutzung sozialer Netzwerke be- und entstehen, ist unübersehbar. Wo sie beginnen, durch wen sie erzeugt werden und wie sie sich konkret darstellen, soll nachfolgend untersucht werden.

---

115 CSU-Netzrat, Positionspapier, S. 9.

116 Siehe dazu etwa Ohly, AfP 2011, 428, 430; Worms/Gusy, DuD 2012, 92.

4 Gefahren für das allgemeine Persönlichkeitsrecht

4.1 Vertragsverhältnis zwischen Anbieter und Nutzer

Im ersten Augenblick mag man sich fragen, welche Gefahren sich aus dem Vertragsverhältnis zwischen Anbieter und Nutzer für das allgemeine Persönlichkeitsrecht der User ergeben können. Jedoch soll gezeigt werden, dass bereits auf dieser Ebene Risiken bestehen, die sich auf die Persönlichkeitsrechte auswirken können.

4.1.1 Vertragsschluss

Für eine Registrierung bei einem sozialen Netzwerk müssen die Nutzer verschiedene Angaben zu ihrer Person machen, ein Passwort festlegen und eine E-Mail-Adresse angeben. Zusätzlich müssen sie (meist per Opt-in) bestätigen, dass sie die Nutzungsbedingungen bzw. Allgemeine Geschäftsbedingungen[117] des Anbieters gelesen haben und akzeptieren, ebenso wie die Datenschutzerklärung. Abgeschlossen wird die Registrierung mit dem Erhalt einer E-Mail des Anbieters, welche einen zu bestätigenden Aktivierungslink enthält, wodurch die Echtheit der Registrierung und der angegebenen E-Mail-Adresse verifiziert wird.

Unzweifelhaft kann dabei davon ausgegangen werden, dass durch eine erfolgreiche Registrierung ein Vertragsschluss über einen Nutzungsvertrag[118] zwischen dem Nutzer und dem Anbieter zustande kommt.[119]

Auch im elektronischen Bereich kommt ein Vertrag durch zwei korrespondierende Willenserklärungen, Angebot und Annahme, zustande.[120] Dabei kommt

---

117 Hier sind die durch die Anbieter verwendeten Begriffe verschieden. Nachfolgend wird einheitlich der Begriff Allgemeinen Geschäftsbedingungen (AGB) verwendet.

118 Zur vertragstypologischen Einordnung vgl. etwa Redeker in Hoeren/Sieber, Handbuch Multimediarecht, Kap. 12, Rn. 419 ff.

119 Redeker in Hoeren/Sieber, Handbuch Multimediarecht, Kap. 12, Rn. 422; in Bezug auf Facebook und Google: Härting, CR 2011, 169, 173.

als frühestmöglicher Zeitpunkt für das Angebot zum Vertragsschluss durch den Anbieter das Bereithalten der Internetseite und damit der Möglichkeit der Registrierung und dem Verlangen nach einer Registrierung, unter Anerkennung und Erfüllung seiner Allgemeinen Geschäftsbedingungen und Datenschutzerklärung, in Betracht. Auf Seiten des Anbieters eines sozialen Netzwerks würde ein Angebot unter der aufschiebenden Bedingung (§ 158 Abs. 1 BGB) vorliegen, dass die Registrierungsvoraussetzungen vom Nutzer akzeptiert werden müssen.

Die Annahme dieses Angebots und der Bedingung durch den Nutzer erfolgt dann durch die Registrierung und die Anerkennung der Allgemeinen Geschäftsbedingungen und der Datenschutzerklärung, sowie als letzten Schritt, die Bestätigung des vom Anbieter per E-Mail an den neuen Nutzer zugesandten Aktivierungslinks.[121]

Treffender erscheint es jedoch, das Bereithalten der Internetseite und der Registrierungsmöglichkeit als eine invitatio ad offerendum und damit noch nicht als Vertragsangebot i. S. d. § 145 BGB zu qualifizieren.[122] Denn der Anbieter möchte nicht mit jedem beliebigen Internetnutzer einen Vertrag abschließen und sich bereits in diesem Zeitpunkt rechtlich binden, sondern vielmehr erst mit denjenigen, die den ihnen zugesandten Aktivierungslink anklicken und damit die Registrierung auf der Plattform vollenden und ihr Nutzerkonto aktivieren. Durch die Zusendung einer E-Mail mit einem noch zu bestätigenden Aktivierungslink macht der Anbieter deutlich, dass er sich die Möglichkeit der Ablehnung des Nutzers, auch nach erfolgter Eingabe seiner Daten auf der Internetseite, offen hält. Das Angebot des Anbieters ist in der Zusendung des Aktivierungslinks und die Annahme durch den Nutzer in dem Klick auf diesen Link zu erblicken. Rechtlich ändert sich das Ergebnis (im Vergleich zur Annahme eines bindenden Angebots bereits durch Bereithalten der Internetseite) dadurch jedoch nicht, nämlich dass der Vertrag erst mit der bestätigenden Aktivierung durch den Nutzer zustande kommt. Für die hier bevorzugte Sichtweise spricht zudem, dass der Anbieter mit dem Aktivierungslink seinen richtigen Vertragspartner (über die E-

---

120 Vgl. nur Spindler/Anton in Spindler/Schuster, Vorb. §§ 145 ff. BGB, Rn. 2; Busche in MüKomm/BGB, Vorb. § 145 BGB, Rn. 37.

121 Härting, Internetrecht, S. 145 f., Rz. 597 f.; wohl auch Solmecke/Dam, MMR 2012, 71. Bereits auf den Zeitpunkt der Registrierung auf der Internetseite abstellend: HmbBfDI, Zur aufsichtsrechtlichen Zuständigkeit über den Internet-Dienst Facebook, S. 9.

122 So wohl auch Härting/Schätzle, ITRB 2011, 40, „mit Abschluss des Registrierungsvorgangs"; für Internetseiten allgemein: Spindler/Anton in Spindler/Schuster, Vorb. §§ 145 ff. BGB, Rn. 4; Busche in MüKomm/BGB, Vorb. § 145 BGB, Rn. 38; allgemein zur invitatio ad offerendum vgl. Busche in MüKomm/BGB, § 145 BGB, Rn. 10 ff.

Mail-Adresse) identifizieren möchte und gerade mit ihm der Vertrag geschlossen werden soll. So wird etwa auch in den AGB von *meinVZ*[123] unter Ziff. 2.4 festgelegt:

> „Erst mit Abruf dieses (Aktivierungs-) Links kommt der Vertrag über die Nutzung des Netzwerkes zwischen dem Nutzer und der VZ Netzwerke Ltd zustande."

Auch aus der Sicht des Nutzers spricht für das Vorliegen eines Rechtsbindungswillens erst bei der finalen Aktivierung seines Nutzerkontos durch die bestätigende Aktivierung über den zugesandten Link folgende Überlegung: Sollte sich der User zwischen Registrierung auf der Webseite und Bestätigung der Registrierung über den Link dazu entschließen, doch nicht Mitglied in dem Netzwerk werden zu wollen und den Registrierungsvorgang abbrechen, so ist er sicherlich nicht damit einverstanden, dass der Anbieter die bereits angegebenen Daten aufgrund eines abgeschlossenen Vertrages zu verschiedensten Zwecken nutzen kann, obwohl der User gar nicht Mitglied in dem Netzwerk geworden ist. Entscheidender Anknüpfungspunkt für den (vom objektiven Empfängerhorizont zu bestimmenden)[124] Rechtsbindungswillen des Nutzers und damit das Zustandekommen des Vertrages ist damit die tatsächliche Aktivierung des Nutzerkontos auf der Plattform.

Sollten trotzdem Zweifel an der generellen Rechtsverbindlichkeit der Erklärungen bestehen, so greift die Auslegungsregel der §§ 133, 157 BGB, wonach empfangsbedürftige Willenserklärungen so auszulegen sind, wie sie der Erklärungsempfänger nach Treu und Glauben und Beachtung der Verkehrssitte verstehen musste.[125] Aus Sicht des Nutzers lässt sich für die Verbindlichkeit des Angebots des Anbieters der Wortlaut der Nutzungsbedingungen der Anbieter anführen. So wird etwa bei *Facebook* von *„Erklärung der Rechte und Pflichten"*,[126] in den AGB von *meinVZ* von einem *„Nutzungsvertrag"*[127] und in der Präambel der AGB von *XING* von dem *„Vertrag über die Nutzung der Dienste"*[128] gesprochen.

---

123 Abrufbar unter http://www.meinvz.net/l/terms (zuletzt abgerufen am 01.12.2012).

124 Busche in MüKomm/BGB, § 145 BGB, Rn. 7; Palandt/Ellenberger, § 145 BGB, Rn. 2.

125 Palandt/Ellenberger, § 133 BGB, Rn. 9; Busche in MüKomm/BGB, § 133 BGB, Rn. 12.

126 AGB von Facebook, abrufbar unter http://de-de.facebook.com/legal/terms (zuletzt abgerufen am 01.12.2012).

127 Ziff. 2.5 der AGB von meinVZ, abrufbar unter http://www.meinvz.net/l/terms (zuletzt abgerufen am 01.12.2012).

128 Abrufbar unter http://www.xing.com/terms (zuletzt abgerufen am 01.12.2012).

Aus Sich des Anbieters lässt sich die Zustimmung der Nutzer zu den AGB als Indiz der Rechtsverbindlichkeit werten. Denn der Anbieter geht davon aus, dass jeder neue Nutzer die AGB gelesen hat und damit einverstanden ist. Es ist somit beidseitig ein eindeutiger Wille zum Vertragsschluss vorhanden.

4.1.2 AGB

Alle sozialen Netzwerke verwenden AGB, welche die Rechte und Pflichten der Nutzer und der Betreiber zur Nutzung der jeweiligen Plattform beschreiben und regeln. Dass es sich bei diesen AGB um für eine Vielzahl von Verträgen vorformulierte Vertragsbedingungen handelt, also um AGB i. S. d. § 305 Abs. 1 BGB, dürfte nicht ernsthaft angezweifelt werden und ist auch allgemeine Meinung.[129]

Um das informationelle Selbstbestimmungsrecht wirksam ausüben zu können, sind Informationen und Aufklärungsmaßnahmen durch die Anbieter nötig. Diese Informationen befinden sich in den AGB oder den Datenschutzerklärungen der Betreiber.[130] Da es sich mithin bei der Ausgestaltung und dem Inhalt der AGB um für die Ausübung des Persönlichkeitsrechts wichtige Faktoren handelt,[131] soll nachfolgend zum einen anhand der Betrachtung einzelner Beispiele untersucht werden, ob diese wirksam in den Vertrag zwischen Betreiber und Nutzer einbezogen werden können. Zum anderen besteht ein Verbindungspunkt zwischen den AGB und dem allgemeinen Persönlichkeitsrecht der Nutzer bei der Übertragung von Nutzungsrechten an durch die Nutzer eingestellten medialen Inhalten wie Videos und Fotos, welche bei ungewollter Weiterverbreitung negative Folgen für das Persönlichkeitsrecht der Nutzer haben können.[132]

---

129 Redeker in Hoeren/Sieber, Handbuch Multimediarecht, Kap. 12, Rn. 422; Härting/Schätzle, ITRB 2011, 40; Berberich, MMR 2010, 736, 736 f.; Schröder/Hawxwell, Ausarbeitung des wissenschaftlichen Dienstes des Deutschen Bundestages, WD 3 – 3000 – 306/11 neu, S. 13.

130 Näher dazu unter 4.2.6.1.1.2.

131 Siehe dazu auch: Enquete-Kommission Internet und digitale Gesellschaft, Fn. 6, S. 64.

132 So auch HmbBfDI, Zur aufsichtsbehördlichen Zuständigkeit über den Internet-Dienst Facebook, S. 5.

4.1.2.1 Anwendbares Recht

Zunächst sei hier auf die Frage nach der Anwendbarkeit des deutschen AGB-Rechts (§§ 305 ff. BGB) eingegangen. Dies im Hinblick darauf, dass viele Anbieter ihren Hauptfirmensitz außerhalb des Europäischen Wirtschaftsraums (EWR) haben und so eventuell außerdeutsches Recht zur Anwendung gelangen könnte.

Der Ausgangspunkt für die Bestimmung des geltenden Rechts bei internationalem Bezug ist Art. 3 Abs. 1 S. 1 Rom I-VO, also die Möglichkeit der freien Wahl des Rechts.[133] Die Vorgaben der Rom I-VO gelten dabei auch in Bezug auf einen Vertragsschluss mit einem Vertragspartner, welcher nicht im EWR ansässig ist. Denn nach Art. 2 Rom I-VO findet die Verordnung auch Anwendung, wenn der zweite Staat kein Mitgliedstaat der Europäischen Union (EU) ist.[134] Selbst wenn hier nach Art. 3 Abs. 1 S. 1 Rom I-VO ausländisches Recht gewählt werden sollte, so bleibt doch ein Grundschutz für Verbraucher über die Regelung des Art. 6 Abs. 2 Rom I-VO erhalten.[135] Dies gilt auch in Bezug auf die Vorschriften über den Schutz vor missbräuchlichen AGB (§§ 305 ff. BGB).[136] Der sich anmeldende Nutzer muss also in seiner Eigenschaft als Verbraucher dem sozialen Netzwerk beitreten. Dies wird im Zusammenhang mit der Registrierung bei sozialen Netzwerken meist der Fall sein.[137] Zudem muss nach Art. 6 Abs. 1 b) Rom I-VO die Tätigkeit des Unternehmers auf den Staat, in dem der Verbraucher seinen gewöhnlichen Aufenthaltsort hat, ausgerichtet sein. Das Merkmal deckt sich insoweit mit dem in Art. 15 Abs. 1 c) EuGVVO verwendeten Begriff und wird als Voraussetzung verstanden, welche sich allein aus dem zum Ausdruck gebrachten Willen des Gewerbetreibenden ergibt.[138] Dabei ist unter dem „Ausrichten“ grundsätzlich auch das Bereithalten einer Website zu

133 Spickhoff in Bamberger/Roth, BeckOK BGB, Art. 3 Rom I-VO, Rn. 3; Martiny in MüKomm/BGB, Art. 3 Rom I-VO, Rn. 8; Solmecke/Dam, MMR 2012, 71.

134 Pfeiffer/Weller/Nordmeier in Spindler/Schuster, Art. 2 Rom I-VO, Rn. 1.

135 Martiny in MüKomm/BGB, Art. 6 ROM I-VO, Rn. 43; Spickhoff in Bamberger/Roth, BeckOK BGB, Art. 6 Rom I-VO, Rn. 30.

136 Spickhoff in Bamberger/Roth, BeckOK BGB, Art. 6 Rom I-VO, Rn. 31; Martiny in MüKomm/BGB, Art. 6 ROM I-VO, Rn. 44 m. w. N.

137 Solmecke/Dam, MMR 2012, 71; HmbBfDI, Zur aufsichtsbehördlichen Zuständigkeit über den Internet-Dienst Facebook, S. 8.

138 EuGH, Urt. v. 07.12.2010 – C-585/08, C-144/09 = NJW 2011, 505, Rz. 75; EuGH, Urt. v. 06.09.2012 – C-190/11 = NJW 2012, 3225, Rz. 39; BGH, Urt. v. 28.02.2012 – XI ZR 9/11 = NJW 2012, 1817, Rz. 39.

verstehen.[139] Jedoch wird zusätzlich als Einschränkung dieses sehr weiten Anwendungsbereiches gefordert, dass der Vertrag in die Tätigkeit des Unternehmers fällt (Art. 6 Abs. 1 Rom I-VO). Allein die Existenz oder Nutzung einer auf den Aufenthaltsort des Verbrauchers ausgerichtete Website genügt daher nicht.[140] Die Website muss vielmehr den Abschluss von Verträgen über das Internet ermöglichen.[141] Der Gewerbetreibende muss mit der Website seinen Willen zum Ausdruck gebracht haben, Geschäftsbeziehungen zu Verbrauchern eines oder mehrerer anderer Mitgliedstaaten herzustellen.[142] Für die Annahme eines „Ausrichtens" ist daher zu ermitteln, ob vor dem möglichen Vertragsschluss Anhaltspunkte und Indizien dafür vorlagen, dass der Betreiber der Website Geschäfte mit Verbrauchern tätigen wollte, die in anderen Mitgliedstaaten wohnhaft sind, darunter in dem Mitgliedstaat, in dessen Hoheitsgebiet der jeweilige Verbraucher seinen Wohnsitz hat.[143] Zu diesen Anhaltspunkten gehören alle offenkundigen Ausdrucksformen des Willens des Websitebetreibers, Verbraucher in diesem Mitgliedstaat als Kunden zu gewinnen, wobei insbesondere der internationale Charakter der Tätigkeit, die Verwendung einer anderen Sprache als der in dem Mitgliedstaat der Niederlassung des Betreibers üblicherweise verwendeten Sprache, die Nutzung eines anderen Top-Level Domainnamens als desjenigen des Mitgliedstaates der Niederlassung des Betreibers und etwa die Erwähnung eines internationalen Kundenkreises.[144]

Die hier untersuchten ausländischen Anbieter, *Facebook* und *GooglePlus*, stellen deutschsprachige Seiten unter einer deutschen Internetadresse[145] zur Verfügung. Zudem werden in AGB, welche vor dem Vertragsschluss einsehbar sind, explizit deutsche Nutzer angesprochen, für die bestimmte Sonderregelungen gelten. Zudem ist den sozialen Netzwerken im Internet ihre internationale Tätigkeit inhärent. Deutlich wird deren internationaler Kundenkreis etwa durch die Möglichkeit, sich die jeweiligen Internetseiten in verschiedenen ausländischen Sprachen, wie etwa Spanisch, Italienisch oder Arabisch, anzeigen zu las-

139 Pfeiffer/Weller/Nordmeier in Spindler/Schuster, Art. 6 Rom I-VO, Rn. 16; Martiny in MüKomm/BGB, Art. 6 Rom I-VO, Rn. 33 m. w. N.

140 EuGH, Urt. v. 07.12.2010 – C-585/08, C-144/09 = NJW 2011, 505, Rz. 72; Pfeiffer/Weller/Nordmeier in Spindler/Schuster, Art. 6 Rom I-VO, Rn. 16.

141 Solmecke/Dam, MMR 2012, 71; Pfeiffer/Weller/Nordmeier in Spindler/Schuster, Art. 6 Rom I-VO, Rn. 17 m. w. N.

142 EuGH, Urt. v. 07.12.2010 – C-585/08, C-144/09 = NJW 2011, 505, Rz. 75; BGH, Urt. v. 28.02.2012 – XI ZR 9/11 = NJW 2012, 1817, Rz. 39.

143 EuGH, Urt. v. 07.12.2010 – C-585/08, C-144/09 = NJW 2011, 505, Rz. 76.

144 EuGH, Urt. v. 07.12.2010 – C-585/08, C-144/09 = NJW 2011, 505, Rz. 93.

145 Www.facebook.de und plus.google.com (zuletzt abgerufen am 01.12.2012).

sen. Auch ermöglichen beide Anbieter, wie oben gezeigt, auf ihren deutschsprachigen Seiten den Abschluss eines Nutzungsvertrages.

Zudem stellt man bei einem Blick auf die AGB der Anbieter fest, dass alle, auch die ausländischen, explizit deutsches Recht (mindestens in Bezug auf die AGB) zur Anwendung bringen. So finden sich etwa in Ziff. 10.4 der AGB von *meinVZ* und in Ziff. 12.6 von *XING* Bestimmungen darüber, dass deutsches Recht gilt.

In den AGB von *Facebook* gelangt man über Ziff. 17.3 zu Bestimmungen, welche nur für deutsche Nutzer gelten.[146] Dort heißt es unter Ziff. 2:

> „Ziffer 16.1 wird ersetzt durch: Diese Erklärung unterliegt deutschem Recht.“,

wobei Ziff. 16.1 eigentlich für Streitfälle kalifornisches Recht zur Anwendung bringt. Zwar lässt sich nun fragen, was mit „diese Erklärung“ gemeint ist (nur die AGB oder doch der Vertrag und die Nutzung der Plattform insgesamt). Jedoch muss als Minimum die Geltung deutschen Rechts für „die Erklärung“ i. S. v. den AGB gelten.[147]

Auch GooglePlus stellt für deutsche Nutzer spezielle AGB zur Verfügung.[148] Dort heißt es im Unterpunkt „Über diese Nutzungsbedingungen“: „Diese Nutzungsbedingungen und jegliche Streitigkeiten aus oder im Zusammenhang mit diesen Nutzungsbedingungen unterliegen deutschem Recht. ... Diese Rechtswahl trifft keine Aussage hinsichtlich des Rechts, das auf den jeweiligen Dienst selbst anwendbar ist.“ Auch hier bleibt zunächst unklar, inwieweit nun deutsches Recht auf das gesamte Angebot anwendbar ist. Als Minimum muss jedoch auch hier gelten, dass die AGB deutschem Recht unterliegen sollen, da eine solche Bestimmung über die Geltung deutschen Rechts ansonsten keinen Bezugspunkt und damit keinen Sinn hätte.

146 Abrufbar unter http://www.facebook.com/terms/provisions/german/index.php (zuletzt abgerufen am 01.12.2012).

147 Im Ergebnis so auch LG Berlin, Urteil v. 06.03.2012 – 16 O 551/10 = CR 2012, 270, wenn es die AGB von Facebook einer AGB-Kontrolle nach den §§ 305 ff. BGB unterzieht. Eine andere Frage ist jedoch, ob auch deutsches Datenschutzrecht anwendbar ist. Siehe zur Frage einer möglichen Rechtswahl im Datenschutzrecht unter 4.2.3.3.

148 Abrufbar unter http://www.google.de/policies/terms/regional.html (zuletzt abgerufen am 01.12.2012).

4.1.2.2 Wirksame Einbeziehung der AGB

Damit die AGB der Betreiber von sozialen Netzwerken im Internet Bestandteil des abgeschlossenen Vertrages werden, müssen sie wirksam einbezogen worden sein, § 305 Abs. 2 BGB.

4.1.2.2.1 Ausdrücklicher Hinweis auf AGB, § 305 Abs. 2 Nr. 1 BGB

Dafür muss der Betreiber beim Vertragsschluss mit Verbrauchern zunächst bei der Registrierung ausdrücklich auf die AGB und deren Geltung hinweisen, § 305 Abs. 2 Nr. 1 BGB. Es reicht aus, wenn die AGB über einen deutlich gestalteten Hyperlink aufzurufen sind.[149] Diese Voraussetzung wird von den bekannten sozialen Netzwerken im Internet erfüllt. Auf allen Registrierungsseiten findet sich ein Link mit der Bezeichnung „Nutzungsbedingungen" oder „AGB" der auf eine neue Seite zu den AGB führt. Auch wird dieser Hinweis nicht gestalterisch versteckt. Zwar könnte man bemängeln, dass die Schriftgröße der Hinweise sich zum Teil nicht vom sonstigen Erscheinungsbild der Webseite abhebt. Jedoch wird dieser Makel dadurch abgemildert, dass zumeist eine ausdrückliche Bestätigung der Kenntnisnahme der AGB in Form des Setzens eines Häkchens erforderlich ist, um die Registrierung durchzuführen. Nur auf der deutschsprachigen Seite von *Facebook* fällt auf, dass eine solche Modalität nicht vorgesehen ist. Jedoch ist auch hier der Link zu den AGB deutlich erkennbar.

4.1.2.2.2 Möglichkeit der Kenntnisnahme, § 305 Abs. 2 Nr. 2 BGB

Zudem muss der Kunde in zumutbarer Weise vom Inhalt der AGB Kenntnis nehmen können, § 305 Abs. 2 Nr. 2 BGB. Dies wird im Fall der Registrierung zu einem sozialen Netzwerk durch die Anbieter, wie auch sonst bei den meisten anderen Angeboten im Internet, über einen Link zu einer externen Webseite mit dem eigentlichen Text der AGB gelöst. Damit sind die AGB für den Kunden leicht verfügbar. Die Zurverfügungstellung eines deutlich sichtbaren Links, welcher den Nutzer auf den Inhalt der AGB weiterleitet, ist dabei ausreichend.[150] Dazu gehört auch, dass die AGB für einen Durchschnittskunden mühelos lesbar

149 Härting/Schätzle, ITRB 2011, 40; Berberich, MMR 2010, 736, 737.

150 In Bezug auf Webshops: BGH, Urteil v. 14.06.2006 – I ZR 75/03 = NJW 2006, 2976, Rz. 16; Heckmann in jurisPK-Internetrecht, Kap. 4.2, Rn. 193.

und verständlich sind.[151] Die inhaltliche Verständlichkeit der Klauseln soll nachfolgend im Rahmen des Transparenzgebotes (§ 307 Abs. 1 S. 2 BGB) geprüft werden.[152] Alle sozialen Netzwerke stellen ihren Nutzern die AGB in deutscher Sprache zur Verfügung. Auch sind die AGB strukturiert und werden in angemessener Schriftgröße dargeboten. Zudem werden die AGB nach dem ersten Klick auf den Link angezeigt. Die Kenntnisnahme der AGB gestaltet sich mithin bei den untersuchten Netzwerken einfach und gesetzeskonform.[153]

4.1.2.2.3 Einverständnis, § 305 Abs. 2 BGB

Des Weiteren muss der Nutzer sein Einverständnis mit den AGB erklären, wobei dies auch stillschweigend erfolgen kann.[154] Die Einverständniserklärung kann dabei auch Teil der Annahmeerklärung des Kunden in Bezug auf den abzuschließenden Vertrag sein.[155] In der Praxis der sozialen Netzwerke wird dies meist darüber gelöst, dass im Rahmen der Registrierung in Form eines Textes darauf hingewiesen wird, dass der Nutzer mit der Registrierung erklärt, mit den AGB einverstanden zu sein. Dies erfüllt die Voraussetzung des § 305 Abs. 2 BGB. Dadurch erklärt der Nutzer durch seine Registrierung und damit der Inanspruchnahme des Dienstes konkludent sein Einverständnis in die AGB.[156]

4.1.2.2.4 Überraschende Klauseln, § 305c Abs. 1 BGB

Noch vor der Inhaltskontrolle können einzelne Klauseln nicht Vertragsbestandteil werden, wenn sich diese als überraschend und so ungewöhnlich darstellen, dass der Nutzer nicht mit ihnen rechnen muss.

---

151 Palandt/Grüneberg, § 305 BGB, Rn. 37; Pfeiffer in Wolf/Lindacher/Pfeiffer, AGB-Recht, § 305 BGB, Rn. 88.

152 So auch Härting, Internetrecht, S. 109, Rz. 446; zu der Überlagerung von der Transparenzkontrolle im Rahmen der Einbeziehungs- und Inhaltskontrolle vgl. Lindacher in Wolf/Lindacher/Pfeiffer, AGB-Recht, § 305c BGB, Rn. 11 ff.

153 A. A. in Bezug auf die Deutlichkeit des Hinweises bei Facebook, HmbBfDI, Zur aufsichtsbehördlichen Zuständigkeit über den Internet-Dienst Facebook, S. 11.

154 Palandt/Grüneberg, § 305 BGB, Rn. 41; Becker in Bamberger/Roth, BeckOK BGB, § 305 BGB, Rn. 66; Basedow in MüKomm/BGB, § 305 BGB, Rn. 87.

155 Pfeiffer in Wolf/Lindacher/Pfeiffer, AGB-Recht, § 305 BGB, Rn. 104; Basedow in MüKomm/BGB, § 305 BGB, Rn. 87.

156 Siehe auch Pfeiffer in Wolf/Lindacher/Pfeiffer, AGB-Recht, § 305 BGB, Rn. 105; Solmecke/Dam, MMR 2012, 71, 72.

Dabei muss es sich um eine objektiv ungewöhnliche Klausel handeln, was nach den Gesamtumständen des Vertrages zu beurteilen ist.[157] Ungewöhnlichkeit kann sich beispielsweise aus der Unvereinbarkeit mit dem Leitbild des Vertrages oder einer erheblichen Abweichung vom dispositiven Recht ergeben.[158] Die Unüblichkeit bezieht sich dabei auf den Inhalt der jeweiligen Klausel.[159] Zwischen Vertragsinhalt und der begründeten Erwartung des Nutzers muss eine deutliche Diskrepanz bestehen.[160] Neben „ungewöhnlich" muss dazu kommen, dass der andere Teil mit der Klausel „nicht zu rechnen braucht". Der Klausel muss ein Überrumpelungs- und Übertölpelungseffekt innewohnen.[161] Dabei ist auf den Erwartungshorizont des Erklärungsempfängers, also des vertragstypischen Kundenkreises, abzustellen.[162] Es ist zu fragen, welche Vorstellungen und Erwartungen der Kunde vom Inhalt des Vertrages haben darf und ob von dieser Erwartung auf ungewöhnliche Weise abgewichen wird.[163]

4.1.2.2.4.1 Einräumung von Nutzungsrechten

Dabei stehen in Bezug auf Gefahren für die Persönlichkeitsrechte der Nutzer vor allem Klauseln der Diensteanbieter-AGB im Fokus, die ihnen Nutzungsrechte an den hochgeladenen (medialen) Inhalten einräumen sollen. Es gilt jedoch zu differenzieren: für die wirksame Funktion und Nutzung des Dienstes ist die Einräumung gewisser (urheberrechtlicher) Nutzungsrechte unerlässlich. Etwa zur Speicherung der Inhalte auf den Servern des Anbieters oder zur Verbreitung innerhalb des Netzwerkes. Eine Grenze muss dort gezogen werden, wo Klauseln über diese Grundnutzungsrechte hinausgehen und den Betreibern Rechte einräumen, die diese zur Bereitstellung der Funktionen des sozialen Netzwerkes

157 Palandt/Grüneberg, § 305c BGB, Rn. 3; H. Schmidt in Bamberger/Roth, BeckOK BGB, § 305c BGB, Rn. 14.

158 Palandt/Grüneberg, § 305c BGB, Rn. 3; für weitere Beispiele siehe Lindacher in Wolf/Lindacher/Pfeiffer, AGB-Recht, § 305c BGB, Rn. 18.

159 BGH, Urteil v. 09.12.2009 – XII ZR 109/08 = NJW 2010, 671, Rz. 12; Lindacher in Wolf/Lindacher/Pfeiffer, AGB-Recht, § 305c BGB, Rn. 26; Basedow in MüKomm/BGB, § 305c BGB, Rn. 9.

160 Lindacher in Wolf/Lindacher/Pfeiffer, AGB-Recht, § 305c BGB, Rn. 18; Basedow in MüKomm/BGB, § 305c BGB, Rn. 5.

161 Palandt/Grüneberg, § 305c BGB, Rn. 4; Lindacher in Wolf/Lindacher/Pfeiffer, AGB-Recht, § 305c BGB, Rn. 2; Basedow in MüKomm/BGB, § 305c BGB, Rn. 10.

162 H. Schmidt in Bamberger/Roth, BeckOK BGB, § 305c BGB, Rn. 14; Basedow in MüKomm/BGB, § 305c BGB, Rn. 6 jeweils m. w. N.

163 Basedow in MüKomm/BGB, § 305c BGB, Rn. 5.

nicht benötigen. Mit Klauseln, welche dem Anbieter inhaltlich, örtlich oder zeitlich mehr Nutzungsrechte einräumen, als für die Bereitstellung des Dienstes erforderlich sind, muss ein Nutzer grundsätzlich nicht rechnen und diese können gegen § 305 c Abs. 1 BGB verstoßen.[164]

Nötig für die Funktion eines sozialen Netzwerkes und damit für eine Rechteeinräumung üblich und für den typischen Kundenkreis vorhersehbar, sind dabei folgende Nutzungsrechte:[165] Das Vervielfältigungsrecht nach § 16 Abs. 1 UrhG, da mediale Inhalte auf Servern gespeichert werden müssen und im Zuge dessen auch Kopien der eingestellten Werke hergestellt werden.[166] Das Recht der öffentlichen Zugänglichmachung nach § 19a UrhG, um die Inhalte auf der Plattform der Öffentlichkeit (je nach Einstellung in dem Profil des Nutzers) darbieten zu können, sowie das Bearbeitungs- und Umgestaltungsrecht nach § 23 UrhG, soweit man die Meinung vertritt, dass, bei einer Verkleinerung oder Anpassung hochgeladene Fotos für eine Vorschaufunktion innerhalb des Netzwerkes durch den Anbieter, eine Umgestaltung gegeben ist.[167]

4.1.2.2.4.1.1 GooglePlus

In den Nutzungsbedingungen von *GooglePlus*[168] findet sich unter der Überschrift „Inhalte in unseren Diensten" folgende Klausel:

> „Indem Sie urheberrechtlich oder sonst rechtlich geschützte Inhalte in unsere Dienste einstellen, räumen Sie Google und den zur Google Gruppe gehörenden Unternehmen sowie den Vertragspartnern von Google unentgeltlich die notwendigen, nicht ausschließlichen, weltweiten und zeitlich unbegrenzten Rechte ein, diese In-

---

164 Stoffels in Wolf/Lindacher/Pfeiffer, AGB-Recht, Klauseln, Rn. U25; Solmecke/Dam, MMR 2012, 71, 72.

165 Siehe zu den erforderlichen Nutzungsrechten auch Redeker in Hoeren/Sieber, Handbuch Multimediarecht, Kap. 12, Rn. 432; Solmecke/Dam, MMR 2012, 71, 72; Härting/Schätzle, ITRB 2011, 40, 42; Berberich, MMR 2010, 736, 737; allgemein zu Urheberrechten an User-generated Content vgl. etwa Reinemann/Remmertz, ZUM 2012, 216.

166 S. Ernst in Hoeren/Sieber, Handbuch Multimediarecht, Kap. 7.1, Rn. 55; Wiebe in Spindler/Schuster, § 16 UrhG, Rn. 4.

167 Dies wurde für sog. Thumbnails im Rahmen der Nutzung von Suchmaschinen durch den BGH abgelehnt, BGH, Urteil v. 29.04.2010 – I ZR 69/08 = ZUM 2010, 580, Rz. 22; ebenso etwa Spindler, GRUR 2010, 785, 786; Schack, MMR 2008, 414, 415; a. A. etwa Schulze in Dreier/Schulze, UrhG, § 23 UrhG, Rn. 7.

168 Abrufbar unter http://www.google.de/policies/terms/regional.html (zuletzt abgerufen am 01.12.2012).

> halte ausschließlich zum Zweck der Erbringung des jeweiligen Dienstes und lediglich in dem dafür nötigen Umfang zu nutzen.... Bestimmte Dienste können zusätzlichen Bedingungen unterliegen, welche die Einräumung weiterer Rechte vorsehen..."

Die einschlägigen einzuräumenden Nutzungsrechte werden nur teilweise benannt, jedoch wird darauf hingewiesen, dass die Rechte sich nur auf die Erbringung des Dienstes beziehen. Angesprochen werden zum einen das Recht zur Vervielfältigung sowie das Recht zur öffentlichen Zugänglichmachung. Der Hinweise auf die Einräumung des Bearbeitungsrechts der eingestellten Inhalte fehlt jedoch völlig. Kritisch zu betrachten ist zudem die zeitliche Unbegrenztheit der Einräumung. So wäre eine Nutzung der eingestellten Inhalte auch nach Beendigung des Vertragsverhältnisses denkbar, natürlich nur in Bezug auf die Erbringung des Dienstes. Sollten Inhalte aufgrund dessen jedoch auch nach dem Ende des Vertragsverhältnisses genutzt werden, so lässt sich bezweifeln, dass etwa Bilder eines nicht mehr registrierten Nutzers zum Zwecke der Erbringung des Dienstes erforderlich sind. Zudem geht die Rechteeinräumung soweit, sogar Vertragspartnern und zur *Google* Gruppe gehörenden Unternehmen[169] diese Rechte einzuräumen, also Dritten, mit welchen der Nutzer in keinem Vertragsverhältnis steht. In Bezug darauf wird nicht aufgeklärt, wer diese Vertragspartner sind und zu welchem Zweck die Rechte weitergegeben und genutzt werden können. Zuletzt wird darauf hingewiesen, dass für bestimmte Dienste die Einräumung weiterer Nutzungsrechte erforderlich sein kann. Dabei bleibt völlig offen, was unter „zusätzlichen Diensten" zu verstehen ist und welche Rechte davon betroffen sind. Die zeitlich unbegrenzte Einräumung sowie die Einräumung der Nutzungsrechte an Dritte und die Offenheit der Bedingungen für eine Weiterübertragung sprechen für eine Unüblichkeit der Rechteeinräumung bei der Nutzung von *GooglePlus*, mit der ein Nutzer grundsätzlich nicht zu rechnen braucht. Die Nutzer registrieren sich bei *GooglePlus* und keinem dritten Dienst. Für die User ist es üblich und vorhersehbar, dass von ihnen eingestellte Inhalte durch den Anbieter gespeichert und auf der Plattform auch verbreitet werden. Eine Nutzung von Inhalten etwa nach einer Löschung des Profils oder eine Nutzung von medialen Inhalten durch dritte Parteien muss der typische Vertragspartner jedoch nicht erwarten.

---

169 Vgl. dazu die Auflistung der Tochtergesellschaften von Google Inc. im jährlichen Bericht der US Börsenaufsichtsbehörde (SEC), abrufbar unter http:// www.sec.gov/Archives/edgar/data/1288776/000119312510030774/dex2101.htm (zuletzt abgerufen am 01.12.2012).

4.1.2.2.4.1.2 Facebook

Unter Ziff. 2 Nr. 1 der AGB von *Facebook*[170] findet sich folgender Passus:

> „Für Inhalte wie Fotos und Videos („IP-Inhalte"), die unter die Rechte an geistigem Eigentum fallen, erteilst du uns durch deine Privatsphäre- und Anwendungseinstellungen die folgende Erlaubnis: Du gibst uns eine nicht-exklusive, übertragbare, unterlizenzierbare, gebührenfreie, weltweite Lizenz für die Nutzung jeglicher IP-Inhalte, die du auf oder im Zusammenhang mit Facebook postest („IP-Lizenz"). Diese IP-Lizenz endet, wenn du deine IP-Inhalte oder dein Konto löschst, außer deine Inhalte wurden mit anderen Nutzern geteilt und diese haben die Inhalte nicht gelöscht."

Zudem gilt für Nutzer mit Wohnsitz in Deutschland über Ziff. 17.3 der AGB die folgende ergänzende Regelung:[171]

> „Ziffer 2 gilt mit der Maßgabe, dass unsere Nutzung dieser Inhalte auf die Verwendung auf oder in Verbindung mit Facebook beschränkt ist."

Durch den Zusatz wird ersichtlich versucht, die Rechteeinräumung auf die für die Funktion der Plattform nötigen Nutzungsrechte zu beschränken.[172] Jedoch fehlt es hier an einer Konkretisierung dieser Nutzungsrechte. „*Verwendung auf oder in Verbindung mit Facebook*" stellt sich dabei als eine sehr weite und kaum zu fassende Formulierung dar, da nicht erläutert wird, welche Verbindung (Geschäftskontakte, Tochtergesellschaften) zu *Facebook* bestehen muss, um eine Nutzung von eingestellten Inhalten zu legitimieren.

Aber auch die Regelung unter Ziff. 2 Nr. 1 der AGB kann nicht frei von Bedenken bleiben. So ist auf den ersten Blick zu begrüßen, dass Inhalte nach deren Löschung oder des Kontos entfernt werden (eine ähnliche Formulierung fehlt etwa in den AGB von *GooglePlus* in Bezug auf alle Nutzungsrechte). Jedoch wird die dort benannte Ausnahme die Regel sein. Es ist gerade Sinn und Zweck des sozialen Netzwerkes Informationen mit seinen Freunden zu teilen. Man möchte etwa ein paar Urlaubsbilder zeigen oder auch Fotos von der eigenen Hochzeit. Man teilt seine Inhalte. Löscht man nun sein Konto, so kann *Facebook* nach seinen AGB trotzdem weiter, zeitlich unbegrenzt, diese Inhalte nutzen, außer die anderen Nutzer hätten diese Inhalte gelöscht, was sie natürlich gar nicht können, da sie diese Inhalte nicht eingestellt haben. Somit besteht im End-

---

170 Abrufbar unter http://de-de.facebook.com/legal/terms (zuletzt abgerufen am 01.12.2012).

171 Abrufbar unter http://www.facebook.com/terms/provisions/german/index.php (zuletzt abgerufen am 01.12.2012).

172 Solmecke/Dam, MMR 2012, 71, 73.

effekt bei der typischen Nutzung von *Facebook* und seiner Funktionen ein Nutzungsrecht an eingestellten Inhalten, welches selbst nach Löschung des Kontos und damit Beendigung des Vertrages, nicht erlischt. Eine derartig weitgehende Rechteeinräumung kann ein Nutzer nicht erwarten und sie muss daher als unüblich angesehen werden.[173]

4.1.2.2.4.1.3 XING und meinVZ

In den AGB der untersuchten deutschen Anbieter finden sich keine Hinweise auf eine Rechteeinräumung durch den Nutzer. Daher kann die Prüfung einer überraschenden Klausel in Bezug auf eingeräumte Nutzungsrechte unterbleiben.

4.1.2.2.4.1.4 Ausnahme: Branchenüblichkeit

Der für § 305 c Abs. 1 BGB nötige Überrumpelungseffekt könnte jedoch dann entfallen, wenn die Nutzer heutzutage mit derartigen Klauseln in den AGB der Anbieter rechnen müssten. Diese Ausnahme wird unter dem Begriff der Branchenüblichkeit diskutiert.[174] Eine Branchenübung könnte dabei gegen eine Überrumpelung sprechen, weil der Vertragspartner mit derartigen Klauseln dann zu rechnen hätte.[175] Jedoch darf die Üblichkeit nicht schon allein aufgrund der millionenfachen Verwendung der Klausel und damit mit ihrer tatsächlichen Verbreitung begründet werden.[176]

Anhand der hier überprüften Klauseln ist festzustellen, dass es schon keine einheitliche Branchenübung gibt. Zwei Anbieter verwenden Klauseln zur Rechteeinräumung, zwei andere hingegen nicht. Von dem Nutzer zu verlangen, dass er weiß bei welchem Anbieter welche Klauseln üblich sind, ist realitätsfern. Zudem gehen die bestehenden Klauseln in ihrer inhaltlichen Ausgestaltung und dem Umfang unterschiedlich weit, sei es etwa zeitlich oder auch hinsichtlich der beabsichtigten Übertragung der Nutzungsrechte. Man könnte zwar argumentieren, dass die Einräumung von Nutzungsrechten zur Erbringung der Dienste grundsätzlich notwendig und damit zu erwarten ist. Daraus sollte jedoch nicht gefolgert werden, dass damit jedwede Rechteeinräumung von einer Branchen-

173 Vgl. auch Piltz, CR 2012, 274, 275.
174 Solmecke/Dam, MMR 2012, 71, 72.
175 J. B. Nordemann in Loewenheim, Handbuch des Urheberrechts, § 60, Rn. 18a.
176 P. Ulmer/C. Schäfer in Ulmer/Brandner/Hensen, AGB-Recht, § 305c BGB, Rn 14.

übung der sozialen Netzwerke gedeckt sei, denn die Realität stellt sich wie gezeigt nicht derart einheitlich dar, dass alle Anbieter sich genau die gleichen und inhaltlich sich entsprechenden Rechte einräumen lassen. Auch dies spricht gegen das Vorliegen einer Branchenübung.[177]

4.1.2.2.4.2 Zwischenergebnis zur Einräumung von Nutzungsrechten

Wie gezeigt, enthalten die meisten untersuchten AGB Klauseln zur Rechteeinräumung, welche in ihrer Weite für den durchschnittlichen Nutzer überraschend und unüblich sind. Dass Nutzungsrechte im Zuge der Nutzung sozialer Netzwerke eingeräumt werden müssen, ist verständlich. Jedoch darf diese Notwendigkeit durch die Anbieter nicht dafür genutzt werden, um sich weitreichende, über das Nutzungsverhältnis hinausgehende Nutzungsrechte an eingestellten Inhalten zu sichern. Eine solche Einräumung ist mit der Funktionalität des Netzwerkes nicht begründbar. Die untersuchten Klauseln von *Facebook* und *Google* verstoßen gegen § 305c Abs. 1 BGB.[178]

Die Rechtsfolge eines Verstoßes einzelner Klauseln gegen § 305c Abs.1 BGB ist deren Nichteinbeziehung in den Vertrag zwischen Nutzer und Anbieter, § 306 Abs. 1 BGB.[179] An die Stelle der nicht wirksam einbezogenen Klausel treten dann die gesetzlichen Vorschriften (§ 306 Abs. 2 BGB) und in Bezug auf Nutzungsrechte vor allem die Zweckübertragungslehre des § 31 Abs. 5 UrhG.[180]

4.1.2.2.5 Thesen

Überraschende Klauseln in AGB sind kein Phänomen, welches allein im Internet auftaucht. Jedoch besteht gerade dort aufgrund seiner Schnelligkeit und der Einfachheit eines Vertragsschlusses und der Bedienung von Webseiten die Gefahr, dass Nutzer aus Bequemlichkeit und Gewohnheit AGB nicht wahrnehmen oder nur überfliegen. Jedoch darf dies die Anbieter nicht davon abhalten, gerade in Bezug auf persönlichkeitsrechtlich relevante Inhalte, von ihren Kunden nur

177 A. A.: Berberich, MMR 2010, 736, 737.

178 Vgl. dazu auch LG Nürnberg-Fürth, Urteil v. 04.02.2011 – 4 HK O 9301/10 = MMR 2011, 588, 589, überraschende Klausel in den AGB von Amazon in Bezug auf die Einräumung von Nutzungsrechten.

179 Solmecke/Dam, MMR 2012, 71, 72.

180 Aus Gründen der Übersichtlichkeit und zur Vermeidung einer Wiederholung werden die Ausführungen zur Anwendung der Zweckübertragungslehre und ihre Folgen unter 4.1.2.3.1.2 besprochen.

soviel einzufordern wie dies zur Erbringung ihres Dienstes erforderlich ist. Das Kapital der Anbieter sind ihre Kunden. Sollte jedoch das Vertrauen in den Umgang mit von den Nutzern eingestellten Inhalten schwinden oder sich gar völlig auflösen, so ist es wohl nur eine Frage der Zeit, bis es auch zu einer Kundenreduzierung und –abwanderung kommt.

Die Anbieter sollten in ihren AGB genau festlegen, welche Rechte sie benötigen, um ihren Dienst zu erbringen.[181] Zudem muss darüber aufgeklärt werden, was mit den Rechten geschieht. Dabei ist eine Sprache zu verwenden, welche dem Durchschnittskunden (der sicher keine juristische Vorbildung besitzt) deutlich macht, wie weit die Rechte reichen. Es gilt der Grundsatz, dass es nicht als überraschend gewertet werden kann, wenn sich die Anbieter Rechte an Inhalten einräumen lassen, um ihren Dienst und seine Funktionen anzubieten. Eine Erweiterung der Rechteeinräumung auf Dritte muss dabei vermieden werden, da Nutzer nur mit dem Anbieter Kontakt haben und auf dessen Webseite Inhalte einstellen.

4.1.2.3 Inhaltskontrolle, §§ 307 ff. BGB

Falls man im Rahmen der Prüfung einer wirksamen Einbeziehung der obenstehenden Klauseln dennoch zu dem Ergebnis gelangt, dass diese Vertragsbestandteil geworden sind, so unterfallen diese Klauseln danach der Inhaltskontrolle nach §§ 307 ff. BGB.

Dabei ist Gegenstand und Maßstab der Inhaltskontrolle der gegebenenfalls durch Auslegung zu ermittelnde objektive Inhalt der Klausel.[182] Durch die Generalklausel des § 307 Abs. 1 S. 1 BGB wird der maßgebliche Unwirksamkeitsgrund als die im Widerspruch zu Treu und Glauben stehende unangemessene Benachteiligung herausgestellt.[183] Die Annahme einer unangemessenen Benachteiligung i. S. d. § 307 BGB setzt dabei jedoch keineswegs einen Verstoß gegen speziellere Gesetze voraus, da die Anforderungen des § 307 BGB vielmehr selbst eine zentrale Vorschrift des Verbraucherschutzes darstellt.[184]

181 Ebenso: Redeker in Hoeren/Sieber, Handbuch Multimediarecht, Kap. 12, Rn. 433.
182 Palandt/Grüneberg, § 307 BGB, Rn. 8; Stoffels, AGB-Recht, Rn. 461.
183 Wolf in Wolf/Lindacher/Pfeiffer, AGB-Recht, § 307 BGB, Rn. 74.
184 Breyer, MMR 2006, 407, 408.

4.1.2.3.1.1 Transparenzgebot, § 307 Abs. 1 S. 2 BGB

Das Transparenzgebot soll grundsätzlich Klarheit und Überschaubarkeit über die Vertragsbedingungen herstellen.[185] Es betrifft zum einen die äußere Gestaltung der AGB, wie etwa die Unübersichtlichkeit, Verschleierung und das Verstecken nachteiliger Klauseln.[186] Jedoch muss auch der Inhalt möglichst weitgehend konkretisiert werden, so dass der Vertragspartner seine Rechte und Pflichten dem Vertragstext mit größtmöglicher Bestimmtheit entnehmen kann.[187] Es besteht ein Gebot der Klarheit und Verständlichkeit für den Verwender der AGB.[188] Teil des Transparenzgebotes ist auch das Bestimmtheitsgebot, wonach keine ungerechtfertigten Beurteilungsspielräume für den Verwender der AGB entstehen dürfen.[189] Als Maßstab gilt dabei der für die jeweilige Vertragsart typische Durchschnittskunde.[190] Eine Klausel ist dann unwirksam, wenn sich aus dem Verstoß gegen das Transparenzgebot eine unangemessene Benachteiligung für die Kunden ergibt.[191]

Auch mit Blick auf das Transparenzgebot sollen nachfolgend nur die Klauseln überprüft werden, welche sich mit der Einräumung von Nutzungsrechten an die Anbieter befassen.

4.1.2.3.1.1.1 GooglePlus

In der betreffenden Klausel von *GooglePlus* fällt auf, dass Nutzungsrechte nicht nur *Google* selbst sondern auch

---

185 Wolf in Wolf/Lindacher/Pfeiffer, AGB-Recht, § 307 BGB, Rn. 235.

186 Wurmnest in MüKomm/BGB, § 307 BGB, Rn. 58.

187 Wurmnest in MüKomm/BGB, § 307 BGB, Rn. 59; Stoffels, AGB-Recht, Rn. 569; zu der Unwirksamkeit einer Klausel in Bezug auf die Einräumung von Nutzungsrechten im Zusammenhang mit der Nutzung einer Suchmaschine, vgl. LG Hamburg, Urteil v. 07.08.2009 – 324 O 650/08 = CR 2010, 53, 56.

188 Wolf in Wolf/Lindacher/Pfeiffer, AGB-Recht, § 307 BGB, Rn. 253.

189 Wolf in Wolf/Lindacher/Pfeiffer, AGB-Recht, § 307 BGB, Rn. 258; Stoffels, AGB-Recht, Rn. 571; Wurmnest in MüKomm/BGB, § 307 BGB, Rn. 59.

190 Wolf in Wolf/Lindacher/Pfeiffer, AGB-Recht, § 307 BGB, Rn. 245; Wurmnest in MüKomm/BGB, § 307 BGB, Rn. 62.

191 Wolf in Wolf/Lindacher/Pfeiffer, AGB-Recht, § 307 BGB, Rn. 250; Stoffels, AGB-Recht, Rn. 564; Palandt/Grüneberg, § 307 BGB, Rn. 20; Härting, Internetrecht, S. 112, Rz. 463.

> „den zur Google Gruppe gehörenden Unternehmen sowie den Vertragspartnern von Google“

eingeräumt werden. Zudem wird darauf verwiesen, dass

> „Bestimmte Dienste zusätzlichen Bedingungen unterliegen können, welche die Einräumung weiterer Rechte vorsehen.“

In diesen Bestimmungen liegt ein Verstoß gegen das Bestimmtheitsgebot, da nicht aufgeklärt wird, welche weiteren Rechte gemeint sind und welche Dienste davon betroffen sind. Es fehlt an einer inhaltlichen Konkretisierung, wodurch den Nutzern die Möglichkeit genommen wird zu entscheiden, ob sie einer derart weitreichenden Klausel zustimmen möchten. Zudem bleibt völlig unklar, welche Arten von Vertragspartnern gemeint sind. So könnte man sich etwa vorstellen, dass dies auch Werbepartner sind, welche mit den Profilfotos der Nutzer in der Öffentlichkeit für das soziale Netzwerk Werbung schalten möchten. Hier besteht auf der Seite von *Google* ein völlig unüberschaubarer Beurteilungsspielraum. Die Klausel zur Rechteeinräumung bei *GooglePlus* verstößt folglich gegen das Transparenzgebot aus § 307 Abs. 1 S. 2 BGB. Hieraus ergibt sich eine unangemessen Benachteiligung für die Nutzer in der Gestalt, dass sie nicht abschätzen können, wie und von wem ihre eingestellten Inhalte genutzt werden. Allein die Begrenzung der eingeräumten Nutzungsrechte auf den

> „Zweck der Erbringung des jeweiligen Dienstes und lediglich in dem dafür nötigen Umfang zu nutzen“

beseitigt diese Unklarheiten nicht. Ein einfaches Beispiel: Zum Zweck der Erbringung des Dienstes könnte *Google* zutreffenderweise argumentieren, dass es Einnahmen generieren und auf den Dienst öffentlich aufmerksam machen muss. Dies geschieht durch Werbung, etwa auch mit den eingestellten Fotos der Nutzer. Ob dies von den Nutzern gewollt ist und aus den Bestimmungen der AGB erkennbar ist, darf mehr als bezweifelt werden.

4.1.2.3.1.1.2 Facebook

In ähnlicher Weise lässt sich in Bezug auf die einschlägigen Klauseln bei *Facebook* argumentieren. Diese gehen in ihrer Unbestimmtheit jedoch noch weiter, da nur von der *„Nutzung“* der eingestellten Inhalte gesprochen wird. Was diese Nutzung ist, etwa auch eine kommerzielle, bleibt völlig offen. Auch der Zusatz *„in Verbindung mit Facebook“* lässt einen überaus großen Interpretationsspielraum für den Anbieter bestehen, welcher für einen Verstoß gegen das Transparenzgebot spricht. Die Nutzer haben keinen Überblick, für welche Zwecke ihre Inhalte „*in Verbindung mit Facebook*" genutzt werden.[192] Es fehlt an griffigen Kriterien, unter denen der Anbieter diese Nutzung der eingestellten Inhalte ermöglichen will und welche den Usern vor Augen führen würden, wie ihre Inhalte genutzt werden. Eine wirksame Ausübung ihrer Rechte, sowohl zur Einräumung der entsprechenden Nutzungsrechte aber etwa auch in Bezug auf deren Widerruf, scheint so ausgeschlossen. Mithin verstoßen auch die überprüften Klauseln von *Facebook* aufgrund ihrer inhaltlichen Unbestimmtheit gegen das Transparenzgebot und benachteiligen die Nutzer in einer unangemessenen Art und Weise.[193]

4.1.2.3.1.1.3 XING und meinVZ

Die deutschen Netzwerke besitzen durchgehend keine eigenen Klauseln zu der Einräumung von Nutzungsrechten an eingestellten Inhalten. Eine Kontrolle in Bezug auf das Transparenzgebot kann folglich nicht erfolgen.

4.1.2.3.1.2 Mit wesentlichen Grundgedanken der gesetzlichen Regelung nicht zu vereinbaren, § 307 Abs. 2 Nr. 1 BGB

Nicht jede, sondern nur die mit den wesentlichen Grundgedanken nicht zu vereinbarende Abweichung, erfüllt die Voraussetzung des § 307 Abs. 2 Nr. 1.[194] Dabei knüpft § 307 Abs. 2 Nr. 1 BGB an den Grundsatz an, dass den Vorschriften des dispositiven Rechts eine Leitbildfunktion zukommt, von denen nicht abgewichen werden darf.[195]

In Bezug auf die bereits oben angesprochenen Klauseln zur Rechteübertragung fragt sich nun, welches das gesetzliche Leitbild ist, von dem eventuell abgewichen wird. Einschlägig könnte insofern die Zweckübertragungslehre nach § 31 Abs. 5 UrhG sein.[196]

---

192 Vgl. auch Solmecke/Dam, MMR 2012, 71, 73.

193 So auch Wieczorek, WRP 2012, 539, 541.

194 Palandt/Grüneberg, § 307 BGB, Rn. 31; H. Schmidt in Bamberger/Roth, BeckOK BGB, § 307 BGB, Rn. 55; Solmecke/Dam, MMR 2012, 71, 72.

195 Palandt/Grüneberg, § 307 BGB, Rn. 28; H. Schmidt in Bamberger/Roth, BeckOK BGB, § 307 BGB, Rn. 52; Wurmnest in MüKomm/BGB, § 307 BGB, Rn. 65.

196 So auch Nationaler IT Gipfel 2011, Arbeitsgruppe 5, 11 Tipps für einen sicheren Umgang mit sozialen Netzwerken, S. 8.

Warum ist diese Regel anwendbar, wenn doch in einigen der Klauseln die einzuräumenden Nutzungsrechte aufgeführt werden? Die Klauseln könnten über das gesetzliche Leitbild hinausgehen und die Zweckübertragungslehre nicht nur als Auslegungsregel, sondern auch im Rahmen der Inhaltskontrolle zu berücksichtigen sein (als wesentlicher Grundgedanke einer gesetzlichen Regelung), also auch bei solchen Klauseln zur Rechteeinräumung, in denen die einzelnen Rechte bezeichnet werden.[197]

Grundsätzlich bestimmt sich die Frage, in welchem Umfang ein Urheber Nutzungsrechte eingeräumt hat, nach dem Vertragsinhalt.[198] Werden die eingeräumten Nutzungsrechte inhaltlich und im Umfang exakt bezeichnet, gibt es für die Zweckübertragungslehre keinen Raum und ihr Umfang bestimmt sich nach dem festgelegten Inhalt.[199] Schweigt sich der Vertrag jedoch hinsichtlich der Nutzungsrechte komplett aus oder bestehen Unklarheiten diesbezüglich, so kann nach dem hinter § 31 Abs. 5 S. 1 UrhG stehenden Prinzip davon ausgegangen werden, dass nur diejenigen Nutzungsrechte eingeräumt werden, welche die Erreichung des Vertragszwecks ermöglichen.[200] Maßgebend hierbei ist dann der durch Auslegung zu ermittelnde Vertragszweck.[201] Bei fehlender Bezeichnung der Nutzungsrechte können diese auch stillschweigend eingeräumt werden.[202] Dann ist im Wege der Auslegung zu ermitteln, ob und in welchem Umfang der Betreiber Rechte erworben hat.[203] Dabei sind neben den allgemeinen Auslegungsgrundsätzen (§§ 133, 157 BGB) auch die speziellen Auslegungsregeln des

---

197 So auch Berberich, MMR 2010, 736, 739.

198 BGH, Urteil v. 22.01.1998 – I ZR 189/95 = ZUM 1998, 497, 500; Spautz in Möhring/Nicolini, UrhG, § 31 UrhG, Rn. 49.

199 Schulze in Dreier/Schulze, UrhG, § 31 UrhG, Rn. 105; Berberich, MMR 2010, 736, 738.

200 BGH, Urteil v. 18.02.1982 – I ZR 81/80 = GRUR 1984, 45, 48 f.; BGH, Urteil v. 22.01.1998 – I ZR 189/95 = ZUM 1998, 497, 500; J. B. Nordemann in Loewenheim, Handbuch des Urheberrechts, § 60, Rn. 19; Schulze in Dreier/Schulze, UrhG, § 31 UrhG, Rn. 120; Wandtke/Grunert in Wandtke/Bullinger, UrhG, § 31 UrhG, Rn. 39 m. w. N.

201 Wandtke/Grunert in Wandtke/Bullinger, UrhG, § 31 UrhG, Rn. 45; Schulze in Dreier/Schulze, UrhG, § 31 UrhG, Rn. 121; Schricker/Loewenheim in Schricker/Loewenheim, UrhG, § 31 UrhG, Rn. 87.

202 Wandtke/Grunert in Wandtke/Bullinger, UrhG, § 31 UrhG, Rn. 45; Schulze in Dreier/Schulze, UrhG, § 31 UrhG, Rn. 106.

203 Schulze in Dreier/Schulze, UrhG, § 31 UrhG, Rn. 106; Wandtke/Grunert in Wandtke/Bullinger, UrhG, § 31 UrhG, Rn. 39; Spautz in Möhring/Nicolini, UrhG, § 31 UrhG, Rn. 49.

Urhebervertragsrechts, wie eben die Zweckübertragungslehre heranzuziehen.[204] Im Zweifel werden nur diejenigen Rechte eingeräumt, die zu der im Vertrag konkretisierten Verwendung erforderlich sind.[205]

Jedoch müsste der Zweckübertragungslehre für eine inhaltliche Kontrolle im Rahmen der AGB mehr als ein Auslegungscharakter zukommen. Diese Frage ist in Literatur und Rechtsprechung umstritten.[206] Um ein Abschweifen vom eigentlichen Thema dieser Arbeit zu vermeiden sei hier nur in aller Kürze auf die Streitigkeit in Bezug auf den dogmatischen Charakter der Zweckübertragungslehre eingegangen.

Nach einer Ansicht stellt § 31 Abs. 5 UrhG nur eine Auslegungsregel auf, nämlich dass die Rechte im Zweifel bei dem Urheber verblieben. Ein eigener Regelungsgehalt oder Leitbildfunktion im Rahmen der AGB-Kontrolle komme ihr nicht zu.[207]

Eine andere Ansicht sieht § 31 Abs. 5 UrhG sehr wohl als Inhaltsnorm bzw. Leitbild mit eigenem Regelungsgehalt an, welcher im Rahmen einer AGB-Inhaltskontrolle berücksichtigt werden muss.[208] Auch der *BGH* hat zumindest bei einer pauschalen Nutzungsrechteeinräumung der Zweckübertragungslehre eine Bedeutung beigemessen, die über diejenige einer Auslegungsregel hinausgeht.[209] Begründet wird dies vor allem mit der Regelung des § 11 S. 2 UrhG und seiner Gesetzesbegründung. Danach soll das in § 11 S. 2 UrhG enthaltene Prinzip der angemessenen Vergütung Leitbildfunktion entfalten.[210] Diesem Ziel

---

204 Schulze in Dreier/Schulze, UrhG, § 31 UrhG, Rn. 110; Berberich, MMR 2010, 736, 737.

205 Schulze in Dreier/Schulze, UrhG, § 31 UrhG, Rn. 122; Schricker/Loewenheim in Schricker/Loewenheim, UrhG, § 31 UrhG, Rn. 64 m. w. N.

206 Vgl. zum Rechtscharakter Wandtke/Grunert in Wandtke/Bullinger, UrhG, § 31 UrhG, Rn. 40; Schulze in Dreier/Schulze, UrhG, § 31 UrhG, Rn. 114 ff.

207 BGH, Urteil v. 22.01.1998 – I ZR 189/95 = ZUM 1998, 497, 500; BGH, Urteil v. 18.02.1982 – I ZR 81/80 = GRUR 1984, 45, 49; LG Berlin, Urteil v. 05.06.2007 – 16 O 106/07 = ZUM-RD 2008, 18, 22; Wiebe in Spindler/Schuster, § 31 UrhG, Rn. 10, 15 jeweils m. w. N.

208 OLG Hamburg, Urteil v. 01.06.2011 – 5 U 113/09 = GRUR-RR 2011, 293, 294; OLG Zweibrücken, Urteil v. 07.12.2000 – 4 U 12/00 = ZUM 2001, 346, 347; „Spezifizierungslast des Rechtserwerbers", Schricker/Loewenheim in Schricker/Loewenheim, UrhG, § 31 UrhG, Rn. 69, 72; J. B. Nordemann in Loewenheim, Handbuch des Urheberrechts, § 60, Rn. 18b; Schulze in Dreier/Schulze, UrhG, § 31 UrhG, Rn. 116; Wandtke/Grunert in Wandtke/Bullinger, UrhG, § 31 UrhG, Rn. 40 jeweils m. w. N.; Berberich, MMR 2010, 736, 739.

209 BGH, Urteil v. 27.09.1995 – I ZR 215/93 = GRUR 1996, 121, 122.

210 BT-Drs. 14/8058 S. 17 f.

dient auch § 31 Abs. 5 UrhG, nämlich den Urheber an den Erträgnissen sämtlicher einzelner Verwertungen seines Werkes angemessen zu beteiligen.[211] Dieser Ansicht wird auch hier gefolgt.

Wenn eine Klausel also von wesentlichen Grundgedanken des § 31 Abs. 5 UrhG abweicht, so liegt darin ein Verstoß gegen § 307 Abs. 2 Nr. 1 BGB. Dabei bestimmt sich der Umfang der eingeräumten Nutzungsrechte im Rahmen des § 31 Abs. 5 UrhG nach dem Zweck der Rechteeinräumung.[212] Je stärker zusätzlich übertragene Nutzungsrechte von dem eigentlichen Vertragszweck abweichen bzw. über das Maß der erforderlichen Rechteeinräumung hinausgehen, desto eher ist von einer unangemessenen Benachteiligung auszugehen.[213]

Welcher ist also nun der Vertragszweck bei sozialen Netzwerken und damit der Zweck der Rechteübertragung in deren AGB? Welche Nutzungsrechte für die Grundfunktionen erforderlich sind, wurde bereits oben erläutert.[214]

Interessant ist, dass *Facebook* in seinen AGB keinen Vertragszweck oder Hauptleistung benennt. Vielmehr werden einzelne Funktionalitäten, wie etwa das Teilen von Inhalten, angesprochen. Das gleiche gilt für *GooglePlus*, deren AGB nicht speziell für *GooglePlus* gelten, sondern für alle von *Google* bereitgestellten Dienste. Dementsprechend allgemein gehalten sind die AGB. Für diese beiden Angebote muss der Vertragszweck also durch eine Auslegung der AGB ermittelt werden.

Vordergründig geht es in beiden Netzwerken sicher um die Kommunikation der Teilnehmer untereinander. Natürlich stellt sich diese Kommunikation nicht immer nur als bloßes Erstellen und Senden von Textnachrichten dar. Unter Kommunikation ist auch der Fall zu behandeln, dass etwa ein Foto hochgeladen wird, um seinen Kontakten etwas durch die Sprache des Bildes mitzuteilen. Jedoch findet die Kommunikation nicht ausschließlich auf diese Weise statt. Hauptzweck des Vertrages ist es also nicht, Fotos oder andere mediale Inhalte einzustellen und den Anbietern daran Nutzungsrechte einzuräumen. Denn ein Zwang zur Einstellung von medialen Inhalten durch die Nutzer besteht in keinem der Netzwerke. Zudem kann im Rahmen der Auslegung auch berücksich-

---

211 Schricker/Loewenheim in Schricker/Loewenheim, UrhG, Vor § 28 UrhG, Rn. 42; Schulze in Dreier/Schulze, UrhG, § 31 UrhG, Rn. 110; Solmecke/Dam, MMR 2012, 71, 72.

212 OLG Hamburg, Urteil v. 01.06.2011 – 5 U 113/09 = GRUR-RR 2011, 293, 294; Schricker/Loewenheim in Schricker/Loewenheim, UrhG, § 31 UrhG, Rn. 89.

213 OLG Hamburg, Urteil v. 01.06.2011 - 5 U 113/09 = GRUR-RR 2011, 293, 294 f.; Stoffels in Wolf/Lindacher/Pfeiffer, AGB-Recht, Klauseln, Rn. U25; Berberich, MMR 2010, 736, 739.

214 Siehe 4.1.2.2.4.1.

tigt werden, welchen Zweck andere vergleichbare Angebote im Internet verfolgen.

So werden in Bezug auf den Vertragsweck die AGB der deutschen Anbieter konkreter. *XING* spricht von „*Kontaktforum*", „*Kommunikationsforum*"[215] und davon, dass es nur solche

> „technischen Applikationen bereitstellt, die eine generelle Kontaktaufnahme der Nutzer untereinander ermöglichen".[216]

Auch die AGB von *meinVZ* konkretisieren den Vertragszweck in einem Unterpunkt „Vertragsgegenstand", wobei unter anderem die

> „Bereitstellung von Funktionen zur Kommunikation mit Dritten"

genannt wird.[217] Es lässt sich somit feststellen, dass der Hauptzweck sozialer Netzwerke in der Kontaktaufnahme und Kommunikation (sei es auch durch Bilder oder andere angebotene Funktionen, wie etwa das Bewerten von Inhalten) mit anderen Teilnehmern liegt. Es ist sicher nicht Hauptzweck des Vertrages, umfängliche Nutzungsrechte einzuräumen.[218] Auch eine weitergehende Verwendung von eingestellten Inhalten ohne Bezug zu dem Betrieb des sozialen Netzwerkes ist nicht von beiderseitig zu Grunde gelegtem Vertragszweck gedeckt.[219]

4.1.2.3.1.2.1 GooglePlus

In den AGB von GooglePlus wird davon gesprochen, dass die „notwendigen Rechte" eingeräumt werden. Diese werden auf „ausschließlich zum Zweck der Erbringung des jeweiligen Dienstes und lediglich in dem dafür nötigen Umfang" erforderliche Nutzungsrechte beschränkt. Explizit genannt werden dabei das Vervielfältigungsrecht und das Recht zur öffentlichen Zugänglichmachung. Dabei wird grundsätzlich ein zeitlich unbegrenztes Nutzungsrecht eingeräumt und nur in Bezug auf das Recht zur öffentlichen Zugänglichmachung wird davon gesprochen, dass dieses endet, sobald der Inhalt vom Nutzer entfernt wurde. Folglich muss für alle anderen Nutzungsrechte gelten, dass diese auch nach der Löschung eines Kontos bestehen bleiben. Dann ist deren Nutzung jedoch für

215 Ziff. 1.1 der AGB von XING.
216 Ziff. 1.6 der AGB von XING.
217 Ziff. 4.1 der AGB von meinVZ.
218 So auch Berberich, MMR 2010, 736, 739; Solmecke/Dam, MMR 2012, 71, 72.
219 Berberich, MMR 2010, 736, 737.

den Vertragszweck, also die Funktionsfähigkeit der Plattform, insbesondere der Kommunikations- und Kontaktmöglichkeit, nicht mehr nötig. Insofern gehen die AGB von GooglePlus über die durch § 31 Abs. 5 S. 1 UrhG aufgestellte Regel hinaus, dass die Rechte nur so lange bei dem Anbieter verbleiben, wie es der Vertragszweck erfordert. Die Einräumung von zeitlich unbeschränkten Vervielfältigungs- und Bearbeitungsrechten verstößt mithin gegen § 31 Abs. 5 S. 2 UrhG.[220]

4.1.2.3.1.2.2 Facebook

Noch unbestimmter stellen sich die AGB von *Facebook* dar. Wie bereits oben[221] abgebildet, wird in Bezug auf die eingeräumten Nutzungsrechte nur von „*Nutzung*“ gesprochen, welche

> „auf die Verwendung auf oder in Verbindung mit Facebook beschränkt ist“.

Einzelne Nutzungsrechte werden nicht benannt. Folglich greift auch hier das Leitbild des § 31 Abs. 5 UrhG ein.[222] Aus der Sicht der User möchten diese den Dienst vollumfänglich nutzen, womit eine stillschweigende Einräumung der für die Nutzung des Dienstes erforderlichen Rechte, wie das Vervielfältigungsrecht sowie das Recht auf öffentliche Zugänglichmachung einhergehen wird.[223] Jedoch sind diese Rechte auf die Nutzung der Plattform beschränkt. Gerade in Bezug auf die zeitliche Grenze der Nutzung des Dienstes sollen diese nicht über den Zeitpunkt einer Löschung des Nutzerkontos hinaus eingeräumt werden. Jedoch bleibt, wie oben gezeigt,[224] die IP-Lizenz nach den AGB von *Facebook* bei einer Nutzung des Netzwerkes in dem dafür vorgesehenen Umfang (speziell durch Teilen der Inhalte) über eine Löschung des Nutzerkontos hinaus bestehen. Diese Regelung verstößt gegen das gesetzliche Leitbild des § 31 Abs. 5 UrhG, wonach die Nutzungsrechte nur in dem Umfang (auch zeitlich) eingeräumt werden, welcher zur Erfüllung des Vertragszwecks erforderlich ist. Stellt der Vertragszweck zwischen User und *Facebook* die Nutzung des sozialen Netzwerkes dar, so entfällt dieser jedoch spätestens dann, wenn der Nutzer sein Konto

---

220 „zeitlich überschießende Rechte“, Berberich, MMR 2010, 736, 738.

221 Siehe unter 4.1.2.2.4.1.2.

222 So auch LG Berlin, Urteil v. 06.03.2012 – 16 O 551/10 = CR 2012, 270, 272; Piltz, CR 2012, 274, 275; Wieczorek, WRP 2012, 539, 541.

223 Piltz, CR 2012, 274, 275.

224 Siehe unter 4.1.2.2.4.1.2.

löscht.[225] Des Weiteren lässt sich *Facebook* das Recht zu „Unterlizensierung" einräumen. Damit ist nicht eine vollständige Übertragbarkeit des Nutzungsrechts gemeint, da diese in dem entsprechenden Passus der AGB direkt davor genannt wird. Vielmehr soll *Facebook* anscheinend die Möglichkeit erhalten, das einfache Nutzungsrecht Dritten einräumen zu können, ohne es selbst zu verlieren. Dieses Recht auf eine Unterlizensierung an Dritte ist bei einem einfachen Nutzungsrecht jedoch ausgeschlossen (§ 35 Abs. 1 UrhG).[226] Mithin verstößt die Ziff. 2 Nr. 1 der *Facebook*-AGB sowohl gegen § 31 Abs. 5 UrhG als auch gegen § 35 Abs. 1 UrhG.

4.1.2.3.1.2.3 XING und meinVZ

Wie bereits erwähnt schweigen sich die AGB der deutschen Anbieter zu ihnen eingeräumten Nutzungsrechten aus. Dies ist ein typischer Anwendungsfall des Eingreifens der Zweckübertragungslehre nach § 31 Abs. 5 UrhG. Die eingeräumten Nutzungsrechte werden dann durch eine Auslegung des Vertragszwecks bestimmt und auf dessen Erfüllung begrenzt. Stillschweigend werden von den Nutzern das erforderliche Vervielfältigungsrecht, das Bearbeitungsrecht sowie das Recht der öffentlichen Zugänglichmachung eingeräumt. Dabei wird es sich um einfache, nicht übertragbare und zeitlich auf die Registrierung bei dem Dienst begrenzte Nutzungsrechte handeln. Alles andere würde über den Vertragszweck der Nutzung des sozialen Netzwerkes hinausgehen.

4.1.2.3.1.3 Zwischenergebnis zur Inhaltskontrolle

Wie gezeigt verstoßen die AGB von *Google* und *Facebook* gegen § 31 Abs. 5 UrhG bzw. zusätzlich gegen § 35 Abs. 1 UrhG. Darin liegt ein wesentliches Abweichen von den Grundgedanken der gesetzlichen Regelungen und es liegt damit eine unangemessene Benachteiligung der Nutzer nach § 307 Abs. 2 Nr. 1 BGB vor. Die untersuchten Klauseln sind gem. § 307 Abs. 1 BGB unwirksam und an ihre Stelle treten die gesetzlichen Vorschriften, § 306 Abs. 2 BGB. Im Fall der Einräumung von Nutzungsrechten sind dies die §§ 31 ff. UrhG, wonach unter Beachtung des Vertragszwecks dann stillschweigend eine Rechteeinräu-

225 Piltz, CR 2012, 274, 275.

226 Wiebe in Spindler/Schuster, § 35 UrhG, Rn. 2; Schricker/Loewenheim in Schricker/Loewenheim, UrhG, § 35 UrhG, Rn. 2 m. w. N.; a. A.: Schulze in Dreier/Schulze, UrhG, § 35 UrhG, Rn. 5.

mung ermöglicht wird, welche jedoch begrenzt ist auf jene Rechte, die zur Nutzung der jeweiligen Plattform erforderlich sind.[227]

4.1.2.3.2 Thesen

Es ist nicht ganz leicht zu beurteilen, ob man Anbietern sozialer Netzwerke raten sollte, die eingeräumten Nutzungsrechte und Nutzungsarten so genau wie möglich zu bezeichnen, oder sich vielmehr damit zufrieden geben sollte, stillschweigend die für den Dienst erforderlichen Nutzungsrechte zu erhalten und sie nur im „erforderlichen" Rahmen zu nutzen.

Die Gefahr der zweiten Alternative liegt auf der Hand und lässt sich durch zwei Gedanken veranschaulichen.

Eine Überschreitung der ihnen eingeräumten Befugnisse durch die Anbieter, bei Verwendung von eingestellten Inhalten zu Zwecken, welche nicht für die reine Erbringung des Dienstes erforderlich sind, etwa die Verwendung von Fotos für Werbezwecke, ist weitaus wahrscheinlicher, als bei genauer Festlegung der Grenzen der Rechteeinräumung. Denn was „erforderlich" ist, steht nicht im Gesetz geschrieben, sondern muss im Zweifel durch Auslegung unter Berücksichtigung des konkreten Dienstes ermittelt werden. Dass dabei etwa ein Gericht zu einem anderen Ergebnis kommt als der Anbieter selbst, ist bei einer fehlenden Festlegung der Nutzungsrechte (und eventuell sogar nur einer unzureichenden Umschreibung des Vertragszwecks) nicht unwahrscheinlich.

Zudem birgt die Offenheit der stillschweigenden Rechteeinräumung eine praxisuntaugliche Unsicherheit für die Mitarbeiter des Anbieters. Sollen etwa Bilder von Nutzern für eine PR-Aktion, sei es auch nur eine plattformeigene, verwendet werden, so müsste sich die PR- bzw. Marketingabteilung wohl jedes mal bei der Rechtsabteilung rückversichern, ob ein derartiges Vorgehen von den AGB gedeckt ist. Diese Unsicherheit auf der alltäglichen Arbeitsebene des Unternehmens ließe sich durch konkret gefasste Klauseln zumindest minimieren. Ein Risiko besteht freilich nur dort, wo von den Nutzern eingestellte Inhalte auch für Zwecke verwendet werden sollen, die sich eventuell an der Grenze zur „Erforderlichkeit" der Erreichung des Vertragszweckes bewegen.

Um eine gewisse Sicherheit, auch für die User zu schaffen, sollten die Anbieter sozialer Netzwerke möglichst konkret formulierte Klauseln zu Rechteeinräumungen an von den Nutzern eingestellten Inhalten abfassen. Sollte diese Op-

---

227 Schulze in Dreier/Schulze, UrhG, § 31 UrhG, Rn. 106, 122; siehe auch Solmecke/Dam, MMR 2012, 71, 72.

tion nicht gewählt werden, etwa weil der Betreiber sich in diesem Moment nicht auf bestimmte Nutzungsrechte beschränken möchte, die dann eventuell eine spätere Erweiterung des Dienstes nicht abdecken würden, so muss mindestens der Vertragszweck in den AGB detailliert umschreiben werden, um für eventuell aufgrund einer stillschweigenden Rechteeinräumung erhaltenen Nutzungsrechte eine Leitlinie für die Erforderlichkeit und damit den Umfang der eingeräumten Rechte zu besitzen.

4.1.3 Minderjährige

Viele Nutzer von sozialen Netzwerken haben das 18. Lebensjahr noch nicht vollendet und sind daher nur beschränkt geschäftsfähig i. S. d. § 106 BGB. In Bezug auf diese User stellt sich die Frage, ob sie überhaupt wirksam einen Nutzungsvertrag mit dem Anbieter eines sozialen Netzwerkes eingehen könnten.[228]

Zunächst könnte man davon ausgehen, da diese Dienste (zumeist) kostenlos angeboten werden, die Minderjährigen also keine Zahlungsverpflichtung eingehen und damit ein lediglich rechtlich vorteilhaftes Geschäft nach § 107 BGB vorliegt, dass eine Einwilligung des gesetzlichen Vertreters nicht notwendig sei. Dies würde jedoch übersehen, dass ein rechtlicher Nachteil nicht allein in einer Zahlungsverpflichtung oder anderen wirtschaftlichen Nachteilen besteht.[229] Erfasst werden von der Ausnahmeregelung des § 107 BGB nur solche Willenserklärungen, welche die Rechtsposition des Minderjährigen ausschließlich verbessern.[230] Wie oben gezeigt ist die rechtliche Folge der Abgabe der Willenserklärung in Bezug auf einen Nutzungsvertrag für ein soziales Netzwerk auch die Geltung der AGB und der darin enthaltenen Bestimmungen, welche von den gesetzlichen Vorgaben abweichen können. Zudem müssen die Nutzer in der Registrierung ihre Zustimmung dazu erteilen, dass ihre Daten durch die Anbieter genutzt werden dürfen. Auch diese, durch die Betreiber beabsichtigte rechtliche

228 Dies bezieht sich wohlgemerkt nur auf solche Dienste, bei denen tatsächlich der Abschluss eines Vertrages notwendig ist. In Betracht käme jedoch auch eine Ausgestaltung in der Art, dass die Minderjährigen zur Nutzung des Netzwerkes keinen Vertrag abschließen müssten. Wann eine solche Konstellation vorliegt, ist jedoch eine tatsächliche Frage, die im jeweiligen Einzelfall zu entscheiden ist. Ausführlich zu rechtlichen Problemen in Bezug auf minderjährige Nutzer in sozialen Netzwerken, vgl. Jandt/Roßnagel, MMR 2011, 637 sowie Wintermeier, ZD 2012, 210.

229 J. Schmitt in MüKomm/BGB, § 107 BGB, Rn. 28; Wendtland in Bamberger/Roth, BeckOK BGB, § 107 BGB, Rn. 3; Jandt/Roßnagel, MMR 2011, 637, 639.

230 J. Schmitt in MüKomm/BGB, § 107 BGB, Rn. 29.

Legitimation der zukünftigen Datenverarbeitungen spricht gegen einen lediglich rechtlichen Vorteil der Erklärung.[231] Damit stellt sich die Willenserklärung eines Minderjährigen zum Abschluss eines Vertrages im Rahmen der Nutzung eines sozialen Netzwerkes als nicht lediglich rechtlich vorteilhaft dar und ist grundsätzlich nur mit der Zustimmung des gesetzlichen Vertreters wirksam.[232]

4.1.3.1 Konkludente Zustimmung des gesetzlichen Vertreters

Da die Zustimmung des gesetzlichen Vertreters auch konkludent erteilt werden kann,[233] stellt sich die Frage, inwieweit bereits aus der Nutzung des Internets durch den Minderjährigen eine konkludente Einwilligung des gesetzlichen Vertreters erblickt werden kann, dass sich dieser auch in einem sozialen Netzwerk registrieren darf.[234] Allein aus der Tatsache, dass der Minderjährige das Internet nutzt, kann jedoch wohl noch nicht geschlossen werden, dass der gesetzliche Vertreter auch seine konkludente Zustimmung zu einer Registrierung in einem sozialen Netzwerk erteilt hat. Zum einen spricht gegen diese Annahme der durch das BGB vorgegebene Schutz von Minderjährigen im Rechtsverkehr. Eine vorschnelle Annahme der konkludenten Zustimmung würde dem zuwiderlaufen. Viele soziale Netzwerke bieten zudem kostenpflichtige Zusatzdienste oder Spiele an, die mit ein paar Klicks und etwa der Angabe einer Handynummer aktiviert werden können. Allein den Zugang zum Internet und dessen Nutzung dahingehend auslegen zu wollen, dass der gesetzliche Vertreter diese Folgen erkannt und gebilligt hat, erscheint zweifelhaft. Grundsätzlich wird für die Annahme einer konkludenten Einwilligung des gesetzlichen Vertreters auch zumindest eine mitwirkende Handlung durch diesen bei dem abzuschließenden Geschäft verlangt.[235] Für die vorliegende Konstellation könnte diese Mitwirkung wohl allein in der Bereithaltung des Zugangs zum Internet erblickt werden. Sie bezieht sich jedoch noch in keinster Weise auf die Unterstützung zum Abschluss

---

231 Jandt/Roßnagel, MMR 2011, 637, 639; Wintermeier, ZD 2012, 210, 212; Bräutigam, MMR 2012, 635, 637; vgl. auch LG Bremen, Urteil v. 23.02.2001 – 1 O 2275/00 = DuD 2001, 620 f.; zur datenschutzrechtlichen Einwilligung Minderjähriger vgl. 4.2.6.3.

232 Jandt/Roßnagel, MMR 2011, 637, 640; Bräutigam, MMR 2012, 635, 637; nur in Bezug auf Inhaltsdaten, Wintermeier, ZD 2012, 210, 214.

233 J. Schmitt in MüKomm/BGB, § 107 BGB, Rn. 12; Wendtland in Bamberger/Roth, BeckOK BGB, § 107 BGB, Rn. 14; Jandt/Roßnagel, MMR 2011, 637, 640.

234 Vgl. auch Jandt/Roßnagel, MMR 2011, 637, 640.

235 Vgl. etwa J. Schmitt in MüKomm/BGB, § 107 BGB, Rn. 12.

eines Nutzungsvertrages mit dem Betreiber eines sozialen Netzwerkes. Insgesamt sollte daher eine konkludente Einwilligung der gesetzlichen Vertreter ohne nähere Anhaltspunkte, wie etwa das Wissen, dass der Minderjährige in die Funktionen eines solchen Dienstes eingewiesen wurde, abgelehnt werden.[236]

4.1.3.2 Bewirken mit eigenen Mitteln, § 110 BGB

Zuletzt bliebe noch die Möglichkeit, dass der Minderjährige die vertragsgemäße Leistung mit eigenen, ihm zu diesem Zweck oder zur freien Verfügung überlassenen Mitteln bewirkt, § 110 BGB. Dabei müsste der Minderjährige die vertragsgemäße Leistung zunächst vollständig erbracht haben.[237] Dies wird bei einem Nutzungsvertrag mit einem Betreiber eines sozialen Netzwerkes schon nicht vorliegen, da die Leistungen des Minderjährigen, also etwa die Einräumung von Nutzungsrechten oder die Legitimation zur Verarbeitung seiner Daten, einen fortlaufenden Prozess darstellen. So werden etwa im Laufe der Zeit immer wieder neue Bilder eingestellt, an denen sich der Betreiber die Nutzungsrechte sichern muss. Zwar ist auch eine teilweise Bewirkung der Leistung möglich, welche zu einer Teilwirksamkeit des Vertrages führen kann.[238] So könnte man argumentieren, dass zumindest in Bezug auf die bisher durch den Minderjährigen erbrachten Leistungen der Nutzungsvertrag wirksam sei.

Jedoch greift § 110 BGB schon aus anderen Gründen nicht ein. Zum einen sind mit den „Mitteln" grundsätzlich Vermögenswerte gemeint, wobei es sich meist um Geld handeln wird.[239] Liegen dem Vertrag wie hier jedoch immaterielle Güter (Daten, Rechte an Bildern) bzw. eine Disposition über diese zu Grunde, so sind darin schon keine Mittel zu sehen.[240] Freilich können Daten auch einen Wert besitzen, gerade für die Betreiber sozialer Netzwerke. Grundsätzlich handelt es sich für den Minderjährigen, der im Rahmen seiner privaten Tätigkeit eine Registrierung bei einem sozialen Netzwerk vornimmt, jedoch um Leistungen, die auf immaterieller, ideeller Ebene vorzunehmen sind.

---

236 Ebenso, jedoch ohne nähere Begründung: Jandt/Roßnagel, MMR 2011, 637, 640; Bräutigam, MMR 2012, 635, 638.

237 J. Schmitt in MüKomm/BGB, § 110 BGB, Rn. 10; Wendtland in Bamberger/Roth, BeckOK BGB, § 110 BGB, Rn. 5.

238 J. Schmitt in MüKomm/BGB, § 110 BGB, Rn. 13; Wendtland in Bamberger/Roth, BeckOK BGB, § 110 BGB, Rn. 5.

239 J. Schmitt in MüKomm/BGB, § 110 BGB, Rn. 18; Wendtland in Bamberger/Roth, BeckOK BGB, § 110 BGB, Rn. 8.

240 Jandt/Roßnagel, MMR 2011, 637, 640; a. A.: Wintermeier, ZD 2012, 210, 213.

Zum anderen müssten die Mittel dem Minderjährigen von einem Dritten überlassen worden sein. Es ist jedoch gerade die Eigenart von ideellen Bestandteilen der Persönlichkeit eines jeden Menschen, dass diese nur ihm selbst zustehen und er sie etwa nicht durch eine dritte Person erhalten hat.[241] Die im Rahmen der Nutzung von sozialen Netzwerken zu erbringenden Leistungen erfüllen damit nicht die Voraussetzungen des § 110 BGB.

Auch eine in der Literatur vorgeschlagene analoge Anwendung des § 110 BGB in Bezug auf Bestandsdaten bei der Nutzung von sozialen Netzwerken durch Minderjährige[242] kann nicht überzeugen. Zwar ist richtig, dass der Grundgedanke des § 110 BGB der Erziehungscharakter und die Einräumung einer gewissen wirtschaftlichen Bewegungsfreiheit durch den gesetzlichen Vertreter an den Minderjährigen ist.[243] Diese zugestandene Freiheit wird jedoch an klar bestimmte Voraussetzungen geknüpft. Gerade vor dem Hintergrund des Schutzzweckes der §§ 104 ff. BGB, dem Minderjährigenschutz, sollte in Bezug auf eine Analogie besondere Vorsicht geboten sein, wenn dadurch den Betroffenen ein Handlungsspielraum eingeräumt wird, der gesetzlich nicht vorgesehen ist. Wenn man diesen den Anforderungen des § 110 BGB zu Grunde liegenden Erziehungsgedanken jedoch aufgrund des geringen Gefahrenpotenzials von der Preisgabe von Bestandsdaten (also etwa der E-Mail-Adresse, des Namens oder des Geburtsdatums[244]) gegenüber der Selbstverwirklichung des Minderjährigen zurückstehen lassen möchte bzw. die Einwirkungsmöglichkeiten der gesetzlichen Vertreter etwa durch ein ausgesprochenes Verbot oder die Verweigerung der Nutzung der benötigten technischen Infrastruktur ausreichend gewahrt sieht,[245] so kann dem nicht gefolgt werden. Bestandsdaten inkorporieren ein ebenso großes Gefahrenpotenzial wie Inhaltsdaten. Dies lässt sich schon aus den gesetzlichen Anforderungen an ihre Verarbeitung ableiten, denn für diese gilt etwa keine Ausnahme vom Erforderlichkeitsprinzip (§ 14 Abs. 1 TMG) oder den für eine datenschutzrechtliche Einwilligung zu erfüllenden Voraussetzungen. Gerade die Verarbeitung von Daten, wie dem Namen oder auch der E-Mail-Adresse, bietet ein hohes Gefahrenpotenzial, wenn man sich vorstellt, dass diese etwa in sozialen Netzwerken oder auch im Internet unkontrolliert verbreitet und zu Zwecken verwendet werden, die nicht dem Willen des Minderjähri-

241 Bräutigam, MMR 2012, 635, 637 f.; zu der Disposition über die ideellen Bestandteile des Persönlichkeitsrechts durch eine Einwilligung, vgl. unter 4.3.1.4.

242 Wintermeier, ZD 2012, 210, 213.

243 Vgl. nur J. Schmitt in MüKomm/BGB, § 110 BGB, Rn. 1.

244 Siehe unter 4.2.2.2.

245 Wintermeier, ZD 2012, 210, 213.

gen entsprechen. Zudem würde durch eine Analogie des § 110 BGB die Voraussetzung des „überlassen worden sein" der Mittel ausgeblendet. So gesteht auch *Wintermeier* ein, dass nur eine mittelbare Einflussnahme des gesetzlichen Vertreters möglich wäre und die entsprechenden Daten eben gerade nicht unmittelbar überlassen werden können.[246] Damit würde die analoge Anwendung des § 110 BGB jedoch eindeutig dem Wortlaut dieser Vorschrift widersprechen.

4.1.3.3 Zwischenergebnis zur vertraglichen Einbeziehung Minderjähriger

Es bleiben nur zwei Möglichkeiten: die Betreiber sozialer Netzwerke gestalten ihre Dienste für Minderjährige so, dass sie keine Verträge über deren Nutzung abschließen müssen. Oder die Anbieter müssen sich die Zustimmung des gesetzlichen Vertreters des Minderjährigen einholen, um mit diesen wirksam einen Vertrag schließen zu können. Erleichtern würde sich die dargestellte Situation durch taugliche Altersverifikationssysteme, welche durch die Betreiber eingesetzt werden könnten.[247] Allerdings nutzt keiner der untersuchten Anbieter ein solches System. Daher bleibt es bei einer bestehenden Ungewissheit, um die Wirksamkeit der mit Minderjährigen eingegangen Verträge, wobei diese meist schwebend unwirksam (§ 108 Abs. 1 BGB) sein werden.

4.2 Datenschutz (Recht auf informationelle Selbstbestimmung)

Die Nutzer geben auf den Plattformen jedoch nicht nur Fotos, Texte oder Videos von sich oder anderen Personen preis, die damit eventuell nicht einverstanden sind. Die aktive Teilnahme an diesen Netzwerken impliziert auch eine massenhafte Erzeugung von Daten von und über die User, welche den Anbietern zur Verfügung stehen, ohne dass die Nutzer davon überhaupt Kenntnis nehmen. Um welche Daten es sich handelt, wie diese erhoben werden und wie sich daraus Gefahren für das allgemeine Persönlichkeitsrecht der Nutzer ergeben, soll in dem nachfolgenden Abschnitt näher betrachtet werden.

---

246 Wintermeier, ZD 2012, 210, 213.

247 Jandt/Roßnagel, MMR 2011, 637, 640.

Der Schutz und die Verarbeitung von Daten[248] wird in Deutschland durch das Datenschutzrecht geregelt. Der Schutzgegenstand sind nicht die Daten an sich, sondern die einzelnen Betroffenen und ihrer Persönlichkeitsrechte,[249] also die Handhabung und der Umgang mit ihren Daten.

4.2.1 Datenschutz und soziale Netzwerke

Wie bei anderen Angeboten des Internets spielt der Datenschutz, als Schutz des informationellen Selbstbestimmungsrechts aus Art. 2 Abs. 1, Art. 1 Abs. 1 GG, auch bei sozialen Netzwerken eine wichtige Rolle. Dabei wird diesen Angeboten hinsichtlich ihrer datenschutzrechtlichen Konformität häufig kein gutes Zeugnis ausgestellt.[250]

Gerade in sozialen Netzwerken, welche darauf angelegt sind, dass Nutzer sich gegenüber den anderen Teilnehmern öffnen und etwas von sich preisgeben, gibt es viele Kollisionspunkte der beteiligten Interessen in Bezug auf die dort verarbeiteten Daten.[251] Vor allem Jugendliche und unerfahrene Nutzer sind hier gefährdet. Kinder und Jugendliche sind heutzutage eventuell jahrzehntelang Mitglied in einem sozialen Netzwerk. Die Datenspuren die sie dabei hinterlassen, können womöglich ihr ganzes Leben betreffen und werden eventuell auch so lange abrufbar sein.[252] Datenschützer beobachten diese digitale Freizügigkeit mit Sorge und ermahnen die Nutzer immer wieder zu Vorsicht und Zurückhal-

---

248 Nachfolgend soll der Begriff der „Verarbeitung von Daten“ oder „Datenverarbeitung“ als Oberbegriff für den Umgang mit personenbezogenen Daten gem. § 1 Abs. 1 BDSG (also für das Erheben, Verarbeiten, Speichern, Verändern, Übermitteln, Sperren, Löschen und Nutzen gem. § 3 BDSG) verwendet werden. Sollte in concreto das „Verarbeiten“ von personenbezogenen Daten nach § 3 Abs. 4 S. 1 BDSG gemeint sein, so wird darauf hingewiesen oder es wird in einer Aufzählung neben anderen Umgangsarten genannt, wie „Erhebung, Verarbeitung und Nutzung“. Vgl. zu der unglücklichen Wortwahl des deutschen Gesetzgebers, Gola/Schomerus, BDSG, § 1 BDSG, Rn. 22.

249 Gola/Schomerus, BDSG, § 1 BDSG, Rn. 1 f., 6; Gabel, ZUM 2002, 607; vgl. dazu auch 2.2.2.

250 „in wesentlichen Teilen inkompatibel“ Gennen/Kremer, ITRB 2011, 59, 63; Mester, DuD 2011, 679; Erd, NVwZ 2001, 19, 21.

251 Bauer, MMR 2008, 435.

252 Jandt/Roßnagel, MMR 2011, 637, 638.

tung bei der Preisgabe ihrer Daten.[253] Auf der anderen Seite stehen die Interessen der Betreiber der sozialen Netzwerke. Ihre Einnahmen generieren sie zum großen Teil aus personalisierter Werbung, die sie auf ihrer Plattform anbieten.[254] Für eine möglichst hohe Effizienz dieser Werbung sind die Daten ihrer User unerlässlich. Zudem sieht das aktuelle Datenschutzrecht einen Schutz der Nutzer vor sich selbst bei der Preisgabe ihrer Daten nicht vor.[255] Dies ist natürlich kein Freibrief für eine ausufernde Sammlung von Daten. Jedoch ist ein gewisses zu unterstellendes Maß an eigener Verantwortung der Nutzer für die veröffentlichten Daten in die nachfolgenden Überlegungen einzubeziehen.

Es geht bei den Gefahren im Bereich des Datenschutzes auch um einen Mangel an Transparenz bei der Erhebung, Verarbeitung oder Nutzung persönlicher Daten durch die Anbieter.[256] Durch das riesige Angebot an Betreibern nicht nur von sozialen Netzwerken, sondern auch von anderen Plattformen im Internet, welche Daten der Nutzer verarbeiten, ist es für die einzelne Person meist nicht mehr nachvollziehbar, welche Daten wo, wann und wie über sie gespeichert werden.[257] Auf dieser Linie bewegt sich auch das Ergebnis einer Studie des *BITKOM* zum Vertrauen der Nutzer in den Datenschutz. Danach hat nicht einmal jeder Fünfte, nämlich nur 14 Prozent der Befragten, ein starkes Vertrauen in den Datenschutz bei sozialen Netzwerken.[258] Richtigerweise kann sich daher auch die umfangreiche und unbemerkte Erhebung, Verarbeitung und Nutzung von Daten nach dem Empfinden vieler Nutzer als ein Eingriff in ihre Privatsphäre darstellen oder zumindest so anfühlen.[259]

Die Krux der Entstehung dieses Misstrauens besteht jedoch auch in der Funktionsweise des Internets und Verarbeitung von Daten in Web 2.0 Angeboten. Diese Prozesse laufen quasi unsichtbar im Hintergrund, im Code einer

---

253 Federrath/Fuchs/Herrmann/Maier/Scheuer/Wagner, DuD 2011, 403; International Working Group on Data Protection in Telecommunications, Rom-Memorandum, S. 8 f.

254 Siehe auch 3.2.

255 Spindler/Nink in Spindler/Schuster, § 11 TMG, Rn. 2.

256 BR-Drs. 156/11, S. 5; a. A. wohl Härting, CR 2011, 169, der für die Datenschutzbestimmungen von Facebook feststellt, dass diese aus Transparenzgesichtspunkten weit über das gesetzlich geforderte Maß hinausgehen; zur datenschutzrechtlichen Einwilligung vgl. 4.2.6.

257 Fuchs, DuD 2010, 453, 457.

258 Presseinformation des BITKOM vom 03.01.2012, S. 1, abrufbar unter http://www.bitkom.org/files/documents/BITKOM_Presseinfo_Vertrauen_in_Datenschutz_03_01_2012.pdf (zuletzt abgerufen am 01.12.2012).

259 Härting, CR 2011, 169, 175.

Webseite ab. Jede Handlung und jede Nutzung eines Dienstes führt dabei zu einem neuen Datensatz der gespeichert werden kann. Dies kann der neu hinzugefügte Kontakt sein, die einen Nutzer abbildenden Fotos, auf denen er markiert wird und damit eindeutig zugeordnet werden kann, oder die Webseiten, die von einem Nutzer im Netzwerk aufgerufen und „gemocht" werden.[260]

4.2.2 National anwendbares Datenschutzrecht

Datenschutzrechtliche Regelungen, welche dem Schutz der Nutzer und ihrer personenbezogenen Daten in sozialen Netzwerken dienen, finden sich in Deutschland im BDSG[261] sowie im TMG.[262] Nach § 1 Abs. 1 S. 1 TMG sind als „Telemedien" alle elektronischen Informations- und Kommunikationsdienste anzusehen, soweit sie nicht reine Telekommunikationsdienste, telekommunikationsgestützte Dienste oder Rundfunk darstellen. Dabei ist unstreitig, dass soziale Netzwerke, ebenso wie etwa Internetsuchmaschinen,[263] zu den Telemedien gehören und dem TMG und seinen datenschutzrechtlichen Vorschriften unterfallen.[264] Gegenüber diesen Normen ist das BDSG ausdrücklich nur subsidiär anwendbar (§ 1 Abs. 3 S. 1 BDSG) und es gehen die datenschutzrechtlichen Normen der §§ 11 ff. TMG den allgemeinen Vorschriften des BDSG vor.[265] Auf soziale Netzwerke ist mithin in Deutschland zunächst das TMG und subsidiär dazu das BDSG anwendbar, wenn eine weitere Voraussetzung erfüllt ist, nämlich dass es sich bei den zu untersuchenden Daten um sog. „personenbezogene Daten" handelt.

---

260 Gennen/Kremer, ITRB 2011, 59, 60.

261 Gola/Schomerus, BDSG, § 1 BDSG, Rn. 6.

262 „Schutz des Rechts auf informationelle Selbstbestimmung" Schmitz in Hoeren/Sieber, Handbuch Multimediarecht, Kap. 16.2, Rn. 15.

263 Holznagel/Ricke in Spindler/Schuster, § 1 TMG, Rn. 10.

264 Pfeiffer/Weller/Nordmeier in Spindler/Schuster, § 3 TMG, Rn. 3; wohl auch Redeker in Hoeren/Sieber, Handbuch Multimediarecht, Kap. 12, Rn. 429; Jotzo, MMR 2009, 232, 234; Karg/Fahl, K&R 2011, 453, 456; allgemein für Formen des „User Generated Content", Dix, Daten- und Persönlichkeitsschutz im Web 2.0, S. 195, 196; Fierdag, Persönlichkeitsrechte in Zeiten des Web 2.0, S. 51, 58.

265 Hoeren in FS Heussen, S. 207, 208; Jotzo, MMR 2009, 232, 234.

4.2.2.1 Personenbezogene Daten

Das BDSG knüpft seine Schutzfunktion sowie seine Anwendung an das Vorliegen eben dieser personenbezogener Daten, § 1 Abs. 1, Abs. 2 BDSG. Ebenso setzt auch das TMG für das Eingreifen seines Schutzes personenbezogene Daten voraus, § 11 Abs. 1 TMG. Für die Definition wird dabei einheitlich auf § 3 Abs. 1 BDSG zurückgegriffen,[266] welcher personenbezogene Daten als

> „Einzelangaben über persönliche oder sachliche Verhältnisse einer bestimmten oder bestimmbaren natürlichen Person"

definiert. Einzelangaben sind dabei Informationen, welche sich auf eine bestimmte oder bestimmbare Person beziehen oder geeignet sind, einen Bezug zu ihr herzustellen, was etwa auf den Namen oder die Telefonnummer zutrifft.[267]

Für Informationen, die Nutzer in sozialen Netzwerken bereitstellen, gilt dabei kein anderer Maßstab.[268] So sind sehr viele Informationen, die dort preisgegeben werden, personenbezogene Daten, wie etwa Fotos, Kontaktdaten, Informationen über sich, Freundeslisten etc.[269] All diese Informationen geben einen Rückschluss auf den jeweiligen Nutzer und machen seine Identifikation möglich. Es ist ja auch gerade der Sinn und Zweck der Teilnahme an dem Netzwerk, dass die Nutzer Informationen mit einer anderen Person verknüpfen können. In sozialen Netzwerken fallen daher massenweise personenbezogene Daten an. Es stellt sich jedoch die Frage, für wen diese Daten personenbezogen sein müssen bzw. aus wessen Sicht festgestellt werden muss, ob eine Person zumindest bestimmbar ist.

In Literatur und Rechtsprechung umstritten ist genau diese Frage, ob nämlich bei der Bestimmbarkeit einer Person ein personenbezogenes Datum absolut bzw. objektiv,[270] also mit allen, auch jedem Dritten, theoretisch zur Verfügung

---

266 Schmitz in Hoeren/Sieber, Handbuch Multimediarecht, Kap. 16.2, Rn. 76; Spindler/Nink in Spindler/Schuster, § 11 TMG, Rn. 5.

267 Gola/Schomerus, BDSG, § 3 BDSG, Rn. 3.

268 Ausgenommen von der weiteren Betrachtung sollen die besonderen Arten personenbezogener Daten i. S. d. § 3 Abs. 9 BDSG sein. Es sei jedoch darauf hingewiesen, dass auch solche Datenarten, wie Angaben über die Religionszugehörigkeit oder politische Meinungsäußerungen, im Rahmen der Nutzung sozialer Netzwerke verbreitet und verarbeitet werden.

269 Spindler/Nink in Spindler/Schuster, § 11 TMG, Rn. 9; „unterschiedliche Arten personenbezogener Daten" Karg/Fahl, K&R 2011, 453, 455; Rolf/Rötting, RDV 2009, 263.

270 Weichert in Däubler/Klebe/Wedde/Weichert, BDSG, § 3 BDSG, Rn. 13; ders., VuR 2009, 323, 325; Karg, MMR 2011, 345, 346; ders., MMR-Aktuell 2011, 315811; wohl

stehenden Mitteln oder relativ,[271] also nur mit den Mitteln, welche dem die personenbezogenen Daten erhaltenden und verarbeitenden Betroffenen, ermittelt werden muss.

4.2.2.1.1 Absolute Bestimmbarkeit des Personenbezugs

Dabei führen die Vertreter der absoluten bzw. objektiven Theorie unter anderem den Erwägungsgrund 26 der Richtlinie 1995/46/EG[272] (nachfolgend: DS-RL) an, wonach für die Bestimmbarkeit alle Mittel berücksichtigt werden sollten,

> „welche vernünftigerweise entweder von dem Verantwortlichen für die Verarbeitung oder von einem Dritten eingesetzt werden könnten".

Hier werden also auch die Mittel Dritter erwähnt. Die rein hypothetische Möglichkeit scheidet jedoch aufgrund der „vernünftigerweise" einzusetzenden Mittel aus.[273]

4.2.2.1.2 Relative Bestimmbarkeit des Personenbezugs

Nach der Ansicht der relativen Theorie kommt es allein auf die dem für die Verarbeitung Verantwortlichen zur Verfügung stehenden Mittel an. Würde man den Personenbezug rein objektiv bestimmen, würde dies negative Auswirkungen nach sich ziehen. Denn im schlimmsten Falle würde dies bedeuten, dass jedes Datum, bei dem auch nur irgendein beliebiger Dritter die dahinter stehende Person durch Zusatzwissen bestimmen könnte, für jede speichernde Stelle ein per-

---

auch Art. 29 Datenschutzgruppe, Stellungnahme 4/2007 zum Begriff „personenbezogene Daten", WP 136, S. 14, wenn sie auf die grundsätzliche Möglichkeit der Identifizierung abstellt, ohne dies auf den für die Verarbeitung Verantwortlichen zu beschränken; in Bezug auf IP-Adressen: AG Berlin-Mitte, Urteil v. 27.03.2007 – 5 C 314/06 = ZUM 2008, 83.

271 Gola/Schomerus, BDSG, § 3 BDSG, Rn. 10; Spindler/Nink in Spindler/Schuster, § 11 TMG, Rn. 5b; Dammann in Simitis, BDSG, § 3 BDSG, Rn. 32 jeweils m. w. N.; Eckhardt, CR 2011, 339, 342; Meyerdierks, MMR 2009, 8, 13.

272 Richtlinie 95/46 EG des Europäischen Parlaments und des Rates vom 24. Oktober 1995 zum Schutz natürlicher Personen bei der Verarbeitung personenbezogener Daten und zum freien Datenverkehr.

273 Art. 29 Datenschutzgruppe, Stellungnahme 4/2007 zum Begriff „personenbezogene Daten", WP 136, S. 17.

sonenbezogenes Datum darstellen würde.[274] Damit wäre wohl im Endeffekt jedes Datum ein personenbezogenes.

4.2.2.1.3 IP-Adressen

Gerade in Bezug auf die Personenbezogenheit von IP-Adressen setzt sich dieser Streit für Anbieter, die nicht Zugangsanbieter (sog. Access-Provider) sind, fort, denn diese Access-Provider können ohne weiteres den Bezug zwischen IP-Adresse und Kunden herstellen.[275] Dabei muss grundsätzlich zwischen sog. statischen und sog. dynamischen IP-Adressen differenziert werden.[276] Bei statischen IP-Adressen hat der Rechner des Nutzers ständig eine IP-Adresse durch seinen Access-Provider zugewiesen bekommen, die sich auch nach einem Ausloggen aus dem Internet nicht ändert. Bei dynamischen IP-Adressen erhält der Rechner des Nutzers für jede Sitzung, also das Surfen im Internet, eine freie IP-Adresse durch seinen Access-Provider zugewiesen. Hier ändert sich die IP-Adresse also bei jeder neuen Internetnutzung. Für die statische IP Adresse ist anerkannt, dass diese einen Personenbezug begründen.[277] Dynamische IP-Adressen sind zumindest für den Access-Provider personenbezogen, da er aufgrund der bei ihm vorhandenen Bestands- und Verbindungsdaten die Zuordnung zum Inhaber des Rechners vornehmen kann.[278] In Bezug auf andere Empfänger der IP-Adresse als den Access-Provider taucht jedoch erneut die Frage nach der Bestimmbarkeit und der objektiven oder relativen Beurteilung auf. Zumindest in die Richtung, dass auch dynamische IP-Adressen personenbezogene Daten darstellen und damit eine objektive Sichtweise anzulegen ist, könnte man nun auch den *BGH* verstehen, wenn er bei der Speicherung einer dynamischen IP-Adresse davon ausgeht, dass grundsätzlich ein Eingriff in das Recht auf informationelle

274 Spindler/Nink in Spindler/Schuster, § 11 TMG, Rn. 5b; Eckhardt, CR 2011, 339, 342.

275 Eckhardt, CR 2011, 339, 340; Krüger/Maucher, MMR 2011, 433, 436.

276 Schmitz in Hoeren/Sieber, Handbuch Multimediarecht, Kap. 16.2, Rn. 80 f.; Spindler/Nink in Spindler/Schuster, § 11 TMG, Rn. 8; Buchner in Taeger/Gabel, BDSG, § 3 BDSG, Rn. 17; Krüger/Maucher, MMR 2011, 433.

277 Dammann in Simitis, BDSG, § 3 BDSG, Rn. 63; Buchner in Taeger/Gabel, BDSG, § 3 BDSG, Rn. 17; Helfrich in Hoeren/Sieber, Handbuch Multimediarecht, Kap. 16.1, Rn. 34; Luch, Stellungname des wissenschaftlichen Dienstes des Schleswig-Holsteinisches Landtages, S. 4; a. A.: Spindler/Nink in Spindler/Schuster, § 11 TMG, Rn. 8.

278 Schmitz in Hoeren/Sieber, Handbuch Multimediarecht, Kap. 16.2, Rn. 80; Luch, Stellungname des wissenschaftlichen Dienstes des Schleswig-Holsteinisches Landtages, S. 4; Krüger/Maucher, MMR 2011, 433 m. w. N.

Selbstbestimmung aus Art. 2 Abs. 1, Art. 1 Abs. 1 GG vorliegt.[279] Denn wenn die dynamische IP-Adresse kein personenbezogenes Datum darstellen würde, wäre der Schutzbereich dieses Grundrechts gar nicht eröffnet.[280] Jedoch gilt es zu beachten, dass in dem zu Grunde liegenden Sachverhalt der Empfänger der IP-Adresse der Access-Provider war. Für diesen gilt aber auch nach der relativen Theorie, dass die IP-Adresse für ihn ein personenbezogenes Datum darstellt.[281] Der Entscheidung des *BGH* eine Positionierung für die objektive Sichtweise in Bezug auf die Bestimmung des Personenbezugs von IP-Adressen zu entnehmen, erscheint daher zu weitgehend.[282] Der gleiche Hinweis muss für ein Urteil des *EuGH* gelten, in dem er IP-Adressen eindeutig als personenbezogene Daten bezeichnet,[283] es ging in dem zu Grunde liegenden Sachverhalt jedoch um die Einrichtung von Filtersystemen bei Access-Providern. Daher kann aus dieser Entscheidung nicht auf eine definitive Unterstützung der objektiven Theorie in Bezug auf IP-Adressen für alle Arten von Diensteanbietern im Internet durch den *EuGH* geschlossen werden.[284]

In Bezug auf IP-Adressen, welche der Betreiber eines sozialen Netzwerkes erhält, kann eine weitere Darstellung und Entscheidung dieser Diskussion jedoch aus folgendem Grund ausbleiben: die Anbieter sozialer Netzwerke erhalten von ihren registrierten Mitgliedern über den Browser der gerade eingeloggten User immer die IP-Adressen (ob nun eine dynamische oder statische). Jedoch liegt den Betreibern eben nicht nur die IP-Adresse vor. Sobald sich der Nutzer eingeloggt hat und eine Verbindung zu dem Anbieter besteht, kann dieser immer einen Personenbezug herstellen, egal ob nun eine feste IP-Adresse vorliegt oder sich diese bei jeder Internetnutzung ändert. Denn jeder User besitzt eine seinem Profil zugewiesene eindeutige Kennziffer (ID). Über weitere beim Anbieter vorhandene Daten, wie etwa Name, E-Mail-Adresse, Wohnort, Handynummer etc. lässt sich für diesen nun ein Personenbezug zwischen IP-Adresse, Kennziffer und den dazu gespeicherten Daten herstellen.[285] Auch bei Vorliegen einer dynamischen IP-Adresse ist es dem Betreiber im Moment der Erhebung eben

279 BGH, Urteil v. 13.01.2011 - III ZR 146/10 = MMR 2011, 341, Rz. 27 f.

280 So Karg, MMR 2011, 345.

281 Schmitz in Hoeren/Sieber, Handbuch Multimediarecht, Kap. 16.2, Rn. 80; Luch, Stellungname des wissenschaftlichen Dienstes des Schleswig-Holsteinisches Landtages, S. 4.

282 Krüger/Maucher, MMR 2011, 433, 436.

283 EuGH, Urteil v. 24.11.2011 - C-70/10 = GRUR 2012, 266, Rz. 51.

284 A. A. wohl Hawellek, ZD-Aktuell 2011, 129, 130.

285 Vgl. in Bezug auf solche Kennziffern auch Art. 29 Datenschutzgruppe, Stellungnahme 4/2007 zum Begriff der „personenbezogenen Daten“, WP 136, S. 16.

dieser möglich, über bei ihm gespeicherte und zur Verfügung stehende Daten die IP-Adresse einer bestimmten Person zuzuordnen.[286] Zumindest für die Zeit der Anmeldung im Netzwerk stellt daher sowohl die statische als auch die dynamische IP-Adresse für den Anbieter des sozialen Netzwerkes ein personenbezogenes Datum dar.[287]

4.2.2.2 Bestandsdaten

§ 14 Abs. 1 TMG definiert Bestandsdaten als „personenbezogene Daten eines Nutzers..., soweit sie für die Begründung, inhaltliche Ausgestaltung oder Änderung eines Vertragsverhältnisses zwischen dem Diensteanbieter und dem Nutzer über die Nutzung von Telemedien erforderlich sind". Dabei bestimmt sich die Erforderlichkeit nach dem konkreten Vertragsverhältnis.[288] In sozialen Netzwerken zählen zu den Bestandsdaten die Anmeldedaten der Nutzer, welche sie bei ihrer Registrierung angeben.[289] Hierunter fallen also Daten wie der Name, die E-Mail-Adresse, das Geburtsdatum, das Passwort, das Geschlecht, die IP-Adresse etc.[290] Diese Daten werden bei Vertragsschluss angegeben und dienen der Durchführung des Vertrages zwischen Nutzer und Anbieter. Weitere Daten sind bei einem kostenlosen Netzwerk für die Vertragsabwicklung nicht erforderlich.[291] Für den kostenpflichtigen Premiumdienst bei XING gehören dann zu den

286 Einschränkend sei angemerkt, dass diese Zuordnung durch den Betreiber freilich erst möglich ist, wenn er entsprechende Informationen über den Nutzer besitzt. Da jedoch bereits bei der Registrierung zu dem Netzwerk Informationen abverlangt werden, welche eine Bestimmbarkeit ermöglichen, wie etwa Name, Wohnort, E-Mail-Adresse, dürfte dieses Stadium des fehlenden Personenbezugs von Daten auf Seiten der Betreiber kaum eine Rolle spielen.

287 Spindler/Nink in Spindler/Schuster, § 11 TMG, Rn. 8; siehe auch International Working Group on Data Protection in Telecommunications, Rom-Memorandum, S. 7; Krüger/Maucher, MMR 2011, 433, 434 für Betreiber von Websites, für deren Nutzung sich der Betroffene mit persönlichen Angaben registrieren muss; wohl a. A. Hoeren in FS Heussen, S. 207, 210 „erforderlichen Personenbezug nur mit Hilfe der bei den Access-Providern gespeicherten Vertrags- und Logdaten", in Bezug auf Online-Portal Anbieter.

288 Schmitz in Hoeren/Sieber, Handbuch Multimediarecht, Kap. 16.2, Rn. 172; Lerch/Krause/Hotho/Roßnagel/Stumme, MMR 2010, 454, 456; vgl. auch BT-Drs. 13/7385, S. 24.

289 Ebenso: Härting/Schätzle, ITRB 2010, 39, 40; Jandt/Roßnagel, MMR 2011, 637, 639.

290 Siehe auch Karg/Fahl, K&R 2011, 453, 457.

291 Karg/Fahl, K&R 2011, 453, 457.

Bestandsdaten auch die Kontodaten der Nutzer, um so die Zahlungen durchführen zu können.

4.2.2.3 Nutzungsdaten

Zudem fallen in sozialen Netzwerken sog. Nutzungsdaten an. § 15 Abs. 1 S. 1 TMG definiert diese als „personenbezogene Daten eines Nutzers..., soweit dies erforderlich ist, um die Inanspruchnahme von Telemedien zu ermöglichen und abzurechnen". Dies sind Daten, die während und durch konkrete Nutzung entstehen. Sie bilden die Interaktion zwischen dem Nutzer und dem Anbieter während der konkreten Nutzung ab.[292] Dazu gehören etwa auch Daten über die Nutzungsdauer, die Art und Häufigkeit der Nutzung, Benutzername und Passwort, die Nutzerkennung und die IP-Adresse.[293] Ohne die Nutzungsdaten, könnte der Dienst nicht funktionieren. Sie entstehen notwendigerweise bei der Inanspruchnahme des sozialen Netzwerkes.

4.2.2.4 Inhaltsdaten

Im Rahmen der Nutzung von sozialen Netzwerken können und sollen die Nutzer üblicherweise auch freiwillig weitere persönliche Daten eingeben, die dann für ihre Kontakte oder für weitere Personen auf ihrem Profil sichtbar sind.[294] Gemeint sind damit personenbezogene Daten, welche vom Nutzer im Rahmen seines Profils eingestellt werden, wie etwa Hobbys, Sportarten, Musikgeschmack, schulischer und beruflicher Werdegang, gesprochene Sprachen etc. Solche Daten werden üblicherweise als Inhaltsdaten bezeichnet, die über das bloße Nutzungsverhältnis zwischen Nutzer und Diensteanbieter hinausgehen.[295]

Ihre dogmatische Einordnung im Datenschutzrecht ist jedoch umstritten. Grundsätzlich ist festzustellen, dass derartige Daten nicht notwendig sind, damit der User den Dienst nutzen kann. Die Anmeldung erfolgt durch Bereitstellung der Bestandsdaten. Inwieweit der Nutzer dann sein Profil mit „Leben" füllen möchte, bleibt ihm überlassen.

---

292 Zscherpe in Taeger/Gabel, TMG, § 15 TMG, Rn. 16; Spindler/Nink in Spindler/Schuster, § 15 TMG, Rn. 2 m. w. N.

293 Härting/Schätzle, ITRB 2010, 39, 40; Jandt/Roßnagel, MMR 2011, 637, 639; Karg/Fahl, K&R 2011, 453, 455.

294 Bauer, MMR 2008, 435, 436.

295 Spindler/Nink in Spindler/Schuster, § 15 TMG, Rn. 3; Bauer, MMR 2008, 435, 436.

Aufgrund dessen geht auch eine Ansicht davon aus, dass die freiwilligen Profildaten gerade nicht erforderlich sind und daher nicht an den Anforderungen des TMG gemessen werden können. Es fehle eben gerade eine Regelung zu Inhaltsdaten, anders als für Bestands- und Nutzungsdaten, im TMG. Es kommt daher nur eine Anwendung des subsidiären BDSG in Betracht.[296]

Nach einer anderen Ansicht sind diese Daten zwar nicht unbedingt erforderlich für das Vertragsverhältnis zwischen Nutzer und Diensteanbieter. Aus der Regelung des § 12 Abs. 2 TMG ergebe sich jedoch, dass es sich bei allen Daten, die im Zusammenhang mit der Nutzung von Telemediendiensten anfallen, um solche Daten handelt, die vollständig dem Schutzbereich des TMG unterliegen, was für eine Einbeziehung der Inhaltsdaten in das System des TMG spreche.[297] Dabei haben die Vertreter dieser Theorie vor allem den Fall vor Augen, dass der Vertrag zwar online geschlossen wird, die Erbringung der Leistung aber offline abgewickelt wird, etwa durch den Versand eines Buches.[298]

Eine dritte Ansicht nimmt eine weitere Differenzierung anhand des jeweiligen Dienstes vor und stellt auf den Zweck der Inhaltsdaten für diesen ab. Danach seien solche, freiwillig innerhalb eines Profils angegeben Daten, zwar nicht erforderlich zur Nutzung des sozialen Netzwerkes. Sie machen aber gerade den Sinn und Zweck dieses Dienstes, das Austauschen von Informationen sowie das Auffinden von Freunden und Bekannten im Netzwerk aus.[299] Es findet auch neben dem Vertragsschluss die Vertragserfüllung allein über das Internet statt und es fehlt ein „Offline-Korrelat". In diesem Fall sei es angebracht, die Inhaltsdaten unter den Schutz des TMG zu stellen.[300] Denn diese Daten stehen in unmittelbaren Zusammenhang mit der Erbringung des Telemediendienstes. Es würde der Intention der abschließenden Natur des TMG widersprechen, wenn bestimmte Daten, die zwar online eingegeben und genutzt werden, die aber nicht unter den

296 Spindler/Nink in Spindler/Schuster, § 15 TMG, Rn. 3; Zscherpe in Taeger/Gabel, TMG, § 14 TMG, Rn. 26; Härting/Schätzle, ITRB 2010, 39, 40; Karg/Fahl, K&R 2011, 453, 458; Raabe/Lorenz, DuD 2011, 279; Jandt/Roßnagel, MMR 2011, 637, 639; Weichert, VuR 2009, 323, 328, wenn er für Inhaltsdaten den Auskunftsanspruch auf § 34 BDSG stützt.

297 Schmitz in Hoeren/Sieber, Handbuch Multimediarecht, Kap. 16.2, Rn. 208.

298 So etwa Schmitz in Hoeren/Sieber, Handbuch Multimediarecht, Kap. 16.2, Rn. 114, 210.

299 Spindler/Nink in Spindler/Schuster, § 15 TMG, Rn. 5a.

300 Spindler/Nink in Spindler/Schuster, § 15 TMG, Rn. 5a für § 15 TMG; Zscherpe in Taeger/Gabel, TMG, § 14 TMG, Rn. 27 für § 14 Abs. 1 TMG; Bauer, MMR 2008, 435, 436.

engen Begriff der Bestands- oder Nutzungsdaten fallen, dem BDSG unterstellt würden.[301]

Nun könnte man davon ausgehen, dass ein derartiger Streit in der datenschutzrechtlichen Praxis keine Auswirkung zeigt, da auch die Regelungen des BDSG, wie jene des TMG, das Erforderlichkeitsprinzip bei der Datenverarbeitung betonen. Dies ist grundsätzlich richtig, jedoch finden sich in BDSG und TMG doch auch unterschiedliche Ausnahmeregelungen und Spezialvorschriften, die jeweils ein anderes Ergebnis erzeugen können.[302] Die Grundsatzregelungen für den Datenschutz in Telemedien in den §§ 12 Abs. 1 und Abs. 2 TMG lassen erkennen, dass selbst wenn andere Rechtsvorschriften anwendbar sein sollten, der Gesetzgeber einen direkten Bezug zu Telemedien fordert. Diese Voraussetzung erfüllen die Vorschriften des BDSG gerade nicht.[303]

Dem muss jedoch das Fehlen einer eindeutigen Regelung zu Inhaltsdaten im TMG entgegengehalten werden. Man kann dabei auch nicht davon ausgehen, dass eine derartige Regelung nur fehlt, da der Gesetzgeber sich dieser Problematik noch nicht bewusst ist. So gab es in jüngster Zeit zum einen durchaus Bestrebungen das TMG zu ändern,[304] nur nicht in Bezug auf die dogmatische Einordnung von Inhaltsdaten. Zudem wird der Streit bereits mehrere Jahre in der juristischen Literatur geführt.[305] Eine unbeabsichtigte Regelungslücke darf man daher nicht annehmen. Ebenso darf man aber nicht annehmen, dass der Gesetzgeber die Verarbeitung von Inhaltsdaten völlig unreguliert zulassen möchte. Aufgrund des Wortlautes der §§ 14, 15 TMG und ihrer klaren Begrenzung auf Bestands- bzw. Nutzungsdaten und einer fehlenden Regelung zu Inhaltsdaten im TMG, sind daher die Vorschriften des BDSG als, nach der allgemeinen Systematik des deutschen Datenschutzgesetzes, subsidiäres Gesetz anzuwenden.

4.2.3 International anwendbares Datenschutzrecht

Eine dem Internet und seinen Angeboten innewohnende Besonderheit ist seine Internationalität. Grundsätzlich kann jeder Mensch auf der Welt mit Internetzugang auf jegliche angebotenen Dienste zugreifen. Für die hier untersuchten sozialen Netzwerke stellt sich die Situation nicht anders dar. Dies bringt die Frage

301 Bauer, MMR 2008, 435, 436.

302 So auch Schmitz in Hoeren/Sieber, Handbuch Multimediarecht, Kap. 16.2, Rn. 211.

303 So auch Schmitz in Hoeren/Sieber, Handbuch Multimediarecht, Kap. 16.2, Rn. 114.

304 Vgl. etwa BR-Drs. 156/11.

305 Spindler/Nink in Spindler/Schuster, § 15 TMG, Rn. 3 (dort Fn. 11).

mit sich, ob für deutsche Anwender bei der Nutzung eines ausländischen Dienstes deutsches Datenschutzrecht zur Anwendung gelangt? Ein international geltendes Datenschutzrecht, etwa nach dem Prinzip des im Kaufrecht bei internationalem Bezug geltenden UN-Kaufrecht,[306] existiert (noch) nicht. Daher ist anhand der bestehenden gesetzlichen Regelungen zu untersuchen, nach welchen Kriterien die Anwendbarkeit deutschen Datenschutzrechts begründet wird und ob diese in den hier untersuchten Konstellationen eingreifen.

Liegt ein Fall einer grenzüberschreitenden Datenverarbeitung personenbezogener Daten im Internet vor, stellt sich zunächst die Frage, ob es Kollisionsnormen gibt, welche in diesem Fall zur Anwendung gelangen und das anzuwendende Sachrecht bestimmen.

4.2.3.1 TMG

§ 3 TMG, der auf Art. 3 der Richtlinie 2000/31/EG[307] (im Folgenden: ECRL) beruht, regelt die Anwendbarkeit des Telemediengesetzes bei internationalen Sachverhalten und setzt, wie schon aus seiner Überschrift ersichtlich, das sog. Herkunftslandprinzip um.[308] § 3 Abs. 1 TMG stellt zunächst klar, dass dem TMG auch in Deutschland niedergelassene Anbieter (hier *meinVZ* und *XING*) dann unterfallen, wenn sie ihre Dienste auch in anderen Mitgliedstaaten der EU erbringen. Für die hier untersuchten deutschen Anbieter gilt folglich auch das TMG, wenn sie ihre Dienste grenzüberschreitend anbieten.

Komplizierter stellt sich jedoch die Frage dar, ob auch ausländische Anbieter, welche keine Niederlassung in Deutschland besitzen, den Regeln des TMG unterfallen. Insofern gilt es vorab festzustellen, dass Anbieter mit ihrer Niederlassung in Drittstaaten, wie etwa den USA, nicht in den Anwendungsbereich des

306 Übereinkommen der Vereinten Nationen über Verträge über den internationalen Warenkauf (CISG) vom 11.4.1980.

307 Richtlinie 2000/31/EG des Europäischen Parlaments und des Rates vom 8. Juni 2000 über bestimmte rechtliche Aspekte der Dienste der Informationsgesellschaft, insbesondere des elektronischen Geschäftsverkehrs, im Binnenmarkt („Richtlinie über den elektronischen Geschäftsverkehr“).

308 Pfeiffer/Weller/Nordmeier in Spindler/Schuster, § 3 TMG, Rn. 1; Moos in Taeger/Gabel, TMG, Einführung, Rn. 10; Weichert, VuR 2009, 323, 326.

§ 3 TMG einbezogen sind.[309] Vielmehr greift in diesem Fall das internationale allgemeine Kollisionsrecht ein.[310]

Anbieter mit einer Niederlassung in einem EU Mitgliedstaat, die ihre Dienste auch in Deutschland erbringen, fallen unter die Regelung des § 3 Abs. 2 TMG. Nach dem dort statuierten Herkunftslandprinzip richtet sich das anzuwendende Recht nach dem Recht am Niederlassungsort des Diensteanbieters, also dem Recht des jeweiligen Mitgliedstaates.[311] Äußerst umstritten ist jedoch die dogmatische Einordnung des Herkunftslandprinzips dergestalt, ob es sich dabei um eine eigenständige Kollisionsnorm oder nur um eine die Sachrechtsebene modifizierende Norm handelt.[312]

In dem hier untersuchten Themengebiet des Datenschutzes und des darin enthaltenen Schutzes personenbezogener Daten, kann eine Darstellung des Streitstandes jedoch dahinstehen. Denn in § 3 Abs. 3 Nr. 4 TMG wird das für den Schutz personenbezogener Daten zu findende Recht ausdrücklich nicht dem Herkunftslandprinzip unterstellt, sondern bleibt von dieser Regelung unberührt. In Erwägungsgrund 14 der ECRL wird dazu festgestellt, dass der Schutz natürlicher Personen bei der Verarbeitung personenbezogener Daten ausschließlich Gegenstand der Richtlinien 95/46/EG und 97/66/EG[313] ist.[314] Der Datenschutz wird folglich nicht von der ECRL geregelt.[315] Somit kann das Herkunftslandprinzip des § 3 TMG zur Bestimmung des anwendbaren Rechts auf die datenschutzrechtlichen Vorschriften der §§ 11-15a TMG, welche den Schutz personenbezogener Daten bezwecken,[316] keine Anwendung finden.[317]

---

309 Heckmann in jurisPK-Internetrecht, Kap. 1.3, Rn. 19; Martiny in MüKomm/BGB, Art. 9 Rom I-VO Anh. III, Rn. 7.

310 Heckmann in jurisPK-Internetrecht, Kap. 1.3, Rn. 25; Martiny in MüKomm/BGB, Art. 9 Rom I-VO Anh. III, Rn. 71.

311 Martiny in MüKomm/BGB, Art. 9 Rom I-VO Anh. III, Rn. 2.

312 Vgl. zu den verschiedenen Meinungen ausführlich Martiny in MüKomm/BGB, Art. 9 Rom I-VO Anh. III, Rn. 23 ff.

313 Richtlinie 97/66/EG des Europäischen Parlaments und des Rates vom 15. Dezember 1997 über die Verarbeitung personenbezogener Daten und den Schutz der Privatsphäre im Bereich der Telekommunikation.

314 Erwägungsgrund 14, RL 2000/31/EG.

315 Heckmann in jurisPK-Internetrecht, Kap. 1.3, Rn. 43; vgl. auch Erwägungsgrund 14, RL 2000/31/EG „so dass diese Frage in der vorliegenden Richtlinie nicht geregelt werden muss".

316 Moos in Taeger/Gabel, TMG, Einführung, Rn. 3.

317 Ebenso: Moos in Taeger/Gabel, TMG, Einführung, Rn. 11; Weichert, VuR 2009, 323, 326.

4.2.3.2 BDSG

Vielmehr ist auf die in Erwägungsgrund 14 der ECRL in Bezug genommenen Richtlinien abzustellen, wobei die dort genannte Richtlinie 1995/46/EG (DS-RL) dem Schutz natürlicher Personen bei der Verarbeitung personenbezogener Daten dient und im BDSG umgesetzt wurde. Die Hauptanknüpfungskriterien der DS-RL zur Bestimmung des anwendbaren Rechts sind dabei zum einen der Ort der Niederlassung des für die Verarbeitung Verantwortlichen und, wenn er außerhalb des EWR niedergelassen ist, der Ort, an dem die für die Verarbeitung verwendeten Mittel belegen sind.[318] Im BDSG findet sich in § 1 Abs. 5 BDSG, welcher Art. 4 DS-RL umsetzt, eine spezialgesetzliche Kollisionsnorm, nach der sich die internationale Anwendbarkeit des BDSG[319] und auch der Datenschutzvorschriften des TMG richtet.[320]

Für den grenzüberschreitenden Datenverkehr innerhalb der EU bzw. unter den Vertragsstaaten des Abkommens über den Europäischen Wirtschaftsraum, knüpft Art. 4 Abs. 1 lit a) DS-RL und der durch sie eingefügte § 1 Abs. 5 BDSG, für das anwendbare Recht abweichend vom sog. Territorialitätsprinzip, wonach der Ort der Datenverarbeitung entscheidend ist, an den Ort der Niederlassung der verantwortlichen Stelle in einem Mitgliedstaat an (Sitz- bzw. Niederlassungsprinzip).[321] Das anzuwendende Recht richtet sich also nach den Gesetzen des Mitgliedstaates, in dem die für die betreffende Datenverarbeitung verantwortliche Stelle ihren Sitz hat.[322] Besitzt ein für die Verarbeitung Verantwortlicher mehrere Niederlassungen, bestimmt sich das anzuwendende einzel-

---

318 Art. 29 Datenschutzgruppe, Stellungnahme 8/2010 zum anwendbaren Recht, WP 179, S. 11.

319 Schröder/Hawxwell, Ausarbeitung des wissenschaftlichen Dienstes des Deutschen Bundestages, WD 3 – 3000 – 306/11 neu, S. 11; Jotzo, MMR 2009, 232, 233; Piltz, CR 2012, 274; ders., K&R 2012, 640, 641.

320 Moos in Taeger/Gabel, TMG, Einführung, Rn. 12; Schröder/Hawxwell, Ausarbeitung des wissenschaftlichen Dienstes des Deutschen Bundestages, WD 3 – 3000 – 306/11 neu, S. 12; wohl auch Schmitz in Hoeren/Sieber, Handbuch Multimediarecht, Kap 16.2, Rn. 98; Stadler, ZD 2011, 57, 58; Jotzo, MMR 2009, 232, 234, dem zustimmend Dammann in Simitis, BDSG, § 1 BDSG, Rn. 213.

321 Gola/Schomerus, BDSG, § 1 BDSG, Rn. 27; Schröder/Hawxwell, Ausarbeitung des wissenschaftlichen Dienstes des Deutschen Bundestages, WD 3 – 3000 – 306/11 neu, S. 11; Jotzo, MMR 2009, 232, 234.

322 Gola/Schomerus, BDSG, § 1 BDSG, Rn. 27; Dammann in Simitis, BDSG, § 1 BDSG, Rn. 201 f.; Weichert, VuR 2009, 323, 326.

staatliche Recht nach der Tätigkeit, welche durch die einzelne Niederlassung ausgeübt wird.[323]

Gem. § 1 Abs. 5 S. 1 findet das BDSG und damit auch die §§ 11 ff. TMG konsequenterweise keine Anwendung, sofern eine in einem anderen Mitgliedstaat der EU oder des EWR belegene verantwortliche Stelle im Inland, also in Deutschland, personenbezogene Daten erhebt.[324] Dies ändert sich jedoch gem. § 1 Abs. 5 S. 1 2. Halbs. BDSG, sobald die verantwortliche Stelle eine Niederlassung im Inland besitzt und von dieser aus die Verarbeitungsvorgänge unternimmt. Dann greift das sog. eingeschränkte oder modifizierte Sitzlandprinzip (teilweise wird auch schlicht vom Territorialitätsprinzip gesprochen) und damit das nationale Datenschutzrecht ein.[325]

Es ist zu klären, wie in Übereinstimmung mit der DS-RL, dem BDSG und auch dem TMG die Niederlassung zu bestimmen ist. Dabei setzt nach Erwägungsgrund 19 der DS-RL eine Niederlassung die effektive und tatsächliche Ausübung einer Tätigkeit mittels einer festen Einrichtung voraus. Im Zweifel kann dabei auch auf § 42 Abs. 2 GewO zurückgegriffen werden, wonach eine Niederlassung dann besteht, wenn der Gewerbetreibende einen zum dauernden Gebrauch eingerichteten, ständig oder in regelmäßiger Wiederkehr von ihm benutzten Raum für den Betrieb seines Gewerbes besitzt.[326] Zudem kann für die Bestimmung des Begriffes der Niederlassung auch auf die ECRL und die Kommentierungen zum TMG zurückgegriffen werden, denn der Begriff wird in der ECRL ebenfalls verwendet. Nach Erwägungsgrund 19 der ECRL besteht eine Niederlassung nicht schon dort, wo sich die technischen Mittel befinden, die die Webseite des Diensteanbieters beherbergen und auch noch nicht dort, wo die Webseite zugänglich ist, sondern an dem Ort, an dem das Unternehmen seine Wirtschaftstätigkeit ausübt, wo also die unternehmerischen Entscheidungen getroffen werden. Allein der Standort der für die Datenverarbeitung verantwortlichen Server begründet noch nicht den Ort der Niederlassung des datenschutz-

---

323 Art. 29 Datenschutzgruppe, Stellungnahme 8/2010 zum anwendbaren Recht, WP 179, S. 12.

324 Siehe auch Schröder/Hawxwell, Ausarbeitung des wissenschaftlichen Dienstes des Deutschen Bundestages, WD 3 – 3000 – 306/11 neu, S. 11.

325 Gola/Schomerus, BDSG, § 1 BDSG, Rn. 28; Gabel in Taeger/Gabel, BDSG, § 1 BDSG, Rn. 54; Duhr/Naujok/Schaar, MMR 7/2001, XVI.

326 Gola/Schomerus, BDSG, § 1 BDSG, Rn. 28; Moos in Taeger/Gabel, TMG, Einführung, Rn. 13.

rechtlich Verantwortlichen.[327] Kriterien sind vielmehr etwa der Sitz der Unternehmensführung und der Geschäftsräume.[328]

Für die Bestimmung der Niederlassung bzw. des Sitzes im Rahmen des Art. 4 Abs. 1 lit a) DS-RL kommt es zudem nach dem Gesetzeswortlaut auf den „Rahmen der Tätigkeit" an, den die betreffende Niederlassung ausführt. Dies bedeutet, dass nicht das Recht desjenigen Mitgliedstaates über Art. 4 Abs. 1 lit a) DS-RL anwendbar ist, in dem die für die Verarbeitung verantwortliche Stelle niedergelassen ist, sondern vielmehr das Recht des Mitgliedstaates, in dem eine Niederlassung des für die Verarbeitung Verantwortlichen an Tätigkeiten beteiligt ist, die mit der Datenverarbeitung im Zusammenhang stehen.[329] Ausschlaggebend ist somit, ob die betreffende Organisation effektiv und tatsächlich derartige Tätigkeiten ausübt und in welchem Maße sie Tätigkeiten durchführt, in deren Rahmen personenbezogene Daten verarbeitet werden.[330]

Hierzu ist der Unterschied des Anknüpfungspunktes in Art. 4 Abs. 1 lit c) DS-RL (umgesetzt durch § 1 Abs. 5 S. 2 BDSG) offensichtlich, wonach es darauf ankommt, dass die „verantwortliche Stelle" der Datenverarbeitung in einem Drittstaat niedergelassen ist. Es kommt also nicht auf den Rahmen der Tätigkeit einer Niederlassung in der EU bzw. dem EWR an, sondern es wird Bezug genommen auf den für die Verarbeitung Verantwortlichen selbst.

Dabei muss die verantwortliche Stelle die Voraussetzung des § 3 Abs. 7 BDSG bzw. des Art. 2 lit d) DS-RL erfüllen, wonach es auf die Stelle ankommt, welche allein oder gemeinsam mit anderen über die Zwecke und Mittel der Verarbeitung von personenbezogenen Daten entscheidet.[331] Maßgeblich ist, wer die Verfügungsmacht über die Daten besitzt.[332]

Ein für die Verarbeitung Verantwortlicher, der (auch) außerhalb des EWR niedergelassen ist, muss sich deshalb auch an das durch Art. 4 Abs. 1 lit c) DS-RL verordnete Recht halten, wenn er eine Niederlassung in der EU hat, die jedoch im Rahmen anderer Tätigkeiten personenbezogene Daten verarbeitet, als dies in der Niederlassung außerhalb des EWR geschieht. Die Existenz der Nie-

327 Heckmann in jurisPK-Internetrecht, Kap. 1.2, Rn. 20; Weichert, VuR 2009, 323, 326.

328 Heckmann in jurisPK-Internetrecht, Kap. 1.2, Rn. 21.

329 Art. 29 Datenschutzgruppe, Stellungnahme 8/2010 zum anwendbaren Recht, WP 179, S. 16.

330 Art. 29 Datenschutzgruppe, Stellungnahme 8/2010 zum anwendbaren Recht, WP 179, S. 36.

331 Art. 2 lit d) DS-RL.

332 Jotzo, MMR 2009, 232, 233.

derlassung in der EU löst die Anwendung von Artikel 4 Abs. 1 lit a) nur auf ihre spezifischen Tätigkeiten aus.[333]

Grundsätzlich besteht also zwischen Art. 4 Abs. 1 lit a) und Art. 4 Abs. 1 lit c) DS-RL ein Ausschließlichkeitsverhältnis in dem Sinne, dass Art. 4 Abs. 1 lit c) DS-RL nur anwendbar ist, wenn der für die Verarbeitung Verantwortliche in der EU bzw. im EWR keine Niederlassung besitzt, die für die fraglichen Tätigkeiten der Verarbeitung personenbezogener Daten relevant ist.[334] Die Anwendung von Art. 4 Abs. 1 lit c) DS-RL wird nicht dadurch ausgeschlossen, dass der für die Verarbeitung Verantwortliche eine Niederlassung in der EU bzw. dem EWR besitzt, wenn es sich dabei nicht um eine für die Zwecke von der für Art. 4 Abs. 1 lit a) DS-RL relevanten Niederlassung handelt.[335] Die Folge für die Bestimmung des anwendbaren Rechts ist, dass, je nach Verarbeitungsphase und Beteiligung der jeweiligen Niederlassungen, durchaus unterschiedliche nationale Rechtsordnungen zur Anwendung gelangen.[336]

Es gilt also festzustellen, ob und wo eine Niederlassung besteht, welche Tätigkeit von welcher Niederlassung ausgeübt wird und in welchem Maß die Niederlassung an den Tätigkeiten, durch die personenbezogene Daten verarbeitet werden, beteiligt ist, um so den richtigen Anknüpfungspunkt für die Anwendung nationalen Datenschutzrechts zu finden.[337] Da die Datenverarbeitung ein tatsächlicher Prozess ist, welcher versteckt in den Prozessoren der Server abläuft, ist eine fehler- und zweifelsfreie Zuordnung der Tätigkeiten nur möglich, wenn man Zugang zu den internen Verfahren der Verantwortlichen erhält. Besteht diese Möglichkeit nicht, so lässt sich doch auf Tatsachen und Indizien abstellen, welche auch für außenstehende Dritte erkennbar sind.

Für die hier untersuchten ausländischen Anbieter sozialer Netzwerke stellt sich die Situation wie folgt dar:

---

333 Art. 29 Datenschutzgruppe, Stellungnahme 8/2010 zum anwendbaren Recht, WP 179, S. 24.

334 Art. 29 Datenschutzgruppe, Stellungnahme 8/2010 zum anwendbaren Recht, WP 179, S. 23 f.

335 Art. 29 Datenschutzgruppe, Stellungnahme 8/2010 zum anwendbaren Recht, WP 179, S. 37.

336 Art. 29 Datenschutzgruppe, Stellungnahme 8/2010 zum anwendbaren Recht, WP 179, S. 16.

337 Art. 29 Datenschutzgruppe, Stellungnahme 8/2010 zum anwendbaren Recht, WP 179, S. 17.

4.2.3.2.1 Facebook

4.2.3.2.1.1 Niederlassung in einem EU-Mitgliedstaat

Facebook unterhält mehrere Firmensitze in Mitgliedstaaten der EU. Laut den AGB wird die deutschsprachige Seite von der „*Facebook Ireland Limited*“ (im Folgenden: FB-I) mit Sitz in Dublin angeboten, wo ca. 400 Angestellte beschäftigt sind.[338] Die dortige Niederlassung stellt die Europazentrale des Anbieters dar.[339] Auch in Deutschland (Hamburg) besitzt *Facebook* ein Büro. Jedoch handelt es sich dabei nur um eine kleine Einheit, welche für die Werbung, die Presse und das Marketing in Deutschland zuständig ist.[340] Dieses Büro stellt aufgrund seines mangelnden tatsächlichen Einflusses auf die Datenverarbeitung keine Niederlassung i. S. d. § 1 Abs. 5 S. 1 BDSG dar.[341] Bleibt man bei den Angaben in den AGB, müsste sich somit ergeben, dass FB-I die für die Datenverarbeitung in Deutschland verantwortliche Stelle darstellt und ihre Niederlassung in Dublin besitzt. Danach wäre nicht das BDSG, sondern gem. § 1 Abs. 5 S. 1 BDSG vielmehr irisches Datenschutzrecht anwendbar.

Auch aus dem Report des irischen Datenschutzbeauftragten zu FB-I[342] lassen sich wichtige Hinweise dazu entnehmen, wer tatsächlich über die Daten deutscher Nutzer verfügt und die Entscheidungsgewalt besitzt, da der Report teilweise tiefe Einblicke in die Struktur von *Facebook* gibt, die ansonsten von außen nicht erkennbar wären. Jedoch muss angemerkt werden, dass einige dort aufgeführte Informationen, wie etwa die Unternehmensstruktur (Appendix 4), von *Facebook* selbst zur Verfügung gestellt wurden. In jenem Appendix 4 des Audit Reports wird dazu von FB-I festgestellt, dass FB-I das einzige Büro innerhalb der *Facebook*-Gruppe ist, welches die Kontrolle über Daten der Nutzer außerhalb von Nordamerika besitzt.[343] Auch dies spricht dafür, dass allein FB-I die Niederlassung ist, von welcher aus über die Datenverarbeitung in Deutschland entschieden wird.

---

338 Data Protection Commissioner, Fn. 4, S. 25.

339 Data Protection Commissioner, Fn. 4, S. 21; vgl. auch die Liste der Niederlassungen von Facebook, abrufbar unter http://www.sec.gov/Archives/edgar/data/1326801/000119312512046715/d287954dex211.htm (zuletzt abgerufen am 01.12.2012).

340 Data Protection Commissioner, Fn. 4, S. 215.

341 Siehe auch Stadler, ZD 2011, 57, 58.

342 Data Protection Commissioner, Fn. 4.

343 Data Protection Commissioner, Fn. 4, S. 213.

Durch den irischen Datenschutzbeauftragten wird festgestellt, dass es zwischen FB-I und der *Facebook Inc.* (der Muttergesellschaft, mit Sitz in den USA) eine „Datenübertragungs- und verarbeitungsvereinbarung“ gibt, in welcher die *Facebook Inc.* als der „Datenimporteur“ beschrieben ist.[344] Dies geschieht offensichtlich vor dem Hintergrund, dass derzeit die Datenzentren, mit Servern und Datenbanken, alle in den USA liegen.[345] Aufgrund dessen scheint auch eine Hosting-Vereinbarung zwischen den beiden Abteilungen zu bestehen, in der die *Facebook Inc.* als Service-Provider bezeichnet wird.[346] Da es sich bei den USA um ein Drittland handelt, und folglich die Vorschriften zur Auftragsdatenverarbeitung (§ 11 BDSG) nicht anwendbar sind,[347] da die beauftragte Stelle dann Dritter im Sinne des BDSG ist (§ 3 Abs. 8 S. 3 BDSG), muss die Übermittlung der Daten in die USA nach § 4b Abs. 3 BDSG auf einem angemessenen Schutzniveau geschehen, welches für Unternehmen, die das sog. Safe-Harbor Abkommen unterzeichnet haben, durch die *Europäische Kommission* anerkannt ist.[348] Der irische Datenschutzbeauftragte stellt dazu fest, dass die europäischen Anforderungen in Bezug auf die *Facebook Inc.* erfüllt sind.[349] Auch dies spricht dafür, dass FB-I in Dublin allein die verantwortliche Stelle für die Datenverarbeitung in Bezug auf personenbezogene Daten deutscher Nutzer darstellt und damit als die maßgebliche Niederlassung i. S. d. § 1 Abs. 5 S. 1 BDSG zu qualifizieren ist.

Auf der anderen Seite fallen jedoch einige Punkte ins Gewicht, welche zumindest an der alleinigen Entscheidungsbefugnis von FB-I über die Erhebung und Verarbeitung von personenbezogenen Daten deutscher Nutzer, Zweifel aufkommen lassen.

Dazu zählt zum einen, dass der irische Datenschutzbeauftrage die Zentrale der *Facebook Inc.* in den USA besucht, um sich unter anderem mit dem Geschäftsführer und anderen wichtigen Führungskräften zu treffen, welche laut dem Report

---

344 Data Protection Commissioner, Fn. 4, S. 25.

345 Data Protection Commissioner, Fn. 4, S. 26.

346 Data Protection Commissioner, Fn. 4, S. 25.

347 Spindler in Spindler/Schuster, § 11 BDSG, Rn. 14.

348 Gola/Schomerus, BDSG, § 4b BDSG, Rn. 15; Däubler in Däubler/Klebe/Wedde/Weichert, BDSG, § 4b BDSG, Rn. 15 ff.; Gabel in Taeger/Gabel, BDSG, § 4b BDSG, Rn. 23.

349 „Transfer to the US is handled by way of the Safe Harbour provisions and an explicit contract between FB-I and Facebook Inc.“, Data Protection Commissioner, Fn. 4, S. 143.

> „Rollen und Verantwortlichkeiten besitzen, welche Einfluss auf den Bereich der Einhaltung des europäischen Datenschutzrechts haben können“.[350]

Man muss sich dann jedoch die Frage stellen, inwieweit die Geschäftsführer und leitenden Angestellten in Dublin eigenverantwortlich über das Angebot von *Facebook* in Europa und die damit zusammenhängenden Datenverarbeitungsprozesse entscheiden können. Denn läge diese Verantwortlichkeit und Entscheidungsbefugnis in Bezug auf die Verarbeitung personenbezogener Daten aus Europa, wie dies FB-I vorgibt, allein in Dublin, so wäre ein Besuch in den USA relativ nutzlos, da die dortigen Entscheidungsträger für die entsprechenden Daten nicht zuständig sind.

In dem vom irischen Datenschutzbeauftragten selbst angefertigten Teil des Berichtes geht er zudem von einer wesentlichen Rolle der leitenden Angestellten von FB-I in Bezug auf den Umgang mit Nutzerdaten, jedoch nicht von der alleinigen Entscheidungsrolle der Geschäftsführung in Dublin aus.[351] Damit FB-I als für die gesamte Datenverarbeitung in Europa entscheidende Niederlassung angesehen werden soll, müsste die Entscheidungsbefugnis, gerade hinsichtlich des Umgangs mit den Daten der Nutzer, jedoch alleine bei ihr liegen.

In Bezug auf die Aussage der AGB, dass die deutschsprachige Seite des sozialen Netzwerkes durch FB-I angeboten wird,[352] lässt sich hieraus natürlich ein Indiz für die Verteilung der Verantwortlichkeiten ziehen. Jedoch kann den Regelungen eines Vertrages nicht zwangsläufig die ausschlaggebende Wirkung zukommen, da sonst eine Verschiebung der Verantwortlichkeiten im Belieben der Partei stehen würde und so etwa versucht werden könnte, verbraucherschützende Regelungen zu umgehen.[353] Selbst wenn die Verantwortlichkeit vertraglich geregelt ist, ist eine andere, den tatsächlichen Umständen Rechnung tragende, Beurteilung durchaus legitim, vor allem wenn es Gründe gibt anzunehmen, dass diese Regelung die Realität nicht korrekt wiedergibt.[354]

Zudem wird auf der Internetseite der Datenverwendungsrichtlinie von *Facebook* darauf hingewiesen, dass die Nutzer sich bei Fragen oder Beschwerden an eine Adresse in den USA wenden sollen (1601 Willow Road, Menlo Park,

---

350 Data Protection Commissioner, Fn. 4, S. 21.

351 „senior staff in Dublin play a substantial role in the handling of user data“, Data Protection Commissioner, Fn. 4, S. 142.

352 Vgl. dazu unter der Überschrift „Impressum“ in den AGB von Facebook, abrufbar unter http://de-de.facebook.com/legal/terms (zuletzt abgerufen am 01.12.2012).

353 Zu einer möglichen Rechtswahlfreiheit im Datenschutzrecht vgl. 4.2.3.3.

354 So auch Art. 29 Datenschutzgruppe, Stellungnahme 1/2010 zu den Begriffen „für die Verarbeitung Verantwortlicher“ und „Auftragsverarbeiter“, WP 169, S. 14.

CA 94025).[355] Dabei handelt es sich um die Adresse der *Facebook Inc.* Hier stellt sich die Frage, warum als Adresse für deutsche Nutzer diejenige der *Facebook Inc.* angegeben wird, wenn diese doch eigentlich mit der Verarbeitung von personenbezogenen Daten nichts zu tun bzw. keinen Einfluss auf diese haben soll. Denn echte Hilfe dürfte man dort nach den Angaben von FB-I, dass alleine sie über die entsprechenden Daten verfügen können, nicht erwarten dürfen. Auch diese Ausgestaltung spricht für eine mangelnde alleine Entscheidungsverantwortung von FB-I.

Die fehlende alleinige Verantwortlichkeit von FB-I für die den deutschen und europäischen Nutzern angebotenen Dienste von *Facebook* lässt sich zudem klar an folgendem Beispiel aus dem Prüfbericht entnehmen. Danach bestehen rechtliche Bedenken in Bezug auf Produkte und Funktionen des Netzwerkes, welche von Entwicklern in den USA hergestellt und durch juristische Abteilungen außerhalb Irlands begutachtet werden. Diese Features könnten dann zum Einsatz kommen, ohne dass sie den Anforderungen des europäischen Datenschutzrechts gerecht werden.[356] Dies wird in dem Bericht am Beispiel der im Juni 2011 eingeführten automatischen Gesichtserkennung beschrieben, welche auch in Deutschland datenschutzrechtlich kritisch betrachtet wurde.[357] Dabei geht es auch um den Umgang mit personenbezogenen Daten der Nutzer, wie etwa ihre im Netzwerk eingestellten Profilbilder, auf denen sie erkennbar sind. Zwar wird im Bericht auch dargelegt, dass *Facebook* hier Fortschritte in Bezug auf einen besseren rechtlichen Prüfungsprozess bei der Entwicklung neuer Produkte gemacht hat.[358] Dass jedoch Produkte weiterhin durch Abteilungen in den USA entwickelt und durch FB-I zum Einsatz gebracht werden, dürfte ebenso feststehen bzw. lässt sich dem Bericht nichts gegenteiliges entnehmen.[359] FB-I verwendet die ihr aus den USA vorgegebenen Funktionen mithin lediglich, hat jedoch keinen Einfluss auf die durch diese Funktionen eintretenden Datenverar-

355 Abrufbar unter http://de-de.facebook.com/about/privacy (zuletzt abgerufen am 01.12.2012).

356 Data Protection Commissioner, Fn. 4, S. 146.

357 Siehe dazu etwa http://heise.de/-1376696 sowie die Pressemitteilung des Hamburgischen Beauftragten für Datenschutz und Informationsfreiheit, abrufbar unter http://www.datenschutz-hamburg.de/news/detail/article/biometrie-datenbank-von-facebook-weiterhin-rechtswidrig.html, sowie das Gutachten vom 17.01.2012, abrufbar unter http://www.datenschutz-hamburg.de/fileadmin/user_upload/documents/Gutachten_Facebook-Gesichtserkennung.pdf (zuletzt abgerufen am 01.12.2012).

358 Data Protection Commissioner, Fn. 4, S. 147.

359 So auch, HmbBfDI, Zur aufsichtsbehördlichen Zuständigkeit über den Internet-Dienst Facebook, S. 2.

beitungsprozesse. Dieses Beispiel macht deutlich, dass die Niederlassung in Dublin eben nicht die alleinige Entscheidungsbefugnis über die Erhebung, Verarbeitung und Nutzung personenbezogener Daten europäischer Nutzer besitzt, sondern mindestens zum Teil vom Hauptfirmensitz in den USA abhängig ist. Wenn jedoch FB-I nicht die verantwortliche Stelle für die Verarbeitung der personenbezogenen Daten ist, so kann sie auch nicht die in § 1 Abs. 5 S. 1 BDSG angesprochene verantwortliche Stelle mit einer Niederlassung in einem EU-Mitgliedstaat sein. Damit ist zumindest für Teile der Erhebung, Verarbeitung und Nutzung personenbezogener Daten deutscher Nutzer auch der Hauptfirmensitz von *Facebook* in den USA als verantwortliche Stelle mit einer Niederlassung in den USA anzusehen.[360]

4.2.3.2.1.2 Zurückgreifen auf Mittel

Befindet sich die verantwortliche Stelle im EU-Ausland, so bestimmt sich das anzuwendende Datenschutzrecht nach Art. 4 Abs. 1 lit c) DS-RL bzw. § 1 Abs. 5 S. 2 BDSG, wonach das BDSG auf diejenige ausländische verantwortliche Stelle Anwendung findet, welche personenbezogene Daten im Inland erhebt, verarbeitet oder nutzt, die in einem Drittstaat niedergelassen ist. Dabei ist zu berücksichtigen, dass durch die Vorschrift des BDSG die Regelung der DS-RL nur unzureichend umgesetzt wurde.[361] Denn dort wird in dem maßgeblichen Art. 4 Abs. 1 lit c) DS-RL zusätzlich angeführt, dass die verantwortliche Stelle dabei zum Zwecke der Verarbeitung auf im Inland belegene automatisierte oder nicht automatisierte Mittel „zurückgreifen" muss. Insofern ist diese Voraussetzung jedoch im Wege einer richtlinienkonformen Auslegung mit in den § 1 Abs. 5 S. 2 BDSG hineinzulesen.[362]

Dabei bereitet die Frage, wann auf Mittel zurückgegriffen wird, gerade hinsichtlich der Erhebung von personenbezogenen Daten über das Internet, Schwierigkeiten.[363] In Bezug auf die Datenverarbeitung im Allgemeinen muss die im Drittland belegene verantwortliche Stelle dabei über die Mittel und Zwecke der Verarbeitung entscheiden können.[364] Bei der Erhebung von personenbezogenen

---

360 Im Ergebnis ebenso: HmbBfDI, Zur aufsichtsbehördlichen Zuständigkeit über den Internet-Dienst Facebook, S. 21.

361 Schmidt in Taeger/Gabel, BDSG, § 1 BDSG, Rn. 58.

362 Dammann in Simitis, BDSG, § 1 BDSG, Rn. 218.

363 Gabel in Taeger/Gabel, BDSG, § 1 BDSG, Rn. 59; Dammann in Simitis, BDSG, § 1 BDSG, Rn. 217.

364 Dammann in Simitis, BDSG, § 1 BDSG, Rn. 220.

Daten kommt die Besonderheit hinzu, dass grundsätzlich 2 Akteure beteiligt sind: die verantwortliche Stelle und der die Daten zur Verfügung stellende Betroffene.[365] So wird davon ausgegangen, dass eine Datenerhebung nicht vorliegt, wenn der Nutzer im Internet eine Webseite eines ausländischen Anbieters besucht und auf dieser in einem Anmeldeformular etwa seine Daten eingibt. Dies geschieht in Bezug auf die von ihm eingegebenen Daten auf freiwilliger Basis in Ausübung seines Rechts auf informationelle Selbstbestimmung.[366] Für andere Daten, wie etwa die IP-Adresse, gilt, dass ihre Übermittlung durch die Struktur des Internets technisch notwendig ist und der Anbieter keine Möglichkeit hat den durch technische Protokolle festgelegten Umfang zu steuern.[367] Es fehlt dann an einer der verantwortlichen Stelle zurechenbaren Erhebungsaktivität[368] und einer Einflussmöglichkeit auf die bereitgestellten Daten. Man könnte auch von einem „Aufdrängen" der Daten sprechen.[369] Dies ist jedoch anders zu beurteilen, wenn die erhebende Stelle Einfluss- bzw. Einwirkungsmöglichkeiten auf die eingesetzten Mittel und die darüber erhobenen Daten besitzt. Der Erhebungsvorgang muss dabei von einem der betreffenden Stelle zurechenbaren Willen getragen sein.[370]

Dies entspricht auch dem Wortlaut des Art. 4 Abs. 1 lit c) DS-RL, der von „zurückgreift" spricht.[371] Dabei können unter „Mittel" nicht nur eigene, sondern für den Erhebenden auch fremde Mittel genutzt werden, solange das Kriterium der Beherrschbarkeit erfüllt ist.[372] In Betracht kommt vor allem der für das Surfen im Internet eingesetzte PC oder das Mobiltelefon der Nutzer.[373] Entscheidend dabei ist, dass die technischen Mittel von außen, d. h. durch die ausländischen Stellen, gesteuert werden und so Einfluss auf Datenerhebung ausgeübt

365 Dammann in Simitis, BDSG, § 1 BDSG, Rn. 222.

366 Dammann in Simitis, BDSG, § 1 BDSG, Rn. 222 f.; Gabel in Taeger/Gabel, BDSG, § 1 BDSG, Rn. 59.

367 Duhr/Naujok/Schaar, MMR 7/2001, XVII.

368 Jandt, DuD 2008, 664, 669.

369 So etwa Weichert in Däubler/Klebe/Wedde/Weichert, BDSG, § 1 BDSG, Rn. 19; Jotzo, MMR 2009, 232, 235.

370 Duhr/Naujok/Schaar, MMR 7/2001, XVII.

371 Ebenso: Jotzo, MMR 2009, 232, 236.

372 Dammann in Simitis, BDSG, § 1 BDSG, Rn. 226; Jotzo, MMR 2009, 232, 236; Jandt, DuD 2008, 664, 669; Duhr/Naujok/Schaar, MMR 7/2001, XVII; vgl. auch Art. 29 Datenschutzgruppe, Stellungnahme 8/2010 zum anwendbaren Recht, WP 179, S. 25.

373 Gabel in Taeger/Gabel, BDSG, § 1 BDSG, Rn. 59; Dammann in Simitis, BDSG, § 1 BDSG, Rn. 226; vgl. auch Art. 29 Datenschutzgruppe, Stellungnahme 1/2008 zu Datenschutzfragen im Zusammenhang mit Suchmaschinen, WP 148, S. 12.

werden kann.[374] Hat der Erhebende, etwa durch ein auf dem PC des Nutzers installiertes Programm, Zugriff auf dessen Daten und lässt sich diese ohne Wissen des Nutzers übermitteln, so greift er auf dieses Mittel (PC des Nutzers) zurück.[375] Die verantwortliche Stelle greift dabei auf die Hard- bzw. Software eines PCs zurück, steuert und instrumentalisiert ihn quasi für ihre Zwecke,[376] und wenn dieser PC in Deutschland genutzt wird, ist dieses Mittel auch im Hoheitsgebiet eines Mitgliedstaates belegen i. S. d. Art. 4 Abs. 1 lit c) DS-RL. Ebenso für die Erhebung zurückgegriffen wird auf den PC, wenn die verantwortliche Stelle sog. Cookies[377] einsetzt, um Daten über den Besucher ihrer Webseite zu sammeln.[378] Einige Stimmen in der Literatur möchten dagegen insgesamt weniger auf die technischen Gesichtspunkte und den Standort des Mittels abstellen, als vielmehr auf die Ausrichtung des jeweiligen Dienstes, etwa entsprechend der Internetadresse (Endung mit „.de") oder der verwendeten Sprache und die dadurch angesprochenen Adressaten.[379] Jedoch ist gegen das Abstellen auf die Ausrichtung des Angebotes, zumindest solange als Indizien Sprache und Adresse der Website auseichen sollen, anzuführen, dass dem von § 1 Abs. 5 S. 2 BDSG verfolgten Territorialitätsprinzip die technische Auslegung, anhand des Abstellens auf den Belegenheitsort des tatsächlich zurückgegriffen Mittels (im Sinne von Hard- und Software), besser gerecht wird.[380]

Für den hier untersuchten Fall des Angebotes von *Facebook* kann festgestellt werden, dass der Anbieter, wie im Übrigen alle anderen auch, sich Cookies

---

374 Dammann/Simitis, EG-Datenschutzrichtlinie, S. 129; Duhr/Naujok/Schaar, MMR 7/2001, XVII.

375 Dammann in Simitis, BDSG, § 1 BDSG, Rn. 226; vgl. auch Beschluss des Düsseldorfer Kreises vom 08.12.2011, Datenschutz in sozialen Netzwerken, S. 1.

376 Gabel in Taeger/Gabel, BDSG, § 1 BDSG, Rn. 59; Moos in Taeger/Gabel, TMG, Einführung, Rn. 15.

377 Cookies sind kleine Textdateien, die auf dem PC des Nutzers gespeichert werden und verschiedenste Daten über Nutzer, seinen PC und sein Verhalten enthalten können, vgl. Lienemann, K&R 2011, 609; dazu ausführlich unter 4.2.7.

378 Dammann in Simitis, BDSG, § 1 BDSG, Rn. 227; Gabel in Taeger/Gabel, BDSG, § 1 BDSG, Rn. 59; Jandt, DuD 2008, 664, 669; Duhr/Naujok/Schaar, MMR 7/2001, XVII; vgl. auch Art. 29 Datenschutzgruppe, Stellungnahme 1/2008 zu Datenschutzfragen im Zusammenhang mit Suchmaschinen, WP 148, S. 12; Art. 29 Datenschutzgruppe, Stellungnahme 8/2010 zum anwendbaren Recht, WP 179, S. 26.

379 Weichert in Däubler/Klebe/Wedde/Weichert, BDSG, § 1 BDSG, Rn. 19; Erkeling, DuD 2011, 116, 120; Stadler, ZD 2011, 57, 58; Jotzo, MMR 2009, 232, 236 f.; vgl. auch unter 6.2.1, zu diesbezüglich geplanten Änderungen auf europäischer Ebene.

380 Das Kriterium der Sprache eines Angebotes ablehnend, Dammann in Simitis, BDSG, § 1 BDSG, Rn. 220.

und damit der PCs der Nutzer bedient, um Daten über diese zu erheben.[381] Dieses Erheben geschieht dabei auch gewollt und nicht etwa zufällig oder ungewollt und ohne, dass die Nutzer von den übermittelnden Daten Kenntnis erhalten. *Facebook*, genauer die *Facebook Inc.*, mit Sitz in den USA, greift daher auf Mittel in Deutschland zurück, wenn sich deutsche Nutzer bei *Facebook* anmelden und das Angebot und seine Funktionen wahrnehmen.[382] Ergänzend sei noch hinzugefügt, dass *Facebook* auch ein deutschsprachiges Angebot mit einer auf Deutschland ausgerichtet Webseite bereithält, womit auch nach der auf die Ausrichtung und Adressaten abstellenden Ansicht deutsches Datenschutzrecht anwendbar ist. Folglich findet deutsches Datenschutzrecht (BDSG und TMG) auf die Angebote von *Facebook* Anwendung.[383]

Dabei wird nicht in Abrede gestellt, dass die Niederlassung in Dublin die Europazentrale von *Facebook* darstellt und sicher maßgeblichen Einfluss auf die Verarbeitung der Daten europäischer Nutzer besitzt. Jedoch kann nach den obigen Feststellungen nicht von einer Alleinentscheidungsbefugnis dieser Niederlassung ausgegangen werden, womit hier der Standpunkt vertreten wird, dass sowohl die Niederlassung in Dublin, auf die nach Art. 4 Abs. 1 lit a) DS-RL bzw. § 1 Abs. 5 S. 1 BDSG für die durch sie verantworteten Tätigkeiten irisches Datenschutzrecht anwendbar ist, also auch daneben der Hauptsitz von *Facebook* in den USA, auf dessen Tätigkeiten gemäß Art. 4 Abs. 1 lit c) DS-RL bzw. § 1 Abs. 5 S. 2 BDSG deutsches Datenschutzrecht Anwendung findet, verantwortliche Stellen darstellen.

4.2.3.2.2 Google

4.2.3.2.2.1 Niederlassung in einem EU-Mitgliedstaat

Der zweite hier untersuchte ausländische Anbieter, die *Google Inc.* mit ihrem Hauptsitz in den USA, unterhält mehrere Standorte in Deutschland (Hamburg, München, Düsseldorf, Frankfurt und Berlin).[384] Die verschiedenen Büros sind

---

381 Vgl. die Aufzählung aller von Facebook eingesetzten Cookies, Data Protection Commissioner, Fn. 4, S. 176 ff.

382 Vgl. in Bezug auf Suchmaschinen, Ott, MMR 2009, 158, 160.

383 So auch Stadler, ZD 2011, 57, 58; für ausländische Anbieter in Drittstaaten allgemein, Jotzo, MMR 2009, 232, 237; a. A.: Hoeren, DeutscherAnwaltSpiegel, Ausgabe 12 2011, 9, 10; ders., ZRP 2010, 251, 252.

384 Vgl. die Informationen unter http://www.10jahregoogle.de/#personal (zuletzt abgerufen am 01.12.2012).

jedoch vor allem im Bereich der Werbung, des Marketings, der Kundenbetreuung und auch des Engineerings tätig. Ein Einfluss einer der deutschen Standorte auf die Verarbeitungsprozesse hinsichtlich personenbezogener Daten deutscher User bei deren Nutzung des sozialen Netzwerkes *GooglePlus* ist nicht gegeben. Der Rahmen der Tätigkeit der deutschen Niederlassungen ist nicht als so entscheidend anzusehen, dass er eine Anwendung des BDSG über § 1 Abs. 5 S. 1 BDSG rechtfertigen könnte.[385] Zwar gibt *Google* in seiner Datenschutzerklärung an, dass personenbezogene Daten auf verschiedenen Servern in zahlreichen Ländern auf der ganzen Welt verarbeitet werden,[386] also evtl. auch in Deutschland. Wie weiter oben bereits veranschaulicht, ist der Serverstandort jedoch nicht entscheidend für die Bestimmung der verantwortlichen Stelle bzw. der Tätigkeit einer Niederlassung. Aus den öffentlich zugänglichen Berichten bei der amerikanischen Börsenaufsicht (SEC) ist zudem ersichtlich, dass als „entscheidende bzw. maßgebliche“ Niederlassungen außerhalb der USA nur die *Google Ireland Limited* mit Sitz in Dublin angesehen wird.[387] Hier könnte sich nun, wie bereits bei *Facebook*, die Frage stellen, inwieweit die irische Niederlassung an den Datenverarbeitungsprozessen beteiligt ist. Jedoch geht anscheinend selbst *Google* davon aus, dass die maßgebliche Niederlassung für die Erbringung seiner Dienste, auch für Nutzer in Deutschland, die *Google Inc.* in den USA ist. Dies ergibt sich aus den AGB, wonach die Dienste von der *Google Inc.* zur Verfügung gestellt werden.[388] Eine Bezugnahme auf die Niederlassung in Dublin findet überhaupt nicht statt.

Damit liegt eine Niederlassung in einem Drittstaat vor und für die Bestimmung des anzuwendenden Rechts kommt es auf Art. 4 Abs. 1 lit c) DS-RL bzw. § 1 Abs. 5 S. 2 BDSG an.

4.2.3.2.2.2 Zurückgreifen auf Mittel

Hinsichtlich der Voraussetzungen des Art. 4 Abs. 1 lit c) DS-RL und § 1 Abs. 5 S. 2 BDSG kann auf die Ausführungen zu *Facebook* verwiesen werden.[389]

385 So auch Stadler, ZD 2011, 57, 58.

386 Datenschutzbestimmungen von Google, abrufbar unter https://www.google.com/-intl/de/policies/privacy (zuletzt abgerufen am 01.12.2012).

387 Abrufbar unter http://www.sec.gov/Archives/edgar/data/1288776/000119312512025336/d260164dex2101.htm (zuletzt abgerufen am 01.12.2012).

388 Http://www.google.de/intl/de/policies/terms/regional.html (zuletzt abgerufen am 01.12.2012).

389 Siehe 4.2.3.2.1.2.

Auch *Google* verwendet Cookies bei der Erbringung seiner Dienste (etwa um die Nutzer zu identifizieren).[390] Es ist daher davon auszugehen, dass die *Google Inc.* diejenige verantwortliche Stelle ist, welche über die Erhebung, Verarbeitung und Nutzung personenbezogener Daten deutscher Nutzer entscheidet und dabei auf Mittel zurückgreift, welche in Deutschland belegen sind. Dementsprechend findet deutsches Datenschutzrecht auch auf das von *Google* angebotene soziale Netzwerk *GooglePlus* Anwendung.[391]

4.2.3.2.3 Zwischenergebnis zum international anwendbaren Datenschutzrecht

Damit bleibt festzuhalten, dass auch für solche Anbieter deutsches Datenschutzrecht gilt, die zwar Niederlassungen in der Europäischen Union besitzen und über diese Datenverarbeitungsprozesse durchführen, jedoch immer noch unter einen bestimmenden Einfluss aus dem Drittland der Hauptzentrale stehen. Die Begründung der Anwendbarkeit des deutschen Rechts liegt dabei freilich zum großen Teil eine tatsächliche Untersuchung der Verhältnisse und Abläufe zu Grunde, die von außen meist kaum oder nur ungenügend zu leisten ist. Die hier untersuchten amerikanischen Netzwerke (*Facebook* und *GooglePlus*) können sich jedoch nicht durch eine Berufung auf eine „Europazentrale" in Irland dem deutschen Datenschutzrecht entziehen, solange tatsächliche Umstände dafür sprechen, dass eben nicht alle Verarbeitungsprozesse und damit zusammenhängende Verantwortlichkeiten über die europäische Niederlassung abgewickelt werden.

4.2.3.3 Rechtswahlfreiheit im Datenschutzrecht

Zuletzt wäre es eine Überlegung wert, ob denn nicht die Parteien bzw. der Betreiber durch seine AGB ein bestimmtes Datenschutzrecht für anwendbar erklären könnte. So geht etwa das *LG Berlin* davon aus, dass der Passus *„Diese Erklärung unterliegt deutschem Recht"* in den für deutsche Nutzer geltenden AGB von *Facebook* eine ausdrückliche Rechtswahl, nicht nur deutschen Vertragsrechts sondern auch des deutschen Datenschutzrechts nach Art. 3 Abs. 1 S. 1

390 Vgl. unter der Überschrift „Informationen, die wir aufgrund ihrer Nutzung unserer Dienste erhalten" der Datenschutzerklärung von Google, abrufbar unter http://www.google.com/intl/de/policies/privacy (zuletzt abgerufen am 01.12.2012).

391 So auch Stadler, ZD 2011, 57, 58.

Rom I-VO darstelle.[392] Eine ähnliche Klausel enthalten die AGB von *Google* in denen es heißt:

> „Diese Nutzungsbedingungen und jegliche Streitigkeiten aus oder im Zusammenhang mit diesen Nutzungsbedingungen unterliegen deutschem Recht".

Das *LG Berlin* argumentiert damit, dass eine Rechtswahl deshalb möglich sei, da diese in § 1 Abs. 5 BDSG nicht ausdrücklich ausgeschlossen wird.[393] Dabei könnte das Gericht jedoch verkannt haben, dass es sich bei dieser Vorschrift um eine Eingriffsnorm i. S. d. Art. 9 Abs. 1 Rom I-VO handelt. Solche Eingriffsnormen stellen national so bedeutende Regelungen dar, dass sie international zwingend Geltung beanspruchen und sich auch gegen das aufgrund von einer Rechtswahl der Parteien oder der objektiven Anknüpfung anwendbare Recht durchsetzen.[394]

Charakteristisch für Eingriffsnormen ist nach der Definition des Art. 9 Abs. 1 S. 1 Rom I-VO, dass ihre Einhaltung von einem Staat als so entscheidend für die Wahrung seines öffentlichen Interesses, insbesondere seiner politischen, sozialen oder wirtschaftlichen Organisation, angesehen wird, dass sie ungeachtet des nach Maßgabe der Rom I-VO auf den jeweiligen Vertrag anzuwendenden Rechts auf alle Sachverhalte anzuwenden ist, für die sie Geltung beansprucht. Die Norm muss also vor allem, aber nicht nur, dem öffentlichen Interesse dienen.[395]

§ 1 Abs. 5 BDSG beruht auf der Umsetzung von Art. 4 Abs. 1 der DS-RL. Zweck und Schutzziel dieser Richtlinie sind die Beseitigung der Hemmnisse für den grenzüberschreitenden Datenverkehr, die Angleichung des Schutzniveaus der Rechte und Freiheiten der einzelnen Personen in Bezug auf ihre Daten sowie die Rechtsvorschriften der einzelnen Mitgliedstaaten entsprechend zu koordinieren, damit ein grenzüberschreitender Fluss personenbezogener Daten in Übereinstimmung mit dem Ziel des Binnenmarktes geregelt wird.[396] Damit erfüllt § 1 Abs. 5 BDSG die Voraussetzung, vor allem im öffentlichen Interesse das deutsche Datenschutzrecht zur Anwendung bringen zu wollen.[397] Des Weiteren lässt sich als Kriterium für eine Eingriffsnorm die Art der Durchsetzung der jeweili-

---

392 LG Berlin, Urteil v. 06.03.2012 – 16 O 551/10 = CR 2012, 270, 272.

393 LG Berlin, Urteil v. 06.03.2012 – 16 O 551/10 = CR 2012, 270, 272.

394 Pfeiffer/Weller/Nordmeier in Spindler/Schuster, Art. 9 Rom I-VO, Rn. 3; Spickhoff in Bamberger/Roth, BeckOK BGB, Art. 9 Rom I-VO, Rn. 1.

395 Spickhoff in Bamberger/Roth, BeckOK BGB, Art. 9 Rom I-VO, Rn. 11, 19; Staudinger in Ferrari, Internationales Vertragsrecht, Art. 9 Rom I-VO, Rn. 8.

396 Erwägungsgrund 8, DS-RL.

397 Piltz, K&R 2012, 640, 643.

gen Regelungen anführen.[398] Geschieht diese durch hoheitliche Mittel, wie Straftatbestände oder Ordnungswidrigkeitstatbestände, so lässt dies das öffentlich Interesse des Staates an der Bedeutung der Durchsetzung der Norm erkennen. Verstöße gegen Bestimmungen des Datenschutzrechts werden durch Bußgelder (§ 43 BDSG) und auch strafrechtliche Sanktionen (§ 44 BDSG) verfolgt. Auch diese Voraussetzung erfüllt damit das deutsche Datenschutzrecht, welches durch § 1 Abs. 5 BDSG zur Anwendung gebracht werden soll.[399] Zudem wird als Merkmal einer Eingriffsnorm angeführt, dass diese unabhängig vom Vertragsstatut ihre Wirkung ausdrücklich anordnet, sie also international zwingenden Geltungsanspruch besitzt.[400] § 1 Abs. 5 BDSG lässt sich genau diese Wertung entnehmen, nämlich deutsches Datenschutzrecht unabhängig vom Vertragsstatut für anwendbar zu erklären, wenn in der Norm auf tatsächliche Kriterien wie den Sitz der Niederlassung oder Datenverabeitungsvorgänge im Inland abgestellt wird. Allein aus diesen Merkmalen bezieht das deutsche Datenschutzrecht seinen internationalen Geltungsanspruch. Es besteht kein Anwendungsvorbehalt in dem Sinne, dass deutsches Recht grundsätzlich anwendbar sein müsste.

Man darf bei der Bestimmung des einschlägigen anwendbaren Datenschutzrechts jedoch nicht auf dasjenige Recht abstellen, aus dem sich als Rechtfolge aus einer Verletzung von datenschutzrechtlichen Normen Ansprüche, wie aus dem Zivilrecht in Bezug auf § 823 Abs. 1 BGB, ergeben. Diese Ansprüche können privatrechtlicher Natur sein, womit für die Feststellung des auf sie bei internationalen Sachverhalten anzuwendenden Rechts Art. 40 EGBGB einschlägig sein kann.[401] Die Regelungen hinsichtlich des anzuwendenden Rechts beschränken sich jedoch allein auf den Anspruch selbst und nicht auf diejenigen Vorschriften, aus deren Verletzung sich dieser Anspruch ergibt. Dies verkennt etwa auch das *LG Berlin*, wenn es zur Begründung seiner Ansicht der Möglichkeit der Rechtswahl wie im Privatrecht auf die Kommentierung zu Art. 40 EGBGB verweist.[402] Es muss klar zwischen dem anzuwendenden Datenschutzrecht, wel-

---

398 Martiny in MüKomm/BGB, Art. 9 Rom I-VO, Rn. 20; Maultzsch, RabelsZ 2011, 60, 90; Däubler, CR 1999, 49, 50 f.

399 Vgl. auch Piltz, CR 2012, 274; ders., K&R 2012, 640, 644.

400 Martiny in MüKomm/BGB, Art. 9 Rom I-VO, Rn. 9; Spickhoff in Bamberger/Roth, BeckOK BGB, Art. 9 Rom I-VO, Rn. 9.

401 Junker in MüKomm/EGBGB, Art. 40 EGBGB, Rn. 86.

402 LG Berlin, Urteil v. 06.03.2012 – 16 O 551/10 = CR 2012, 270, 272. In der dort benannten Fundstelle geht Junker davon aus, dass „Verstöße gegen öffentlich-rechtliche Normen des Datenschutzes“ zu zivilrechtlichen Persönlichkeitsrechtsverletzungen führen können.

ches die entsprechenden Pflichten aufstellt und den aus einer Verletzung solcher Regelungen folgenden Ansprüchen und dem ihnen zu Grunde liegenden Recht unterschieden werden.

Damit ist § 1 Abs. 5 BDSG als eine Eingriffsnorm i. S. d. Art. 9 Abs. 1 S. 1 Rom I-VO zu qualifizieren.[403] Das deutsche Datenschutzrecht steht nicht zur Disposition des Betreibers eines sozialen Netzwerkes und muss entsprechend den Vorgaben des § 1 Abs. 5 BDSG ermittelt und zur Anwendung gebracht werden.[404]

4.2.4 Datenschutzrechtliche Verantwortlichkeit

Ebenso wichtig wie die Bestimmung des anwendbaren Rechts ist die Frage nach den jeweils datenschutzrechtlich Verantwortlichen, als Normadressaten des deutschen Datenschutzrechts, bei dem Betrieb sozialer Netzwerke. Dies stellt sich in Bezug auf diese Web 2.0 Angebote besonders interessant dar, da es Teil und auch immanente Funktion dieser Dienste ist, dass die Nutzer selbst Informationen, evtl. auch personenbezogene Daten Dritter, in dem Netzwerk veröffentlichen. Ein pauschales Abstellen auf den Anbieter wäre hier also verfehlt.[405]

Dabei gilt es zu beachten, dass hinsichtlich der datenschutzrechtlichen Vorschriften des TMG, wie bereits erläutert, § 1 Abs. 5 BDSG das anzuwendende Recht definiert. Vorliegend wird für die untersuchten Netzwerke von der Anwendbarkeit der deutschen Datenschutzvorschriften ausgegangen. Dies bedeutet, dass sich die datenschutzrechtliche Verantwortlichkeit sowohl nach dem BDSG und/oder dem TMG richten könnte. Dabei gelten für die Verantwortlich-

---

403 Pfeiffer/Weller/Nordmeier in Spindler/Schuster, Art. 9 Rom I-VO, Rn. 17; Piltz, CR 2012, 274, 275; Hoeren, ZRP 2010, 251, 252; für den Datenschutz allgemein: Stimmel, GRUR Int 2010, 783, 791; Hoeren, CR 1993, 129, 132; ebenso: Däubler, CR 1999, 49, 51, noch zu Art. 34 EGBGB. Wohl auch: Staudinger in Ferrari, Internationales Vertragsrecht, Art. 9 Rom I-VO, Rn. 29, wenn er nur die Regelungen des Beschäftigungsdatenschutzes ausnimmt, ansonsten dem Datenschutz aber überindividuelle Ziele zuschreibt. A. A., jedoch jeweils ohne Begründung: Dammann in Simitis, BDSG, § 1 BDSG, Rn. 216, der jedoch u. a. auf Däubler in CR 1999, 49 verweist, der eindeutig von einem Eingreifen des früheren Art. 34 EGBGB ausgeht; Gabel in Taeger/Gabel, BDSG, § 1 BDSG, Rn. 50.

404 Piltz, CR 2012, 274; ders., K&R 2012, 640, 644 f.; ebenso: HmbBfDI, Zur aufsichtsbehördlichen Zuständigkeit über den Internet-Dienst Facebook, S. 5; a. A.: LG Berlin, Urteil v. 06.03.2012 – 16 O 551/10 = CR 2012, 270, 272.

405 Ebenso: Jandt/Roßnagel, ZD 2011, 160 f.

keit in Bezug auf die Erbringung von Telemedien die §§ 7 ff. TMG, welche durch die Umsetzung der ECRL eingefügt wurden. Jedoch muss insofern Erwägungsgrund 14 der ECRL sowie Art. 1 Abs. 5 lit b) ECRL beachtet werden, wonach der Schutz natürlicher Personen bei der Verarbeitung personenbezogener Daten ausschließlich Gegenstand der Richtlinien 95/46/EG und 97/66/EG ist.[406] Die datenschutzrechtliche Verantwortlichkeit wird folglich nicht von der ECRL geregelt.[407] Es gilt also die DS-RL bzw. ihre Umsetzung im BDSG, welches die Verantwortlichkeit an den Begriff der „verantwortlichen Stelle" (§ 3 Abs. 7 BDSG) knüpft.

4.2.4.1 Anbieter

Wie bereits im Rahmen der Untersuchung zum anwendbaren Datenschutzrecht erörtert, spielt der Begriff der „verantwortlichen Stelle" i. S. d. § 3 Abs. 7 BDSG für das deutsche Datenschutzrecht eine entscheidende Rolle. Die „verantwortliche Stelle" ist etwa der Bezugspunkt der Rechtsgrundlagen für die Prüfung einer Rechtmäßigkeit von Datenverarbeitungsvorgängen nach den §§ 28 ff. BDSG und generell der Normadressat der in § 2 BDSG aufgelisteten Personen und Stellen.[408] In Art. 2 lit d) DS-RL wird insoweit von dem „für die Verarbeitung Verantwortlichen" gesprochen. Der Begriff soll vor allem dazu dienen zu bestimmen, wer für die Einhaltung der Datenschutzbestimmungen verantwortlich ist. Kurzum hat der Begriff die Funktion einer Zuweisung von (datenschutzrechtlicher)Verantwortung für den Datenumgang.[409]

Dabei muss hier, wie auch im Rahmen der verkürzten Umsetzung des Art. 4 Abs. 1 lit c) DS-RL, eine richtlinienkonforme Auslegung des Begriffes der „verantwortlichen Stelle" stattfinden.

Nach Art. 2 lit d) DS-RL muss der für die Verarbeitung Verantwortliche über die Zwecke und Mittel der Verarbeitung „entscheiden". Dabei wird die Fähigkeit zu entscheiden vor allem aus einer Analyse der faktischen Gegebenhei-

406 Erwägungsgrund 14, RL 2000/31/EG.

407 Hoffmann in Spindler/Schuster, Vorb. §§ 7 ff. TMG, Rn. 14; Moos in Taeger/Gabel, TMG, Einführung, Rn. 20; vgl. auch Erwägungsgrund 14, RL 2000/31/EG „so dass diese Frage in der vorliegenden Richtlinie nicht geregelt werden muss".

408 Gola/Schomerus, BDSG, § 3 BDSG, Rn. 48.

409 Dammann in Simitis, BDSG, § 3 BDSG, Rn. 224; Art. 29 Datenschutzgruppe, Stellungnahme 1/2010 zu den Begriffen „für die Verarbeitung Verantwortlicher" und „Auftragsverarbeiter", WP 169, S. 6.

ten des zu untersuchenden Falles abzuleiten sein.[410] Soweit möglich, ist diese Feststellung anhand des tatsächlichen Einflusses und damit auf der Grundlage der zur Verfügung stehenden Fakten anhand der rechtlichen als auch der tatsächlichen Umstände vorzunehmen.[411]

Gerade die Beurteilung einer bestehenden vertraglichen Beziehungen erlaubt es Dritten, von außen Schlussfolgerungen in Bezug die Verantwortlichkeiten der Beteiligten zu ziehen.[412] Jedoch können tatsächliche Gründe auch gegen ein Abstellen auf die vertraglichen Regelungen sprechen.[413]

Kriterien für die Bestimmung des für die Datenverarbeitung Verantwortlichen können sowohl der Grad der tatsächlich von einer Partei ausgeübten Kontrolle, ebenso der den betroffenen Personen vermittelte Eindruck über die Verantwortlichkeit und die berechtigten Erwartungen der von der Verarbeitung betroffenen Personen sein.[414]

Zudem muss der für die Verarbeitung Verantwortliche allein oder gemeinsam mit anderen über „Zweck und Mittel der Verarbeitung" entscheiden, Art. 2 lit d) DS-RL. Dabei bestimmt der „Zweck" das „Warum" und die „Mittel" das „Wie" der Verarbeitung.[415] Wobei die Mittel nicht nur technisch zu verstehen sind, sondern sich auch auf das „Wie" der Verarbeitung selbst beziehen, also etwa welche Daten verarbeitet werden, wer Zugang zu diesen hat oder wann Daten gelöscht werden.[416]

In Bezug auf die hier untersuchten sozialen Netzwerke ist festzustellen, dass die Anbieter durch die Bereitstellung des Speicherplatzes und der technischen Infrastruktur die Mittel der Datenverarbeitung zur Verfügung stellen und hierüber die tatsächliche Kontrolle besitzen. Auch hinsichtlich einer untechnischen Sichtweise auf die Mittel, also etwa in Bezug auf die Frage, wie die anfallenden

---

410 Art. 29 Datenschutzgruppe, Stellungnahme 1/2010 zu den Begriffen „für die Verarbeitung Verantwortlicher" und „Auftragsverarbeiter", WP 169, S. 11.

411 Art. 29 Datenschutzgruppe, Stellungnahme 1/2010 zu den Begriffen „für die Verarbeitung Verantwortlicher" und „Auftragsverarbeiter", WP 169, S. 12.

412 Art. 29 Datenschutzgruppe, Stellungnahme 1/2010 zu den Begriffen „für die Verarbeitung Verantwortlicher" und „Auftragsverarbeiter", WP 169, S. 14.

413 Art. 29 Datenschutzgruppe, Stellungnahme 1/2010 zu den Begriffen „für die Verarbeitung Verantwortlicher" und „Auftragsverarbeiter", WP 169, S. 14.

414 Art. 29 Datenschutzgruppe, Stellungnahme 1/2010 zu den Begriffen „für die Verarbeitung Verantwortlicher" und „Auftragsverarbeiter", WP 169, S. 14 f.

415 Art. 29 Datenschutzgruppe, Stellungnahme 1/2010 zu den Begriffen „für die Verarbeitung Verantwortlicher" und „Auftragsverarbeiter", WP 169, S. 16.

416 Art. 29 Datenschutzgruppe, Stellungnahme 1/2010 zu den Begriffen „für die Verarbeitung Verantwortlicher" und „Auftragsverarbeiter", WP 169, S. 17.

Daten verarbeitet werden, sind die Anbieter in einer herrschenden Stellung. Denn sie definieren das Angebot mit seinen verschiedenen Funktionen und entwickeln diese. Sie haben damit auch Einfluss auf den Programmcode ihrer Webseiten durch den sie festlegen können, welche Daten erhoben und verarbeitet werden sollen. Dies bezieht sich auf alle in den Netzwerken auftretenden Datenarten, also Bestands-, Nutzungs- und Inhaltsdaten.[417] Dass ein allgegenwärtiger Einfluss auf die Daten besteht, zeigt sich etwa auch in den AGB der Anbieter.

So lautet Ziff. 5 Nr. 2 der AGB von Facebook:

> „Wir können sämtliche Inhalte und Informationen, die du auf Facebook gepostet hast, entfernen, wenn wir der Ansicht sind, dass diese gegen die vorliegende Erklärung verstoßen."

In Ziff. 1.4 der AGB von XING heißt es:

> „XING ist berechtigt, rechtswidrige Inhalte ohne Vorankündigung von den XING-Websites zu entfernen."

und nach Ziff. 5.3.6 der AGB von meinVZ behält sich der Anbieter

> „vor, Bilddateien und/oder Verlinkungen auf andere Nutzer auch ohne Vorankündigung zu entfernen."

Die Anbieter entscheiden also (zumindest auch und vor allem final) darüber, wie lange Daten auf der Plattform zugänglich sind. Wer darüber entscheidet, wie lange Daten aufbewahrt werden, handelt diesbezüglich als ein „für die Verarbeitung Verantwortlicher".[418] An der tatsächlichen Einwirkungsmöglichkeit der Anbieter auf von den Nutzern bereitgestellte Daten durch von ihnen kontrollierte Mittel kann mithin nicht gezweifelt werden.[419]

Auch hinsichtlich des „Zwecks" der Datenverarbeitung, also der Frage des „Warum", sind die Anbieter entscheidungsbefugt. Durch die Gestaltung ihres Dienstes definieren sie gerade den Zweck der Erhebung und Verarbeitung von Bestands- und auch Nutzungsdaten. Warum etwa die E-Mail-Adresse oder das Geburtsdatum angegeben werden müssen, um von dem Anbieter erhoben und verarbeitet werden zu können, obliegt allein seiner Entscheidung.

---

417 Vgl. auch Karg/Fahl, K&R 2011, 453, 455, „Anbieter sozialer Netzwerke technisch in der Lage sind, auf sämtliche ... Daten zuzugreifen und diese auszuwerten".

418 Art. 29 Datenschutzgruppe, Stellungnahme 1/2010 zu den Begriffen „für die Verarbeitung Verantwortlicher" und „Auftragsverarbeiter", WP 169, S. 18.

419 Ebenso: Weichert, DuD 2009, 7, 11; Art. 29 Datenschutzgruppe, Stellungnahme 5/2009 zur Nutzung sozialer Online-Netzwerke, WP 163, S. 6.

In Bezug auf die von den Nutzern freiwillig eingestellten Inhaltsdaten könnte man an der Einflussmöglichkeit der Anbieter auf den Zweck ihrer Verarbeitung zweifeln. Denn es obliegt grundsätzlich den Usern zu entscheiden, ob sie etwa Angaben zu ihren Hobbys machen oder für ihre Kontakte sichtbar auf ihrem Profil festhalten, in welchem Restaurant sie sich gerade befinden. Dass die Entscheidung der Einstellung dieser Daten bei den Nutzern liegt, schließt jedoch eine Verarbeitung dieser Daten durch die Anbieter in einem weiteren Verarbeitungsschritt nicht aus. Im Gegenteil geht es den Anbietern gerade vor dem Hintergrund einer ihrer Haupteinnahmequellen, der personalisierten Werbung, darum, so viele zusätzliche Informationen wie möglich über die Nutzer zu erhalten. Werden diese Daten dann durch die Anbieter verarbeitet, so richtet sich der Zweck dieser Verarbeitung allein nach dem Willen der Anbieter. Insofern kann auch nicht ein Vergleich zu den Betreibern von Suchmaschinen in dem Sinne angestellt werden, dass die Anbieter sozialer Netzwerke die Inhaltsdaten nur weiterleiten und als Vermittler auftreten.[420] Denn im Gegensatz zu den Suchmaschinenbetreibern haben die hier untersuchten Anbieter auf die von den Nutzern eingestellten Daten umfassenden (zumindest potentiellen) Einfluss.

Aufgrund der Möglichkeit, die Entscheidung über die einzusetzenden Mittel auch teilweise Dritten zu überlassen und sie auf diese zu delegieren, kommt der Aussagekraft, wer über den Zweck der Datenverarbeitung entscheidet, umso mehr Gewicht zu und impliziert quasi eine Einstufung als für die Verarbeitung Verantwortlichen.[421] Denn der Zweck, sozusagen die hinter der Datenverarbeitung stehende Geschäftsidee und das –konzept, kann logischerweise nur von demjenigen verantwortet werden, der weiß, wozu er die Daten benötigt. Dies trifft auf die Anbieter sozialer Netzwerke zu. Sie entscheiden sowohl über die Mittel als auch über den Zweck der auf ihren Plattformen stattfindenden Datenverarbeitungen.[422]

420 Vgl. dazu etwa Ott, MMR 2009, 158, 162; Art. 29 Datenschutzgruppe, Stellungnahme 1/2008 zu Datenschutzfragen im Zusammenhang mit Suchmaschinen, WP 148, S. 15.

421 Jandt/Roßnagel, ZD 2011, 160; Art. 29 Datenschutzgruppe, Stellungnahme 1/2010 zu den Begriffen „für die Verarbeitung Verantwortlicher" und „Auftragsverarbeiter", WP 169, S. 17, 39.

422 Vgl. auch Art. 29 Datenschutzgruppe, Stellungnahme 1/2010 zu den Begriffen „für die Verarbeitung Verantwortlicher" und „Auftragsverarbeiter", WP 169, S. 26.

4.2.4.2 Nutzer

Es stellt sich jedoch die Frage, inwieweit die Nutzer neben den Anbietern für eine Erhebung und Verarbeitung personenbezogener Daten datenschutzrechtlich allein oder zumindest mitverantwortlich sind. Nun mag diese Frage im ersten Moment verwirren, da doch davon auszugehen ist, dass der Anbieter des sozialen Netzwerks, quasi als „Herr über alle Daten", für jegliche Datenverarbeitung auf seiner Plattform verantwortlich ist. Bei näherer Betrachtung zeigt sich jedoch, dass den Nutzern dieser Web 2.0 Dienste eine nicht unerhebliche Verfügungsgewalt über die dort verarbeiteten Daten eingeräumt wird. So sind es ja auch die Nutzer und nicht etwa der Anbieter, welche zumindest teilweise darüber entscheiden, ob sie bestimmte Daten in ihr eigenes oder ein fremdes Profil einstellen und damit gleichzeitig diese Daten an die Server des Anbieters senden. Eine datenschutzrechtliche Verantwortlichkeit kann bereits ausweislich des Wortlautes des Art. 2 lit d) DS-RL auch „gemeinsam" bestehen.[423] Dabei ist „gemeinsam" im Sinne von „zusammen mit" oder „nicht alleine" auszulegen, wobei auch hier der Beurteilung ein sachbezogener, funktioneller Ansatz zu Grunde zu legen und zu fragen ist, ob mehr als eine Partei über die Zwecke und Mittel entscheidet.[424] Eine gemeinsame Kontrolle ist gegeben, wenn die Beteiligten hinsichtlich der jeweiligen Verarbeitung entweder über den Zweck oder über wesentliche Elemente der Mittel entscheiden.[425] Ebenso muss es zur Feststellung einer gemeinsamen Verantwortlichkeit kommen, wenn die endgültige Entscheidungsverantwortung über die Zwecke einerseits und die Mittel der Verarbeitung andererseits auseinanderfallen.[426]

Bei der Eingabe der Informationen in das Profil und der damit einhergehenden Übersendung dieser Daten an die Server der Anbieter handelt es sich nämlich bereits um den Tatbestand der Übermittlung von personenbezogenen Daten (§ 3 Abs. 4 S. 1 Nr. 3 a) BDSG). So hat auch der *EuGH* festgestellt, dass das Einstellen von Namen von Personen im Internet grundsätzlich eine Verarbeitung personenbezogener Daten darstellt.[427] Als Beispiel könnte man sich etwa eine

423 Dammann in Simitis, BDSG, § 3 BDSG, Rn. 226.

424 Art. 29 Datenschutzgruppe, Stellungnahme 1/2010 zu den Begriffen „für die Verarbeitung Verantwortlicher" und „Auftragsverarbeiter", WP 169, S. 22.

425 Art. 29 Datenschutzgruppe, Stellungnahme 1/2010 zu den Begriffen „für die Verarbeitung Verantwortlicher" und „Auftragsverarbeiter", WP 169, S. 23.

426 Brühann in Roßnagel, Handbuch Datenschutzrecht, Kap. 2.4, Rn. 21.

427 EuGH, Urteil v. 6.11.2003 – C-101/01 = EuZW 2004, 245, Rz. 25.

Statusmeldung wie „Mit Max Mustermann gerade auf der Friedrichstraße unterwegs!“ vorstellen. Der Anbieter, welcher die technische Infrastruktur kontrolliert und Zugriff auf die Server besitzt, bekommt die Daten direkt von dem Nutzer. Gibt dieser dabei Daten über andere Personen ein, mit welchen diese Personen bestimmbar werden, so verarbeitet er personenbezogene Daten. Denn durch die Eingabe der Daten werden diese automatisch an den Host-Provider der Webseite i. S. d. Art. 2 lit b) DS-RL bzw. § 3 Abs. 4 S. 1 Nr. 2 BDSG übermittelt[428] und dann auf den Servern der Anbieter abgespeichert. Auch entscheidet der Nutzer allein über den Zweck des Einstellens dieser Daten in sein Profil und damit über den Zweck der Datenverarbeitung. Der Anbieter hat auf die Eingabe der Information und deren Motiv keinen Einfluss.[429] Unschädlich ist dabei, dass der Nutzer nicht über die gesamten Mittel, als das „Wie“ der Verarbeitung auf den Servern des Anbieters, bestimmt.[430] Wie oben beschrieben ist für die Einstufung als verantwortliche Stelle vor allem die Entscheidung über den Zweck ausschlaggebend. Die liegt hier allein bei den Nutzern. Aufgrund dessen müsste eigentlich eine Einstufung der Nutzer für die Phase der Übermittlung von Inhaltsdaten an den Anbieter als verantwortliche Stelle die Folge sein.

4.2.4.2.1 Persönliche oder familiäre Tätigkeit

Der europäische Gesetzgeber hat aber in Bezug auf natürliche Personen, gerade wenn diese wie hier als Verbraucher handeln, eine Ausnahmeregelung in Art. 3 Abs. 2 2. Spiegelstrich DS-RL (umgesetzt durch §§ 1 Abs. 2 Nr. 3, 27 Abs. 1 S. 2 BDSG) geschaffen. Dabei werden natürliche Personen nicht als datenschutzrechtlich Verantwortliche betrachtet, wenn die von ihnen durchgeführte Datenverarbeitung zur Ausübung ausschließlich persönlicher oder familiärer Tätigkeiten vorgenommen wird.

Für die Anwendung der Ausnahmevorschriften gilt generell eine restriktive Auslegung,[431] gerade vor dem Hintergrund des Schutzzweckes der DS-RL und des BDSG, den Schutz personenbezogener Daten zu gewährleisten. Eine zu freizügige Anwendung würde diesen Regelungszweck unterlaufen. Die Datenverarbeitung muss dabei „ausschließlich“ im Rahmen persönlicher oder familiärer Tätigkeit vorgenommen werden. Die Ausnahmevorschrift kann also erst

428 EuGH, Urteil v. 6.11.2003 – C-101/01 = EuZW 2004, 245, Rz. 59.

429 Jandt/Roßnagel, ZD 2011, 160, 161.

430 Ebenso: Jandt/Roßnagel, ZD 2011, 160, 161.

431 Dammann in Simitis, BDSG, § 1 BDSG, Rn. 148; Simitis in Simitis, BDSG, § 27 BDSG, Rn. 53.

dann zu einer Privilegierung führen, wenn feststeht, dass die personenbezogenen Daten in keinem anderen Zusammenhang genutzt werden.[432] Der Datenumgang muss daher, in Abgrenzung zum Umgang für geschäftsmäßige, berufliche oder gewerbliche Zwecke, im privaten Aktionskreis stattfinden.[433] Naturgemäß stellt sich eine klare Grenzziehung zwischen privatem und beruflichem Bereich in der Realität teilweise sehr schwer dar.[434] Gerade im Bereich der sozialen Netzwerke ist es für eigentlich als Privatperson angemeldete Nutzer äußerst verlockend und kostengünstig, auch für ihre beruflichen Zwecke tätig zu werden und etwa für Produkte oder Dienstleistungen zu werben. Denn wo erreicht man ansonsten auf diese weltweit verfügbare und stets aktualisierbare Art und Weise so viele potentielle Kunden? Ein dafür eigens angelegtes gewerbliches Profil, welches von einigen Anbietern zur Verfügung gestellt wird,[435] muss dafür nicht notwendigerweise genutzt werden. Zwar verstoßen die Nutzer dann etwa gegen die AGB der Betreiber.[436] Dies ändert jedoch nichts an ihrer tatsächlichen Einstufung als datenschutzrechtlich Verantwortliche. Für die Beurteilung der Datenverarbeitung als privat oder beruflich ist die Verkehrsanschauung entscheidend[437] und nicht die AGB der Betreiber.

Für die Differenzierung kann es dabei grundsätzlich keine Rolle spielen, wie groß der Umfang der verarbeiteten Daten ist.[438] Denn auch ein privater Nutzer kann mehrere hundert oder tausend Freunde in dem Netzwerk besitzen und in Bezug auf deren Daten beim alltäglichen und standardmäßigen Umgang mit den Funktionen des Angebotes Datenverarbeitungen vornehmen. Genauso kann ein Nutzer, als kleiner regionaler Dienstleistungsanbieter, nur 50 Kontakte über das Netzwerk besitzen, obwohl er deren Daten zu Verarbeitungszwecken, etwa für das Zusenden von Werbung, nutzt.[439] Sicher kann ein erheblicher Umfang an

---

432 Simitis in Simitis, BDSG, § 27 BDSG, Rn. 47; Taeger in Taeger/Gabel, BDSG, § 27 BDSG, Rn. 19.

433 Dammann in Simitis, BDSG, § 1 BDSG, Rn. 149; Gola/Schomerus, BDSG, § 1 BDSG, Rn. 21 sowie § 27 BDSG, Rn. 11; Dammann/Simitis, EG-Datenschutzrichtlinie, S. 123.

434 Simitis in Simitis, BDSG, § 27 BDSG, Rn. 44.

435 Vgl. etwa Ziff. 12 der AGB von Facebook, zur Einrichtung von „Seiten".

436 Vgl. etwa Ziff. 4.4 der AGB von Facebook oder 5.4.1 der AGB von meinVZ.

437 Dammann in Simitis, BDSG, § 1 BDSG, Rn. 151; Schmidt in Taeger/Gabel, BDSG, § 1 BDSG, Rn. 30.

438 Simitis in Simitis, BDSG, § 27 BDSG, Rn. 50.

439 Die Art. 29 Datenschutzgruppe sieht allein in der Anzahl der Kontakte aber bereits einen Anhaltspunkt dafür, „dass die Ausnahmeklausel keine Anwendung findet und der Nutzer als für die Verarbeitung Verantwortlicher anzusehen ist", Stellungnahme 5/2009 zur Nutzung sozialer Online-Netzwerke, WP 163, S. 7.

Daten dafür sprechen, dass es sich nicht mehr um rein private Zwecke handelt. Mehr als ein erstes Indiz, welches durch weitere tatsächliche Gründe zu untermauern ist, kann dies jedoch nicht darstellen.[440] Der Willkür wäre ansonsten Tür und Tor geöffnet. Denn eine klare Grenze zu ziehen, etwa bei 500 Kontakten, würde, wie oben beschrieben, der Web 2.0 Realität völlig entbehren. Es muss daher immer auf die konkrete Verarbeitungssituation, die berufliche Position des Nutzers und seine im Rahmen dessen wahrgenommene Aufgaben ankommen.[441] Grundsätzlich wird davon ausgegangen, dass Verarbeitungen, die im Rahmen des Hobbys, der Freizeit oder etwa in Bezug auf den Urlaub und sportliche Aktivitäten vorgenommen werden, typische Anwendungsfälle der Ausnahmevorschriften darstellen.[442] Im Zweifel ist, der restriktiven Auslegung folgend, die DS-RL bzw. das BDSG anwendbar.[443]

Für die hier in Rede stehende Konstellation, der Nutzung sozialer Netzwerke durch Verbraucher, greifen die vorstehend beschriebenen Ausnahmevorschriften grundsätzlich ein. Verbraucher verfolgen bei der Nutzung sozialer Netzwerke persönliche Zwecke. Sei es für den Fall, dass Fotos mit anderen darauf erkennbaren Personen in das Netzwerk eingestellt werden, Namen von Personen an andere Freunde weitergegeben werden, angegeben wird, mit wem man sich gerade in einer Beziehung befindet oder oben beschriebener Statustext im Profil eingestellt wird. Denn grundsätzlich liegt auch der Zweck der sozialen Netzwerke in der Unterstützung der Kommunikation und des Informationsaustausches unter Freunden und Bekannten, sprich allgemein im privaten Bereich der Nutzer.[444]

Man könnte nun etwa davon ausgehen, dass die Nutzer dennoch nicht Datenverarbeitungen für rein persönliche Tätigkeiten durchführen, wenn man vertritt, dass die durch die Nutzer erhobenen und verarbeiteten personenbezogenen Daten in späteren Schritten durch die Anbieter, etwa im Rahmen der Generierung personalisierter Werbung, genutzt werden können.[445] Sicher besteht eine Zugriffsmöglichkeit der Betreiber auf diese Daten und die darin enthaltenen In-

---

440 Dammann in Simitis, BDSG, § 1 BDSG, Rn. 150; Dammann/Simitis, EG-Datenschutzrichtlinie, S. 123.

441 Simitis in Simitis, BDSG, § 27 BDSG, Rn. 49.

442 Gola/Schomerus, BDSG, § 27 BDSG, Rn. 11; Dammann in Simitis, BDSG, § 1 BDSG, Rn. 151; Schmidt in Taeger/Gabel, BDSG, § 1 BDSG, Rn. 30.

443 Simitis in Simitis, BDSG, § 27 BDSG, Rn. 48.

444 Vgl. auch Art. 29 Datenschutzgruppe, Stellungnahme 1/2010 zu den Begriffen „für die Verarbeitung Verantwortlicher" und „Auftragsverarbeiter", WP 169, S. 26; in Bezug auf die Nutzer von Facebook, Data Protection Commissioner, Fn. 4, S. 24.

445 So wohl Jandt/Roßnagel, ZD 2011, 160, 162.

formationen werden auch für das zielgruppenspezifische Ausspielen von Werbung benutzt. Jedoch muss man klar zwischen dem Verarbeitungsvorgang auf Seiten der Nutzer und auf Seiten der Anbieter differenzieren. So hat die Übermittlung der Daten an den Anbieter durch Eingabe in das Profil aus der Sicht des Users in keinster Weise etwas mit der Nutzung für die später erfolgende Werbung durch die Betreiber zu tun. Was in späteren Verarbeitungsschritten geschieht unterliegt einer erneuten Kontrolle in Bezug auf das Eingreifen der Privilegierung. Denn ein und derselbe Datensatz kann das Ziel verschiedenster und zeitlich getrennter Verarbeitungsvorgänge sein. Eine datenschutzrechtliche Verantwortlichkeit und damit ein Ausscheiden aus dem Anwendungsbereich der Ausnahmevorschrift kann auch nicht durch eine Erhöhung des Risikos für das informationelle Selbstbestimmungsrecht der betroffenen Personen begründet werden. Denn dies würde im Ergebnis auf eine mittelbare Verantwortlichkeit der privat agierenden Nutzer hinauslaufen, die dem Datenschutzrecht jedoch fremd ist.[446] Es bleibt daher dabei, dass für die Grundnutzung der sozialen Netzwerke durch Verbraucher, diese sich grundsätzlich auf die Privilegierung in Art. 3 Abs. 2 2. Spiegelstrich DS-RL bzw. §§ 1 Abs. 2 Nr. 3, 27 Abs. 1 S. 2 BDSG berufen können.

Die Folge ist die Unanwendbarkeit des BDSG und seiner Verantwortlichkeitsbestimmungen auf die Datenverarbeitungsprozesse, wie etwa die Übermittlung der Daten an den Anbieter, welche sich im persönlichen Bereich bewegen. Eine Einordnung als verantwortliche Stelle kann dann mangels Eingreifens des BDSG nicht vorgenommen werden. Diese Privilegierung ist jedoch strikt an die tatsächlichen Verhältnisse der Datenverarbeitung geknüpft und somit auch immer eine Einzelfallentscheidung. Ein starres Schema, wann eine Tätigkeit der Nutzer sozialer Netzwerke persönlicher oder wann beruflicher Natur ist, lässt sich pauschal nicht feststellen. Es gibt jedoch einige „Fallgruppen“ in denen zumindest eine starke Vermutung dafür spricht, dass eine Privilegierung nicht in Betracht kommen kann.

---

446 Für eine Ablehnung der Privilegierung und damit in diese Richtung gehend aber Jandt/Roßnagel, ZD 2011, 160, 162. Jedoch soll es danach, quasi als Ausgleich für die Ablehnung der Privilegierung, zu einer gestuften kollektiven datenschutzrechtlichen Verantwortlichkeit von Nutzer und Anbieter kommen. Jede Partei ist dann nur insoweit verantwortlich, als sie die datenschutzrechtlichen Vorschriften auch erfüllen kann. Dies entspräche dem Gedanken der Verantwortlichkeitsvorschriften der §§ 7 ff. TMG, auch wenn diese hier eigentlich keine Anwendung fänden (Jandt/Roßnagel, ZD 2011, 160, 164).

4.2.4.2.2 Rückausnahme

Es gilt nämlich dann ein anderer Maßstab, wenn Dritte und dem Nutzer Unbekannte in diese Verarbeitungsvorgänge eingebunden werden oder sie zumindest passiv daran teilhaben und auf die Informationen zugreifen können. Denn findet eine, quasi über die virtuellen Grenzen des sozialen Netzwerkes hinausgehende, Datenverarbeitung statt, muss der persönliche Charakter der Datenverarbeitung bezweifelt werden. Auch unabhängig davon, ob dies mit gewerblichen oder beruflichen Absichten geschieht. In einigen sozialen Netzwerken, wie etwa *Facebook*, ist es möglich, durch die internen Einstellungen festzulegen, dass das eigene Profil, mit den darauf befindlichen Informationen über sich selbst, aber eben auch über Freunde (wie etwa deren Namen), im Internet für jedermann abrufbar ist.[447] Zudem gibt es Angebote, welche sich speziell an den beruflichen Bereich der Nutzer richten. In all diesen Fällen gilt es zu untersuchen, inwieweit die Privilegierung des Art. 3 Abs. 2 2. Spiegelstrich DS-RL bzw. der §§ 1 Abs. 2 Nr. 3, 27 Abs. 1 S. 2 BDSG noch Anwendung finden kann.

Als quasi Standardausnahme vom Eingreifen der Privilegierung für persönliche Zwecke muss selbstverständlich die tatsächliche Verarbeitung von personenbezogenen Daten für berufliche oder geschäftliche Zwecke angesehen werden, auch wenn dies bei der Inanspruchnahme eines eigentlich privat genutzten Profils in einem sozialen Netzwerk geschieht. Stellt man im Rahmen der Prüfung eines Datenverarbeitungsvorgangs also fest, dass die personenbezogenen Daten tatsächlich nicht oder nicht nur (denn die Ausnahmevorschrift greift nur bei alleiniger Nutzung für persönliche oder familiäre Zwecke) im Rahmen der privaten Sphäre verarbeitet werden, so muss der Nutzer selbst als verantwortliche Stelle i. S. d. § 3 Abs. 7 BDSG bzw. als für die Datenverarbeitung Verantwortlicher i. S. d. Art. 2 lit d) DS-RL angesehen werden.[448]

4.2.4.2.2.1 Öffnung des Profils für das Internet

Wird in der Profileinstellung die Option gewählt, dass das Profil des Nutzers für jedermann im Internet abrufbar sein soll, so erscheint eine Privilegierung im

447 Vgl. in Bezug auf die Veröffentlichung von Namen auf einer Internetseite, EuGH, Urteil v. 06.11.2003 – C-101/01 = EuZW 2004, 245, Rz. 27.

448 So auch Dix, Daten- und Persönlichkeitsschutz im Web 2.0, S. 195, 208.

Rahmen einer persönlichen Tätigkeit nicht mehr angemessen.[449] Zugriff auf das Profil und dort vom User eingestellte Informationen haben dann nämlich selbst Personen, die nicht in dem sozialen Netzwerk angemeldet sind, also völlig unbeteiligte Dritte. Kennt der die Daten einstellende Nutzer aber nicht den Adressatenkreis seiner Tätigkeit, so fällt es schwer diesen Sachverhalt noch unter eine „persönliche" Tätigkeit zu subsumieren.

Hier lässt sich nun die Frage stellen, inwieweit der Nutzer aber eine Verarbeitung personenbezogener Daten i. S. d. § 3 Abs. 4 BDSG selbst vornimmt, wenn er sein Profil und darauf befindliche Informationen der Öffentlichkeit preisgibt? Welche Art von Datenverarbeitung findet also statt? Denn die von ihm an den Anbieter übermittelten Daten liegen ja auf dessen Server. Eine Weitergabe der personenbezogenen Daten von dem Nutzer an die ihm unbekannten Dritten erfolgt also nur über den Umweg des Abrufes der Informationen von den Servern der Anbieter. Konkret könnte es sich um eine Übermittlung der personenbezogenen Daten an Dritte handeln, und dabei vor allem die Variante des § 3 Abs. 4 Nr. 3 b) BDSG, nämlich dass der Dritte zur Einsicht oder zum Abruf bereitgehaltene Daten einsieht oder abruft, einschlägig sein.

Dabei könnte man gegen eine Einordung des Öffnens des eigenen Profils für die Öffentlichkeit und dass dadurch bewirkte Bereithalten der Informationen als datenschutzrechtliche Übermittlung die Entscheidung des *EuGH* in Sachen *Lindquist*[450] anführen. Hier entschied das Gericht, dass das Einstellen personenbezogener Daten auf eine Internetseite zwar eine Verarbeitung personenbezogener Daten darstellt, dass jedoch das Bereithalten dieser Daten im gesamten Internet keine Übermittlung impliziert.[451] Dabei muss jedoch beachtet werden, dass es speziell um die Frage ging, ob das Einstellen der Daten durch eine in der EU wohnhafte Person und das anschließende Bereithalten als eine Übermittlung der Daten in einen Drittstaat außerhalb der EU bzw. des EWR anzusehen sei. Dies wird verneint und damit begründet, dass der europäische Gesetzgeber beim Erlass der DS-RL die Funktionen des Internets und die durch das Einstellen von Daten auf eine Internetseite auftretenden Probleme zur Zeit des Erlasses der Richtlinie nicht im Blick hatte.[452] Zudem wurde darauf abgestellt, dass allein das Bereithalten einer Internetseite eine automatische Übermittlung der dort abruf-

449 Spindler, Persönlichkeitsschutz im Internet, S. F 76; Teilnahme am „öffentlichen Informationsverkehr", Tinnefeld/Ehmann/Gerling, Einführung in das Datenschutzrecht, S. 272.

450 EuGH, Urteil v. 06.11.2003 – C-101/01 = EuZW 2004, 245.

451 EuGH, Urteil v. 06.11.2003 – C-101/01 = EuZW 2004, 245, Rz. 71; vgl. auch Roßnagel, MMR 2004, 99, 100.

452 EuGH, Urteil v. 06.11.2003 – C-101/01 = EuZW 2004, 245, Rz. 68.

baren Daten noch nicht auslöst, sondern dritte Personen vielmehr aktiv danach suchen müssten.[453] Hätte der Richtliniengesetzgeber auch diesen Fall umfassen wollen, so wären die Sondervorschriften in Art. 25 DS-RL zur Übermittlung von Daten in ein Drittland nicht die Ausnahme, sondern die Regel und würde durch die *Europäische Kommission* festgestellt werden, dass auch nur ein Drittland mit Internetanschluss kein angemessenes Schutzniveau für personenbezogene Daten besäße, so würde jedes Einstellen von Daten in das Internet gegen die DS-RL verstoßen.[454]

Den Argumenten des *EuGH* kann jedoch nicht gefolgt werden. Die Datenverarbeitungsform der Übermittlung wird in der DS-RL nicht definiert. Im BDSG jedoch werden 2 Alternativen unterschieden. Zum einen die Tätigkeit der Weitergabe (§ 3 Abs. 4 S. 2 Nr. 3a BDSG) und zum anderen das Bereithalten der Daten zur Einsicht oder zum Abruf durch Dritte (§ 3 Abs. 4 S. 2 Nr. 3b BDSG), wobei im Falle der Nr. 3b die Übermittlung erst vollendet vorliegt, wenn die Daten tatsächlich eingesehen oder abgerufen werden.[455] Damit wird klargestellt, dass eben nicht diejenige Stelle, welche die Daten einstellt, den letzten Schritt zur Übermittlung tun muss, sondern dass dieser durch Dritte, quasi die Internet-Öffentlichkeit, zu gehen ist. Hiernach wäre es somit durchaus möglich, das Einstellen personenbezogener Daten in ein Profil eines sozialen Netzwerkes als Übermittlung an Dritte anzusehen, wenn die Einstellungen dergestalt vorgenommen werden, dass die Daten im gesamten Internet abrufbar sind.

Gegen die Argumente des *EuGH*, dass der Richtliniengesetzgeber derartige Konstellationen nicht bedacht und solche Problematiken nicht erahnen konnte, lässt sich anführen, dass die Bedeutung des Internets und auch die Möglichkeit der Übermittlung von personenbezogenen Daten durch dieses, dem Gesetzgeber bei Erlass der DS-RL durchaus bekannt war, was sich etwa aus den Erwägungsgründen 4, 6 und 47 der DS-RL ergibt.[456] Daher kann auch nicht davon ausgegangen werden, dass die Regelungen der DS-RL in Bezug auf die Verarbeitung personenbezogener Daten auf das Internet keine Anwendung finden würden.[457] Dabei grenzt die DS-RL ihren Anwendungsbereich negativ ab, indem sie die Bereiche als Ausnahmen aufführt, für die sie nicht einschlägig sein soll. Das In-

453 EuGH, Urteil v. 06.11.2003 – C-101/01 = EuZW 2004, 245, Rz. 60.

454 EuGH, Urteil v. 06.11.2003 – C-101/01 = EuZW 2004, 245, Rz. 69.

455 Dammann in Simitis, BDSG, § 3 BDSG, Rn. 149; Brühann, DuD 2004, 201, 203; Taraschka, CR 2004, 280, 283.

456 Spindler in Spindler/Schuster, § 4b BDSG, Rn. 7; Brühann, DuD 2004, 201, 206 (dort Fn. 45).

457 Spindler in Spindler/Schuster, § 4b BDSG, Rn. 7; Brühann, DuD 2004, 201, 206.

ternet findet hier jedoch keine Erwähnung.[458] Auch die *Art. 29 Datenschutzgruppe* ging in einer Stellungnahme aus dem Jahre 1999 ausdrücklich davon aus, dass die Bestimmungen der DS-RL auch bei der Verarbeitung personenbezogener Daten über das Internet Anwendung finden.[459] Die Entscheidung des *EuGH* ist zudem wohl auch vor ihrem tatsächlichen Hintergrund, der drohenden Strafbarkeit einer privaten Person für das Einstellen der Daten und der wohl angestellten Überlegung zu sehen, dass bei einer Bejahung des Übermittlungsbegriffes der Verkehr personenbezogener Daten in Europa weitgehend zum Erliegen gekommen wäre.[460] Vielleicht könnte man insofern von einer den Umständen geschuldeten Einzelfallentscheidung sprechen.

Daher ist davon auszugehen, dass das Einstellen von personenbezogenen Daten in eine Internetseite eine Übermittlung im Sinne des Art. 2 lit b) DS-RL bzw. § 3 Abs. 4 S. 2 Nr. 3b BDSG an die Dritten darstellt, die diese Daten tatsächlich abrufen oder einsehen.[461]

Für den hier untersuchten Fall stellt sich die Öffnung des eigenen Profils für die Öffentlichkeit und die damit einhergehende Verfügbarkeit eingestellter personenbezogener Daten für jede Person im Internet ebenfalls als datenschutzrechtliche Übermittlung dar. Der die Daten einstellende Nutzer ist zudem als verantwortliche Stelle in Bezug auf die Datenverarbeitung zu klassifizieren.[462]

Denn entscheidend bleibt auch in diesem Fall, dass er es war, der den Zweck der Übermittlung durch die Einstellung in seinem Profil veranlasst hat. Er ent-

---

458 Brühann, DuD 2004, 201, 206.

459 Art. 29 Datenschutzgruppe, Arbeitsunterlage: Die Verarbeitung personenbezogener Daten im Internet, WP 16, S. 4.

460 Buchner in Taeger/Gabel, BDSG, § 3 BDSG, Rn. 36.

461 Spindler in Spindler/Schuster, § 4b BDSG, Rn. 7; Dammann in Simitis, BDSG, § 3 BDSG, Rn. 157; Buchner in Taeger/Gabel, BDSG, § 3 BDSG, Rn. 35; Weichert in Däubler/Klebe/Wedde/Weichert, BDSG, § 3 BDSG, Rn. 37; Schild in Roßnagel, Handbuch Datenschutzrecht, Kap. 4.2, Rn. 72; Brühann, DuD 2004, 201, 207; Jandt/Roßnagel, MMR 2011, 637, 639; Taraschka, CR 2004, 280, 283; für das Bereithalten von Daten in einem Internetforum, OLG Hamburg, Urteil v. 02.08.2011 – 7 U 134/10 = GRUR-RR 2012, 40, 41.

462 Im Ergebnis für den Fall des öffentlichen Bereithaltens personenbezogener Daten in sozialen Netzwerken ebenso, Dix, Daten- und Persönlichkeitsschutz im Web 2.0, S. 195, 208; Jandt/Roßnagel, ZD 2011, 160, 164. Jedoch gehen die Autoren dabei von einer grundsätzlichen Verantwortlichkeit der Nutzer aus, auch wenn diese gegenüber dem Anbieter kollektiv und abgestuft einzuordnen sei. Siehe auch Taraschka, CR 2004, 280, 284.

scheidet über die Frage des „Ob" der Veröffentlichung der Daten im Internet.[463] Die einzige Möglichkeit, einer Qualifizierung als mitverantwortliche Stelle zu entgehen besteht in der Feinjustierung der Erreichbarkeit seines Profils im sozialen Netzwerk. Die Einstellung der Sichtbarkeit seiner Profilinformationen für einen begrenzten privaten Personenkreis, etwa seiner Freunde in dem sozialen Netzwerk, bietet ausreichend Gewähr dafür, dass die personenbezogenen Daten ausschließlich dieser Zielgruppe zugänglich sind (abgesehen natürlich von dem Anbieter selbst).[464] Mehr, wie etwa die zusätzliche Versehung seines Profils mit eigens konstruierten und programmierten Zugangsbeschränkungen, kann von einem Nutzer nicht verlangt werden. Er muss die Mittel nutzen, welche ihm durch den Anbieter zur Verfügung gestellt werden. Nicht abgestellt werden sollte im Rahmen der Bestimmung der datenschutzrechtlichen Verantwortlichkeit für diese Übermittlung auf die ECRL und deren Regelungen zur Verantwortlichkeit.[465] Denn wie bereits erläutert bestimmt sich die datenschutzrechtliche Verantwortlichkeit, auch im Rahmen des Anwendungsbereiches der ECRL bzw. des TMG, nach dem BDSG. Festzustellen bleibt zudem, dass nach hier vertretener Ansicht der Anbieter des sozialen Netzwerkes in diesem Bereich der Verarbeitung der personenbezogenen Daten als verantwortliche Stelle ausscheidet. Er besitzt zwar grundsätzlich permanenten Einfluss auf die auf seiner Plattform stattfindenden Datenverarbeitungen. Jedoch hat er in Bezug auf die Übermittlung der Daten an Dritte keinen Einfluss auf den Zweck. Die grundsätzliche Möglichkeit, die Datenverarbeitung zu unterbinden reicht für die Einstufung des Anbieters, zumindest als mitverantwortliche Stelle, nicht aus.[466] Noch einmal: es handelt sich hier nur um die Betrachtung des Verarbeitungsvorgangs der Übermittlung von personenbezogenen Daten an Dritte durch das Bereithalten dieser Daten auf dem eigenen Profil. Auf nachfolgende Verarbeitungsvorgänge, wie etwa das Nutzen dieser Daten zur Verwendung im Zusammenhang mit der Erbringung personalisierter Werbung bestimmt der jeweilige Anbieter wieder die Zwecke.[467]

463 Hinsichtlich des Einstellens von Daten auf einer Internetseite, Brühann, DuD 2004, 201, 204 f.; Taraschka, CR 2004, 280, 284.

464 Ebenso in Bezug auf Zulassungsbeschränkungen für eine Website: Brühann, DuD 2004, 201, 203 (dort Fn. 22).

465 So aber wohl Brühann, DuD 2004, 201, 205.

466 Jandt/Roßnagel, ZD 2011, 160, 161.

467 Jandt/Roßnagel, ZD 2011, 160, 161.

4.2.4.2.2.2 Auf berufliche Zwecke ausgerichtete Plattform

Des Weiteren kann eine Anwendung der Privilegierung ausscheiden, wenn sich bereits der gesamte Zweck des angebotenen sozialen Netzwerkes an die berufliche Sphäre der Nutzer wendet, wie dies etwa bei *XING* der Fall ist.[468] Es muss jedoch klar sein, dass dies nur in Bezug auf die konkrete Verarbeitung der personenbezogenen Daten gilt, wobei sich bei einer Nutzung eines sozialen Netzwerkes, um etwa berufliche Kontakte zu knüpfen, natürlich bereits eine Vermutung dafür aufstellen lässt. Werden dort etwa Kontaktdaten von Nutzern dazu verwendet, um diesen ein Angebot für ein Bewerbungsgespräch zu unterbreiten, so liegt in dieser Verwendung der personenbezogenen Daten keine persönliche Tätigkeit mehr. Es muss dann wieder auf die konkreten Verarbeitungsvorgänge und der ihnen zu Grunde liegenden Zwecksetzung abgestellt werden, um zu ermitteln, wer diesen Zweck bestimmt. Denn nichts destotrotz bleibt es den Usern auch in diesen Angeboten unbenommen, personenbezogene Daten in ihrem persönlichen Umfeld zu verarbeiten.

4.2.4.2.2.3 Einrichtung gewerblicher Profile

Eine in diesem Zusammenhang ähnliche Vermutung, die jedoch noch weiter geht und konkreter greift, ist die Möglichkeit der Einrichtung gewerblicher Auftritte und Seiten in den sozialen Netzwerken selbst, um etwa ein Unternehmen zu bewerben (sog. Social Media Marketing). Der Unterscheid zu vorgenannter Konstellation ist hier, dass das Profil ausschließlich für berufliche Zwecke eingerichtet wird, um dort etwa Unternehmensinformationen darzustellen oder Gewinnspiele zu veranstalten. Fallen im Rahmen dieser Tätigkeiten personenbezogene Daten an und werden diese verarbeitet, so handelt der für das Profil Verantwortliche (dies kann auch eine juristische Person sein) als verantwortliche Stelle. Dass den Betreibern dieser Art von Unternehmensprofilen gewisse Pflichten im Bereich des Datenschutzrechts auferlegt werden müssen und sie insoweit den tauglichen Anknüpfungspunkt darstellen, zeigt sich auch in einer Entscheidung des *LG Aschaffenburg*.[469] Dort wurde klargestellt, dass bei einer geschäftsmäßigen Nutzung eines *Facebook*-Profils der Inhaber dieses Profils der Impressumspflicht des § 5 Abs. 1 TMG unterliegt. Dabei sollen die Impressumsangaben vor allem die Verbraucher schützen, indem ihnen Informationen

468 Jandt/Roßnagel, ZD 2011, 160, 162.
469 LG Aschaffenburg, Urteil v. 19.08.2011 – 2 HK O 54/11 = CR 2012, 57.

über denjenigen bereitgestellt werden, der Daten erhebt verarbeitet oder nutzt.[470] Wenn man so will, könnte man aus der Impressumspflicht zumindest eine starke Vermutung für die datenschutzrechtliche Verantwortlichkeit ableiten, auch wenn dies sicher nicht allein ausschlaggebend sein kann. In Bezug auf gewerbliche Profile in sozialen Netzwerken kann man von einer Regelvermutung für die datenschutzrechtliche Verantwortlichkeit der Betreiber dieser Profile ausgehen. Möchte der Verantwortliche dennoch die Privilegierung des Art. 3 Abs. 2 2. Spiegelstrich DS-RL bzw. der §§ 1 Abs. 2 Nr. 3, 27 Abs. 1 S. 2 BDSG für sich in Anspruch nehmen, so liegt es an ihm diese Vermutung, durch die Darstellung des konkreten Verarbeitungsvorgangs und seine Einordnung in den persönlichen Bereich zu erschüttern. Denn auch bei der Verwendung gewerblich genutzter Profile, gerade wenn diese durch natürliche Personen eingerichtet werden, kann nicht mit hundert prozentiger Wahrscheinlichkeit eine Verarbeitung personenbezogener Daten im persönlichen Bereich ausgeschlossen werden. Denn es gibt nicht die „nur berufliche Person“. Insoweit ist jedoch zusätzlich bei den gewerblichen Profilen zu beachten, dass diese meist öffentlich im Internet zugänglich sind. Selbst wenn man also etwa bei einem Pinnwandeintrag oder einer Statusmeldung von einem ausnahmsweise persönlichen Zweck ausgeht, greift die Privilegierung aufgrund der Öffnung des Profils für die Öffentlichkeit nach hier vertretener Auffassung dennoch nicht ein.

4.2.4.2.3 Zwischenergebnis zur datenschutzrechtlichen Verantwortlichkeit

Es bleibt folglich festzuhalten, dass es nicht die Standardtätigkeit gibt, bei der ohne genauere Betrachtung des Verarbeitungsvorgangs das Eingreifen der Privilegierung für persönliche oder familiäre Tätigkeiten abgelehnt werden kann. Im Zweifel kommt es immer auf den Einzelfall und den der Datenverarbeitung zu Grunde liegenden Zweck an. Dennoch gibt es einige Formen der Inanspruchnahme von sozialen Netzwerken, bei denen zumindest der erste Anschein für eine Verarbeitung im Rahmen einer beruflichen Tätigkeit spricht. Der Schutz des informationellen Selbstbestimmungsrechts ist nicht nur von dem jeweiligen Anbieter, sondern auch von denjenigen Nutzern zu beachten, welche personenbezogene Daten für andere als ihre persönlichen Zwecke einsetzen. Allein das Einrichten eines privaten Profils schützt nicht vor der Inanspruchnahme des Nutzers als datenschutzrechtlich Verantwortlichen. Wichtig bleibt jedoch stets, die jeweiligen Datenverarbeitungsvorgänge sowohl der Nutzer als auch der An-

470 Micklitz/Schirmbacher in Spindler/Schuster, § 5 TMG, Rn. 2.

bieter voneinander zu unterschieden. Denn dass der Nutzer für das Bereithalten von personenbezogenen Daten auf seinem im Internet offen erreichbaren Profil datenschutzrechtlich verantwortlich ist, bedeutet nicht, dass die Verantwortlichkeit des Anbieters für die Verarbeitung dieser Daten danach, etwa im Zusammenhang mit der Darbietung speziell abgestimmter Werbeanzeigen, ausgeschlossen ist.[471]

4.2.5 Datenschutzrechtliche Rechtsgrundlagen und Erlaubnisvorschriften

Nach der Bestimmung des anwendbaren Datenschutzrechts und der Zuordnung datenschutzrechtlicher Verantwortlichkeit in sozialen Netzwerken, gilt es des Weiteren festzulegen, nach welchen Vorschriften eine Verarbeitung personenbezogener Daten zu beurteilen ist und wer diese Vorschriften einhalten muss. Dabei soll hier jedoch nicht jeder Erlaubnistatbestand im Einzelnen untersucht werden. Vielmehr soll für einen besseren Überblick in der gebotenen Kürze auf die einschlägigen Rechtsgrundlagen hingewiesen werden.

Im deutschen Datenschutzrecht gilt bei der Erhebung und Verarbeitung personenbezogener (Bestands-, Nutzungs- oder Inhaltsdaten) das Prinzip des Verbots der Erhebung mit Erlaubnisvorbehalt, welches in 2 Ausnahmefällen durchbrochen wird, nämlich bei einer Einwilligung des Betroffenen[472] oder bei Vorliegen eines gesetzlichen Erlaubnistatbestandes.[473]

4.2.5.1 TMG

Dabei ist für die Verarbeitung von Bestands- und Nutzungsdaten im Rahmen sozialer Netzwerke das TMG zu beachten. Die dort einschlägigen Vorschriften der §§ 11 ff. TMG werden insoweit nicht durch die Anwendbarkeit des BDSG verdrängt, welches nach hier vertretener Ansicht allein in Bezug auf Inhaltsdaten Anwendung findet.[474] Dies sind die datenschutzrechtlichen Vorgaben der

---

471 Verarbeitungsbereiche liegen nebeneinander, ohne sich zu überschneiden, Jandt/Roßnagel, ZD 2011, 160, 161.

472 Auf die datenschutzrechtliche Einwilligung soll später näher eingegangen werden, siehe 4.2.6.

473 Helfrich in Hoeren/Sieber, Handbuch Multimediarecht, Kap. 16.1, Rn. 35 f.

474 Siehe 4.2.2.4.

Verarbeitung im Rahmen des Angebots von Telemedien. Sie dienen dabei dem Schutz des Einzelnen vor Gefahren in Bezug auf die Datenverarbeitung seiner personenbezogenen Daten.[475]

4.2.5.1.1 Anbieter

Anknüpfungspunkt für die datenschutzrechtlichen Pflichten des TMG ist der „Diensteanbieter". Er wird in § 2 S. 1 Nr. 1 TMG definiert und stellt jede natürliche oder juristische Person dar, die eigene oder fremde Telemedien zur Nutzung bereithält oder den Zugang zur Nutzung vermittelt.[476] Wie bereits angesprochen sind die im Internet angebotenen sozialen Netzwerke unzweifelhaft als Telemedien einzuordnen. Die Betreiber dieser Netzwerke halten ihre Angebote auch für die User zur Nutzung bereit oder, soweit Angebote von Drittanbietern eingebunden werden, vermitteln über ihre Plattform den Zugang zu diesen. Die Anbieter sozialer Netzwerke im Internet stellen damit Diensteanbieter i. S. d. § 2 S. 1 Nr. 1 TMG dar. § 11 TMG bestimmt durch eine Negativabgrenzung den Anwendungsbereich der datenschutzrechtlichen Vorschriften.[477] Für die hier untersuchte Konstellation, der Nutzung dieser Dienste durch Verbraucher, sind die Ausnahmevorschriften der §§ 11 Abs. 1 Nr. 1 und Nr. 2 TMG nicht einschlägig. In Betracht käme die Ausnahmeregelung des § 11 Abs. 3 TMG, wonach für die Erhebung und Verwendung personenbezogener Daten durch Telemedien, die überwiegend in der Übertragung von Signalen über Telekommunikationsnetze bestehen, allein die §§ 15 Abs. 8, 16 Abs. 2 Nr. 4 TMG Anwendung finden. Es gilt für gemischte Dienste den Anteil des Telekommunikationsdienstes zu ermitteln.[478] Dabei wird man mit „überwiegend" einen Anteil von mehr als 50% ansehen müssen,[479] da nicht etwa nur von einer „teilweisen" Erbringung die Rede ist. Für soziale Netzwerke lässt sich feststellen, dass diese durchaus Funktionen anbieten, die in den Anwendungsbereich des Telekommunikationsgesetzes

---

475 Spindler/Nink in Spindler/Schuster, § 11 TMG, Rn. 1.

476 Spindler/Nink in Spindler/Schuster, § 2 TMG, Rn. 2.

477 Schmitz in Hoeren/Sieber, Handbuch Multimediarecht, Kap. 16.2, Rn. 40; Spindler/Nink in Spindler/Schuster, § 11 TMG, Rn. 4.

478 Moos in Taeger/Gabel, TMG, § 11 TMG, Rn. 29; Oster in Hoeren/Sieber, Handbuch Multimediarecht, Kap. 4, Rn. 18; siehe auch Spindler, CR 2007, 239, 241 f.

479 Als Bespiele werden etwa Internetzugangsdienste und E-Mail-Dienste genannt, BT-Drs. 16/3078, S. 13; Schmitz in Hoeren/Sieber, Handbuch Multimediarecht, Kap. 16.2, Rn. 56.

(TKG) fallen, wie etwa Chat-Funktionen und den Versand von Nachrichten.[480] Ob dies jedoch mehr als 50% des Inhalts der sozialen Netzwerke ausmacht erscheint fraglich. Denn die Kommunikation findet dort vor allem auch „offen“ auf den Profilen, den Pinnwänden, den Gruppen oder den Fotoalben der Nutzer statt.[481] Sicher ist die Übertragung der Signale zur Telekommunikation ein Bestandteil der sozialen Netzwerke, jedoch nicht der Hauptteil. Daher sind auf diese Angebote die Regelungen der §§ 11 ff. TMG ohne Einschränkungen anwendbar.[482]

4.2.5.1.2 Nutzer

Fraglich erscheint, ob auch die Nutzer sozialer Netzwerke Diensteanbieter im Sinne des § 2 S. 1 Nr. 1 TMG darstellen und bei einer Erhebung und Verarbeitung von Bestands- und Nutzungsdaten die Vorschriften der §§ 11 ff. TMG zu beachten haben. Zunächst sei festgestellt, dass wenn Verbraucher in dem Netzwerk Daten verarbeiten, es sich dabei zumeist um Inhaltsdaten handeln wird. Anders sieht dies freilich aus, wenn die Nutzer etwa ein gewerbliches Profil unterhalten. Hier können auch Bestands- und Nutzungsdaten anfallen. Kann der privat agierende Nutzer einen Diensteanbieter darstellen? Als natürliche Personen fallen sie grundsätzlich in den Anwendungsbereich des Begriffes. In Betracht käme insofern ein Bereithalten von Telemedien, also ihres Profils, zur Nutzung durch andere User, etwa ihre Freunde in dem sozialen Netzwerk. Dabei kann nicht nur der Anbieter eines Internetportals, sondern auch der dieses Portal und seine Funktionen Inanspruchnehmende, welcher dort etwa Waren oder

480 Karg/Fahl, K&R 2011, 453, 456 f., die von einer parallelen Anwendbarkeit des TKG neben dem TMG ausgehen, jedoch unter Berücksichtigung der Einschränkung des § 11 Abs. 3 TMG.

481 „Der Schwerpunkt liegt allerdings in der Bereitstellung und Verknüpfung von Informationen ihrer Nutzer. Damit steht die inhaltliche Leistung im Vordergrund.“, Karg/Fahl, K&R 2011, 453, 456.

482 Vgl. etwa auch Spindler/Nink in Spindler/Schuster, § 11 TMG, Rn. 14, die richtigerweise die Access-Provider als von der Ausnahmevorschrift des § 11 Abs. 3 TMG erfasst ansehen. Soziale Netzwerke sind aber keine Access-Provider, da sie nicht die Internetzugangsstruktur stellen, sondern sie sind als Host-Provider zu qualifizieren, da sie Inhalte für ihre Nutzer speichern, so etwa jüngst EuGH, Urteil v. 16.02.2012 – Rs. C-360/10 = GRUR 2012, 382.

Dienstleistungen anbietet, als Diensteanbieter qualifiziert werden.[483] Es ist also nicht erforderlich, dass der Diensteanbieter etwa über eigene Server verfügt.[484] Es genügt die Funktion des Anbieters, den Nutzern den Umgang mit Telemedien zu ermöglichen.[485] In Bezug auf die privaten Profile der Nutzer ist jedoch zu beachten, dass diese keine hinreichende kommunikationsbezogene Eigenständigkeit gegenüber dem Gesamtauftritt des Anbieters aufweisen.[486] Sicher kann und soll der Nutzer sein Profil mit „Leben" füllen. Auf die ihm dabei zur Seite stehenden Funktionen hat er jedoch keinerlei Einfluss. Er ist auf die Gestaltung des Dienstes durch den Anbieter angewiesen. Anders liegt dies, wenn etwa Unternehmen ein gewerbliches Profil einrichten. Denn sie haben weitaus mehr Einfluss auf die Gestaltung ihrer Seite. Zwar wird auch hier das Grundgerüst durch den Anbieter vorgegeben. Jedoch besteht gerade in Bezug auf das Thema dieser Unterseite des Portals eine freie Entfaltungsmöglichkeit. Für privat agierende Verbraucher liegt diese nicht vor bzw. es wird durch den Anbieter ein „Thema" vorgegeben: die Nutzung zu privaten Zwecken. In diesem Sinne entschied auch die Rechtsprechung, wenn sie gewerbliche Anbieter, die ein Profil in einem sozialen Netzwerk einrichten, als Diensteanbieter einstuft und sie der Impressumspflicht des § 5 TMG unterwirft.[487] Es bleibt mithin festzuhalten, dass Nutzer, die das soziale Netzwerk für rein private Zwecke nutzen, nicht als Diensteanbieter einzustufen sind.[488] Dies gilt jedoch sehr wohl für gewerbliche Nutzer (auch natürlich Personen), sobald diese die von den Betreibern zur Verfügung gestellten besonderen Angebote zur Einrichtung geschäftsmäßiger Profile in Anspruch nehmen.

4.2.5.1.3 Erlaubnistatbestände

Für personenbezogene Daten, welche in Verbindung mit der Nutzung von Telemedien verarbeitet werden, regeln die §§ 11 ff. TMG (vorranging vor dem BDSG) die datenschutzrechtlichen Anforderungen. Dabei bilden die §§ 14, 15

483 Holznagel/Ricke in Spindler/Schuster, § 2 TMG, Rn. 2 m. w. N.; Jandt/Roßnagel, ZD 2011, 160, 162; noch zum TDDSG: Roßnagel in Roßnagel, Handbuch Datenschutzrecht, Kap. 7.9, Rn. 47.

484 Noch zum TDDSG: Roßnagel in Roßnagel, Handbuch Datenschutzrecht, Kap. 7.9, Rn. 47.

485 Holznagel/Ricke in Spindler/Schuster, § 2 TMG, Rn. 2.

486 Jandt/Roßnagel, ZD 2011, 160, 162.

487 LG Aschaffenburg, Urteil v. 19.08.2011 – 2 HK O 54/11 = CR 2012, 57.

488 A. A.: Jandt/Roßnagel, ZD 2011, 160, 162.

TMG die einschlägigen Erlaubnistatbestände.[489] Beide Regelungen knüpfen dabei die Zulässigkeit der Erhebung und Verwendung von Daten an deren Erforderlichkeit. § 12 TMG stellt keinen gesetzlichen Erlaubnistatbestand dar, definiert jedoch die Grundregeln der Datenerhebung und –verwendung, wie das Gebot der Zweckbindung und den Grundsatz des Verbots mit Erlaubnisvorbehalt und stellt klar, dass daneben eine Einwilligung möglich ist.

§ 14 TMG regelt abschließend (neben der Einwilligung) die Verarbeitung von Bestandsdaten und setzt ein Vertragsverhältnis voraus.[490] Die Verarbeitung der Nutzungsdaten wird abschließend in § 15 TMG geregelt.[491] Zudem stellt § 15 Abs. 3 TMG einen Erlaubnistatbestand für die Erzeugung von Nutzungsprofilen dar, welche vor allem im Bereich der personalisierten Werbung eingesetzt werden.

4.2.5.2 BDSG

Für die Verarbeitung von Inhaltsdaten stellt das BDSG die einschlägigen Erlaubnistatbestände zur Verfügung.[492] Es ist entscheidend zu welchem Zweck die Anbieter Daten der Nutzer verarbeiten, da sich dadurch die richtige Rechtsgrundlage bestimmen lässt.[493] Schon die Überschrift des ersten Unterabschnittes des dritten Abschnittes des BDSG weist auf die „Rechtsgrundlagen" hin. Diese befinden sich für die hier untersuchten sozialen Netzwerke als private Stellen in den §§ 27 ff. BDSG.

4.2.5.2.1 Anbieter

Dabei knüpfen die Erlaubnistatbestände als Adressat an die verantwortliche Stelle i. S. d. § 3 Abs. 7 BDSG an, welche die Anbieter der sozialen Netzwerke wie gezeigt darstellen. Das Gesetz nimmt eine grobe Unterteilung der Rechtsgrundlagen vor in solche, welche bei der Verarbeitung personenbezogener Da-

489 Schmitz in Hoeren/Sieber, Handbuch Multimediarecht, Kap. 16.2, Rn. 113; Jandt/Roßnagel, ZD 2011, 160, 164.

490 Spindler/Nink in Spindler/Schuster, § 14 TMG, Rn. 1; Härting, CR 2011, 169, 173.

491 Schmitz in Hoeren/Sieber, Handbuch Multimediarecht, Kap. 16.2, Rn. 188.

492 Siehe 4.2.2.4.

493 Simitis in Simitis, BDSG, § 27 BDSG, Rn. 3; Karg/Fahl, K&R 2011, 453.

ten für „eigene" Zwecke (§ 28 BDSG) und für „fremde" Zwecke (§ 29 BDSG) Anwendung finden.[494]

§ 28 BDSG greift ein, wenn personenbezogene Daten für „eigene Geschäftszwecke" verwendet werden. Die Verarbeitung muss dabei Hilfsmittel für die Erfüllung bestimmter eigener geschäftlicher, beruflicher oder gewerblicher Zwecke sein.[495] Jedoch werden die eigenen Geschäftszwecke im BDSG nicht definiert, womit es an der jeweiligen verantwortlichen Stelle ist, den Verwendungszweck zu bestimmen und den Rahmen festzulegen, innerhalb dessen sich die Verarbeitung oder Nutzung der Daten vollziehen muss.[496] Besondere Bedeutung kommt dabei den rechtsgeschäftlichen Beziehungen der verantwortlichen Stelle und deren Abwicklung zu.[497]

In § 29 BDSG hingegen bilden die Daten den eigentlichen Geschäftsgegenstand,[498] sind also nicht (notwendigerweise) für eigene Zwecke erforderlich. Sie besitzen einen Wert und sind für die verantwortliche Stelle Objekt von wirtschaftlichem Interesse und von Transaktionen.[499] Natürlich kann auch die Situation eintreten, dass eine verantwortliche Stelle Daten sowohl für eigene Zwecke, als auch für Geschäftszwecke erhebt. Bei einer Verwendung von Daten sowohl für eigene als auch für fremde Zwecke müssen dann beide Regelungen (§§ 28, 29 BDSG) nebeneinander beachtet werden.[500]

In Bezug auf soziale Netzwerke geht man in der Literatur davon aus, dass Daten geschäftsmäßig erhoben werden, also eine auf Wiederholung und auf eine gewisse Dauer gerichtete Tätigkeit vorliegt,[501] und für eine Verarbeitung der Daten, gerade vor dem Hintergrund der Übermittlung an Dritte, § 29 BDSG die passende Rechtsgrundlage darstellt.[502] Natürlich lässt sich dies nicht pauschali-

---

494 Simitis in Simitis, BDSG, § 27 BDSG, Rn. 3; Taeger in Taeger/Gabel, BDSG, § 28 BDSG, Rn. 15.

495 Simitis in Simitis, BDSG, § 28 BDSG, Rn. 22; Spindler/Nink in Spindler/Schuster, § 28 BDSG, Rn. 3; Gola/Schomerus, BDSG, § 28 BDSG, Rn. 4.

496 Simitis in Simitis, BDSG, § 28 BDSG, Rn. 23.

497 Simitis in Simitis, BDSG, § 28 BDSG, Rn. 23; Gola/Schomerus, BDSG, § 28 BDSG, Rn. 4; Taeger in Taeger/Gabel, BDSG, § 28 BDSG, Rn. 33.

498 Gola/Schomerus, BDSG, § 29 BDSG, Rn. 3, Taeger in Taeger/Gabel, BDSG, § 29 BDSG, Rn. 12.

499 Ehmann in Simitis, BDSG, § 29 BDSG, Rn. 1.

500 Simitis in Simitis, BDSG, § 28 BDSG, Rn. 25; Taeger in Taeger/Gabel, BDSG, § 28 BDSG, Rn. 34.

501 Härting, CR 2011, 169, 173.

502 Für Facebook, Härting, CR 2011, 169, 173; allgemein für soziale Netzwerke, Taeger in Taeger/Gabel, BDSG, § 28 BDSG, Rn. 37. Vgl. zu einer geschäftsmäßigen Erhe-

sieren. Jedoch trifft es zu, dass die Betreiber sozialer Netzwerke aufgrund des Wertes, gerade auch von Inhaltsdaten für die Werbepartner, diese Daten nicht nur im Zusammenhang mit eigenen Geschäftszwecken gem. § 28 Abs. 1 BDSG, sondern auch geschäftsmäßig zum Zwecke der Übermittlung gem. § 29 Abs. 1 BDSG erheben und verarbeiten.

4.2.5.2.2 Nutzer

Hinsichtlich der Nutzer wurde oben dargestellt, dass sie aufgrund der Ausnahmevorschrift des Art. 3 Abs. 2 2. Spiegelstrich DS-RL bzw. der §§ 1 Abs. 2 Nr. 3, 27 Abs. 1 S. 2 BDSG grundsätzlich nicht in den Anwendungsbereich des BDSG fallen. Sie sind jedoch dann als verantwortliche Stelle zu behandeln, wenn sie Profile in sozialen Netzwerken zu beruflichen und gewerblichen Zwecken nutzen.

Einzig in dem Fall, dass das Profil durch die Einstellung des Nutzers öffentlich im Internet zugänglich ist, wurde das Eingreifen der Privilegierung abgelehnt, obwohl die Daten nicht notwendigerweise in einem beruflichen Rahmen verarbeitet werden.[503] Hier stellt sich die Frage, welcher Erlaubnistatbestand dann auf die Nutzer als verantwortliche Stelle Anwendung findet. Denn die Erlaubnistatbestände der §§ 28 ff. BDSG setzen entweder die Verfolgung eines eigenen Geschäftszweckes oder die geschäftsmäßige Datenverarbeitung voraus.[504] Im Fall der Öffnung des Profils liegt eine derartige Verarbeitung durch die Nutzer jedoch nicht vor, so dass eine direkte Anwendung der Erlaubnistatbestände ausscheiden muss. In Betracht zu ziehen ist daher eine analoge Anwendung der Erlaubnistatbestände, wobei festgestellt werden kann, dass diese Art von Situationen, dass private Personen Daten im Internet vor dem Hintergrund der Nutzung sozialer Netzwerke verarbeiten, dabei jedoch nicht geschäftsmäßig handeln, durch den Gesetzgeber wohl kaum beachtet wurde. Daher besteht eine Regelungslücke für diese Problematik.[505] § 29 Abs. 1 BDSG verlangt ein geschäftsmäßiges Verarbeiten von Daten. Damit soll zum Ausdruck gebracht werden, dass die Daten hier für die verantwortliche Stelle den Geschäftsgegenstand

---

bung von personenbezogenen Daten beim Betrieb einer Bewertungsplattform im Internet: BGH, Urteil v. 23.06.2009 - VI ZR 196/08 = NJW 2009, 2888, Rz. 24.

503 Siehe 4.2.4.2.2.1.

504 Jandt/Roßnagel, ZD 2011, 160, 163; Spindler, Persönlichkeitsschutz im Internet, S. F 74, geht zurecht von einem Fehlen gesetzlicher Erlaubnistatbestände für private Nutzer aus.

505 Jandt/Roßnagel, ZD 2011, 160, 163.

mit einem eigenen Marktpreis darstellen.[506] Das Interesse besteht also an den Daten und den darin enthaltenen Informationen selbst und dem aus ihrer Verwertung möglichen Profit. Ein solches Interesse besteht jedoch in der hier untersuchten Konstellation nicht. Im Gegenteil werden die Nutzer grundsätzlich überhaupt kein Interesse an den Daten besitzen, wenn sie ihr Profil der Öffentlichkeit im Internet preisgeben. Sie verfolgen damit allein die Darstellung ihrer „Online-Persönlichkeit“ und dies noch dazu im Rahmen privaten Handelns, wenn auch offen im Internet. Besser auf die hier aufgezeigte Regelungslücke passt daher der § 28 Abs. 1 S. 1 BDSG, wenn man im Tatbestand die „Geschäftszwecke“ durch „Zwecke“ oder „private Zwecke“ ersetzt.[507] Im Rahmen des § 28 Abs. 1 S. 1 BDSG sollte dabei aus 2 Gründen auf den Erlaubnistatbestand des § 28 Abs. 1 S. 1 Nr. 2 BDSG abgestellt werden. Zum einen setzt der Tatbestand des § 28 Abs. 1 S. 1 Nr. 1 BDSG ein rechtsgeschäftliches oder rechtsgeschäftsähnliches Schuldverhältnis voraus. Dies ist in der hier untersuchten Konstellation jedoch wohl nie gegeben, da der die Daten verarbeitende Nutzer die Dritten häufig nicht einmal kennen wird.[508] Zudem bietet sich im Rahmen des § 28 Abs. 1 S. 1 Nr. 2 BDSG der Vorteil einer offenen Interessenabwägung, wobei beide beteiligte Seiten berücksichtigt werden. Diese Alternative bietet im Gegensatz zu § 28 Abs. 1 S. 1 Nr. 1 oder Nr. 3 BDSG, in denen zwar auch Interessen zu berücksichtigen sind, jedoch eine gewisse Determinierung etwa auf ein rechtsgeschäftliches Schuldverhältnis (Nr. 1) oder auf allgemein zugängliche Daten (Nr. 3) stattfindet, den größten Abwägungsrahmen. Dies ist bei der Prüfung einzelner Datenverarbeitungsprozesse, gerade bei der Beteiligung privater Personen auf beiden Seiten sicherlich ein gewichtiger Vorteil. Über das Tatbestandsmerkmale der „berechtigten Interessen“ der verantwortlichen Stelle können nämlich auch ideelle Interessen Berücksichtigung finden,[509] welche bei der Öffnung eines Profils für das gesamte Internet durch den Nutzer am ehesten zu beachten sein werden. Insbesondere lässt sich dabei an die Meinungsfreiheit aus Art. 5 Abs. 1 GG[510] oder auch an das allgemeine Persönlichkeitsrecht aus Art. 2 Abs. 1, Art. 1 Abs. 1 GG und die darin enthaltene Freiheit zur Entwicklung und Verwirklichung seiner eigenen Persönlichkeit denken. Denn das Einrichten eines Profils zur eigenen Person, auf dem man sich der

---

506 Ehmann in Simitis, BDSG, § 29 BDSG, Rn. 1.

507 Ebenfalls für eine Anwendung des § 28 BDSG, Jandt/Roßnagel, ZD 2011, 160, 163.

508 Aufgrund des fehlenden rechtsgeschäftlichen Schuldverhältnisses ebenfalls für eine Anwendung des § 28 I 1 Nr. 2 BDSG plädierend, Jandt/Roßnagel, ZD 2011, 160, 163.

509 Simitis in Simitis, § 28 BDSG, Rn. 104; Taeger in Taeger/Gabel, BDSG, § 28 BDSG, Rn. 55 jeweils m. w. N.

510 Jandt/Roßnagel, ZD 2011, 160, 163.

Welt präsentiert, dient gerade dem Zweck, sich selbst zu verwirklichen, mögen manche diese Art der Selbstverwirklichung auch kritisch sehen.[511] Auf der anderen Seite lässt sich durch die Berücksichtigung der „schutzwürdigen Interessen" der Betroffenen vor allem deren Recht auf informationelle Selbstbestimmung schützen.[512] Diese Interessenabwägung bietet den Vorteil der Möglichkeit einer gerechten Entscheidung im Einzelfall, ohne vorschnell zu einer Verletzung des informationellen Selbstbestimmungsrechts der Betroffenen zu gelangen.[513] § 28 Abs. 1 S. 1 Nr. 2 BDSG ist daher für den Fall analog anzuwenden, dass Nutzer ihr Profil im Internet öffentlich sichtbar machen und so Dritten die Möglichkeit geben, darauf enthaltene personenbezogene Daten abzurufen.

4.2.6 Datenschutzrechtliche Einwilligung (Datenschutzerklärung)

Wie angesprochen stellt die zweite Ausnahme vom Grundsatz des Verbots mit Erlaubnisvorbehalt die datenschutzrechtliche Einwilligung dar. Dabei gilt es auch hier nach den zu Grunde liegenden Datenarten zu unterscheiden. Für die Voraussetzungen einer datenschutzrechtlichen Einwilligung in Bezug auf Bestands- und Nutzungsdaten greifen demnach die Regelungen der §§ 12 Abs. 1, 13 Abs. 2 TMG und für Inhaltsdaten grundsätzlich diejenigen der §§ 4, 4a BDSG ein. Die datenschutzrechtliche Einwilligung ist als Ausdruck des Rechts auf informationelle Selbstbestimmung der Betroffenen anzusehen.[514] Daraus folgt auch, dass eine Datenverarbeitung ohne vorherige ausdrückliche Einwilligung der Betroffenen bzw. ohne Legitimierung aufgrund einer gesetzlichen Rechtsgrundlage, in das Recht auf informationelle Selbstbestimmung der Nutzer eingreift.[515]

Dabei ist in der datenschutzrechtlichen Praxis mit Blick auf soziale Netzwerke, jedoch nicht nur dort, ein Hang zur überintensiven Nutzung dieses Rechtsinstituts festzustellen. Der Grund ist einfach: mit dem Abverlangen der

---

511 Siehe 3.3.

512 Jandt/Roßnagel, ZD 2011, 160, 163.

513 In Betracht kommt hier auch die Berücksichtigung einer konkludenten Einwilligung der Betroffenen in die Veröffentlichung ihrer Daten im Internet, sobald sie sich in einem sozialen Netzwerk registrieren. Vgl. zu einer abgegebenen Einwilligung im Rahmen der Registrierung unter 4.2.6.2.1.

514 Breyer, MMR 2006, 407; Menzel, DuD 2008, 400 f.

515 Kutscha, DuD 2011, 461, 462.

Einwilligung befinden sich die Anbieter auf der sicheren Seite (die formelle Wirksamkeit vorausgesetzt) und müssen sich nicht intensiv mit der Prüfung von Datenverarbeitungsvorgängen anhand der durch die Gesetze zur Verfügung gestellten Erlaubnistatbestände auseinandersetzen.[516]

4.2.6.1 Wirksamkeitsvoraussetzungen

Auch wenn die datenschutzrechtliche Einwilligung in verschiedenen Gesetzen ihren Niederschlag gefunden hat, so gibt es doch bei den Wirksamkeitsvoraussetzungen häufig Überschneidungen, etwa in Bezug auf die Freiwilligkeit. Voraussetzungen der elektronischen Einwilligung nach § 13 Abs. 2 TMG, welche auch auf die Einwilligung nach § 4a BDSG übertragbar sind, werden daher nicht doppelt angesprochen. Vielmehr sollen im Rahmen der Einwilligung des BDSG ihre speziellen Besonderheiten im Vergleich zu der Einwilligung des TMG dargestellt werden. Dabei geht es hier vor allem um die tatsächlichen inhaltlichen und formalen Hürden einer datenschutzrechtlichen Einwilligung, jedoch nicht um die im Zusammenhang damit stehenden Pflichten, die Pflicht zur Protokollierung (§ 13 Abs. 2 Nr. 2 TMG), die Pflicht zum Bereithalten einer jederzeitigen Abrufbarkeit (§ 13 Abs. 2 Nr. 3 TMG), die Pflicht zur Sicherstellung der Möglichkeit des Widerrufs (§ 13 Abs. 2 Nr. 4 TMG) und die Hinweispflicht auf die Möglichkeit zum jederzeitigen Widerruf (§ 13 Abs. 3 S. 1 TMG). Doch gehört die Erfüllung dieser Pflichten selbstverständlich auch zu den Wirksamkeitsvoraussetzungen einer Einwilligung, die in § 13 Abs. 2 TMG aufgestellt werden.

4.2.6.1.1 TMG

Die Voraussetzungen einer datenschutzrechtlichen Einwilligung auf elektronischem Wege für Bestands- und Nutzungsdaten werden in den §§ 12 Abs. 1, 13 Abs. 2 TMG definiert. Diese elektronische Einwilligung stellt bei der Nutzung von Telemedien, wie sozialen Netzwerken im Web 2.0, das Standardverfahren dar[517] und wird auch von allen untersuchten Anbietern eingesetzt.

---

516 Übertragen der Verantwortung für die Rechtmäßigkeit der Datenverarbeitung vom Unternehmen auf die Betroffenen, Menzel, DuD 2008, 400, 406.

517 Spindler/Nink in Spindler/Schuster, § 12 TMG, Rn. 3.

4.2.6.1.1.1 Bewusste und eindeutige Handlung

Die Einwilligung muss durch eine „bewusste und eindeutige Handlung“ (§ 13 Abs. 2 Nr. 1 TMG) abgegeben werden, wobei das Gesetz keine besonderen Anforderungen an die Form stellt.[518] Dieses Merkmal soll dem Nutzer die Möglichkeit verschaffen zu überdenken, ob er tatsächlich darin einwilligen will, dass seine Daten durch den Anbieter erhoben werden.[519] Es wird dadurch also dem Übereilungsschutz Rechnung getragen.[520] Für die Beurteilung, ob eine Einwilligung durch eine bewusste und eindeutige Handlung vorgenommen wird, muss auf einen durchschnittlich verständigen Nutzer abgestellt werden. Dieser muss erkennen können, dass er mit seiner Erklärung rechtsverbindlich der Verarbeitung seiner persönlichen Daten zustimmt.[521]

Aufgrund der technikoffenen Gestaltung der Anforderungen gibt es keine gesetzlich festgelegten Grenzen in Bezug auf die Erklärungsform.[522] Gerade im Online-Bereich geschehen die meisten Aktionen durch einen einfachen Mausklick. Schnelligkeit und Einfachheit der Bedienung sind hier die Leitprinzipien. Dass dies mit dem Erfordernis einer eindeutigen und bewussten Handlung kollidieren kann, liegt auf der Hand.[523] Für die elektronische Einwilligung ausreichend ist auf jeden Fall das aktive Setzen eines Hackens in einer Checkbox (sog. Opt-in) und als zweiter Schritt die Bestätigung durch den Klick auf eine Schaltfläche, etwa mit der Beschriftung „Ich stimme zu“.[524] Dies lässt sich auch aus der Gesetzesbegründung zu der Vorgängervorschrift, dem § 3 Abs. 7 TDDSG entnehmen, worin von einer Wirksamkeit der elektronischen Einwilligung bei der bestätigenden Wiederholung des Übermittlungsbefehls ausgegangen wird.[525]

518 Spindler/Nink in Spindler/Schuster, § 13 TMG, Rn. 6.

519 Ihde, CR 2000, 413, 420.

520 Moos in Taeger/Gabel, TMG, § 13 TMG, Rn. 17; Zscherpe, MMR 2004, 723, 726.

521 Schmitz in Hoeren/Sieber, Handbuch Multimediarecht, Kap. 16.2, Rn. 124.

522 Spindler/Nink in Spindler/Schuster, § 13 TMG, Rn. 6.

523 Zscherpe, MMR 2004, 723, 726; Heckmann, K&R 2010, 770, 776; vgl. etwa in Bezug auf die Einwilligung bei Facebook: Härting, CR 2011, 169, 174.

524 Moos in Taeger/Gabel, TMG, § 13 TMG, Rn. 17; Spindler/Nink in Spindler/Schuster, § 13 TMG, Rn. 6; vgl. insofern auch Erwägungsgrund 17, RL 2002/58/EG, in dem für den Anwendungsbereich dieser Richtlinie das Markieren eines Feldes auf einer Internet-Website als ausreichend angesehen wird.

525 BT-Drs. 13/7385, S. 23; siehe auch Spindler/Nink in Spindler/Schuster, § 13 TMG, Rn. 6; Ihde, CR 2000, 413, 420; Zscherpe, MMR 2004, 723, 726. Dass § 28 Abs. 3 und Abs. 3a BDSG für die Fälle der elektronischen Einwilligung in Werbung als Spezialregelung dem TMG vorgehen, ändert an diesen Voraussetzungen nichts, da dort

Fraglich ist jedoch, ob sich auch ein durch den Anbieter verwendetes Opt-out Verfahren als zulässig darstellt, wobei der Nutzer ein vorangekreuztes Kästchen aktiv auskreuzen oder ein leeres Kästchen ankreuzen muss, um seine Einwilligung nicht zu erteilen. Bei völliger Inaktivität würde er also seine datenschutzrechtliche Einwilligung erteilen.

In Blick zu nehmen ist insoweit die Rechtsprechung des *BGH* zu Opt-out Klauseln im Rahmen des *Payback*-Urteils.[526] Dessen Ausführungen bezogen sich zwar direkt nur auf die §§ 4, 4a BDSG, jedoch könnte man daran denken, diese Überlegungen auf die elektronische Einwilligung zu übertragen.[527] Der *BGH* stellt darin zu einer Opt-out Klausel in Bezug auf die Einwilligung in die Verarbeitung von Daten für Werbung per Post und Zwecke der Marktforschung fest, dass die Notwendigkeit, zur Versagung der Einwilligung ein Kästchen anzukreuzen, keine ins Gewicht fallende Hemmschwelle darstellt und den Verbraucher etwa davon abhalten könnte, von seiner Entscheidungsmöglichkeit Gebrauch zu machen.[528] Teilweise wird eine Übertragung mit Blick auf die Anforderungen an eine bewusste und eindeutige Handlung abgelehnt.[529] Für eine Übertragung der Opt-out Lösung auf den Online-Bereich lässt sich vorbringen, dass die datenschutzrechtliche Einwilligung lediglich eine erleichterte Form der Einholung darstellt, jedoch nicht die Hürden der Wirksamkeit herunterschrauben möchte.[530] Für die Zulässigkeit eines Opt-out Models im Internet spricht auch, dass aufgrund des Erfordernisses der Wiederholung des Übermittlungsbefehls, die Anforderungen an eine bewusste und eindeutige Handlung weiterhin vorliegen, da auch wenn der Nutzer etwa die bereits angekreuzte Box nicht aktiv auskreuzt, dennoch ein weiterer Handlungsakt notwendig ist. Denn er hat mindestens noch einen aktiven Klick vorzunehmen, um sich anzumelden und damit auch seine Einwilligung zu erteilen. Desweiteren spricht für die Zulässigkeit des Opt-out Modells, dass die so zu erteilende Einwilligung ihre Wirksamkeit nicht alleine aus einer an- oder auszukreuzenden Check-Box zieht, sondern insbesondere die den Nutzern zu erteilenden Informationen und das daraus folgende „In-

---

auch eine elektronische Einwilligung, mithin auch die Möglichkeit des bestätigenden Übermittlungsbefehls, für ausreichend erachtet wird, Schmitz in Hoeren/Sieber, Handbuch Multimediarecht, Kap. 16.2, Rn. 126.

526 BGH, Urteil v. 16.07.2008 - VIII ZR 348/06 = MMR 2008, 731.

527 So etwa Spindler/Nink in Spindler/Schuster, § 13 TMG, Rn. 6.

528 BGH, Urteil v. 16.07.2008 - VIII ZR 348/06 = MMR 2008, 731, 733.

529 Moos in Taeger/Gabel, TMG, § 13 TMG, Rn. 21.

530 Spindler/Nink in Spindler/Schuster, § 13 TMG, Rn. 6; ebenfalls für die Möglichkeit einer Opt-out Lösung Bauer, MMR 2008, 435, 436; Schmitz in Hoeren/Sieber, Handbuch Multimediarecht, Kap. 16.2, Rn. 125.

formiert sein" der Einwilligung ihre Legitimationskraft schenkt. Die nötigen Informationen, welche durch die Anbieter sozialer Netzwerke vor der Abgabe der Einwilligung zu erteilen sind und die Nutzer darüber aufklären sollen, was mit ihren Daten geschieht,[531] müssen jedoch auch im Rahmen der Opt-out Lösung als Wirksamkeitsvoraussetzung der Einwilligung bereitgestellt werden. Die Anforderungen an die wirksame Einholung der datenschutzrechtlichen Einwilligung werden somit nicht qualitativ heruntergeschraubt, sondern nur an ein einem Punkt, der bewussten und eindeutigen Handlung, unter erleichterte Vorzeichen zugelassen und dies auch nur in den durch den *BGH* angesprochenen Konstellationen.[532] Entscheidend muss sein, dass der Nutzer bei der Abgabe der Einwilligung die Möglichkeit hat, in diese nicht einzuwilligen, bei einer Opt-out Lösung das Häkchen also zu entfernen. Dies wird auch der Anforderung des *BGH* gerecht, dass der Verbraucher weiterhin die Möglichkeit besitzt, von seiner freien Entscheidungsmöglichkeit Gebrauch zu machen. In Bezug auf die vom *BGH* angesprochenen Zwecke, Werbung per Post und Marketing, lässt sich die Opt-out Klausel also auch im Bereich der sozialen Netzwerke implementieren.[533]

4.2.6.1.1.2 Informiert sein (Zweckbestimmung)

Aus dem in § 12 Abs. 2 TMG niedergelegten Zweckbindungsgrundsatz folgt zudem, dass die Nutzer bei Abgabe der Einwilligung in verständlicher Weise über die Zwecke der Datenverarbeitung zu informieren sind. Im TMG wird dies durch die Unterrichtungspflicht nach § 13 Abs. 1 S. 1 TMG vorgeschrieben. Zwar findet sich diese nicht in den in § 13 Abs. 2 TMG aufgezählten Voraussetzungen zur datenschutzrechtlichen Einwilligung wieder. Jedoch ergibt sich die Notwendigkeit eines Informiertseins zum einen aus dem Sinn der Einwilligung. Diese würde sich als stumpfes Schwert für den Schutz des Rechts auf informationelle Selbstbestimmung darstellen, wenn ihre Wirksamkeit nicht von einer vorherigen Information hinsichtlich der beabsichtigten Datenverarbeitung abhängen würde. Der Verbraucher wüsste gar nicht, in was er einwilligt, welche

---

531 Dazu sogleich unter 4.2.6.1.1.2.

532 Siehe auch Hanloser, CR 2008, 713, 715.

533 Anders sieht dies im Bereich der Werbung per E-Mail aus, da insofern der § 7 Abs. 2 Nr. 3 UWG speziellere Anforderungen, nämlich ein gesondertes aktives Handeln bei der Erteilung der Einwilligung, verlangt. Vgl. BGH, Urteil v. 16.07.2008 - VIII ZR 348/06 = MMR 2008, 731, 734; Schmitz in Hoeren/Sieber, Handbuch Multimediarecht, Kap. 16.2, Rn. 125.

Folgen seine Erklärung also hat. Zudem kann auch auf § 4a Abs. 1 S. 2 BDSG abgestellt werden, der für die Wirksamkeit der Einwilligung die Informationspflicht des Anbieters in Bezug auf den Zweck der Einwilligung als Wirksamkeitsvoraussetzung statuiert.[534]

4.2.6.1.1.2.1 Informationspflichten, § 13 Abs. 1 TMG, § 4a Abs. 1 S. 2 BDSG

Bei den Informationspflichten geht es um die Aufklärung in Bezug auf Art, Umfang und Zweck der Datenverarbeitung.[535] Der Nutzer soll möglichst klar und verständlich darüber in Kenntnis gesetzt werden welche seiner Daten der Einwilligung unterliegen und verarbeitet werden, welchen Zwecken diese Verarbeitungen dienen und wer die Beteiligten dieser Verarbeitungsprozesse sind, also mit seinen Daten in Kontakt kommen.[536] Dabei müssen inhaltlich sämtliche relevanten Datenverarbeitungsvorgänge erfasst sein. Die Unterrichtung muss also vollständig erfolgen.[537] Denn können die Folgen einer Einwilligung nicht abgeschätzt werden, so fehlt es an der Voraussetzung des Informiertseins.[538] Die Einwilligung setzt eine vollständige, eindeutige und sprachlich angemessene Information der Nutzer über die beabsichtigte Verwendung ihrer personenbezogener Daten und darauf bezogener Einfluss- bzw. Wahlmöglichkeiten voraus.[539] Dabei ist Transparenz eine wesentliche Bedingung um sicherzustellen, dass die Einwilligung wirksam erteilt wurde.[540] Die Schaffung dieser Transparenz ist das Ziel der Informations- und Unterrichtungspflichten. Zudem ist bei der Gestaltung der Informationen auf das angesprochene Publikum und auf eine seinen Bedürfnissen entsprechende Formulierung zu achten.[541]

---

534 Ebenso: Moos in Taeger/Gabel, TMG, § 13 TMG, Rn. 25; in gegenläufiger Richtung ist auch der § 4a Abs. 1 S. 2 BDSG im Lichte der Anforderungen des § 13 Abs. 1 S. 1 TMG auszulegen, Helfrich in Hoeren/Sieber, Handbuch Multimediarecht, Kap. 16.1, Rn. 50.

535 Spindler/Nink in Spindler/Schuster, § 13 TMG, Rn. 5.

536 Schmitz in Hoeren/Sieber, Handbuch Multimediarecht, Kap. 16.2, Rn. 124; Regierung von Mittelfranken, RDV 2007, 84, 86.

537 Hoeren in FS Heussen, S. 207, 209; von Lewinski, DuD 2002, 395, 397.

538 Hoffman-Riem, AöR 2009, 513, 527.

539 Düsseldorfer Kreis, Datenschutzrechtliche Anforderungen an Facebook und andere soziale Netzwerke aus Sicht der deutschen Datenschutzaufsichtsbehörden, Ziff. 1.

540 Art. 29 Datenschutzgruppe, Stellungnahme 15/2011 zur Definition von Einwilligung, WP 187, S. 11.

541 Von Lewinski, DuD 2002, 395, 397.

Dabei besteht, wieder aufgrund der Typizität des Internets hinsichtlich Schnelligkeit und Einfachheit, ein Konfliktpotenzial zwischen gesetzlich geforderter, möglichst weitgehender und verständlicher Aufklärung auf der einen und tatsächlich gewollter, schneller Handhabung des Internets und seiner Funktionen auf der anderen Seite. Problematisch erscheint insofern auch, dass eine wirkliche Aufklärung des Nutzers nur stattfinden kann, wenn er zumindest in Grundzügen das Geschäftsmodell und die Funktionsweise von sozialen Netzwerken verstanden hat.[542]

Für die Kenntniserlangung dieser Informationen durch die Nutzer ist es ausreichend und auch den tatsächlichen Gegebenheiten des Internets angemessen, wenn sie über einen deutlich hervorgehobenen Hinweis mit einem Hyperlink auf die Informationen verwiesen werden, die sich dann auf einer extra Seite befinden können oder etwa in einem Pop-up Fenster abrufbar sind.[543]

4.2.6.1.1.2.2 Datenschutzerklärung

Die so von den Anbietern bereitzustellenden Informationen finden sich heutzutage im Internet, auch im Rahmen der Registrierung bei sozialen Netzwerken, meist in einer sogenannten Privacy Policy, Datenschutzerklärung oder den Datenschutzbestimmungen[544] wobei die Begrifflichkeiten, auch aufgrund einer fehlenden gesetzlichen Vorgabe,[545] variieren.

Da soziale Netzwerke eine große Menge an personenbezogenen Daten verarbeiten, werden die Datenschutzerklärungen meist in recht langen Texten umgesetzt. Dabei wird oft ein Ausmaß erreicht, bei dem von einer wünschenswerten Nutzerfreundlichkeit kaum noch die Rede sein kann.[546] Zur wirksamen Ausübung des Rechts auf informationelle Selbstbestimmung muss es jedoch gehören, Informationen ausführlich zu präsentieren. In den Datenschutzerklärungen ist daher die genaue Funktionsweise des jeweiligen sozialen Netzwerkes zu erklären.[547]

---

542 Heckmann, K&R 2010, 770, 776.

543 Spindler/Nink in Spindler/Schuster, § 13 TMG, Rn. 5; Moos in Taeger/Gabel, TMG, § 13 TMG, Rn. 8; Hoeren in FS Heussen, S. 207, 208 f.; von Lewinski, DuD 2002, 395, 398.

544 Von Lewinski, DuD 2002, 395; Härting, CR 2011, 169 f.

545 Härting, CR 2011, 169, 170.

546 Von Lewinski, DuD 2002, 395, 400.

547 Hoeren in FS Heussen, S. 207, 209.

Dass Verbraucher die ihnen im Rahmen der Datenschutzerklärungen präsentierten oft seitenlangen Texte tatsächlich häufig gar nicht lesen, ist wohl mehr als ein offenes Geheimnis. Was durch den Zugang zu den Informationen vermittelt wird ist meist lediglich ein Gefühl informiert zu sein.[548] Daher kann man durchaus fragen, ob Einwilligungserklärungen, die aufgrund formaljuristisch korrekter und seitenlanger Texte abgegeben werden, überhaupt ihre rechtfertigende Wirkung entfalten.[549] Wenn der Umfang und die verwendeten Formulierungen so komplex ausgestaltet sind, dass sie die Aufnahmefähigkeit der Verbraucher überfordern, so degradiert dies die datenschutzrechtliche Einwilligung zu einer Art Fiktion.[550] An der Erteilung der datenschutzrechtlichen Einwilligung aufgrund der Kenntnis der beabsichtigten Datenverarbeitungsvorgänge fehlt es in der Realität daher häufig.[551] Orientiert wird sich zumeist noch an der Attraktivität des Angebotes im Internet und nicht an der Wirkung der Einwilligung für die eigene Person.[552]

Auch wenn von offizieller Seite, wie etwa durch den irischen Datenschutzbeauftragten, festgestellt wird, dass diese Art der Abverlangung einer datenschutzrechtlichen Einwilligung kein geeignetes Mittel darstellen kann,[553] so ändern diese tatsächlich existieren Missstände jedoch nichts an der bestehenden rechtlichen Verpflichtung, den Nutzern die Informationen in beschriebener Art und Weise zur Verfügung zu stellen.

4.2.6.1.1.3 Freiwilligkeit

Voraussetzung einer wirksamen Einwilligung ist stets auch, dass diese freiwillig, also ohne physischen und psychischen Zwang, erteilt wird.[554] Dies ist in § 4a Abs. 1 S. 1 BDSG ausdrücklich geregelt („freie Entscheidung“), gilt aber ebenso für den Bereich des § 13 Abs. 2 TMG.[555] Dabei können im Bereich des Internets und auch der sozialen Netzwerke vor allem psychische Zwangslagen entstehen. Gerade im Rahmen von Vertragsschlüssen, bei denen eine Einwilligung der

548 Worms/Gusy, DuD 2012, 92, 99.
549 Heckmann, K&R 2010, 770, 772.
550 Menzel, DuD 2008, 400, 401.
551 Gennen/Kremer, ITRB 2011, 59, 62.
552 Heckmann, K&R 2010, 770, 772.
553 Data Protection Commissioner, Fn. 4, S. 30.
554 Taeger in Taeger/Gabel, BDSG, § 4a BDSG, Rn. 48; Simitis in Simitis, BDSG, § 4a BDSG, Rn. 62.
555 Spindler/Nink in Spindler/Schuster, § 13 TMG, Rn. 6.

Nutzer durch den Anbieter eingeholt wird, kann von Freiwilligkeit nur die Rede sein, wenn der Vertragsschluss bei Versagen der Einwilligung nicht gefährdet ist.[556] Die Freiwilligkeit ist Ausdruck des Rechts auf informationelle Selbstbestimmung und darf deshalb auch nicht als bloße „Leerformel" verstanden werden.[557] Der Schutzbedarf der Verbraucher muss durch entsprechend hohe Anforderungen an die Freiwilligkeit und auch die Einwilligung insgesamt seine Berücksichtigung finden.[558] Auf der anderen Seite muss jedoch auch der Umstand ins Gewicht fallen, dass es ebenso Ausdruck der freien Selbstbestimmung ist, dass es jeder Person frei steht im Rahmen von Vertragsbeziehungen seinem Partner Daten und darin enthaltene Informationen über sich mitzuteilen.[559]

4.2.6.1.1.3.1 Kopplungsverbot

Dem Schutz der Betroffenen im Zusammenhang mit der Erteilung ihrer Einwilligung auf einer freiwilligen Basis dient vor allem das sog. Kopplungsverbot. Es hat allgemein zum Inhalt, dass die Erbringung der (meist vertraglichen) Leistung durch den Anbieter nicht von einer Einwilligung zur Verwendung der Daten der Nutzer für andere Zwecke (als zur Leistungserbringung nötig) abhängig gemacht werden darf, wenn ein anderer Anbieter den Zugang zu der Leistung nicht oder nicht in zumutbarer Weise möglich macht.[560] Es schützt die Betroffenen im Bereich der ungleichen Verhandlungsmacht zwischen Kunde und Anbieter.[561] Denn besteht für die Nutzer keine Wahlfreiheit bei der Anmeldung zu einem Dienst und somit der Zwang, aufgrund der erstrebten Leistung ihre Einwilligung abzugeben, fehlt der Einwilligung die nötige materielle Legitimationskraft.[562]

Dabei wird das Kopplungsverbot im Datenschutzrecht heute in § 28 Abs. 3b BDSG konkretisiert. Ausweislich der Gesetzesbegründung gilt es auch für den Anwendungsbereich des TMG.[563] Jedoch ist zu beachten, dass sich § 28 Abs. 3a BDSG nur auf personenbezogene Daten für die Zwecke im Rahmen des § 28

556 Taeger in Taeger/Gabel, BDSG, § 4a BDSG, Rn. 48.
557 Simitis in Simitis, BDSG, § 4a BDSG, Rn. 62.
558 Menzel, DuD 2008, 400, 404.
559 Taeger in Taeger/Gabel, BDSG, § 4a BDSG, Rn. 49.
560 Eckhardt, CR 2009, 337, 341.
561 Taeger in Taeger/Gabel, BDSG, § 4a BDSG, Rn. 50.
562 Hoffman-Riem, AöR 2009, 513, 528.
563 BT-Drs. 16/12011, S. 43; siehe auch Schmitz in Hoeren/Sieber, Handbuch Multimediarecht, Kap. 16.2, Rn. 136; Spindler/Nink in Spindler/Schuster, § 12 TMG, Rn. 8; Scheuring, NVwZ 2010, 809, 810.

Abs. 3 BDSG bezieht, also vor allem für den Bereich der Werbung.[564] Das Kopplungsverbot kann sowohl dann eingreifen, wenn ein Marktteilnehmer eine marktbeherrschende, also eine Monopolstellung, inne hat und ein anderes gleichwertiges Angebot überhaupt nicht besteht.[565] Die Regelung des § 28 Abs. 3b BDSG hat aber vor allem die Konstellation im Blick,

> „dass die marktbeteiligten Unternehmen für sich genommen jeweils keine marktbeherrschende Stellung besitzen und dem Betroffenen daher ein Zugang zu gleichwertigen vertraglichen Leistungen an sich in zumutbarer Weise möglich ist, z.B. durch Absprachen unter den marktbeteiligten Unternehmen aber marktweit immer nur, wenn er seine Einwilligung erteilt".[566]

Ein Ausweichen auf die Leistungen anderer Anbieter darf den Betroffenen, wegen bei der Konkurrenz in gleicher Weise verwendeter Klauseln, gerade nicht zumutbar sein.[567]

4.2.6.1.1.3.2 In sozialen Netzwerken

Nun lässt sich die durchaus berechtigte Frage stellen, ob denn nicht auf dem Markt der Anbieter sozialer Netzwerke im Internet genau eine solche, vom Kopplungsverbot ins Auge gefasste, Situation besteht? Denn würden etwa alle Anbieter von sozialen Netzwerken im Internet eine Einwilligung ihrer Nutzer zur Verarbeitung personenbezogener Daten für Zwecke der Werbung fordern, könnte eine unzulässige Kopplung gegeben sein.[568] Die Folge wäre dann die Unwirksamkeit der Einwilligung der Betroffenen, § 28 Abs. 3b S. 2 BDSG.

Dass die Anbieter Daten ihrer User für Werbezwecke nutzen, ist kein Geheimnis und wird von diesen auch in den jeweiligen Datenschutzerklärungen

---

564 Schmitz in Hoeren/Sieber, Handbuch Multimediarecht, Kap. 16.2, Rn. 137; Eckhardt, CR 2009, 337, 341.

565 Spindler/Nink in Spindler/Schuster, § 12 TMG, Rn. 9; Taeger in Taeger/Gabel, BDSG, § 28 BDSG, Rn. 181; Grentzenberg/Schreibauer/Schuppert, K&R 2009, 368, 371; Moos, K&R 2009, 154, 156; wobei sich dann die Frage stellt, wann eine marktbeherrschende Stellung anzunehmen ist. Das OLG Brandenburg (Urteil v. 11.01.2006 – 7 U 52/05 = MMR 2006, 405, 407) ließ etwa einen Marktanteil von 73% nicht ausreichen; krit. in Bezug auf eine Monopolstellung Moos, K&R 2009, 154, 157.

566 BT-Drs. 16/12011, S. 33; vgl. auch Spindler/Nink in Spindler/Schuster, § 12 TMG, Rn. 9a; Wedde in Däubler/Klebe/Wedde/Weichert, BDSG, § 28 BDSG, Rn. 135; Taeger in Taeger/Gabel, BDSG, § 28 BDSG, Rn. 181; Eckhardt, CR 2009, 337, 341.

567 Spindler/Nink in Spindler/Schuster, § 12 TMG, Rn. 9a.

568 Grentzenberg/Schreibauer/Schuppert, K&R 2009, 368, 371.

angegeben.[569] Es gilt jedoch zu beachten, dass sich §§ 28 Abs. 3 S. 1, Abs. 3a S. 1 BDSG nur auf personenbezogene Inhaltsdaten beziehen, ebenso wie auch § 15 Abs. 3 TMG nur auf personenbezogene Nutzungsdaten. Es wird also ein Personenbezug vorausgesetzt. Nach § 15 Abs. 3 TMG sind die Anbieter verpflichtet, für die Erstellung von Nutzungsprofilen zu Zwecken der Werbung die personenbezogenen Nutzungsdaten zu pseudonymisieren. Für Inhaltsdaten wird dies in § 28 Abs. 3 S. 1 BDSG nicht vorgeschrieben, jedoch durch die Anbieter regelmäßig durchgeführt.[570] Pseudonymisierte Daten sind jedoch nur noch für denjenigen personenbezogen, der die Pseudonymisierung durchführt.[571] Hier also die Anbieter der sozialen Netzwerke. Die die Daten erhaltenden Werbekunden fallen somit aus dem Anwendungsbereich des § 28 Abs. 3 S. 1 BDSG und § 15 Abs. 3 TMG heraus, da sie nicht die Mittel besitzen, den Personenbezug erneut herzustellen. Fraglich ist jedoch, ob die Anbieter als verantwortliche Stelle, wenn sie die Pseudonymisierung durchführen, um die Daten für Zwecke der Werbung zu nutzen und an Geschäftspartner weiterzugeben, eine datenschutzrechtlich relevante Verarbeitung vornehmen. Denn der Vorgang des Pseudonymisierens könnte unter die in § 28 Abs. 3 S. 1 BDSG einschlägigen Tatbestandsalternativen des Nutzens (§ 3 Abs. 5 BDSG) oder des Verarbeitens (§ 3 Abs. 4 BDSG) fallen. Wenn dem so ist, dann ist diese Vorstufe von § 28 Abs. 3 S. 1 BDSG und auch dem Kopplungsverbot des § 28 Abs. 3b S. 1 BDSG erfasst.

In Betracht kommt vor allem die Verarbeitungsalternative des Veränderns von Daten (§ 3 Abs. 4 S. 2 Nr. 2 BDSG). Dies ist jede inhaltliche Umgestaltung von Daten dergestalt, dass sich der Informationswert ändert.[572] Man könnte davon ausgehen, dass etwa das Entfernen des Namens, der E-Mail-Adresse oder anderer Angaben und ihrer Ersetzung durch Zeichen, eine inhaltliche Umgestal-

---

569 Vgl. etwa Ziff. 4 und 5 der Datenschutzerklärung von meinVZ (abrufbar unter http://www.meinvz.net/l/policy/declaration) oder unter der Überschrift „Wie wir die von uns erhobenen Informationen nutzen" in der Datenschutzerklärung von Google (abrufbar unter http://www.google.com/intl/de/policies/privacy), zuletzt abgerufen am 01.12.2012.

570 Siehe etwa unter der Überschrift „Von uns weitergebene Informationen" der Datenschutzerklärung von Google (abrufbar unter http://www.google.com/intl/de/policies/privacy) oder unter dem Stichwort „Werbung" in den Datenschutz-Informationen von meinVZ (abrufbar unter http://www.meinvz.net/l/policy/info), zuletzt abgerufen am 01.12.2012; vgl. aber für die Fälle, in denen die Werbe-Anbieter tatsächlich personenbezogene Daten über Cookies erhalten, unter 4.2.7.5.2.1.

571 Zscherpe in Taeger/Gabel, BDSG, § 3a BDSG, Rn. 46; Gola/Schomerus, BDSG, § 3a BDSG, Rn. 10; Roßnagel/Scholz, MMR 2000, 721, 724 f.

572 Gola/Schomerus, BDSG, § 3 BDSG, Rn. 30.

tung dieser Daten und damit ein Verändern i. S. d. § 3 Abs. 4 S. 2 Nr. 2 BDSG darstellt.[573]

Jedoch liegt der Zweck des Pseudonymisierens darin, die Zuordnung von Daten zu einer bestimmten Person aufzuheben.[574] Ein neuer Informationsgehalt, etwa in dem Sinne, dass sich aus der Löschung einer Information nun implizit die gegenteilige Information ergibt, wird dadurch nicht geschaffen. Erst wenn ein neuer Informationswert geschaffen wird, würde es sich um ein datenschutzrechtliches Verändern handeln.[575] Das Pseudonymisieren verkürzt jedoch lediglich den Informationsgehalt und stellt damit kein Verändern personenbezogener Daten i. S. d. § 3 Abs. 4 S. 2 Nr. 2 BDSG dar.[576]

Mithin handelt es sich bei den von den Anbietern sozialer Netzwerke im Rahmen der Nutzung von Daten der Betroffenen für Werbung vorgenommenen Handlungen nicht um Prozesse, welche in den Geltungsbereich des § 28 Abs. 3b S. 1 BDSG fallen. Das Kopplungsverbot gelangt in dem hier untersuchten Bereich nicht zur Anwendung.[577]

4.2.6.1.2 BDSG

Für die Verarbeitung von Inhaltsdaten gilt nach hier vertretener Auffassung das BDSG und damit auch dessen Anforderungen der §§ 4, 4a BDSG an eine wirksame datenschutzrechtliche Einwilligung. Wie bereits oben gezeigt, überschneiden sich jedoch die Einwilligungsvoraussetzungen aus BDSG und TMG teilweise, etwa in Bezug auf die Freiwilligkeit und das Kopplungsverbot

Für die Einwilligung nach § 4a Abs. 1 BDSG gilt der Grundsatz, dass diese in Schriftform (§ 126 Abs. 1 BGB) zu erteilen ist, § 4a Abs. 1 S. 3 BDSG. Eine Ausnahme besteht zum einen für den Bereich der Werbung und des Adresshandels nach § 28 Abs. 3a BDSG, wonach dort die Möglichkeit einer elektronischen Einwilligung, ähnlich derjenigen in § 13 Abs. 2 TMG, vorgesehen ist. Zum zweiten bedeutet das Erfordernis der Schriftform nicht, dass diese nicht durch eine qualitativ gleichwertige Form ersetzt werden könnte. Dies geschieht etwa durch die elektronische Form nach § 126 Abs. 3 BGB, also mit einer quali-

573 So wohl Weichert in Däubler/Klebe/Wedde/Weichert, BDSG, § 3 BDSG, Rn. 35.

574 Buchner in Taeger/Gabel, BDSG, § 3 BDSG, Rn. 33.

575 Gola/Schomerus, BDSG, § 3 BDSG, Rn. 31.

576 Buchner in Taeger/Gabel, BDSG, § 3 BDSG, Rn. 33; Gola/Schomerus, BDSG, § 3 BDSG, Rn. 31.

577 Vgl. auch Bauer, MMR 2008, 435, 436, der von eine Zulässigkeit der Verknüpfung von datenschutzrechtlicher Einwilligung und Zugang zu dem Netzwerk ausgeht.

fizierten elektronischen Signatur (§ 126a BGB), denn § 4a Abs. 1 BDSG schließt diese nicht aus.[578] Eine andere Form der elektronischen Einwilligung ist im Anwendungsbereich des § 4a BDSG jedoch nicht vorgesehen, insbesondere nicht die „einfache“ elektronische Einwilligung gemäß der Form des § 13 Abs. 2 TMG.

Es muss sich allerdings, mit Blick auf die Realität im Internet und den sozialen Netzwerken, die Frage gestellt werden, ob sich das Mindesterfordernis einer qualifizierten elektronischen Signatur nicht als völlig praxisuntauglich darstellt. Denn die Möglichkeit der Verwendung elektronischer Signaturen wird nur sehr spärlich und wenn dann meist im geschäftlichen Verkehr in Anspruch genommen.[579] Bei Tätigkeiten im privaten Bereich hat sich diese Methode so gut wie überhaupt nicht durchsetzen können. Bliebe es bei diesen Anforderung des BDSG, wäre ein gewisser Medienbruch (in Bezug auf die Schriftform sogar ein sehr deutlicher) für eine Einwilligung nach § 13 Abs. 2 TMG und nach § 4a BDSG die Folge. Zwar würden beide Einwilligungen elektronisch erteilt, doch wären die Voraussetzungen und auch die damit einhergehenden zeitlichen wie materiellen Aufwände spürbar anders ausgestaltet. Insofern sei hier darauf verwiesen, dass kein untersuchtes soziales Netzwerk datenschutzrechtliche Einwilligungen per elektronischer Signatur verlangt. In dieser Hinsicht muss man dem BDSG wohl in gewisser Weise seine Praxistauglichkeit absprechen.[580]

4.2.6.1.2.1 Vorliegen besonderer Umstände bei der Nutzung von Telemedien

Es gibt jedoch eine gesetzeskonforme Lösung, wie auch im Rahmen der Inhaltsdaten im BDSG eine elektronische Einwilligung, ohne das Erfordernis einer qualifizierten Signatur, erteilt werden kann. Ansatzpunkt sind die „besonderen Umstände“ in § 4a Abs. 1 S. 3 BDSG, welche eine andere Form der Einwilligung rechtfertigen.

So wird, wohl aus Praktikabilitätsgründen und wegen der Gefahr, dass die Vorschriften des TMG ansonsten ihren Sinn verlieren würden, davon ausgegangen, dass für Situationen, in denen bei einer Datenverarbeitung nicht nur Bestands- und Nutzungsdaten, sondern auch Inhaltsdaten erhoben werden und diese sich überschneiden, im Rahmen der Nutzung von Telemedien besondere Um-

578 Gola/Schomerus, BDSG, § 4a BDSG, Rn. 13; Simitis in Simitis, BDSG, § 4a BDSG, Rn. 36.

579 Spindler/Anton in Spindler/Schuster, § 126a BGB, Rn. 1.

580 „Formvorschrift des § 126 BGB gerät an ihre Grenzen“, Helfrich in Hoeren/Sieber, Handbuch Multimediarecht, Kap. 16.1, Rn. 65.

stände gegeben sind, die eine elektronische Einwilligung in der Form nach § 13 Abs. 2 TMG rechtfertigen.[581] Dies wird zudem auf die Fälle erweitert, in denen allein Inhaltsdaten bei der Nutzung von Telemedien verarbeitet werden.[582] Die Nutzung von Telemedien ist danach als ein die elektronische Form rechtfertigender besonderer Umstand anzusehen.

Wichtig erscheint dabei im Blick zu behalten, was der Grund bzw. der Zweck der Schriftform und der qualifizierten elektronischen Signatur sind. Denn die besonderen Umstände rechtfertigen eine andere Form nur, wenn diese „angemessen" ist, § 4a Abs. 1 S. 3 BDSG. Die Angemessenheit bezieht sich auf einen äquivalenten, qualitativen Ersatz der im BDSG vorgeschriebenen Form. Das Schriftformerfordernis dient primär der Warn- und Beweisfunktion.[583] Dabei stand bei der Schaffung des § 4a Abs. 1 BDSG und dem Erfordernis der Schriftform vor allem der Schutz des Nutzers vor einer übereilten Handlung bei der Nutzung von Multimediaangeboten im Vordergrund.[584] Es sollte ein Absicherungsmechanismus gefunden werden, welcher diesem Schutz gerecht wurde, wobei die qualifizierte elektronische Signatur sicher eine Möglichkeit darstellt,[585] nicht notwendigerweise aber die einzige.[586] Des Weiteren muss beachtet werden, dass durch die Einwilligung und damit auch durch das für ihre Wirksamkeit nötige Schriftformerfordernis auch dem Recht auf informationelle Selbstbestimmung Rechnung getragen wird.[587]

Nicht ausreichend erscheint daher die Möglichkeit einer schlichten elektronischen Erklärung, z. B. durch einfachen Mausklick, wie dies etwa für mündliche Erklärungen als Form der besonderen Umstände i. S. d. § 4a Abs. 1 S. 3 BDSG angenommen wird.[588] Denn die schlichte elektronische Einwilligungserklärung lässt anders als mündlich abgegebene nicht zweifelfrei erkennen, von wem die Erklärung stammt, da zwischen Erklärendem und Empfänger verschie-

---

581 Moos in Taeger/Gabel, TMG, § 13 TMG, Rn. 15; wohl auch Weichert, VuR 2009, 323, 327.

582 Moos in Taeger/Gabel, TMG, § 13 TMG, Rn. 15.

583 Spindler/Nink in Spindler/Schuster, § 4a BDSG, Rn. 8; Raabe/Lorenz, DuD 2011, 279, 283 m. w. N.; für die elektronische Form vgl. Palandt/Ellenberger, § 126a BGB, Rn. 5.

584 Simitis in Simitis, BDSG, § 4a BDSG, Rn. 33; Ihde, CR 2000, 413, 420.

585 Ihde, CR 2000, 413, 420.

586 Taeger in Taeger/Gabel, BDSG, § 4a BDSG, Rn. 34.

587 Simitis in Simitis, BDSG, § 4a BDSG, Rn. 2 m. w. N.; Raabe/Lorenz, DuD 2011, 279, 282 f.

588 Gola/Schomerus, BDSG, § 4a BDSG, Rn. 13; Simitis in Simitis, BDSG, 4a BDSG, Rn. 45 ff.; Helfrich in Hoeren/Sieber, Handbuch Multimediarecht, Kap. 16.1, Rn. 66.

dene technische Geräte geschaltet sind.[589] In Art. 7 lit a) DS-RL (auf dem § 4a Abs. 1 BDSG unter anderem beruht) wird festgelegt, dass die Einwilligung „ohne jeden Zweifel" erteilt sein muss. Es darf also für den Einwilligungsempfänger kein Zweifel an der Einwilligungsabsicht des Betroffenen bestehen.[590] Ein Schriftformerfordernis wird aber weder in Art. 7 lit a) DS-RL noch in Art. 2 lit h) DS-RL aufgestellt.[591] Der für die Datenverarbeitung Verantwortliche muss ausreichend sicher sein, dass die die Einwilligung gebende Person tatsächlich die betroffene Person ist.[592] Es stellt sich also die Frage, ob eine elektronische Einwilligung in dem Bereich des BDSG, welche alternativ zur Schriftform oder der qualifizierten elektronischen Signatur, die Formvoraussetzungen des § 13 Abs. 2 TMG zu erfüllen hätte, diesen Anforderungen gerecht wird. Bei einer qualifizierten elektronischen Signatur wird diese Beweisfunktion sicher erfüllt. Jedoch wurde auf eine solche, die Beweisfunktion stützende Regel für die elektronische Einwilligung, welche noch im § 3 Abs. 7 Nr. 3 TDDSG a. F. (in der Fassung des IuKDG) enthalten war, im Rahmen der Novellierung des TDDSG[593] in § 4 Abs. 2 TDDSG und auch danach in dem jetzigen § 13 Abs. 2 TMG verzichtet. Nach dem § 3 Abs. 7 Nr. 3 TDDSG a. F. sollte der Urheber der Einwilligung erkannt werden,[594] also persönlich bestimmbar sein. Laut der Gesetzesbegründung zur Neuregelung in § 4 Abs. 2 TDDSG ging es darum

> „Diensteanbieter nicht zu überfordern und die elektronische Einwilligung für eine breite Anwendung attraktiver zu machen".[595]

Der Gesetzgeber erkannte hier also bereits die Praxisuntauglichkeit einer Authentifizierung des Einwilligenden im Bereich der elektronischen Einwilligung

---

589 Helfrich in Hoeren/Sieber, Handbuch Multimediarecht, Kap. 16.1, Rn. 68.

590 Art. 29 Datenschutzgruppe, Stellungnahme 15/2011 zur Definition von Einwilligung, WP 187, S. 25.

591 Dammann/Simitis, EG-Datenschutzrichtlinie, S. 115; Ehmann/Helfrich, EG Datenschutzrichtlinie, Art. 7, Rn. 8 und Rn. 9:"...schließt somit nicht aus, dass die Einwilligung auch in elektronischer Form erklärt werden kann"; Drewes/Siegert, RDV 2006, 139, 144; Art. 29 Datenschutzgruppe, Stellungnahme 15/2011 zur Definition von Einwilligung, WP 187, S. 13.

592 Art. 29 Datenschutzgruppe, Stellungnahme 15/2011 zur Definition von Einwilligung, WP 187, S. 25.

593 Elektronischer Geschäftsverkehr-Gesetz – EGG, BT-Drs. 14/6098.

594 Rasmussen, DuD 2002, 406, 408.

595 BT-Drs. 14/6098, S. 28.

durch überzogene Anforderungen.[596] Erforderlich ist nun lediglich, dass der Urheber erkennbar bleibt, um die Erklärung einem Absender zuordnen zu können, was im Regelfall durch das Übersenden der IP-Adresse gegeben ist.[597] Jedoch geht die Begründung darüber hinaus, indem klargestellt wird, dass der mit den ehemals aufgestellten Voraussetzungen an eine elektronische Einwilligung bestehende Schutz der Nutzer

> „zum einen bereits durch die Voraussetzung der eindeutigen und bewussten Handlung ... gewährleistet" ist und „dass die Erfüllung der Voraussetzungen einer elektronischen Einwilligung nicht an die Verwendung gesetzlicher elektronischer Signaturen anknüpft".[598]

Hieraus lässt sich ableiten, dass eine Einwilligung „ohne Zweifel" auch online abgeben werden kann, ohne den Voraussetzungen der Schriftform oder der qualifizierten elektronischen Signatur zu entsprechen. Die Erfüllung der Anforderungen des § 13 Abs. 2 TMG vorausgesetzt, liegt in der danach möglichen elektronischen Einwilligung also ein ausreichendes Äquivalent zur von § 4a Abs. 1 BDSG verlangten Form vor.[599]

In Bezug auf das informationelle Selbstbestimmungsrecht und die diesem inhärente Zielsetzung, dass die Nutzer wissen, was mit ihren Daten geschieht, lassen sich die Anmerkungen der *Art. 29 Datenschutzgruppe* zu Art. 7 lit a) DS-RL anführen. Danach kann auch online eine ausdrückliche Einwilligung erteilt werden,[600] wodurch die Selbstbestimmung des Nutzers in Bezug auf seine Daten erhalten bleibt. Die minimalste Willensbekundung kann dabei ein Zeichen sein, welches ausreichend klar ist, um die Wünsche des Betroffenen zum Ausdruck zu bringen und für den für die Datenverarbeitung Verantwortlichen verständlich ist.[601] So stellt etwa das Anklicken einer Schaltfläche oder eines Kästchens, nach Erhalt der benötigten Informationen, eine ausdrückliche Einwilligung ohne je-

596 Vgl. etwa auch Gundermann, K&R 2000, 225, 230, „Nach jetziger Sachlage ist die Verwendung digitaler Signaturen zur Abgabe der Einwilligungserklärung nicht möglich".

597 Schmitz in Hoeren/Sieber, Handbuch Multimediarecht, Kap. 16.2, Rn. 122.

598 BT-Drs. 14/6098, S. 28.

599 Im Ergebnis ebenso, jedoch ohne nähere Begründung: HmbBfDI, Zur aufsichtsbehördlichen Zuständigkeit über den Internet-Dienst Facebook, S. 19.

600 Art. 29 Datenschutzgruppe, Stellungnahme 15/2011 zur Definition von Einwilligung, WP 187, S. 26.

601 Art. 29 Datenschutzgruppe, Stellungnahme 15/2011 zur Definition von Einwilligung, WP 187, S. 13.

den Zweifel dar, da das Anklicken deutlich genug ist.[602] Damit erfüllt die elektronische Einwilligung des TMG, nach der das aktive Anklicken etwa eines Kästchens ausreichend ist, also die Anforderungen zur Beachtung des Rechts auf informationelle Selbstbestimmung.

Zudem müsste die elektronische Einwilligung die Warnfunktion der Schriftform bzw. der qualifizierten elektronischen Signatur auf andere Weise substituieren.[603] Die Deutlichkeit des Klickens, lässt sich ebenso als Argument für einen adäquaten Ersatz der Warnfunktion verwenden. Der Nutzer soll darauf aufmerksam gemacht werden, dass er eine rechtlich relevante Handlung vornimmt.[604] Dem Ziel der Warnfunktion wird zudem durch die im Rahmen der elektronischen Einwilligung notwendigerweise zur Verfügung zu stellenden Informationen (§ 13 Abs. 1 TMG, § 4a Abs. 1 S. 2 BDSG) Rechnung getragen.

Des Weiteren lässt sich zumindest als Indiz für die Unzulänglichkeit der vom BDSG verlangten Form und für das Ausreichenlassen einer elektronischen Einwilligung, auch im Bereich des BDSG, anführen, dass eine solche Möglichkeit bereits auf Landesebene in verschiedenen Landesdatenschutzgesetzen anerkannt und umgesetzt wurde.[605] Zwar finden diese Gesetze nur im öffentlichen Bereich Anwendung. Jedoch ist der Regelung dieser Ausnahmen von den Vorgaben des BDSG zu entnehmen, dass eine Notwendigkeit gesehen wurde, die Variante einer elektronischen Einwilligung zu schaffen. Dabei stellen die Landesdatenschutzgesetze entweder dieselben oder zumindest ähnliche Anforderungen an die Einwilligung, wie dies auch im Rahmen des § 13 Abs. 2 TMG geschieht.

Es bleibt folglich festzuhalten, dass nach hier vertretener Ansicht die elektronische Einwilligung nach § 13 Abs. 2 TMG eine ausreichend „angemessene" Form i. S. d. § 4a Abs. 1 S. 3 BDSG darstellt. Die „besonderen Umstände" liegen bei der Nutzung von Telemedien vor, wenn in diesem Zusammenhang eigentlich dem BDSG unterfallende Inhaltsdaten verarbeitet werden.[606] Damit gel-

---

602 Spindler/Nink in Spindler/Schuster, § 13 TMG, Rn. 6; Art. 29 Datenschutzgruppe, Stellungnahme 15/2011 zur Definition von Einwilligung, WP 187, S. 26.

603 Taeger in Taeger/Gabel, BDSG, § 4a BDSG, Rn. 34.

604 Ebenso für das Anklicken eines Kästchens: Taeger in Taeger/Gabel, BDSG, § 4a BDSG, Rn. 34.

605 Vgl. etwa § 4 Abs. 3 Bbg DSG; § 4 Abs. 4 LDSG BW; § 4 Abs. 1 S. 6 DSG NRW.

606 So auch Taeger in Taeger/Gabel, BDSG, § 4a BDSG, Rn. 38; Räther/Seitz, MMR 2002, 425, 433; Vgl. auch Ihde, CR 2000, 413, 420, der die früheren Regelungen des TDDSG als Konkretisierungen der „besonderen Umstände" ansieht. Für eine analoge Anwendung des § 13 Abs. 2 TMG etwa Helfrich in Hoeren/Sieber, Handbuch Multimediarecht, Kap. 16.1, Rn. 69. Siehe zudem Raabe/Lorenz, DuD 2011, 279, 281, die

ten bei der Verarbeitung von Inhaltsdaten die Einwilligungsvoraussetzungen der §§ 4, 4a BDSG, unter Ersetzung der Schriftform bzw. der elektronischen Form nach § 126a BGB durch die Form der elektronischen Einwilligung nach § 13 Abs. 2 TMG und die Erfüllung ihrer Voraussetzungen.

4.2.6.1.2.2 Exkurs: Europarechtswidrigkeit von § 4a Abs. 1 S. 3 BDSG?[607]

Eine weitere Untermauerung des Ergebnisses, wonach die in § 4a Abs. 1 S. 3 BDSG vorgeschriebene Form eine elektronischen Einwilligung nach § 13 Abs. 2 TMG nicht ausschließt, könnte sich daraus ergeben, dass die deutsche Umsetzung der Vorgaben der DS-RL zur Einwilligung unzulänglich bzw. sogar unzulässig sind.[608] In diesem Fall würden die Regelungen der Art. 2 lit h), Art. 7 lit a) DS-RL zur Einwilligung (ihre inhaltliche Unbedingtheit und genaue Bestimmtheit vorausgesetzt) direkt Anwendung finden, zumindest im Verhältnis der öffentlichen Hand zur Privatperson.

Wie bereits erwähnt wird in der DS-RL keine besondere Anforderung an die Form der datenschutzrechtlichen Einwilligung gestellt.[609] Vielmehr ging der europäische Gesetzgeber ausweislich der Gesetzesmaterialien zu der DS-RL davon aus, dass die Schriftform fälschlicherweise als einzige mögliche Form des ausdrücklichen Charakters der Einwilligung angesehen werden könnte.[610] Der nationale Gesetzgeber hat also weitere Bedingungen bzw. Anforderungen an die datenschutzrechtliche Einwilligung formuliert, die in der DS-RL nicht enthalten sind. Er geht über die grundsätzlich in Art. 7 DS-RL und speziell für die Einwil-

---

eine faktische Unmöglichkeit der Erfüllung der Anforderungen einer qualifizierten elektronischen Signatur als „besondere Umstände" annehmen. In diese Richtung auch Gundermann, K&R 2000, 225, 230. A. A. Härting/Schätzle, ITRB 2010, 39, 41, die davon ausgehen, dass im Anwendungsbereich des BDSG eine elektronische Einwilligung ausscheidet.

607 Aufgrund der Rechtsfolge einer unzulänglichen Umsetzung der DS-RL, nämlich ihrer unmittelbaren Wirkung, jedoch nur zwischen der öffentlichen Hand und den Betroffenen, ist dieser Abschnitt als „Exkurs" bezeichnet, da das Verhältnis zwischen Staat und Bürgern in der hier untersuchten Arbeit grundsätzlich nicht Thema sein soll.

608 Vgl. auch Vulin, ZD 2012, 414, 417; Drewes/Siegert, RDV 2006, 139, 144.

609 Dammann/Simitis, EG-Datenschutzrichtlinie, S. 115; Drewes, ZD 2012, 115, 119.

610 Begründung zum geänderten Vorschlag der Kommission für eine Richtlinie des Rates zum Schutz natürlicher Personen bei der Verarbeitung personenbezogener Daten und zum freien Datenverkehr (KOM (92) 422 endg.), S. 11, Abl. EG Nr. C 311, S. 30 vom 27.11.1992; gleichfalls abgedruckt in BR-Drs. 12/8329.

ligung in Art. 7 lit a) DS-RL definierten Voraussetzungen hinaus.[611] Dabei stellt Art. 7 DS-RL eine abschließende und erschöpfende Liste der Fälle auf, in denen eine Verarbeitung personenbezogener Daten als rechtmäßig anzusehen ist.[612] Zwar kann man nun anführen, dass Art. 5 DS-RL den Mitgliedstaaten einen Umsetzungsspielraum bei der Einführung ihrer nationalen Regelungen gibt.

Jedoch ist zum einen das Ziel der DS-RL zu beachten, nicht nur eine Mindestharmonisierung, sondern eine umfassende Harmonisierung der nationalen Vorschriften im Geltungsbereich der DS-RL zu schaffen.[613] Nach dem *EuGH* dürfen die Mitgliedstaaten daher im Rahmen ihres Ermessens nach Art. 5 DS-RL auch nur nach den Vorgaben des Art. 7 DS-RL die Voraussetzungen einer rechtmäßigen Verarbeitung personenbezogener Daten bestimmen.[614] Dabei sei es wichtig zwischen solchen Maßnahmen zu differenzieren, welche zusätzliche Bedingungen in den nationalen Regelungen einführen und solchen, welche die europäischen Vorgaben lediglich näher bestimmen.[615] Um dem Ziel der DS-RL Rechnung zu tragen müssen die Mitgliedstaaten folglich in der Weise von dem ihnen eingeräumten Ermessen Gebrauch machen, dass bei der Umsetzung ins nationale Recht ein Gleichgewicht zwischen dem freien Verkehr personenbezogener Daten und dem Schutz der Privatsphäre der Betroffenen gewahrt bleibt.[616]

Der deutsche Gesetzgeber führte, abweichend von Art. 7 lit a) DS-RL, in § 4a Abs. 1 BDSG das Schriftformerfordernis bzw. das einer qualifizierten elektronischen Signatur ein.[617] Ein Argument könnte nun sein, dass damit ja gerade der Schutz der Privatsphäre der Betroffenen gestärkt wird und für den freien Verkehr von personenbezogenen Daten keine besonders hohen Hindernisse entstehen. Dass der deutsche Gesetzgeber jedoch selbst nicht dieser Ansicht ist, zeigt ein Blick in die Gesetzesbegründung zur Änderung des TDDSG.[618] Dort

611 Vulin, ZD 2012, 414, 415; Drewes, ZD 2012, 115, 119.

612 EuGH, Urteil v. 24.11.2011 – verb. Rs. C-468/10 und C-469/10ASNEF/FECEMD = ZD 2012, 33, Rz. 30.

613 Vgl. Erwägungsgrund 7 und 8, DS-RL; EuGH, Urteil v. 24.11.2011 – verb. Rs. C-468/10 und C-469/10ASNEF/FECEMD = ZD 2012, 33, Rz. 29; Drewes/Siegert, RDV 2006, 139, 145; Schneider/Härting, ZD 2012, 199; Reding, ZD 2012, 195, 196.

614 EuGH, Urteil v. 24.11.2011 – verb. Rs. C-468/10 und C-469/10ASNEF/FECEMD = ZD 2012, 33, Rz. 33.

615 EuGH, Urteil v. 24.11.2011 – verb. Rs. C-468/10 und C-469/10ASNEF/FECEMD = ZD 2012, 33, Rz. 35; vgl. auch Drewes, ZD 2012, 115, 116.

616 EuGH, Urteil v. 24.11.2011 – verb. Rs. C-468/10 und C-469/10ASNEF/FECEMD = ZD 2012, 33, Rz. 34.

617 Drewes/Siegert, RDV 2006, 139, 144.

618 Artikel 3, Elektronischer-Geschäftsverkehr-Gesetz (EGG), BT-Drs. 14/6098; vgl. auch Drewes/Siegert, RDV 2006, 139, 141.

wird zum neuen § 4 Abs. 2 TDDSG, durch den die elektronische Einwilligung neu strukturiert wurde und einige Anforderungen des alten § 3 Abs. 7 TDDSG gestrichen wurden, ausgeführt, dass es bei der Vereinfachung der Anforderungen an die elektronische Einwilligung darum gehe,

> „Diensteanbieter nicht zu überfordern und die elektronische Einwilligung für eine breite Anwendung attraktiver zu machen“.[619]

Die gestrichenen Nummern 2 und 3 des § 3 Abs. 7 TDDSG dienten dem Nachweis der Authentizität und der Urheberschaft der Einwilligung.[620] Also genau den Zielen, welche auch die Schriftform verfolgt. Dadurch dass der Gesetzgeber diese Anforderungen aber aufgrund der Überforderung der Diensteanbieter aufgehoben und ersatzlos gestrichen hat, zeigt sich, dass ein freier und ungehinderter Datenverkehr anscheinend nur mit starken Einschränkungen möglich war. Als weiteres Indiz, dass die Schriftform den freien Verkehr personenbezogener Daten behindert, kann zudem angeführt werden, dass auch der europäische Richtliniengeber in der DS-RL kein Schriftformerfordernis aufstellt. Selbst in den Fällen einer Verarbeitung besonderer Kategorien personenbezogener Daten (Art. 8 DS-RL) sieht er davon ab und fordert lediglich eine ausdrückliche Einwilligung, was nicht mit dem Verlangen nach einer Schriftform gleichzusetzen ist.[621] Mithin wurde durch die Einführung des Schriftformerfordernisses in § 4a Abs. 1 BDSG nicht den Zielen der DS-RL Rechnung getragen.[622]

Zum anderen führt der deutsche Gesetzgeber mit dem Schriftformerfordernis eine zusätzliche, verschärfte Bedingung für die wirksame Erteilung einer Einwilligung nach Art. 7 lit a) DS-RL ein. Zusätzliche Bedingungen, welche die Tragweite einer der in Art. 7 DS-RL aufgestellten Grundsätze verändern, sind jedoch, auch im Rahmen des Umsetzungsermessens der Mitgliedstaaten, nicht zulässig.[623] Eine bloße Konkretisierung der Anforderung „ohne jeden Zweifel“ liegt hierin nicht. Denn „ohne jeden Zweifel“ kann eine Einwilligung auch ohne das Erfüllen der Schriftform, etwa mündlich oder auch online durch geeignete

---

619 BT-Drs. 14/6098, S. 28.

620 BT-Drs. 13/7385, S. 23.

621 Art. 29 Datenschutzgruppe, Stellungnahme 15/2011 zur Definition von Einwilligung, WP 187, S. 30.

622 So auch Vulin, ZD 2012, 414, 417; Drewes/Siegert, RDV 2006, 139, 145.

623 EuGH, Urteil v. 24.11.2011 – verb. Rs. C-468/10 und C-469/10ASNEF/FECEMD = ZD 2012, 33, Rz. 32.

Mittel abgegeben werden.[624] Mithin verschärft der deutsche Gesetzgeber die Voraussetzungen einer datenschutzrechtlichen Einwilligung, ohne dabei die Zwecke und Ziele der DS-RL zu beachten.[625] Geht man von der Wertung des *EuGH* aus, muss die Einführung des Schriftformerfordernisses für eine Einwilligung im BDSG als unzulässige Umsetzung der DS-RL gewertet werden.[626]

Auch ist Art. 7 lit a) DS-RL inhaltlich unbedingt und hinreichend genau bestimmt, um eine direkte Anwendung zu erfahren. Hinreichend genau ist eine Vorschrift einer Richtlinie bestimmt, wenn sie konkrete Maßnahmen und Verpflichtungen an den Mitgliedstaat enthält.[627] Dabei sind unbestimmte Rechtsbegriffe, wie hier etwa „ohne jeden Zweifel", nicht hinderlich.[628] Die inhaltliche Unbedingtheit einer Regelung ist gegeben, wenn kein Wahlrecht der Mitgliedstaaten im Sinne mehrerer Optionen bei Umsetzung gegeben ist.[629] Dies trifft auf Art. 7 lit a) DS-RL nicht zu, da dort überhaupt keine Umsetzungsalternativen eingeräumt werden.

Die Folge dieser unzulässigen Umsetzung wäre eine direkte Anwendbarkeit der entsprechenden Vorschrift der DS-RL im Mitgliedstaat.[630] Jedoch nur im Rahmen einer vertikalen Wirkung zwischen Mitgliedstaat und privatem Betroffenen.[631] Eine direkte Wirkung von Richtlinien unter Privaten (horizontale Drittwirkung) wird abgelehnt.[632] In Betracht käme aber eine Inanspruchnahme des Staates im Wege der Staatshaftung wegen unzulänglicher Umsetzung.[633]

---

624 Art. 29 Datenschutzgruppe, Stellungnahme 15/2011 zur Definition von Einwilligung, WP 187, S. 30; siehe dazu auch die Ausführungen zur konkludenten Einwilligung unter 4.2.6.2.

625 Drewes/Siegert, RDV 2006, 139, 145; a. A. Düsseldorfer Kreis, RDV 2007, 86, 87; darauf bezugnehmend, Däubler in Däubler/Klebe/Wedde/Weichert, BDSG, § 4a BDSG, Rn. 14.

626 Vulin, ZD 2012, 414, 417; Drewes, ZD 2012, 115, 119.

627 Schroeder in Streinz, EUV/AEUV, Art. 288 AEUV, Rn. 108.

628 Schroeder in Streinz, EUV/AEUV, Art. 288 AEUV, Rn. 108.

629 Schroeder in Streinz, EUV/AEUV, Art. 288 AEUV, Rn. 109.

630 EuGH, Urteil v. 24.11.2011 – verb. Rs. C-468/10 und C-469/10ASNEF/FECEMD = ZD 2012, 33, Rz. 51; Vulin, ZD 2012, 414, 417; Drewes, ZD 2012, 115, 116.

631 Kotzur in Geiger/Khan/Kotzur, EUV/AEUV, Art. 288 AEUV, Rn. 17; Schroeder in Streinz, EUV/AEUV, Art. 288 AEUV, Rn. 114.

632 Kotzur in Geiger/Khan/Kotzur, EUV/AEUV, Art. 288 AEUV, Rn. 17; Schroeder in Streinz, EUV/AEUV, Art. 288 AEUV, Rn. 116.

633 Siehe dazu etwa Kotzur in Geiger/Khan/Kotzur, EUV/AEUV, Art. 4 EUV, Rn. 41 ff.; Schroeder in Streinz, EUV/AEUV, Art. 288 AEUV, Rn. 117.

4.2.6.1.3 Zwischenergebnis zur datenschutzrechtlichen Einwilligung

Die Verarbeitung personenbezogener Inhaltsdaten bei der Inanspruchnahme von Telemedien, wie sozialen Netzwerken, stellt einen besonderen Umstand i. S. d. §§ 4, 4a Abs. 1 S. 3 BDSG dar. Eine angemessene, alternative Form zu der Schriftform bzw. der qualifizierten elektronischen Signatur liegt in den Voraussetzungen zur elektronischen Einwilligung nach § 13 Abs. 2 TMG. Daher sind in den Fällen der Verarbeitung von Inhaltsdaten im Rahmen sozialer Netzwerke aufgrund einer datenschutzrechtlichen Einwilligung die Voraussetzungen von § 4a Abs. 1 BDSG zusammen mit denen aus § 13 Abs. 2 TMG zu prüfen. Dass soziale Netzwerke die Nutzung ihrer Angebote von einer solchen datenschutzrechtlichen Einwilligung in die Verarbeitung von Daten der Nutzer für Werbezwecke abhängig machen, stellt die gängige Praxis dar, unterliegt jedoch nicht dem Kopplungsverbot aus § 28 Abs. 3b BDSG.

4.2.6.2 Konkludente Einwilligung

Nachdem nun die Wirksamkeitsvoraussetzungen einer datenschutzrechtlichen Einwilligung im Bereich der sozialen Netzwerke dargestellt wurden, taucht die Frage auf, inwieweit diese Voraussetzungen den Gegebenheiten des Internets angepasst, man könnte auch sagen „aufgeweicht", werden können. Aufgrund der Schnelligkeit und Einfachheit der Funktionen dieses Mediums gerät dabei vor allem das Problem ins Blickfeld, bis zu welchem Grad noch von einer „bewussten und eindeutigen Handlung" i. S. d. § 13 Abs. 2 Nr. 1 TMG bzw. nach Art. 2 lit h) DS-RL von einer „Willensbekundung" die nach Art. 7 lit a) DS-RL „ohne jeden Zweifel" zu erteilen ist, gesprochen werden kann. Denn vor allem online ist das Risiko einer missverständlichen Einwilligung relativ groß.[634] Sind also im Online-Bereich, vor allem bei der Nutzung sozialer Netzwerke, auch konkludente datenschutzrechtliche Einwilligungen möglich? Falls ja, welche Arten von Handlungen genügen, um eine konkludente Einwilligung anzunehmen?

Zunächst gilt es festzustellen, dass eine mutmaßliche Einwilligung, also allein das Abstellen auf die Umstände der Situation, ohne eine Handlung der Betroffenen zu fordern, niemals ausreichen kann, um den datenschutzrechtlichen

634 Art. 29 Datenschutzgruppe, Stellungnahme 15/2011 zur Definition von Einwilligung, WP 187, S. 27.

Anforderungen zu genügen.[635] Art. 2 lit h) DS-RL verlangt eine „Willensbekundung", was für die Notwendigkeit des Vorliegens irgend einer Art von Handlung spricht.[636] Im Nichthandeln und dem bloßen Schweigen steckt jedoch keine Willensäußerung und damit auch keine, der Einwilligung zugrundliegende, Ausübung des Rechts auf informationelle Selbstbestimmung.[637] Auch im Bereich des TMG lässt die Voraussetzung der „bewussten und eindeutigen Handlung" (§ 13 Abs. 2 Nr. 1 TMG) eine mutmaßliche Einwilligung von vornherein ausscheiden.

Bei einer konkludenten Einwilligung wird jedoch aus einem tatsächlichen Verhalten die Zustimmung der Betroffenen herausgelesen. Wie bereits erörtert, fordert Art. 7 lit a) DS-RL, dass die datenschutzrechtliche Einwilligung „ohne jeden Zweifel" erteilt wird. Dabei geht es zum einen um die Beweisfunktion für den Einwilligungsempfänger. Zum anderen darf die Einwilligung bzw. die ihr zu Grunde liegende Willensbekundung (Art. 2 lit h) DS-RL) keinen Zweifel an der Absicht des Einwilligenden lassen, dass er mit der in der Einwilligung beschriebenen Datenverarbeitung einverstanden ist.[638] Die Handlung muss quasi seine Absicht zum Ausdruck bringen. Diesem Erfordernis genügt eine klare, ausdrückliche Einwilligung ebenso, wie Verfahren, die die eindeutige, konkludente Einwilligung der Person an den Empfänger verlässlich übermitteln.[639]

Im Rahmen der sozialen Netzwerke interessiert vor allem die Möglichkeit der online abgegebenen Einwilligung. Diese genügt den Voraussetzungen dann, wenn die Einwilligungsabsicht aktiv kundgetan wird, etwa durch das Anklicken einer Schaltfläche nach Erhalt der benötigten Informationen, welche Folgen das Anklicken nach sich zieht.[640]

---

635 Holznagel/Sonntag in Roßnagel, Handbuch Datenschutzrecht, Kap. 4.8, Rn. 36; Simitis in Simitis, BDSG, § 4a BDSG, Rn. 44; Taeger in Taeger/Gabel, BDSG, § 4a BDSG, Rn. 45; Helfrich in Hoeren/Sieber, Handbuch Multimediarecht, Kap. 16.1, Rn. 59; vgl. auch BGH, Urteil v. 11.12.1991 – VIII ZR 4/91 = NJW 1992, 737, 739, dort allerdings zu sensiblen Daten.

636 Art. 29 Datenschutzgruppe, Stellungnahme 15/2011 zur Definition von Einwilligung, WP 187, S. 14.

637 Holznagel/Sonntag in Roßnagel, Handbuch Datenschutzrecht, Kap. 4.8, Rn. 36.

638 Art. 29 Datenschutzgruppe, Stellungnahme 15/2011 zur Definition von Einwilligung, WP 187, S. 25.

639 Art. 29 Datenschutzgruppe, Stellungnahme 15/2011 zur Definition von Einwilligung, WP 187, S. 25.

640 Art. 29 Datenschutzgruppe, Stellungnahme 15/2011 zur Definition von Einwilligung, WP 187, S. 26.

Jedoch wird vertreten, dass aus Schutzgesichtspunkten und um von vornherein keine Zweifel aufkommen zu lassen, nur eine ausdrücklich erteilte Einwilligung möglich ist.[641] Eine konkludente Einwilligung scheide danach aus.[642] Zur Begründung werden auch die Gesetzgebungsmaterialien zur DS-RL angeführt. In ihrer Annahme zu dem ersten geänderten Vorschlag zur DS-RL wurde durch die *Europäische Kommission* in Art. 2 lit g) für die Definition der Einwilligung „jede ausdrückliche Willensbekundung“ eingefügt. Vorher war in Art. 12 lit b) noch davon die Rede, dass die Einwilligung „ausdrücklich erklärt werden“ müsse.[643] Vorher hatte das *Europäische Parlament* in einem Änderungsvorschlag (Nr. 30) noch von einer „expliziten oder impliziten“ Einwilligung gesprochen,[644] also eine konkludente Einwilligung für ausreichend erachtet. Da die *Europäische Kommission* in der Begründung zu ihrem geänderten Vorschlag ausdrücklich den Änderungsvorschlag Nr. 30 nicht übernahm,[645] wird teilweise davon ausgegangen, dass der Richtliniengeber sich der Auffassung der *Europäischen Kommission* anschließen wollte und damit eine konkludente Einwilligung nicht ausreichend ist[646] (auch wenn der Begriff der „ausdrücklichen Willensbekundung“ in der Endfassung nicht enthalten ist). Dem wird jedoch entgegengehalten, dass die Gesetzgebungsgeschichte gerade für die Möglichkeit einer konkludenten Einwilligung spreche.[647] Denn wie erwähnt wurde die Ausdrücklichkeit der Einwilligung im Gesetzgebungsverfahren weiter aufgeweicht, bis sie schließlich im gemeinsamen Standpunkt des Rates[648] überhaupt nicht mehr auftaucht, sondern in Art. 2 lit h) (wie auch in der Endfassung) nur noch „jede Wil-

641 Spindler/Nink in Spindler/Schuster, § 4a BDSG, Rn. 6; ablehnend auch Helfrich in Hoeren/Sieber, Handbuch Multimediarecht, Kap. 16.1, Rn. 60.

642 Simitis in Simitis, BDSG, § 4a BDSG, Rn. 44.

643 Geänderter Vorschlag der Kommission für eine Richtlinie des Rates zum Schutz natürlicher Personen bei der Verarbeitung personenbezogener Daten und zum freien Datenverkehr, KOM(92) 422 endg., S. 10, Abl. EG Nr. C 311, S. 30 vom 27.11.1992.

644 Vgl. das Sitzungsdokument des Europäischen Parlaments vom 15.01.1992, PE 148.286/endg., S. 18, Änderungsantrag Nr. 30; sowie den vom Europäischen Parlament mit Änderungen gebilligten Text des Vorschlages für eine Richtlinie des Rates zum Schutz von Personen bei der Verarbeitung personenbezogener Daten vom 11.03.1992, Abl. EG Nr. C 94/173 vom 13.04.1992, S. 181, Änderungsantrag Nr. 30.

645 Begründung zum geänderten Vorschlag der Kommission, S. 17, Abl. EG Nr. C 311, S. 30 vom 27.11.1992; gleichfalls abgedruckt in BR-Drs. 12/8329.

646 Ehmann/Helfrich, EG Datenschutzrichtlinie, Art. 7, Rn. 14.

647 So vor allem Holznagel/Sonntag in Roßnagel, Handbuch Datenschutzrecht, Kap. 4.8, Rn. 38; vgl. auch Drewes/Siegert, RDV 2006, 139, 144.

648 Gemeinsamer Standpunkt des Rates vom 20.02.1995, S. 7, Abl. EG Nr. C 93, S. 1 vom 13.04.1995.

lensbekundung" als ausreichend angesehen wird.[649] Dies zeige, dass eine ausdrückliche Einwilligung eben nicht erforderlich sei. Zudem wird in einem Umkehrschluss aus § 4a Abs. 3 BDSG darauf verwiesen, dass dort für bestimmte Daten eine ausdrückliche Einwilligung verlangt werde, woraus gefolgert werden kann, dass für andere Datenkategorien keine ausdrückliche Einwilligung nötig sei.[650] Die Forderung nach einer ausdrücklichen Einwilligung sei daher überzogen und bei Vorliegen besonderer Umstände i. S. d. § 4a Abs. 1 S. 3 BDSG ist eine Einwilligung auch durch schlüssiges (i. S. v. konkludentem) Verhalten möglich, wenn die sonstigen Voraussetzungen, vor allem in Bezug auf die Bereitstellung der notwendigen Informationen, erfüllt sind.[651]

Die letztgenannte Auffassung scheint für den Streit über die Frage, „Konkludente Einwilligung? Ja oder nein" die besseren Argumente zu liefern. Richtigerweise darf man jedoch nicht auf die Kategorien „ausdrücklich" oder „konkludent" alleine abstellen. Vielmehr gilt es zu erkennen, dass auch der nach dem Wortlaut der DS-RL durchaus möglichen konkludenten Einwilligung eine in Art. 2 lit h), Art. 7 lit a) DS-RL geforderte Willensbekundung „ohne jeden Zweifel" zu Grunde liegen muss. Es kommt also nicht nur auf die Frage an, „ob" eine konkludente Einwilligung möglich ist, sondern „wie" diese wirksame erteilt werden kann.

Dass ein schlüssiges Verhalten alleine nicht ausreicht, um eine Einwilligung „ohne jeden Zweifel" zu erteilen, zeigt auch der gemeinsame Standpunkt des Rates zur DS-RL. Denn zwar wurde dort jeder Hinweis auf eine Ausdrücklichkeit der Einwilligung entfernt. Dafür wurde jedoch die Voraussetzung der Erteilung „ohne jeden Zweifel" in Art. 7 lit a) DS-RL eingeführt.[652] Dem lässt sich ein gewisser Ersetzungscharakter für eine ausdrückliche Einwilligung entnehmen. Dem der konkludenten Einwilligung zu Grunde liegenden Verhalten muss nicht ausdrücklich, doch aber „ohne jeden Zweifel" entnommen werden können, dass der Betroffene in die Datenverarbeitung einwilligen möchte. Eine konkludente Einwilligung ist folglich möglich, wenn sich aus der aktiv getätigten Wil-

---

649 Holznagel/Sonntag in Roßnagel, Handbuch Datenschutzrecht, Kap. 4.8, Rn. 38 (dort Fn. 89).

650 Holznagel/Sonntag in Roßnagel, Handbuch Datenschutzrecht, Kap. 4.8, Rn. 38; vgl. auch BT-Drs. 11/4306, S. 41, wo der Gesetzgeber selbst (wenn auch ohne nähere Begründung) davon ausgeht, dass im Anwendungsbereich des BDSG eine konkludente Einwilligung möglich ist.

651 Holznagel/Sonntag in Roßnagel, Handbuch Datenschutzrecht, Kap. 4.8, Rn. 37; Taeger in Taeger/Gabel, BDSG, § 4a BDSG, Rn. 40.

652 Gemeinsamer Standpunkt des Rates vom 20.02.1995, S. 9, Abl. EG C 93, S. 1 vom 14.03.1995.

lensbekundung ohne jeden Zweifel die Absicht erkennen lässt, der Betroffene sei mit der Datenverarbeitung einverstanden. Dabei müssen auch die für eine Einwilligung erforderlichen Informationen berücksichtigt werden, die dem Betroffenen zur Verfügung zu stellen sind. Denn erst aus diesen Informationen ergeben sich der tatsächliche Inhalt und die Reichweite der Einwilligung. Eine Untätigkeit der Betroffenen reicht für eine konkludente Einwilligung nicht aus. Ob die Voraussetzungen einer konkludenten Einwilligung vorliegen, lässt sich freilich nur durch eine Einzelfallentscheidung ermitteln, bei der es zu untersuchen gilt, welche Handlung der Betroffenen vornimmt, um seine Einwilligung zu erteilen, ob diese ausreichend ist, seine Absicht zum Ausdruck zu bringen und inwieweit die Informationen bereitgestellt werden, um von einer Einwilligung „ohne jeden Zweifel“ sprechen zu können.

4.2.6.2.1 Registrierung

Im Rahmen sozialer Netzwerke wird die Problematik der konkludenten Einwilligung zum einen bei dem Registrierungsverfahren der Nutzer zu diesem Dienst diskutiert. So hält etwa *Facebook* auf seiner Startseite eine Schaltfläche mit der Aufschrift „Registrieren“ bereit, welche durch die darüber liegende Textzeile flankiert wird, dass der Nutzer mit dem Klick auf „Registrieren“ die AGB akzeptiert und erklärt, die Datenschutzerklärung gelesen und verstanden zu haben. Ein aktives markieren eines Kästchens, mit dem man sich mit den AGB und der Datenschutzerklärung einverstanden erklärt (Opt-in), wird nicht angeboten. Nach der Meinung von *Facebook* erteilt der Nutzer allein durch das Anklicken der Schaltfläche „Registrieren“ seine datenschutzrechtliche Einwilligung in die Verarbeitung seiner Daten, auch zu Werbezwecken.[653] Eine ähnliche Vorgehensweise ist auch bei der Anmeldung zu *GooglePlus* festzustellen, wenn die Nutzer als Voraussetzung der Teilnahme in dem Netzwerk ein *Google*-Konto einrichten müssen. Zwar wird dort mit einem Opt-in Verfahren gearbeitet, die

653 Vgl. LG Berlin, Urteil v. 06.03.2012 – 16 O 551/10 = CR 2012, 270, 273. Dort wird beschrieben, dass durch den Kläger von Facebook unwidersprochen vorgetragen wurde, dass die Einwilligung allein dadurch erteilt werden soll, dass die Nutzer die mit dem entsprechenden Text überschriebene Schaltfläche anklicken; siehe auch: HmbBfDI, Zur aufsichtsbehördlichen Zuständigkeit über den Internet-Dienst Facebook, S. 18 f., sowie auch die Zusammenfassung eines Gesprächs zwischen offiziellen Vertretern von Facebook und der Gruppe „europe vs. facebook“: Summary of Arguments, S. 7, abrufbar unter http://www.europe-v-facebook.org/Summary_of_Arguments_VIE.pdf (zuletzt abgerufen am 01.12.2012).

Nutzer müssen also aktiv ein Häkchen setzen. Jedoch soll damit auch nur bestätigt werden, dass der Nutzer die Datenschutzbestimmungen „gelesen" hat.[654] Von einer Zustimmung oder Einwilligung in die Datenverarbeitung, etwa auch für Zwecke der Werbung, wird dort nicht gesprochen. Die zudem anzuklickende Schaltfläche mit der Beschriftung „nächster Schritt" bringt insofern ebenso wenig Klarheit.

Es erscheint fraglich, ob in der Handlung des Klicks auf eine Schaltfläche, welche die Beschriftung „Registrieren" trägt, eine zumindest konkludente Einwilligung abgeleitet werden kann.[655]

Eine ausdrückliche Einwilligung kommt nicht in Betracht, da der Nutzer weder ein Kästchen ankreuzen muss noch eine Schaltfläche betätigen muss, auf der ausdrücklich beschrieben wird, dass dieses Verhalten seine datenschutzrechtliche Einwilligung darstellt. Für die konkludente Einwilligung ist, wie erwähnt, darauf abzustellen, ob durch die Verbindung von notwendigerweise dargebrachten Informationen zur Datenverarbeitung und tatsächlicher Handlung eine konkludente Einwilligung ableitbar ist. Die Aufschrift „Registrieren" verdeutlicht den Nutzern jedoch nicht den Einwilligungscharakter ihrer Handlung. Um dieses Defizit auszugleichen wird anscheinend der Beitext angezeigt, wonach die Nutzer mit dem Klick erklären, die Datenschutzerklärung „verstanden" zu haben. „Verstehen" ist jedoch etwas anderes als „Einverstanden sein". Auf der gesamten Registrierungsseite von *Facebook* taucht nicht einmal das Wort „Einwilligung", „Einverständnis", „einwilligen" oder „einverstanden" auf. In dem oberhalb der Schaltfläche befindlichen Text wird zudem nicht darauf hingewiesen, dass die Datenschutzerklärung Bestimmungen dazu enthält, dass Nutzerdaten für Werbezwecke verwendet werden.[656] Es fehlt bei dieser Einwilligung somit an den notwendigen Transparenz und Informationen über die Zwecke der Datenverarbeitung, damit der Betroffene überhaupt „ohne jeden Zwei-

---

654 Abrufbar unter https://accounts.google.com/SignUp (zuletzt abgerufen am 01.12.2012).

655 Ablehnend: HmbBfDI, Zur aufsichtsbehördlichen Zuständigkeit über den Internet-Dienst Facebook, S. 18 f.; vgl. auch die Aussage des Datenschutzbeauftragten von Irland, der den Erhalt einer Einwilligung in der Online-Umgebung als schwierig bezeichnet, Data Protection Commissioner, Fn. 4, S. 30.

656 Vgl. zur Erfüllung dieser Voraussetzung etwa die Registrierungsseite von meinVZ, wo es heißt: „Ja, ich habe die Datenschutz-Erklärung gelesen und willige in die dort beschriebene Erhebung und Verwendung meiner Daten, auch zu Werbe- und Marketingzwecken ein."

fel" in die Verarbeitung seiner Daten einwilligen kann.[657] Freilich ist für die datenschutzrechtliche Einwilligung und die ihr zu Grunde liegenden Informationen nicht erforderlich, dass alle Zwecke, der Umfang und die Art der Verarbeitung direkt bei der Einwilligung angezeigt werden.[658] Jedoch muss die Einwilligung selbst für den Betroffenen als eine solche erkennbar sein. Diese Voraussetzung ist hier nicht gegeben. Der Zugang zu dem Netzwerk und die Inanspruchnahme seiner Funktionen ist nicht gleichzusetzen mit der Einwilligung in die Verarbeitung der Daten für andere Zwecke als die Bereitstellung des Dienstes. Ist der entsprechende Hinweis nicht deutlich erkennbar, so kann aus dem Klick auf die Schaltfläche allein nicht „ohne jeden Zweifel" die Einwilligungsabsicht der Nutzer abgeleitet werden, ihre Daten auch für Werbemaßnahmen zur Verfügung stellen zu wollen.[659] Die nach dem Verständnis von *Facebook* im Rahmen seines Registrierungsprozesses erteilte konkludente Einwilligung erfüllt damit nicht die Voraussetzungen des deutschen Datenschutzrechts.[660]

4.2.6.2.2 Änderung der Profileinstellungen

Zum anderen stellt sich die Frage nach der Wirksamkeit einer konkludenten Einwilligung in die Verarbeitung der Daten der Nutzer im Zusammenhang mit sozialen Netzwerken bei der Veröffentlichung von personenbezogenen Daten im Profil und der Einstellungsmöglichkeit, dass dieses Profil etwa im gesamten Internet einsehbar ist. Dies stellt sich vor allem vor dem Hintergrund der datenschutzrechtlichen Verantwortlichkeit der Nutzer bei der Öffnung ihres Profils für die Öffentlichkeit als bedeutend dar.[661] Denn wenn in dem Einstellen von Daten in ein eigenes oder fremdes Profil eine konkludente Einwilligung in die Datenverarbeitung dieser Daten zu sehen ist, kann sich der Nutzer als dafür Ver-

---

657 Schröder/Hawxwell, Ausarbeitung des wissenschaftlichen Dienstes des Deutschen Bundestages, WD 3 – 3000 – 306/11 neu, S. 13.

658 Ein Hyperlink auf diese Informationen ist ausreichend, vgl. bereits unter 4.2.6.1.1.2.1.

659 So auch Art. 29 Datenschutzgruppe, Stellungnahme 15/2011 zur Definition von Einwilligung, WP 187, S. 28, in Bezug auf die Registrierung zu einem Online-Spiel.

660 Ebenso: LG Berlin, Urteil v. 06.03.2012 – 16 O 551/10 = CR 2012, 271, 273; Schröder/Hawxwell, Ausarbeitung des wissenschaftlichen Dienstes des Deutschen Bundestages, WD 3 – 3000 – 306/11 neu, S. 13; HmbBfDI, Zur aufsichtsbehördlichen Zuständigkeit über den Internet-Dienst Facebook, S. 18 f.; a. A. wohl der irische Datenschutzbeauftrage, wenn er in seinem Bericht davon ausgeht, dass die Nutzer ihre Einwilligung durch die Registrierung erteilen würden und zuvor die Möglichkeit hätten, die verlinkten Informationen zu lesen, Data Protection Commissioner, Fn. 4, S. 30.

661 Siehe dazu 4.2.4.2.2.1 und zur konkludenten Einwilligung 4.2.6.2.2.1.

antwortlicher auf diese Einwilligung berufen und so die Rechtmäßigkeit der Datenverarbeitung begründen.

Es gilt zunächst festzustellen, welche Handlungen durch die Nutzer vorzunehmen sind, an die eine konkludente Einwilligung anknüpfen könnte. Dies sind hier zwei Tätigkeiten: Zum einen stellen die Nutzer die personenbezogenen Daten in ihr Profil oder das eines Freundes ein, indem sie etwa einen Beitrag kommentieren, eine Botschaft auf dem Profil hinterlassen oder ein Bild posten. Zum anderen knüpft jedoch an die sich anschließende Datenverarbeitung, etwa das Übermitteln der Daten durch ein zum Abruf bereit halten, eine vorgelagerte Tätigkeit an, nämlich die Profileinstellung des Nutzers, welche Personen die auf seinem Profil befindlichen personenbezogenen Daten einsehen können, an wen diese Daten also übermittelt werden können. Die Entscheidung darüber, welchem Personenkreis es offen steht, Daten auf dem Profil einzusehen, obliegt dabei dem Profilinhaber.[662] Auch fremden Personen ist es somit nicht möglich, eine andere Sichtbarkeitsstufe der von ihnen in einem fremden Profil eingestellten Daten vorzunehmen. Sind diese beiden Schritte, Einstellung der Sichtbarkeit des Profils und anschließendes Füllen des Profils mit Daten, nun taugliche Anknüpfungspunkte, um von einer konkludenten Einwilligung des Nutzers in den Abruf dieser Daten durch andere Personen auszugehen?

Für offen in das Internet eingestellte Daten, etwa auf einer Homepage, welche keine technischen Schranken in Bezug auf ihre Sichtbarkeit enthalten, ist richtigerweise davon auszugehen, dass diesem Verhalten eine konkludente Einwilligung in den weltweiten Abruf und die weitere Verarbeitung dieser Daten zu entnehmen ist.[663] Die der konkludenten Einwilligung notwendigerweise zu Grunde liegende aktive Willensbekundung liegt in dem Bereitstellen der Daten zum Abruf, also etwa in dem Upload der Daten auf einen Server. Die Absicht des Einstellenden, seine Einwilligung in die Verarbeitung zu erteilen, muss für das Veröffentlichen im Internet als generell gegeben angesehen werden. Wer seine Daten offen im Internet präsentiert tut dies nicht, um sie zu verstecken, sondern gerade aus dem Grund, dass ein großer Empfängerkreis Zugriff auf diese Daten erhält. Die Einwilligung ist also auch „ohne jeden Zweifel“ erteilt.

---

662 Zu den Folgen dieser Vorgabe, siehe dazu sogleich unter 4.2.6.2.2.2.

663 Weichert, DuD 2009, 7, 11; Wiese, JZ 2011, 608.

4.2.6.2.2.1 Eigenes Profil

Nun stellt sich die Situation in sozialen Netzwerken und allgemein in geschlossenen Benutzergruppen im Internet, jedoch etwas differenzierter dar. Denn dabei handelt es sich nicht um das offene Internet als solches, sondern um einen grundsätzlich abgegrenzten, wenn auch großen i. S. v. mitgliederstarken, Bereich im Internet. Allein das Einstellen von Daten in das eigene Profil begründet daher noch keine konkludente Einwilligung in die weitere Datenverarbeitung durch dem Nutzer unbekannte Dritte. Hier muss, wie angesprochen, die vom Nutzer vorgenommene Sichtbarkeitseinstellung seines Profils Berücksichtigung finden. Die Willensbekundung des Nutzers ergibt sich also aus dem Einstellen der Daten in das Profil selbst, zusammen mit der aktiven Justierung seiner Sichtbarkeitseinstellung. Eine ausreichende Information durch den Anbieter in Bezug auf die Folgen der verschiedenen Einstellungsmöglichkeiten vorausgesetzt, kann diesem Verhalten auch die Eigenschaft einer Einwilligung „ohne jeden Zweifel" attestiert werden. Durch die Information weiß der Nutzer, wer auf sein Profil und die darin enthaltenen Daten Zugriff hat. Durch das aktive Einstellen einer bestimmten Sichtbarkeitsstufe bringt er seine Absicht zum Ausdruck, in die Veröffentlichung der Daten in dem von ihm bestimmten Umfang einzuwilligen. Die Justierung der Sichtbarkeit regelt folglich zugleich die Reichweite der von ihm abgegebenen konkludenten Einwilligung. Dieses Abstellen auf die aktive, vom Nutzer vorzunehmen Einstellung, wahrt zudem sein Recht auf informationelle Selbstbestimmung, welches er bei der Eingabe von Daten in dem Netzwerk ausübt.[664] Das Einstellen von Daten in sein Profil, nach eigener Regelung des Empfängerkreises, ist damit als eine konkludente datenschutzrechtliche Einwilligung des Nutzers zu qualifizieren.[665]

Daraus ergibt sich auch, dass eine Passivität des Nutzers, hinsichtlich der Regulierung der Sichtbarkeit seines Profils, nicht als konkludente Einwilligung dahingehend ausgelegt werden kann, dass seine Daten öffentlich abrufbar sein sollen.[666] Denn dann fehlt es zum einen an einer nötigen Willensbekundung des Betroffenen. Zum anderen werden durch die Anbieter die nötigen Informationen darüber, welche Folgen die jeweilige Sichtbarkeitsstufe mit sich bringt, richtigerweise dort bereit gehalten, wo die Einstellung selbst möglich ist. Bleibt der

---

664 Hoffman-Riem, AöR 2009, 513, 529.

665 Siehe auch Spindler/Nink in Spindler/Schuster, § 4a BDSG, Rn. 11; Ott, MMR 2009, 158, 161.

666 Art. 29 Datenschutzgruppe, Stellungnahme 15/2011 zur Definition von Einwilligung, WP 187, S. 28.

Nutzer jedoch passiv, so muss man davon ausgehen, dass er diese Informationen eben nicht wahrgenommen hat und damit eine Einwilligung seinerseits „ohne jeden Zweifel“ nicht vorliegen kann.

4.2.6.2.2.2 Fremdes Profil

Zuletzt stellt sich noch die Frage, inwieweit in dem Einstellen von Daten in ein fremdes Profil die konkludente Einwilligung zu erblicken ist, dass diese Daten, entsprechend den Sichtbarkeitsparametern durch den Inhaber des fremden Profils (etwa eines Freundes), verarbeitet werden dürfen.

Die erforderliche Willensbekundung des Nutzers liegt in dem Einstellen der Daten in das Profil. Damit bringt er aktiv zum Ausdruck, dass die von ihm eingegebenen Informationen auf dem fremden Profil sichtbar sein sollen. Wie bereits erwähnt besteht für ihn grundsätzlich jedoch nicht die Möglichkeit zu regeln, wer etwa das von ihm an der Pinnwand eines Freundes gepostete Bild einsehen kann. Die Sichtbarkeit richtet sich vielmehr nach der Einstellung des jeweiligen Profilbesitzers.[667] Insofern fehlt es hier also an der Möglichkeit durch Justierung der Sichtbarkeit seine Absicht zum Ausdruck zu bringen, dass die Daten für den entsprechend eingestellten Empfängerkreis einsehbar sein sollen. Vielmehr gilt als Maßstab derjenige des Profilinhabers. Dennoch ist dieses Verhalten des Nutzers ausreichend, um eine konkludente Einwilligung in die Verarbeitung der Daten entsprechend den Vorgaben des Profilbesitzers anzunehmen. Denn eine Passivität, wie etwa bei fehlender Sichtbarkeitseinstellung, obwohl diese möglich ist, liegt hier nicht vor. Der Nutzer bringt mit den ihm durch den Dienst zur Verfügung gestellten Möglichkeiten aktiv zum Ausdruck, dass er die Absicht hat, die von ihm im fremden Profil eingestellten Daten dem dort bestimmten Empfängerkreis zugänglich zu machen. Einzig die Voraussetzung der Einwilligung „ohne jeden Zweifel“ könnte hier in Frage stehen, da der die Daten eingebende Nutzer die jeweilige Sichtbarkeitseinstellung des fremden Profils nicht kennt, bis er das Einstellen der Daten abgeschlossen hat. Hier ist es folglich erneut nötig, auf die dem Nutzer bereit gestellten Informationen Bezug zu nehmen. Geht aus diesen hervor, dass er keinen Einfluss auf die Sichtbarkeitseinstellungen von Informationen besitzt, welche er in fremden Profilen postet

667 Ist es in einem sozialen Netzwerk möglich, auch für die Daten auf fremden Profilen festzulegen, wem diese zugänglich sein sollen, so stellt sich die Situation wie bei der Eingabe von Daten in dem eigenen Profil dar. Die konkludente Einwilligung wird dann über das Einstellen der Daten zusammen mit der Festlegung des Empfängerkreises, etwa für das gepostete Bild, erteilt.

und werden ihm diese Informationen in der Weise zur Verfügung gestellt, dass er sie notwendigerweise vor dem Abschluss des Bereitstellens der Daten erhält, so ist darin eine konkludente datenschutzrechtliche Einwilligung zu sehen. Freilich richtet sich dies erneut nach der individuellen Ausgestaltung des Dienstes. Vorteilhaft wäre es dabei, wenn der Nutzer bei dem Einstellen der Daten darauf hingewiesen wird, dass er keine Möglichkeit hat, den Empfängerkreis der von ihm eingegebenen Informationen zu bestimmen.

4.2.6.2.3 Zwischenergebnis zur konkludenten datenschutzrechtlichen Einwilligung

Eine konkludente datenschutzrechtliche Einwilligung ist grundsätzlich auch bei der Nutzung sozialer Netzwerke möglich. Jedoch muss ihr eine aktive Willensbekundung zu Grunde liegen und sie muss ohne jeden Zweifel erteilt worden sein. Dabei muss sich aus der nötigen aktiven Handlung und den notwendigerweise zur Verfügung gestellten Informationen die Absicht des Betroffenen ergeben, eine Einwilligung in die Verarbeitung seiner Daten zu erteilen. Reine Passivität oder ein Nicht-Handeln reichen nicht aus. Bei der Registrierung zu einem sozialen Netzwerk ist daher ein Verfahren zu wählen, bei dem der Nutzer aktiv seine Einwilligung signalisiert. Zudem muss der Nutzer auf den Zweck der Einwilligung hingewiesen werden. Die genaueren Informationen können sich freilich auf einer über einen Link erreichbaren separaten Seite befinden. Dem Einstellen von Daten in das eigene Profil in einem sozialen Netzwerk liegt eine konkludente Einwilligung in die Verarbeitung der Daten nach dem durch den User bestimmten Empfängerkreis zu Grunde. Ebenso liegt es grundsätzlich bei dem Einstellen von Daten in einem fremden Profil, wobei hier die Ausgestaltung des Dienstes, vor allem hinsichtlich der Erfüllung der Informationspflichten, entscheidend sein muss.

4.2.6.3 Minderjährige

Da ein Großteil der derzeit verfügbaren sozialen Netzwerke von Minderjährigen genutzt wird,[668] diese Zielgruppe sich jedoch als besonders schutzwürdig darstellt, ist zu untersuchen, ob in Bezug auf diese Nutzer Besonderheiten bei der

668 Wintermeier, ZD 2012, 210, 211; Jandt/Roßnagel, MMR 2011, 637, 637 f.; Art. 29 Datenschutzgruppe, Stellungnahme 5/2009 zur Nutzung sozialer Online-Netzwerke, WP 163, S. 14.

Einholung und der Gestaltung von datenschutzrechtlichen Einwilligungen[669] und den Datenschutzerklärungen zu beachten sind.

Es gilt zunächst festzulegen, welche Rechtsnatur die datenschutzrechtliche Einwilligung besitzt. Zum einen wird von einer rechtsgeschäftlichen Erklärung ausgegangen.[670] Auf deren Wirksamkeit wären folgerichtig die zivilrechtlichen Vorschriften der §§ 104 ff. BGB anwendbar. Andere gehen von einer rechtsgeschäftsähnlichen Handlung aus.[671] Eine dritte Ansicht vertritt die Auffassung, dass es sich bei der Einwilligung um eine Disposition über das informationelle Selbstbestimmungsrecht als Ausfluss des allgemeinen Persönlichkeitsrechts handelt und sie daher als ein Realakt zu qualifizieren sei.[672] Die Folgen des Ausgangs dieser Entscheidung sind etwa, ob die Einwilligung anfechtbar ist[673] oder es für ihre Wirksamkeit nach den §§ 104 ff. BGB auf den Willen der gesetzlichen Vertreter oder aber allein auf die Einsichtsfähigkeit[674] des Minderjährigen selbst ankommt.

Zu folgen ist der dritten Ansicht, wonach es sich bei der eigenen datenschutzrechtlichen Einwilligung um einen Realakt in Ausübung der Grundrechte handelt.[675] Dafür spricht, dass mit der datenschutzrechtlichen Einwilligung allein ein rechtsgeschäftlicher Erfolg nicht bezweckt wird.[676] Zudem würde sich

---

669 Es geht hier nicht um die Willenserklärung der Minderjährigen im Rahmen des Abschlusses des Nutzungsvertrages mit dem Anbieter.

670 LG Bremen, Urteil v. 23.02.2001 – 1 O 2275/00 = DuD 2001, 620; Helfrich in Hoeren/Sieber, Handbuch Multimediarecht, Kap. 16.1, Rn. 56; Taeger in Taeger/Gabel, BDSG, § 4a BDSG, Rn. 28, wenn diese in einem Vertrag eingebunden ist; Simitis in Simitis, BDSG, § 4a BDSG, Rn. 20 m. w. N.; wohl auch Art. 29 Datenschutzgruppe, Stellungnahme 5/2009 zur Nutzung sozialer Online-Netzwerke, WP 163, S. 14, „Erfordernis der vorherigen Einwilligung der Eltern vor jeder Registrierung".

671 Däubler in Däubler/Klebe/Wedde/Weichert, BDSG, § 4a BDSG, Rn. 5, jedoch auf die Einsichtsfähigkeit abstellend; Drewes/Siegert, RDV 2006, 139, 141.

672 Gola/Schomerus, BDSG, § 4a BDSG, Rn. 10; Spindler/Nink in Spindler/Schuster, § 4a BDSG, Rn. 2 m. w. N.; Jandt/Roßnagel, MMR 2011, 637, 640; Zscherpe MMR 2004, 723, 724.

673 So Helfrich in Hoeren/Sieber, Handbuch Multimediarecht, Kap. 16.1, Rn. 56 (dort Fn. 6).

674 So auch Simitis in Simitis, BDSG, § 4a BDSG, Rn. 20, obwohl er von einer rechtsgeschäftlichen Erklärung ausgeht; vgl. auch Art. 29 Datenschutzgruppe, Arbeitspapier 1/2008 zum Schutz der personenbezogenen Daten von Kindern, WP 147, S. 6.

675 Jandt/Roßnagel, MMR 2011, 637, 638; Wintermeier, ZD 2012, 210, 212.

676 Gola/Schomerus, BDSG, § 4a BDSG, Rn. 10; vgl. auch die gegenteilige Beurteilung für eine persönlichkeitsrechtliche Einwilligung im Rahmen des Rechts am eigenen Bild unter 4.3.1.4.1.

bei dem Abstellen auf den Willen des gesetzlichen Vertreters eine starre Bevormundungssituation ergeben, welche im Rahmen der Anwendung des Merkmals der Einsichtsfähigkeit für den Einzelfall variabel und situationsabhängig vermieden werden kann. Für diese Ansicht spricht zudem der Wortlaut der DS-RL in Art. 2 lit h) DS-RL. Dort wird von einer „Willensbekundung" gesprochen. Eine Willenserklärung wird nicht verlangt. Der Wille des Betroffenen muss nur irgendwie zum Ausdruck gebracht werden. Zudem lässt sich der Entwurf für eine Datenschutz-Grundverordnung auf europäischer Ebene[677] in den Blick nehmen. Dort wird in Art. 8 Abs. 1 davon ausgegangen, dass eine datenschutzrechtliche Einwilligung bis zum vollendeten 13. Lebensjahr nicht durch den Minderjährigen, sondern seinen gesetzlichen Vertreter zu erteilen ist. Für ältere Minderjährige wird jedoch etwa keine Mitwirkung des gesetzlichen Vertreters angeordnet. Dem Willen des Minderjährigen wird hier also deutlich Beachtung geschenkt, wenn auch erst ab einer gewissen Grenze. Dafür, dass es sich bei der Einwilligung um einen Realakt handelt, spricht dann auch Art. 8 Abs. 2 dieses Entwurfs, der die Anwendung des allgemeinen nationalen Vertragsrechts durch Art. 8 Abs. 1 hinsichtlich der Wirksamkeit einer Willenserklärung von Minderjährigen unberührt lässt. Wäre auch die datenschutzrechtliche Einwilligung eine rechtsgeschäftliche Erklärung, so hätte dieser Hinweise keinen Zweck, da dann immer nationalstaatliche Regelungen gelten würden. Entscheidend ist also allein die Einsichtsfähigkeit des Minderjährigen.

Unter der Einsichtsfähigkeit wird im Datenschutzrecht die Fähigkeit einer Person verstanden, die möglichen Folgen (vor allem natürlich die negativen) der Verarbeitung ihrer personenbezogenen Daten abschätzen zu können.[678] Die Tragweite der Entscheidung muss überblickt werden können.[679] Für die Feststellung der Einsichtsfähigkeit im Rahmen der Datenverarbeitung müssen die Nutzer eigentlich grundsätzlich die ganze Datenschutzerklärung lesen und auch verstehen.[680] Dabei besteht jedoch Uneinigkeit darüber, ab wann ein Minderjähriger als einsichtsfähig anzusehen ist. Grundsätzlich sollte von starren Grenzen Ab-

677 Vorschlag für Verordnung des Europäischen Parlaments und des Rates zum Schutz natürlicher Personen bei der Verarbeitung personenbezogener Daten und zum freien Datenverkehr (Datenschutz-Grundverordnung) vom 25.01.2012, KOM(2012) 11 endg.

678 Taeger in Taeger/Gabel, BDSG, § 4a BDSG, Rn. 28, insoweit von „Einwilligungsfähigkeit" sprechend.

679 Jandt/Roßnagel, MMR 2011, 637, 640; Wintermeier, ZD 2012, 210, 212.

680 Data Protection Commissioner, Fn. 4, S. 39.

stand genommen werden.[681] Dies gerade vor dem Hintergrund der Unübersichtlichkeit und vorherigen Bestimmbarkeit der Eingriffsintensität von Datenverarbeitungsvorgängen in das informationelle Selbstbestimmungsrecht minderjähriger Betroffener. Zudem ist es in Bezug auf die neuen Dienste des Internets nicht ungewöhnlich, wenn etwa ein 13 Jähriger genauere Detailkenntnisse hinsichtlich der dort fließenden Datenströme besitzt, als ein 70 Jähriger. Der alt hergebrachte Grundsatz, dass man mit dem Alter weiser werde, trifft auf das Web 2.0 und seine Angebot nur bedingt zu. Werden dennoch Versuche unternommen, zumindest gewisse Untergrenzen festzulegen, so zeigt sich auch hier ein völlig unterschiedliches Bild.[682]

Es muss daher dabei bleiben, hinsichtlich der Einsichtsfähigkeit von einer Einzelfallentscheidung auszugehen. Natürlich spricht der erste Anschein dafür, dass ein 9 Jähriger weniger von Datenverarbeitungsprozessen verstehen wird als ein 16 Jähriger. Jedoch sollte dieser Anschein nicht zu einer pauschalen Fixierung von Grenzen führen. Das Problem liegt hier vor allem auch in dem Wissensstand und der Vertrautheit der Gesellschaft mit diesen Diensten und der relativen Neuheit sozialer Netzwerke bzw. anderer Web 2.0 Angebote. Diejenigen Stellen die entscheiden, wo verbindliche Grenzen zu ziehen seien könnten, sind häufig durch Personen besetzt, die das Aufkommen des Internets erst in der Mitte ihres Lebens mitbekommen haben. Viele Jugendliche sind jedoch mit den Phänomenen des Web 2.0 aufgewachsen, kennen sich dort also häufig um ein vielfaches besser aus. Dies heißt natürlich nicht, dass sich dieses Wissen auch auf den verantwortungsvollen Umgang mit personenbezogenen Daten bezieht. Daran fehlt es tatsächlich häufig.[683] Jedoch ist diese Art der Entwicklung, die unterschiedliche Vertrautheit und der verschiedene Kenntnisstand besser zu berücksichtigen, indem man von starren Grenzen absieht.

---

681 So auch Simitis in Simitis, BDSG, § 4a BDSG, Rn. 21; wohl auch Art. 29 Datenschutzgruppe, Arbeitspapier 1/2008 zum Schutz der personenbezogenen Daten von Kindern, WP 147, S. 6.

682 Gegen das Vorliegen der Einsichtsfähigkeit bis zum 14. Lebensjahr, dabei u. a. auf § 19 StGB abstellend, Spindler/Nink in Spindler/Schuster, § 4a BDSG, Rn. 2a; für das Vorliegen der Einsichtsfähigkeit bei positiver Feststellung bereits ab dem 7. Lebensjahr, Jandt/Roßnagel, MMR 2011, 637, 640; auf die Vollendung des 13. Lebensjahres abstellend, Art. 8 Abs. 1 des Entwurfs für eine Datenschutz-Grundverordnung, KOM(2012) 11 endg.; davon ausgehend ein 13 Jähriger könne im Rahmen der Datenschutzerklärung von Facebook keine informierte Entscheidung treffen, Data Protection Commissioner, Fn. 4, S. 39.

683 Vgl. dazu auch 6.3.2.

4.2.6.4 In AGB

Datenschutzrechtliche Einwilligungen und die dazu benötigten Informationen in den Datenschutzerklärungen werden in der Praxis meist im Zusammenhang mit der Zustimmung zu den AGB des jeweiligen Dienstes erteilt. Jedoch wählte keines der untersuchten Netzwerke die Option, die datenschutzrechtliche Einwilligung selbst in den AGB zu integrieren. Vielmehr wird die Einwilligung etwa im Rahmen der Registrierung erteilt, wobei sich diese auf die Informationen in der Datenschutzerklärung bezieht. Auch in dieser können sich datenschutzrechtliche Einwilligungen finden. Freilich wird meist in den AGB im Zusammenhang mit der Verarbeitung von Daten erneut auf die jeweilige Datenschutzerklärung verwiesen.[684] Da die Anbieter ihre Datenschutzerklärungen und die darin enthaltenen Einwilligungen formularmäßig für alle ihre Nutzer verwenden, stellt sich die Frage, inwieweit diese Bestimmungen einer AGB-rechtlichen Kontrolle unterzogen sind und auf ihre Wirksamkeit überprüft werden können.

4.2.6.4.1 Rechtsnatur

Es stellt sich zunächst die Frage, ob die Datenschutzerklärung an sich, also ein längerer Text mit Informationen darüber wie Daten der Nutzer verarbeitet werden, einer AGB-Kontrolle unterliegen kann. Dies wird teilweise abgelehnt, solange sich in der Datenschutzerklärung keine Einwilligung befindet, wobei jedoch die materiellen Grundsätze aus den §§ 305 ff. BGB auch auf Gestaltung von datenschutzrechtlichen Unterrichtungen übertragen werden können.[685] Jedoch werden häufig auch Einwilligungserklärungen in den Datenschutzerklärungen selbst abverlangt.[686] In diesem Fall würde nach dieser Ansicht auch AGB-Recht direkt auf die Datenschutzerklärung Anwendung finden. Grundsätz-

684 Vgl. etwa in den Nutzungsbedingungen von Google unter „Datenschutz und Schutz von Urheberrechten", abrufbar unter http://www.google.de/intl/de/policies/-terms/regional.html; Ziff. 1 der AGB von Facebook, abrufbar unter http://de-de.facebook.com/legal/terms (zuletzt abgerufen am 01.12.2012).

685 Von Lewinski, DuD 2002, 395, 397.

686 Vgl. etwa die Datenschutzerklärung von meinVZ, abrufbar unter http://www.meinvz.net/l/policy/declaration; Datenschutzerklärung von Facebook, unter dem Punkt „Wie wir uns bereitgestellte Daten verwenden", abrufbar unter http://www.facebook.com/about/privacy/your-info#howweuse (zuletzt abgerufen am 01.12.2012); für die Datenschutzerklärung im Rahmen der Nutzung einer Suchmaschine vgl. LG Hamburg, Urteil v. 07.08.2009 – 324 O 650/08 = CR 2010, 53, 57.

lich ist jedoch von vorherein davon auszugehen, dass bei der Verwendung vorformulierter Datenschutzerklärungen, unabhängig davon, ob sich in ihnen selbst noch datenschutzrechtliche Einwilligungen befinden, die Kontrollmechanismen der §§ 305 ff. BGB anwendbar sind. Dies deshalb, da nach hier verstandener Ansicht die Datenschutzerklärung einen notwendigen Teil der Einwilligung darstellt, auch wenn die Informationen auf einer separaten Seite bereitgehalten werden. Die Datenschutzrechtliche Einwilligung stellt einen tauglichen Prüfungsgegenstand einer AGB-Kontrolle dar.[687] Die Einwilligung und die Datenschutzerklärung stellen für eine Vielzahl von Verträgen vorformulierte Vertragsbedingungen dar, welche den Nutzern beim Vertragsschluss durch den jeweiligen Anbieter gestellt werden. Somit handelt es sich bei diesen um AGB i. S. d. § 305 Abs. 1 S. 1 BGB.[688]

4.2.6.4.2 Anwendbares Recht

Da es sich bei den datenschutzrechtlichen Einwilligungen und den dazugehörigen Datenschutzerklärungen um AGB handelt, gelten hinsichtlich des anwendbaren Rechts die gleichen Prinzipien, wie in Bezug auf die allgemeinen AGB.[689] Insbesondere bei einer möglichen Wahl ausländischen Rechts verbleibt ein Grundschutz für Verbraucher über die Regelung des Art. 6 Abs. 2 Rom I-VO.[690] Diese Erhaltung verbraucherschützender Vorschriften ihres eigenen Staates gilt auch in Bezug auf die Vorschriften über den Schutz vor missbräuchlichen AGB (§§ 305 ff. BGB).[691]

---

687 Spindler/Nink in Spindler/Schuster, § 13 TMG, Rn. 6a; Däubler in Däubler/Klebe/Wedde/Weichert, BDSG, § 4a BDSG, Rn. 31; Schmitz in Hoeren/Sieber, Handbuch Multimediarecht, Kap. 16.2, Rn. 124; Moos in Taeger/Gabel, TMG, § 12 TMG, Rn. 18; wohl auch Hoffman-Riem, AöR 2009, 513, 527; für eine Einwilligungsklausel innerhalb der Vertragsbedingungen, BGH, Urteil v. 16.07.2008 - VIII ZR 348/06 = MMR 2008, 731, 732; OLG Hamm, Urteil v. 17.02.2011 - I-4 U 174/10 = MMR 2011, 539; Simitis in Simitis, BDSG, § 4a BDSG, Rn. 84.

688 LG Bremen, Urteil v. 23.02.2001 – 1 O 2275/00 = DuD 2001, 620; Schmitz in Hoeren/Sieber, Handbuch Multimediarecht, Kap. 16.2, Rn. 124; Härting/Schätzle, ITRB 2010, 39, 40; Breyer, MMR 2006, 407, 408; Nationaler IT Gipfel 2011, Arbeitsgruppe 5, 11 Tipps für einen sicheren Umgang mit sozialen Netzwerken, S. 6.

689 Siehe unter 4.1.2.1.

690 Martiny in MüKomm/BGB, Art. 6 ROM I-VO, Rn. 43.

691 Martiny in MüKomm/BGB, Art. 6 ROM I-VO, Rn. 44 m. w. N.

4.2.6.4.3 AGB-rechtliche Wirksamkeit

Aufgrund der Eigenart von Datenschutzerklärungen, die gerade bei der Nutzung sozialer Netzwerke eine beachtliche Länge erreichen, müssen bei ihrer Gestaltung für die Wirksamkeit im Rahmen der Vorgaben der §§ 305 ff. BGB einige wichtige Punkte beachtet werden. Dabei gelten als gesetzlicher Prüfungsmaßstab einer datenschutzrechtlichen Einwilligung und der Datenschutzerklärung, von dem eventuell abgewichen wird, die §§ 4 Abs. 1, 4a Abs. 1 BDSG.[692] Ebenso müssen freilich die Vorgaben der §§ 13 Abs. 1 und Abs. 2 TMG als gesetzlicher Maßstab Beachtung finden.

4.2.6.4.3.1 Hervorhebung

Spezialgesetzlich geregelt ist in § 4a Abs. 1 S. 4 BDSG bereits eine Voraussetzung, welche gerade bei der Erteilung der Einwilligung innerhalb von AGB zu beachten ist. Danach muss die Einwilligung, sofern sie zusammen mit anderen Erklärungen abgegeben wird (also etwa innerhalb der Nutzungsbedingungen), besonders hervorgehoben werden. Zwar bezieht sich dies Vorgabe dem Wortlaut nach nur auf „schriftliche" Erklärungen. Jedoch muss vor dem Hintergrund der wirksamen Ausübung des informationellen Selbstbestimmungsrechts diese Voraussetzung auch im Rahmen einer elektronischen Einwilligung nach § 13 Abs. 2 TMG beachtet werden.[693] Denn gerade bei der elektronischen Erteilung der Einwilligung ist es noch wahrscheinlicher eine entsprechende Klausel in einem längeren Text am Bildschirm zu überlesen, sollte dieser etwa nicht durch einen Fettdruck oder farbliche Gestaltung hervorgehoben werden.[694] Der Einwilligende muss durch die Hervorhebung sozusagen geradezu darauf gestoßen werden, dass er neben seinen vertraglichen Erklärungen noch zusätzlich eine datenschutzrechtliche Einwilligungserklärung abgibt.[695] In den hier untersuchten sozialen Netzwerken wurde die datenschutzrechtliche Einwilligung jedoch nie in den Nutzungsbedingungen eingeholt, sondern vielmehr gesondert, etwa im

---

692 BGH, Urteil v. 16.07.2008 - VIII ZR 348/06 = MMR 2008, 731, 732; LG Berlin, Urteil v. 18.11.2009 - 4 O 90/09 = AfP 2010, 190, 191 in Bezug auf § 4a BDSG.

693 Schmitz in Hoeren/Sieber, Handbuch Multimediarecht, Kap. 16.2, Rn. 124; Härting, CR 2011, 169, 174.

694 LG Berlin, Urteil v. 18.11.2009 - 4 O 90/09 = AfP 2010, 190, 191; OLG Hamm, Urteil v. 17.02.2011 - I-4 U 174/10 = MMR 2011, 539; Regierung von Mittelfranken, RDV 2007, 84, 85.

695 Regierung von Mittelfranken, RDV 2007, 84.

Rahmen der Registrierung erklärt. Da die elektronische Einwilligung erst in Verbindung mit den Informationen in der Datenschutzerklärung ihre Wirkung entfalten kann, muss auch der Hinweis, also der Link zu dieser Information, deutlich sichtbar neben der Einwilligung bereitgehalten werden.[696] Dies auch vor dem Hintergrund einer wirksamen Einbeziehung in den Vertrag und dem dafür nach § 305 c Abs. 2 Nr. 1 BGB erforderlichen ausdrücklichen Hinweis auf die AGB.

4.2.6.4.3.2 Bezeichnung

Ein weiteres Problem im Zusammenhang mit Datenschutzerklärungen und ihrer Wirksamkeit im Rahmen einer AGB-Kontrolle stellt sich hinsichtlich ihrer Bezeichnung als „Datenschutzerklärung" und der damit einhergehenden oder mangelnden Sensibilisierung oder sogar Irreführung der Betroffenen.

Denn ungeachtet der häufig anzutreffenden Bezeichnung als „Datenschutzerklärung" muss dem Nutzer klar sein, dass diese die Grundlage für eine Einwilligung in Vorgänge darstellt, die gerade nicht seinem Schutz dienen, sondern eine Verarbeitung und sogar Vermarktung personenbezogener Daten ermöglichen, die über den eigentlich für die Inanspruchnahme des Dienstes erforderlichen Umfang hinausgeht.[697] Bezeichnungen der relevanten Informationen als „Datenschutzerklärung", „Datenschutzklausel" oder „Hinweis zum Datenschutz" können die Betroffenen daher zumindest gedanklich bereits auf einen falschen Weg führen.[698] Richtig ist grundsätzlich auch, dass es einen Unterschied macht, ob jemand einwilligt oder nur einen Hinweis zum Datenschutz erhält.[699] Klauseln in Datenschutzerklärungen könnten dann etwa als „überraschend" i. S. d. § 305 c Abs. 1 BGB qualifiziert werden, wenn die Nutzer aus der Bezeichnung von einem Schutz ihrer Daten ausgehen dürfen, die Klausel jedoch genau das Gegenteil, z. B. die Weitergabe ihrer Daten an Werbekunden

---

696 Moos in Taeger/Gabel, TMG, § 13 TMG, Rn. 19; Spindler/Nink in Spindler/Schuster, § 13 TMG, Rn. 5.

697 Nationaler IT Gipfel 2011, Arbeitsgruppe 5, 11 Tipps für einen sicheren Umgang mit sozialen Netzwerken, S. 7.

698 Regierung von Mittelfranken, RDV 2007, 84, 85.

699 So Regierung von Mittelfranken, RDV 2007, 84, 85; jedoch muss auch dem Umstand Rechnung getragen werden, dass es sich bei der Datenschutzerklärung meist tatsächlich nur um Informationen, also Hinweise, zur Verarbeitung von Daten handelt. Anders sieht dies freilich aus, wenn in der Datenschutzerklärung selbst eine Einwilligung enthalten ist.

oder ähnliches bezweckt. Um die gewünschte Sensibilität der Nutzer hinsichtlich der Bedeutung der datenschutzrechtlichen Informationen zu gewährleisten, und diesen Bestimmungen ihren überraschenden Charakter zu nehmen, würden sich daher Bezeichnungen wie „Datenverwendungsrichtlinie“[700] oder „Datennutzungsbestimmungen“ anbieten. Aus dieser Wortwahl wird deutlich, dass es sich um Informationen handelt, welche sich auf die Verarbeitung der Daten bei der Inanspruchnahme des Dienstes beziehen. Im Prinzip gilt es einen Wortlaut zu verwenden, der klar erkennen lässt, dass der Betroffene eine über das Hauptgeschäft hinausgehende Erklärung abgibt, mit der er in eine über die grundsätzlich erforderlichen Daten und von den gesetzlichen Erlaubnistatbeständen nicht mehr gedeckte (so zumindest der Idealfall des Einsatzes von Einwilligungen) Verwendung seiner personenbezogenen Daten einwilligt.[701] Freilich handelt es sich dabei um einen von den juristischen Grundlagen losgelösten Streit der Findung treffender Formulierungen. Es gilt jedoch zu beachten, dass Zweifel bei der Auslegung von Klauseln in AGB stets zu Lasten des Verwenders gehen, § 305c Abs. 2 BGB.

4.2.6.4.3.3 Bestimmtheit

Ein weiteres häufig anzutreffendes Problemfeld stellt sich bei der Verwendung von Datenschutzerklärungen hinsichtlich ihrer inhaltlichen Bestimmtheit.[702] Die Schwierigkeit liegt hier darin, dass auf der einen Seite juristische Informationspflichten erfüllt werden müssen, welche anderseits dem Nutzer verständlich aufgelistet werden sollen.[703] Gerade im Fall sozialer Netzwerke, welche sich bei Kindern und Jugendlichen ungemein großer Beliebtheit erfreuen, spielt das Finden und Übermitteln der verständlichen Inhalte eine wichtige Rolle. Richten sich Netzwerke an spezielle Kundengruppen, so hat sich dies im Rahmen der Bestimmtheit und der Sprache in der Datenschutzerklärung widerzuspiegeln.

Ausfluss des Transparenzgebotes nach § 307 Abs. 1 S. 2 BGB ist es, den Inhalt der Klauseln möglichst weitgehend zu konkretisieren, so dass die betroffenen Nutzer ihre Rechte und Pflichten dem Vertragstext mit größtmöglicher Be-

700 So die Bezeichnung bei Facebook.
701 Regierung von Mittelfranken, RDV 2007, 84, 85.
702 Spindler/Nink in Spindler/Schuster, § 4a BDSG, Rn. 10; Taeger in Taeger/Gabel, BDSG, § 4a BDSG, Rn. 29; Simitis in Simitis, BDSG, § 4a BDSG, Rn. 77; Helfrich in Hoeren/Sieber, Handbuch Multimediarecht, Kap. 16.1, Rn. 42 f.
703 Siehe auch Menzel, DuD 2008, 400, 407; Enquete-Kommission Internet und digitale Gesellschaft, Fn. 6, S. 86.

stimmtheit entnehmen können.[704] Teil des Transparenzgebotes ist zudem das Bestimmtheitsgebot, wonach keine ungerechtfertigten Beurteilungsspielräume für den Verwender der AGB entstehen dürfen.[705]

Diese Anforderungen an Bestimmtheit und Klarheit gelten auch in Bezug auf die datenschutzrechtliche Einwilligung.[706] Ob eine Bestimmung der Datenschutzerklärung, etwa hinsichtlich der Erstellung von Nutzungsprofilen der User, intransparent ist, muss jedoch stets im Einzelfall entschieden werden.[707] Maßstab für die Erfüllung der Klarheit und Bestimmtheit des Inhalts ist dabei der für den jeweiligen Vertrag typische Durchschnittskunde.[708]

4.2.6.4.3.4 Opt-in für elektronische Werbung

Eine generelle Aussage hinsichtlich der Gestaltung von Datenschutzerklärungen in sozialen Netzwerken kann jedoch in Bezug auf die Klauseln der Datenschutzerklärung bzw. die Einwilligung getroffen werden, die sich auf die Erlaubnis des Anbieters bezieht, ihren Nutzern Werbung auf elektronischen Wege zukommen lassen zu können.

Wie bereits erwähnt genügt den Anforderungen einer datenschutzrechtlichen Einwilligung grundsätzlich das Vorhalten einer Opt-out Möglichkeit.[709] Dies auch in Bezug auf Klauseln, welche die Erbringung von Werbung per Post sowie die Datenverarbeitung der Nutzer für Zwecke der Marktforschung beinhalten.[710] Die danach mögliche, formularmäßige Widerspruchsmöglichkeit gegen die Erteilung dieser Einwilligung genügt nach dem *BGH* den Anforderungen, die an eine freie Entscheidung i. S. v. § 4 Abs. 1, 4a Abs. 1 S. 1 BDSG zu stellen sind, da eine gewichtige Hemmschwelle dadurch nicht begründet wird.[711] Auch hier gilt jedoch weiterhin das Hervorhebungsgebot aus § 4a Abs. 1 S. 4 BDSG und die Anforderung an die inhaltliche Bestimmtheit und Klarheit der Klausel.

---

704 Wurmnest in MüKomm/BGB, § 307 BGB, Rn. 59; Stoffels, AGB-Recht, Rn. 569.

705 Wolf in Wolf/Lindacher/Pfeiffer, AGB-Recht, § 307 BGB, Rn. 258; Stoffels, AGB-Recht, Rn. 571; Wurmnest in MüKomm/BGB, § 307 BGB, Rn. 56.

706 Regierung von Mittelfranken, RDV 2007, 84, 85.

707 Bauer, MMR 2008, 435, 437.

708 Wolf in Wolf/Lindacher/Pfeiffer, AGB-Recht, § 307 BGB, Rn. 245; Wurmnest in MüKomm/BGB, § 307 BGB, Rn. 62; Bauer, MMR 2008, 435, 437.

709 Siehe unter 4.2.6.1.1.1.

710 BGH, Urteil v. 16.07.2008 - VIII ZR 348/06 = MMR 2008, 731, 732.

711 BGH, Urteil v. 16.07.2008 - VIII ZR 348/06 = MMR 2008, 731, 733.

Von der Möglichkeit einer Einwilligung per Opt-out ausdrücklich ausgenommen ist nach dem *BGH* jedoch eine Klausel, welche sich auf Werbung per E-Mail bezieht. In Bezug zu nehmen sind dabei die Anforderungen des § 7 Abs. 2 Nr. 3 UWG, in dem für die Werbung per elektronischer Post eine „ausdrückliche Einwilligung" verlangt wird. Insoweit gelte aufgrund einer richtlinienkonformen Auslegung des Einwilligungsbegriffes, mit Blick auf Erwägungsgrund 17 der Richtlinie 2002/58/EG,[712] auf deren Art. 13 die Einführung des § 7 Abs. 2 Nr. 3 UWG beruht, dass dieser von einer „spezifischen Angabe" des Nutzers spreche, womit nur eine gesonderte Einwilligungserklärung in Bezug auf den Erhalt von Werbung per elektronischer Post gemeint sein kann.[713] Insoweit enthalte § 7 Abs. 2 Nr. 3 UWG gegenüber der Regelung des § 4a Abs. 1 S. 4 BDSG ein speziellere Regelung, wonach die Erteilung diese Einwilligung nicht im Zusammenhang mit anderen Erklärungen möglich ist.[714] Nötig ist eine gesonderte Erklärung durch zusätzliches aktives Handeln, wie etwa aktivieren eines Kästchens (Opt-in).[715]

Durch die Regelung des § 28 Abs. 3, 3a BDSG hat sich an diesen Grundsätzen, also dem Ableiten des Erfordernisses eines Opt-in aus § 7 Abs. 2 Nr. 3 UWG, nichts geändert. In § 28 Abs. 3 S. 1 BDSG wird die Einwilligung der Betroffenen zwar vorgeschrieben. Jedoch ist nicht von einer „ausdrücklichen" oder „gesonderten" Einwilligung die Rede. Vielmehr lässt § 28 Abs. 3a S. 2 BDSG sogar eine Erteilung mit anderen Erklärungen zu.[716] Von einem „verbindlichen vorschreiben des Opt-in" in dem durch § 28 Abs. 3 S. 1 BDSG festgelegten Bereich, kann keine Rede sein.[717] Das Erfordernis des „Opt-in" ergibt sich, wie schon der *BGH* festgestellt hat, aus den zusätzlichen Anforderungen an die Ein-

712 Richtlinie 2002/58/EG des Europäischen Parlaments und des Rates vom 12. Juli 2002 über die Verarbeitung personenbezogener Daten und den Schutz der Privatsphäre in der elektronischen Kommunikation (Datenschutzrichtlinie für elektronische Kommunikation).

713 BGH, Urteil v. 16.07.2008 - VIII ZR 348/06 = MMR 2008, 731, 734.

714 BGH, Urteil v. 16.07.2008 - VIII ZR 348/06 = MMR 2008, 731, 734; a. A.: Düsseldorfer Kreis, RDV 2007, 86.

715 BGH, Urteil v. 16.07.2008 - VIII ZR 348/06 = MMR 2008, 731, 734; vgl. auch OLG Hamm, Urteil v. 17.02.2011 - I-4 U 174/10 = MMR 2011, 539; Taeger in Taeger/Gabel, BDSG, § 4a BDSG, Rn. 27; Däubler in Däubler/Klebe/Wedde/Weichert, BDSG, § 4a BDSG, Rn. 23a; Schmitz in Hoeren/Sieber, Handbuch Multimediarecht, Kap. 16.2, Rn. 125.

716 Taeger in Taeger/Gabel, BDSG, § 28 BDSG, Rn. 174.

717 So aber Däubler in Däubler/Klebe/Wedde/Weichert, BDSG, § 4a BDSG, Rn. 23a.

willigung aus der richtlinienkonformen Auslegung des § 7 Abs. 2 Nr. 3 UWG.[718]

4.2.6.5 Auftretende Arten

Wie stellt sich die Lage nun tatsächlich dar? Um eine konkrete Vorstellung von den derzeit bestehenden Problemen und Versäumnissen der Anbieter sozialer Netzwerke hinsichtlich den von ihnen verwendeten Datenschutzerklärungen zu erhalten, sollen diese nachfolgend einer genaueren Prüfung unterzogen werden. Dabei gilt der Fokus denjenigen Bestimmungen, welche direkte Auswirkung auf das informationelle Selbstbestimmungsrecht der Nutzer haben.[719]

Alle Anbieter erfüllen die Voraussetzung, mit einem gesonderten Link auf ihre Datenschutzerklärung zu verweisen. In den AGB beschränken sie sich meist, wenn überhaupt, auf einen Hinweis auf diese. Die datenschutzrechtlichen Einwilligungserklärungen sind bei keinem der untersuchten Anbieter Inhalt der Nutzungsbedingungen.

4.2.6.5.1 Facebook

4.2.6.5.1.1 Datenschutzrechtliche Einwilligung

Wie bereits erwähnt geht *Facebook* davon aus, dass die Registrierung bzw. der Klick auf die Schaltfläche „Registrieren" auf der Startseite, eine datenschutzrechtliche Einwilligung der Nutzer darstellt. Zwar wird oberhalb dieser Schaltfläche ein Link zu der Datenschutzerklärung bereitgehalten. Jedoch wird der Nutzer weder durch beschreibenden Text, noch etwa durch das nötige Markieren eines Kästchens darauf aufmerksam gemacht, dass er eine datenschutzrechtliche Einwilligung abgibt. Auch die Möglichkeit eines Opt-outs wird nicht angeboten. Alleiniger Anknüpfungspunkt der datenschutzrechtlichen Einwilligung ist somit der Klick auf die mit „Registrieren" beschriftete Schaltfläche.

Lediglich eine vorzunehmende Handlung genügt zum ersten bereits nicht den Anforderungen an eine „bewusste und eindeutige Handlung" i. S. d. § 13

---

718 Taeger in Taeger/Gabel, BDSG, § 28 BDSG, Rn. 179; Schmitz in Hoeren/Sieber, Handbuch Multimediarecht, Kap. 16.2, Rn. 125.

719 Aufgrund der Vielzahl von einzelnen Klauseln in den untersuchten Datenschutzerklärungen werden hier nur einige besonders relevante untersucht.

Abs. 2 Nr. 1 TMG.[720] Zudem erfüllt diese Tätigkeit allein, ohne darüber informiert zu sein, dass es sich dabei neben der Zustimmung zu den AGB auch um eine datenschutzrechtliche Einwilligung handelt, nicht die Anforderungen an eine datenschutzrechtliche Einwilligung nach den Vorgaben der §§ 4, 4a BDSG. Zum einen ist der Nutzer schon nicht hinreichend darüber informiert, welche Folgen sein Handeln hat.[721] Aufgrund des fehlenden Hinweises muss er nicht davon ausgehen, dass es sich hier um eine datenschutzrechtliche Einwilligung handelt. Daran ändert auch der Text auf der Startseite nichts, der darauf verweist, dass mit dem Klick der jeweilige Nutzer erklärt, die Datenschutzerklärung gelesen und verstanden zu haben. Von einer Einwilligung in die Verwendung seiner Daten ist hier nicht die Rede.[722] Ein Abgeben der Einwilligung in „Kenntnis der Sachlage" (Art. 2 lit h) DS-RL) kann hierin nicht erblickt werden. Auch wenn man eventuell von dem Vorliegen einer konkludenten Einwilligung ausgehen möchte, ändert dies nichts an dem Ergebnis. Zwar liegt eine „Willensbekundung" (Art. 2 lit h) DS-RL) vor. Jedoch wird allein aus dem Klick nicht die Absicht des Nutzers „ohne jeden Zweifel" (Art. 7 lit a) DS-RL) deutlich, in die Verarbeitung seiner Daten entsprechend der Datenschutzerklärung einwilligen zu wollen. Um diese Absicht überhaupt erst entwickeln zu können, müsste dem User verständlich gemacht werden, dass es hier auch um eine datenschutzrechtliche Einwilligung geht. Allein die Aufschrift „Registrieren" reicht dafür nicht aus. Zwar könnte man annehmen, dass der Nutzer ja vor dem Registrieren die Möglichkeit hat, die Datenschutzerklärung zu lesen.[723] Jedoch wird ein durchschnittlich verständiger Nutzer sich überhaupt nicht dazu veranlasst sehen, dies zu tun, wenn ihm nicht deutlich gemacht wird, dass die Folgen seines Handelns in der Datenschutzerklärung beschrieben sind. Eine Formulierung wie „Du bist damit einverstanden, dass wir deine Daten entsprechend unserer Datenschutzerklärung verwenden" fehlt. Zwar wird in den AGB darauf verwiesen, dass die Datenschutzerklärung beschreibt, wie Daten der Nutzer verwendet werden. Jedoch bedeutet dies zum ersten noch kein Einverständnis des Nutzers und zum zweiten ändert dies nichts daran, dass bei der Erteilung der Einwilligung (Klick auf die Schaltfläche), kein Hinweis darüber informiert, dass es sich um eine datenschutzrechtliche Einwilligung handelt.

---

720 Siehe unter 4.2.6.1.1.1.

721 So auch LG Berlin, Urteil v. 06.03.2012 – 16 O 551/10 = CR 2012, 270, 273.

722 Vgl. auch Gennen/Kremer, ITRB 2011, 59, 62.

723 So wohl Data Protection Commissioner, Fn. 4, S. 30.

Eine dem deutschen Datenschutzgesetz entsprechende Einwilligung wird im Rahmen der Registrierung zu *Facebook* somit nicht erteilt.[724] Es fehlt an einer zweifelsfreien Bekundung durch die Nutzer mit der Absicht, eine datenschutzrechtliche Einwilligung abzugeben. Sie sind nicht hinreichend informiert darüber, welche Folgen ihre Handlung auslöst, womit nicht gemeint ist, dass sie aktiv mit der gesamten Datenschutzerklärung konfrontiert werden müssten. Denn dies ist nicht nötig.[725] Jedoch erhalten sie nicht einmal die erforderliche Grundinformation, dass es sich überhaupt um eine datenschutzrechtliche Einwilligung handelt. Auch eine konkludente Einwilligung scheidet aus diesen Gründen aus.

4.2.6.5.1.2 Einzelne Klauseln

Die datenschutzrechtlichen Bedenken setzen sich im Rahmen der Kontrolle der von *Facebook* bereitgehaltenen Datenschutzerklärung fort. Dabei nutzt der Anbieter nicht eine einzige Seite, auf der er seine Datenschutzerklärung präsentiert, sondern stellt eine Hauptseite bereit, auf der auf weitere Unterseiten mit verschiedenen Themen in Bezug auf die Verarbeitung von Daten verwiesen wird.

4.2.6.5.1.2.1 Informationen, die wir über dich erhalten

In der Klausel mit der Überschrift „Informationen, die wir über dich erhalten" stellt *Facebook* diejenigen Datenkategorien dar, welche bei der Nutzung des Dienstes an den Anbieter übermittelt werden. Dabei werden unter anderem die Registrierungsdaten (Name, Alter, Geburtsdatum etc.) genannt. Völlig überraschend legt *Facebook* in dieser Klausel jedoch auch fest, dass es das angegebene Geburtsdatum dazu verwenden kann, um passende Werbeanzeigen auszuspielen. Dass in dieser Klausel auch Informationen zu der Verwendung der Daten und noch dazu für Werbezwecke bereitgestellt werden, geht jedoch aus der Überschrift nicht hervor. Dies zudem vor dem Hintergrund, dass es eine andere Klausel in der Datenschutzerklärung gibt, welche regeln soll, wie Daten durch *Facebook* verwendet werden. Zudem wird in dieser Klausel beschrieben, dass *Face-*

---

724 So auch LG Berlin, Urteil v. 06.03.2012 – 16 O 551/10 = CR 2012, 270, 273; Gennen/Kremer, ITRB 2011, 59, 62; Erd, NVwZ 2011, 19, 21; a. A. wohl Härting, CR 2011, 169, 174, der den Verweis auf die Datenschutzerklärung in den Nutzungsbedingungen und das Akzeptieren eben dieser ausreichen lassen will.

725 Siehe unter 4.2.6.1.1.2.1.

book die Daten der Nutzer an Werbepartner weitergibt (wenn auch in pseudonymisierter Form). Auch dies bezieht sich folglich auf die Verwendung der Daten und nicht auf eine Information darüber welche Daten der Anbieter erhält. Überhaupt keine Informationen finden sich in dieser Klausel etwa auch zu dem Zeitraum, wie lange diese Daten weitergegeben werden. Ein durchschnittlicher Nutzer wird kaum damit rechnen, dass sich derartige Informationen unter dieser Überschrift wiederfinden. In Bezug auf die Angaben zu der Verwendung der Daten der Nutzer für Werbezwecke ist diese Klausel daher als überraschend i. S. d. § 305 c Abs. 1 BGB anzusehen und wird nicht Vertragsbestandteil.

4.2.6.5.1.2.2 Wie wir uns bereitgestellte Informationen verwenden

In dieser Klausel versucht der Anbieter ersichtlich Informationen darüber bereitzustellen, was mit den erlangten Daten geschieht. Dabei werden jedoch Formulierungen wie

> „Beispielsweise können wir die uns über dich bereitgestellten Informationen wie folgt verwenden"

genutzt. Dem Nutzer wird somit nur eine Auswahl der möglichen Verwendungsabsichten mitgeteilt. Hierdurch wird dem Betroffenen nicht konkret genug vor Augen geführt, für welche Zwecke seine Daten genutzt werden.[726] Solche Informationen können dem Bestimmtheitserfordernis aus § 307 Abs. 1 S. 2 BGB jedoch nicht genügen. Zudem weicht diese Klausel von dem gesetzlichen Grundgedanken der §§ 4, 4a BDSG bzw. § 13 Abs. 1 TMG ab. Auch dort wird festgelegt, dass die Einwilligung bestimmt genug sein muss, um den Betroffenen wirksam darüber zu informieren, welche Daten und wie diese genutzt werden. Insoweit verstößt diese Klausel auch gegen § 307 Abs. 2 Nr. 1 BGB und stellt eine unangemessene Benachteiligung des Nutzers dar.

Des Weiteren versucht *Facebook* in dieser Klausel anscheinend eine Einwilligung der Nutzer in die Verwendung ihrer Daten im Zusammenhang mit der Messung der Effektivität von Werbeanzeigen einzuholen. So heißt es dort *„Indem du uns die Erlaubnis hierzu erteilst..."*. Diese Textpassage ist jedoch nicht hervorgehoben oder in anderer Weise besonders kenntlich gemacht. Sie verstößt damit gegen den Grundsatz des § 4a Abs. 1 S. 4 BDSG, wonach die Einwilligungserklärung bei der Erteilung mit anderen Erklärungen hervorzuheben ist.

---

726 Erd, NVwZ 2011, 19, 21.

Auch diese Klausel stellt sich damit nach § 307 Abs. 2 Nr. 1 BGB als unangemessene Benachteiligung der Nutzer dar.

4.2.6.5.1.2.3 Wie Werbung funktioniert

Unter der Rubrik „So funktionieren Werbung und gesponserte Meldungen" und dort in der Klausel „personalisierte Werbeanzeigen" versucht *Facebook* zu erläutern, wie die Daten der Nutzer für Werbezwecke genutzt werden. Jedoch besticht auch diese Klausel durch ihre inhaltliche Unbestimmtheit. So wird davon gesprochen, dass Werbekunden „manchmal" Cookies auf den Computern der Nutzer hinterlassen oder dass *Facebook* seinen Werbekunden „manchmal" gestattet Nutzerkategorien zur Zielgruppenauswahl zu verwenden. Der Nutzer wird somit völlig im Unklaren darüber gelassen, wann seine Daten in der beschriebenen Weise verwendet werden. Auch diese Klausel kann folglich nicht dem im Transparenzgebot enthaltenen Bestimmtheitserfordernis nach § 307 Abs. 1 S. 2 BGB gerecht werden und stellt eine unangemessene Benachteiligung der Nutzer dar.

Insgesamt muss der Datenschutzerklärung von *Facebook* ein schlechtes Zeugnis ausgestellt werden.[727] Zwar wird man dem Anbieter noch zugute halten müssen, dass er bemüht ist und dies weitestgehend auch praktikabel umsetzt, eine einfache und verständliche Sprache zu wählen.[728] Jedoch ändert dies nichts an den allzu häufig anzutreffenden vagen Formulierungen hinsichtlich der Verwendung der Daten, welche die Nutzer im Unklaren darüber lassen, was genau mit ihren Daten geschieht.[729]

4.2.6.5.2 Google

4.2.6.5.2.1 Datenschutzrechtliche Einwilligung

Um sich bei dem sozialen Netzwerk von *Google*, *GooglePlus*, anzumelden, benötigt der Nutzer zunächst ein allgemeines *Google*-Konto, welches auch für andere Dienste genutzt werden kann. Bei der Registrierung für dieses Konto ver-

---

727 So auch Erd, NVwZ 2011, 19, 21.

728 Härting, CR 2011, 169, 172.

729 So empfiehlt der irische Datenschutzbeauftrage in seinem Bericht auch, dass Facebook seine Datenschutzerklärung einfacher und verständlicher gestalten müsse, Data Protection Commissioner, Fn. 4, S. 42.

wendet *Google* ein Opt-in Verfahren, mit dem der Nutzer bestätigen muss, dass er den Nutzungsbedingungen zustimmt und die Datenschutzerklärung gelesen hat. Des Weiteren ist danach der Klick auf eine Schaltfläche mit der Aufschrift „Nächster Schritt“ nötig. Hierdurch erfüllt der Anbieter die Voraussetzung einer „bewussten und eindeutigen Handlung“ (§ 13 Abs. 2 Nr. 1 TMG), sowie diejenige einer „Willensbekundung“ (Art. 2 lit h) DS-RL). Problematisch stellt sich hier, wie bei *Facebook*, jedoch die Erfüllung der Voraussetzung „ohne jeden Zweifel“ (Art. 7 lit a) DS-RL) dar. Denn durch die Bestätigung der Check-Box soll der User nur angeben, die Datenschutzerklärung gelesen zu haben. Auch die Schaltfläche verweist lediglich auf einen nächsten Schritt. Bei beiden Stufen wird der Nutzer jedoch nicht darüber informiert, dass er im Zuge der Registrierung eine datenschutzrechtliche Einwilligung erteilt.[730] Nach der Registrierung für das *Google*-Konto ist eine Anmeldung bei *GooglePlus* möglich. Bei dieser Anmeldung wird der Nutzer über ein Opt-out Verfahren darauf hingewiesen, dass *Google* seine Informationen verwenden darf, „*um Inhalte und Werbeanzeigen auf Websites Dritter zu personalisieren*“. Direkt daneben befindet sich ein Symbol, worüber der Nutzer auf eine weitere Seite gelangt, wo dieses („+1 auf Websites Dritter“ genannte) Verfahren erläutert wird. Dabei handelt es sich um eine Einwilligung in die Verwendung der Daten der Nutzer, um Inhalte und Werbeanzeigen auf Webseiten dritter Unternehmen zu personalisieren, also dem Nutzer etwa zu zeigen, dass diese Seite auch schon einer seiner Freunde aus dem sozialen Netzwerk besucht hat. *Google* stellt sich dabei selbst als Mittler zwischen dem Nutzer und den Websites Dritter dar. Es handelt sich dabei also nicht um die Verwendung von Daten der Nutzer im Rahmen des sozialen Netzwerks selbst. Folglich ist diese Erklärung auch keine datenschutzrechtliche Einwilligung in die Verarbeitung der Daten der Nutzer im Rahmen von *GooglePlus*.

Eine Information des Nutzers, dass es sich bei der Registrierung zu dem *Google*-Konto oder der anschließenden Anmeldung bei *GooglePlus* auch um die Abgabe einer datenschutzrechtlichen Einwilligung handelt, findet nicht statt. Der Nutzer wird nirgends darauf verwiesen, dass er sich mit den Bestimmungen der Datenschutzerklärung einverstanden erklärt. Folglich mangelt es der im Rahmen der Registrierung zu *Google* bzw. *GooglePlus* abzugebenden Einwilligung an der benötigten Absicht des Nutzers, in die Verarbeitung seiner Daten einzuwilligen und gerade dies zum Ausdruck zu bringen. Somit kann eine Einwilligung „ohne jeden Zweifel“ (Art. 7 lit a) DS-RL) durch den Nutzer, nämlich

730 Eine wirksame Einwilligung ebenfalls ablehnend Becker/Becker, MMR 2012, 351, 353 f.

die zweifelsfreie Absicht, mit der Verarbeitung seiner Daten zu den in der Datenschutzerklärung niedergelegten Zwecken einverstanden zu sein, wie auch bei *Facebook*, nicht wirksam erteilt werden.[731]

4.2.6.5.2.2 Einzelne Klauseln

Auch die Datenschutzerklärung von *Google* kann nicht frei von Bedenken bleiben. Dabei ist bereits die Methode von *Google*, eine einzige Datenschutzerklärung für mehrere angebotene Dienste einzusetzen, kritisch zu betrachten.[732] Die Folge eines solchen Vorgehens kann entweder nur die Überladung einer Datenschutzerklärung in Bezug auf ihre Länge sein, wenn jeder Dienst und die bei diesem vorgenommenen Datenverarbeitungsvorgänge aufgeführt werden. Oder aber die Datenschutzerklärung wird möglichst kurz gehalten, dann aber mit so vielen allgemeinen und vagen Begriffen und Formulierungen gefüllt, dass sie für jeden Dienst anwendbar scheint.[733]

4.2.6.5.2.2.1 Informationen, die wir aufgrund Ihrer Nutzung unserer Dienste erhalten

Unter diesem Punkt der Datenschutzerklärung führt der Anbieter aus, dass „möglicherweise" Informationen über die Art und Weise der Nutzung der Dienste durch die User erfasst. Dazu werden „gegebenenfalls" Informationen lokal auf dem Gerät der Betroffenen erhoben und gespeichert. Dabei kann es sich auch um personenbezogene Daten handeln. Welche Daten dabei genau erhoben werden, wird nicht ausgeführt. Zudem wird darauf hingewiesen, dass zu Erhebung und Speicherung von Informationen über die Nutzer verschiedene Technologien verwendet werden, unter anderem (aber wohl eben nicht nur) Cookies. Aus diesen Angaben herauszulesen, wie Daten erhoben werden und

---

731 Im Ergebnis ebenso Becker/Becker, MMR 2012, 351, 354.

732 Siehe etwa den Brief der Präsidentin der Commission nationale de l'informatique et des libertés (CNIL) an den CEO von Google (Larry Page), S. 1, abrufbar unter http://www.cnil.fr/fileadmin/documents/en/Courrier_Google_CE121115_27-02-2012-EN.pdf (zuletzt abgerufen am 01.12.2012).

733 Der Verbraucherzentrale Bundesverband e. V. (VZBV) hat Google daher auch wegen der Unbestimmtheit seiner AGB und der Datenschutzerklärung abgemahnt, vgl. die Pressemitteilung des VZBV, abrufbar unter http://www.vzbv.de/8963.htm (zuletzt abgerufen am 01.12.2012).

welche dies genau sind, ist für einen Betroffenen nicht möglich.[734] Die für eine datenschutzrechtliche Einwilligung erforderliche Zweckbestimmung und Information über Art und Umfang der Verarbeitung, welche durch die bereitzustellenden Informationen im Rahmen der Unterrichtungspflicht (§ 4a Abs. 1 S. 2 BDSG, § 13 Abs. 1 TMG) zu gewährleisten ist, wird dadurch nicht erfüllt. Diese Klausel ist aufgrund ihrer fehlenden Genauigkeit und wegen eines Abweichens von den Grundgedanken der §§ 4a Abs. 1 S. 2 BDSG, 13 Abs. 1 TMG als unangemessene Benachteiligung der Nutzer nach § 307 Abs. 2 Nr. 1 BGB einzustufen.

4.2.6.5.2.2.2 Wie wir die von uns erhobenen Informationen nutzen

Mit dieser Klausel möchte *Google* über die Verwendung der durch die Inanspruchnahme seines Dienstes erhobenen Daten informieren. Hier macht der Anbieter auch deutlich, dass er Informationen zur Verfügungstellung von Werbung nutzt. Des Weiteren erläutert *Google* auch, dass Cookies und sog. Pixel-Tags genutzt werden, um Daten der Nutzer zu erfassen. Welche Daten hierunter Fallen, wird jedoch nicht beschrieben. Ebenso wenig wann diese Technologien zum Einsatz kommen. Zudem gibt der Betreiber an, „unter Umständen" personenbezogene Daten aus einem Dienst mit Informationen und personenbezogenen Daten aus anderen *Google*-Diensten zu verknüpfen. Es werden also Nutzerprofile erstellt. Wann dies geschieht und welche Daten und Informationen davon genau erfasst sind, bleibt jedoch unklar. Alleine die Vagheit dieser Aussagen und ihre fehlende Konkretheit sprechen bereits dafür, diese Klausel wegen Verstoßes gegen das Bestimmtheitserfordernis und dem in § 307 Abs. 1 S. 2 BGB kodifizierten Transparenzgebot für unwirksam und damit nicht zum Vertragsbestandteil zu erklären. Zudem hält *Google* keine Widerspruchsmöglichkeit gegen die Erstellung von Nutzerprofilen bereit bzw. verweist auch nicht auf eine solche Möglichkeit. Nach § 15 Abs. 3 S. 1 TMG ist es dem Diensteanbieter gestattet Nutzungsprofile zu erstellen, jedoch erstens nur für die dort bestimmten Zwecke

734 So auch der Brief der Präsidentin der Commission nationale de l'informatique et des libertés (CNIL) an den CEO von Google (Larry Page), Fn. 732, S. 2. Die CNIL befasst sich auf Vorschlag der Art. 29 Datenschutzgruppe mit den neuen AGB und der Datenschutzerklärung von Google und soll diese auf Vereinbarkeit mit dem europäischen Datenschutzrecht überprüfen, vgl. den Brief der Art. 29 Datenschutzgruppe an Larry Page, abrufbar unter http://ec.europa.eu/justice/data-protection/article-29/documentation/other-document/files/2012/20120202_letter_google_privacy_policy_en.pdf (zuletzt abgerufen am 01.12.2012).

und zweitens nur bei der Bereitstellung einer Widerspruchsmöglichkeit. Auf dieses Widerspruchsrecht hat der Diensteanbieter den Nutzer nach § 13 Abs. 3 S. 2 TMG im Rahmen seiner Unterrichtungspflicht (§ 13 Abs. 1 TMG) hinzuweisen. Ein solcher Hinweis fehlt hier. Damit ist diese Klausel auch nicht mit den Grundgedanken des § 13 Abs. 3 S. 1 und 2 TMG vereinbar bzw. weicht unvereinbar von diesen ab.[735] Die Folge ist eine unangemessene Benachteiligung der Betroffenen nach § 307 Abs. 2 Nr. 1 BGB und die Unwirksamkeit der Klausel.

Auch die Datenschutzerklärung von *Google* bzw. *GooglePlus* stellt sich daher in Teilen als mit dem geltenden deutschen Datenschutzrecht unvereinbar dar. Zwar bemüht sich auch *Google* um eine angemessene und verständliche Sprache, stellt zudem weitergehende Informationen zu spezifischen Begriffen (etwa zu Cookies oder personenbezogenen Daten) zur Verfügung. Jedoch zeigt sich hier in der Umsetzung einer allgemeinen Datenschutzerklärung für mehrere Dienste das angesprochene Defizit, dass nämlich die Bestimmtheit und inhaltliche Verständlichkeit der Informationen der Abstraktheit einer solchen Erklärung weicht.

4.2.6.5.3 meinVZ

4.2.6.5.3.1 Datenschutzrechtliche Einwilligung

Im sozialen Netzwerk von *meinVZ* wird die datenschutzrechtliche Einwilligung ebenfalls beim Registrierungsvorgang erteilt. Der Anbieter greift dabei auf ein Opt-in Verfahren zurück, bei welchem der Nutzer eine Check-Box mit der Beschreibung „Ja, ich habe die Datenschutz-Erklärung gelesen und willige in die dort beschriebene Erhebung und Verwendung meiner Daten, auch zu Werbe- und Marketingzwecken ein“. Als zweites muss der Nutzer eine Schaltfläche mit der Beschriftung „Jetzt registrieren“ betätigen. Damit erfüllt dieses Vorgehen die Voraussetzungen an eine „bewusste und eindeutige Handlung“ (§ 13 Abs. 2 Nr. 1 TMG) ebenso wie die einer „Willensbekundung“ (Art. 2 lit h) DS-RL). Zudem wird dort eindeutig darauf verwiesen, dass der Nutzer mit dem Ankreuzen des Kästchens und Registrierung eine datenschutzrechtliche Einwilligung, auch in die Verarbeitung seiner Daten zu Werbezwecken, erteilt. Über einen Link sind die Informationen der Datenschutzerklärung direkt abrufbar. Ein durchschnittlicher Nutzer kann aus diesen Informationen erkennen, dass er eine

735 Ebenso Becker/Becker, MMR 2012, 351, 353.

Erklärung abgibt, welche den Anbieter dazu berechtigt, seine Daten zu verarbeiten. Die Nutzer sind folglich bei der Abgabe ihrer Einwilligung ausreichend informiert um ihre Einwilligung „ohne jeden Zweifel" (Art. 7 lit a) DS-RL) erteilen zu können. Bei der Registrierung zu *meinVZ* ist somit von einer wirksamen Erteilung einer datenschutzrechtlichen Einwilligung auszugehen.

4.2.6.5.3.2 Einzelne Klauseln

Die Datenschutzerklärung von *meinVZ* enthält mehrere Ziffern, in denen jeweils die wichtigen Inhalte und die Nutzungsmodalitäten, in die der Nutzer einwilligt, durch Fettdruck besonders hervorgehoben sind. Erläuternde Ergänzungen finden sich in normaler Schrift darunter. Dies erfüllt die Voraussetzung des § 4a Abs. 1 S. 4 BDSG nach einer besonderen Hervorhebung der Einwilligung bei der Abgabe mit andere Erklärungen.

4.2.6.5.3.2.1 Ziffer 3

Hier erläutert der Betreiber, inwieweit er Cookies verwendet, um damit Nutzungsdaten der User zu verarbeiten. Dabei wird der Sinn des Einsatzes der Cookies beschrieben, der dazu dient „*das Netzwerk nutzerfreundlich und nutzerbezogen sowie effektiv und sicher auszugestalten*". Dabei könnte unter dem Postulat der Bestimmtheit der datenschutzrechtlichen Einwilligung fraglich sein, welche Daten der Anbieter unter den Nutzungsdaten versteht. Welche Daten also im Rahmen des Einsatzes von Cookies genau verarbeitet werden. Hierzu bietet *meinVZ* einen Link an, der, wie etwa bei *Google*, auf eine weitere Seite verweist (Datenschutzinformationen), auf der verschiedene Begriffe im Zusammenhang mit der Verarbeitung von Daten genauer erläutert werden. Ein solches Vorgehen genügt den Anforderungen einer inhaltlichen Bestimmtheit der datenschutzrechtlichen Einwilligung. Der Nutzer erhält direkt dort, wo eventuell Unklarheiten bestehen, die Informationen präsentiert. Dass diese Informationen nicht jeweils direkt neben dem fremden Begriff auftauchen ist ebenso unschädlich, wie ein Bereithalten der Informationen zur datenschutzrechtlichen Einwilligung per Link als ausreichend erachtet wird, um den Informations- und Unterrichtungspflichten (§ 4a Abs. 1 S. 2 BDSG, § 13 Abs. 1 S. 1 TMG) zu genügen.

4.2.6.5.3.2.2 Ziffer 5

In dieser Klausel beschreibt der Anbieter diejenige Einwilligung, die der Nutzer ihm in Bezug auf die Ausspielung von personalisierter Werbung und den dafür verarbeiteten Daten erteilt. Hierbei werden die genutzten Datenarten abschließend aufgezählt und mit passenden Beispielen veranschaulicht. So enthält die Aufzählung etwa die

> „von mir bei der Registrierung mitgeteilten Daten (z.B. Geschlecht und Region etc.), die von mir freiwillig innerhalb meines eigenen Profils eingetragenen Daten (z.B. frühere Studienrichtung, Interessen, Clubs/Vereine, Musikrichtung/Bands, Lieblingsbücher/-filme etc.)".

Damit wird der nötigen Zweckbestimmung (§ 4a Abs. 1 S. 2 BDSG, § 13 Abs. 1 S. 1 TMG) der datenschutzrechtlichen Einwilligung und der Information in Bezug auf Art und Umfang der Daten (§ 13 Abs. 1 S. 1 TMG) ausreichend Rechnung getragen. Auch ist diese Klausel ausreichend bestimmt, um einem durchschnittlichen Nutzer zu verdeutlichen, um welche Daten es sich handelt und wofür diese genutzt werden.[736]

Ein Hauptunterschied zwischen der Datenschutzerklärung bei *meinVZ* und etwa derjenigen von *Google* liegt in der inhaltlichen Bestimmtheit und Konkretheit der Informationen zu den Datenverarbeitungsprozessen. Wo der amerikanische Anbieter in essentiellen Punkten meist vage und offen formuliert, wird in den Datenschutzerklärungen des deutschen Anbieters soweit wie möglich konkretisiert. Dies zeigt sich allein schon daran, dass Begriffe wie „unter Umständen", „möglicherweise" und „gegebenenfalls" in der Datenschutzerklärung von *meinVZ* überhaupt nicht auftauchen.

4.2.6.5.4 XING

4.2.6.5.4.1 Datenschutzrechtliche Einwilligung

Die datenschutzrechtliche Einwilligung wird bei *XING* im Rahmen der Registrierung zu dem Dienst erteilt. Der Betreiber des Netzwerkes bedient sich dabei eines Opt-in Verfahrens, bei dem der Nutzer aktiv ein Häkchen setzen muss. Daneben wird er in einem Text darauf hingewiesen, dass er die Datenschutzerklärung akzeptiere. In einem zweiten Schritt folgt ein Klick auf eine Schaltflä-

736 Zu der Einwilligung bei studiVZ, vgl. Gennen/Kremer, ITRB 2011, 59, 62.

che mit der Aufschrift „Jetzt registrieren". Durch das wiederholte Bestätigen des Übermittlungsbefehls erfüllt dies die Voraussetzungen an eine „bewusste und eindeutige Handlung" (§ 13 Abs. 2 Nr. 1 TMG) ebenso wie an eine „Willensbekundung" (Art. 2 lit h) DS-RL). Fraglich ist, ob der Nutzer bei der Abgabe seiner Einwilligung mit der Absicht handelt, eine solche Erklärung abzugeben und dies „ohne jeden Zweifel" (Art. 7 lit a) DS-RL) festgestellt werden kann. Durch den Hinweis des Akzeptierens der Datenschutzerklärung wird einem durchschnittlichen Nutzer bewusst, dass er etwas Verbindliches mit seiner Handlung auslöst. Es wird klar, dass es nicht nur etwa darum geht die Datenschutzerklärung gelesen zu haben, sondern er erklärt sich mit deren Bestimmungen auch einverstanden. Zudem wird über einen Link direkt auf die Datenschutzerklärung des Anbieters verwiesen. Nicht verwiesen wird darauf, dass Daten der Nutzer zu Werbezwecken genutzt werden und sich die Einwilligung auch hierauf erstreckt. Dies jedoch aus gutem Grund, da *XING* keine Daten seiner Nutzer an Werbekunden weiterreicht. Vielmehr bietet *XING* als einziges hier untersuchtes Netzwerk die Möglichkeit von sog. Premium-Mitgliedschaften oder auch Recruiter-Mitgliedschaften an, welche entgeltpflichtig sind. Die Einnahmen dieses Anbieters generieren sich daher zum größten Teil aus anderen Quellen als bei den Konkurrenznetzwerken. Das Fehlen eines Hinweises auf die Verarbeitung der Daten zu Werbezwecken ist daher nicht zu beanstanden. Die bei der Registrierung zu *XING* abgegebene datenschutzrechtliche Einwilligung erfüllt die Voraussetzungen des deutschen bzw. europäischen Datenschutzrechts.

4.2.6.5.4.2 Einzelne Klauseln

4.2.6.5.4.2.1 Ziffer 7: API und Verarbeiten von Daten im Auftrag des Nutzers

Der Anbieter erläutert hierin Verfahren und Vorgehensweisen, wann und wie Dritten die Möglichkeit gegeben wird, auf die Daten von Mitgliedern zuzugreifen. Dabei werden Applikationen von Drittanbietern bereitgestellt, welche durch die User genutzt werden können. *XING* klärt darüber auf, dass es hier einer vorherigen gesonderten Einwilligung des Mitglieds bedarf. Dies geschieht entsprechend den gesetzlichen Vorgaben zur datenschutzrechtlichen Einwilligung folgerichtig, da durch die Festlegung des Umfangs und der Zwecke in der Datenschutzerklärung von *XING* noch nichts über die Art und den Umfang der Datenverarbeitung durch den Drittanbieter im Wege der Nutzung seiner Applikation ausgesagt werden kann. Insofern sind dies neue Verarbeitungsvorgänge, über die der Betroffene entsprechend der § 4a Abs. 1 S. 2 BDSG und § 13 Abs. 1 S. 1 TMG erneut aufzuklären ist. Dabei verwendet *XING* auch eine aussagekräftige und inhaltlich konkrete Formulierung, so dass dem Nutzer klar wird, wann es zu einer Datenverarbeitung durch Dritte kommt.

4.2.6.5.4.2.2 Ziffer 12: Cookies, Pixel

In dieser Klausel klärt der Betreiber darüber auf, was Cookies und Pixel sind und wie *XING* diese nutzt. Dabei wird unter Anführung von Beispielen *(„Pixel ist eine Bilddatei bzw. ein Link zu einer Bilddatei, das im Webseiten-Code eingefügt wird, sich jedoch nicht auf Ihrem Endgerät ... befindet“)* eine möglichst große Transparenz und Verständlichkeit geschaffen. Problematisch in dieser Klausel stellt sich folgende Formulierung dar: „*Cookies helfen uns zum Beispiel dabei... die Werbewirksamkeit einzuschätzen*“. Eine ähnliche Formulierung findet sich zu dem Einsatz von Pixeln. Dies könnte eine gewisse Verwirrung hinsichtlich der Nutzung von personenbezogenen Daten zu Werbezwecken hervorrufen, da der Anbieter in Ziff. 1 seiner Datenschutzerklärung noch darstellt, dass er „*in keinem Fall ... personenbezogenen Daten zu Werbe- oder Marketingzwecken übermitteln*“ wird. Sollten also tatsächlich doch personenbezogene Daten der Nutzer für Werbezwecke, etwa auch für die Erstellung von Nutzungsprofilen, verarbeitet werden, so würde sich dies als eine Klausel darstellen, welche von den Grundgedanken der § 13 Abs. 3 S. 1 und S. 1 TMG abweicht, dass nämlich kein Hinweis auf ein Widerspruchsrecht zur Verarbeitung der Nutzungsdaten für Werbezwecke bereitgestellt wird. Zudem würde für Inhaltsdaten ein Abweichen von § 28 Abs. 3 S. 1 BDSG vorliegen, da es an der entsprechenden Einwilligung der Nutzer fehlt. Die Folge wäre eine Unwirksamkeit der Klausel nach § 307 Abs. 2 Nr. 1 BGB wegen einer unangemessenen Benachteiligung. Jedoch klärt der Anbieter die Situation und Verwendung der Daten ausführlich in der Datenschutzerklärung auf. So wird beschrieben, dass bei sog. permanenten Cookies und der Pixelnutzung überhaupt keine personenbezogenen Daten verarbeitet werden. Ein Abweichen von den Normen der § 13 Abs. 3 S. 1 TMG und § 28 Abs. 3 S. 1 BDSG scheidet mithin aus. Zudem ist die Formulierung „*die Werbewirksamkeit einzuschätzen*“ so zu verstehen, dass es dabei um die anbietereigene Werbung, bzw. genauer darum geht festzustellen, wie aktiv ein Nutzer etwa auf der Plattform ist, um ihm beispielsweise ein Angebot hinsichtlich einer Premium-Mitgliedschaft machen zu können. Werden jedoch etwa die Anzahl der Logins pro Monat gezählt, ohne dass dabei ein Personenbezug hergestellt wird, so verstößt dies nicht gegen die angeführten gesetzlichen Bestimmungen. Man könnte diese Klausel daher allenfalls als etwas misslich formuliert beschreiben. Aus dem Zusammenhang ergibt sich jedoch, dass es sich dabei nicht um die Verarbeitung personenbezogener Daten zu Werbezwecken für Drittanbieter handelt.

4.2.6.6 Zwischenergebnis zu den untersuchten Datenschutzerklärungen

Wie sich gezeigt hat, verwenden die amerikanischen Anbieter Datenschutzerklärungen, welche in vielen Punkten gegen deutsches Recht verstoßen. Sie sind häufig durch vage und offene Formulierungen gekennzeichnet, was sich schwerlich mit dem Recht auf informationelle Selbstbestimmung der Betroffenen vereinbaren lässt. Die datenschutzrechtlichen Einwilligungen erfüllen des Weiteren nicht die Anforderungen an die Vorgaben der deutschen und europäischen Datenschutzgesetze. Dabei bedürfte es nicht umfänglicher, zeit- und kostenintensiver Änderungsmaßnahmen, um eine Rechtskonformität herzustellen. Schon kleine Verbesserungen in Bezug auf die Abgabe der Einwilligung und vor allem hinsichtlich der bereitgestellten Informationen würden hier ein anderes Bild zeichnen.

Voraussetzungen einer wirksamen datenschutzrechtlicher Einwilligung müssen dabei stets die Eindeutigkeit und Bewusstheit ihrer Abgabe sein, sowie das Wissen und die Absicht der Betroffenen um die Tragweite ihrer Erklärung. Die genauen Informationen zu der Reichweite sind in Bestimmungen bereitzuhalten, welche den angesprochenen Kundenkreis inhaltlich klar, verständlich formuliert und umfassend aufklären müssen. Insofern sind auch online konkludente Einwilligungen möglich, wenn diese den Willen der Betroffenen ausreichend zum Ausdruck bringen, mit der Verarbeitung ihrer Daten in dem beschriebenen Umfang einverstanden zu sein.

4.2.7 Cookies

Wie bei der Prüfung der verwendeten Datenschutzerklärungen bereits angesprochen, nutzen die Anbieter sozialer Netzwerke unter anderem Cookies, um etwa das Einloggen auf der Plattform zu vereinfachen oder dem User auf ihn zugeschnittene Werbeinhalte anzuzeigen, indem die nötigen Daten in einer Datei auf dem Computer des Betroffenen gespeichert werden.[737] Der Einsatz dieser technischen Helferlein ermöglicht es ebenso wie die Verarbeitung von jeglichen anderen Daten, welche die Nutzer etwa selbst in dem Netzwerk eingestellt haben, das informationelle Selbstbestimmungsrecht in Gefahr zu bringen, wenn diese Informationen für Zwecke verwendet werden, die einer gesetzlichen Grundlage entbehren oder von einer Einwilligung nicht umfasst sind und noch dazu im Hintergrund, ohne Kenntnis der Betroffenen, ablaufen.[738]

4.2.7.1 Technischer Hintergrund

Cookies sind kleine Textdateien bzw. Programmpakete in Webbrowsern, gespeichert auf der Festplatte des Betroffenen, die von einer Website erzeugt und zwischen den Servern der Anbieter und dem Computer der Nutzer, genauer dessen Browser, ausgetauscht werden.[739] Dabei haben die Betroffenen keinen direkten Einfluss auf die im Cookie gespeicherten Inhalte.[740] Diese können alle möglichen Arten von Daten, wie z. B. Passwörter, besuchte Webseiten, Daten, Uhrzeiten oder E-Mail-Adressen speichern und, bei einem Cookie welches für längere Zeit als die jeweilige Nutzung des Dienstes programmiert ist, auf der Festplatte der User abgelegt werden.[741] Dies gilt jedoch nicht für die sog. Session-Cookies, welche lediglich an den Browser des Nutzers während einer aktiven Nutzung des Dienstes übertragen, nach Schließung des Browsers jedoch automatisch gelöscht werden.[742] Teilweise bleiben Cookies also auch nach dem Schließen des Browsers und Herunterfahren des Computers gespeichert und werden bei erneutem Aufrufen der Webseite von der sie stammen, durch den Server des dahinter stehenden Anbieters, wiedererkannt, geladen und die in ihnen enthaltenen Informationen ausgelesen und an den Server übermittelt.[743] Der Anbieter sozialer Netzwerke erkennt auf diese Weise etwa den Nutzer wieder und welche Einstellungen er, z. B. in Bezug auf die Sichtbarkeit seines Pro-

---

737 Vgl. Maisch, ITRB 2011, 13, 15.

738 Bizer, DuD 1998, 277, 278; Wichert, DuD 1998, 273, 274.

739 Ihde, CR 2000, 413, 414; Wichert, DuD 1998, 273.

740 Wichert, DuD 1998, 273, 274.

741 Lienemann, K&R 2011, 609; Ihde, CR 2000, 413, 414; Wichert, DuD 1998, 273, 274; Luch, Stellungname des wissenschaftlichen Dienstes des Schleswig-Holsteinisches Landtages, S. 8.

742 Vgl. etwa Köhntopp/Köhntopp, CR 2000, 248, 252.

743 Lienemann, K&R 2011, 609; Köhntopp/Köhntopp, CR 2000, 248, 252; Wichert, DuD 1998, 273, 274.

fils, das letzte Mal vorgenommen hatte. Das Erleichtert etwa das erneute Einloggen in einem Online-Shop oder das Behalten von Waren in dem elektronischen Warenkorb, jedoch werden Cookies auch dazu verwendet, um Nutzungsgewohnheiten aufzuzeichnen und Nutzerprofile zu erstellen, um personalisierte Werbung schalten zu können.[744] Salopp ausgedrückt könnte man Cookies daher auch zumindest teilweise als kleine „Spione" bezeichnen.[745] Denn die Datenerhebung läuft automatisch und im Hintergrund ab, ohne dass dies die meisten Nutzer bemerken, und sie kann auch personenbezogene Daten enthalten.[746]

4.2.7.2 Personenbezogenheit

Wie im Rahmen von IP-Adressen stellt sich auch bei dem Einsatz der Cookies die Frage nach ihrer Personenbezogenheit und damit dem Eingreifen der datenschutzrechtlichen Vorschriften. Dabei gilt es zu beachten, dass der Cookie an sich, wie ein leerer Korb, der noch mit Informationen gefüllt werden muss, keine Personenbezogenheit aufweist, sondern diese erst durch die in ihm enthaltenen Informationen ableitet, quasi akzessorisch.[747] Maßgebend ist also der Inhalt des Cookies.[748] Enthält dieser etwa den Namen oder die E-Mail-Adresse des Betroffenen, so stellt sich der Cookie für den die Daten erhaltenden Anbieter als personenbezogenes Datum dar. Enthält der Cookie „nur" die IP-Adresse des Nutzers, so stellen sich hinsichtlich der Beurteilung seiner Personenbezogenheit die gleichen Fragen (absolute oder relative Bestimmbarkeit) wie bei der alleinigen Betrachtung der IP-Adresse.[749]

Hinsichtlich der hier untersuchten Fallgestaltung, des Setzens von Cookies durch die Anbieter sozialer Netzwerke, muss dabei Beachtung finden, dass diese über zusätzliche Informationen in Bezug auf den Nutzer verfügen (Name, E-Mail-Adresse, Wohnort etc.), welche einen Personenbezug grundsätzlich ermög-

---

744 Wolff in Hoeren/Sieber, Handbuch Multimediarecht, Kap. 11, Rn. 100; Lienemann, K&R 2011, 609; Köhntopp/Köhntopp, CR 2000, 248, 252; Luch, Stellungname des wissenschaftlichen Dienstes des Schleswig-Holsteinisches Landtages, S. 8.

745 Arndt in FS Rudolf, S. 393.

746 Ihde, CR 2000, 413.

747 „in Kombination mit IP-Adresse", Spindler/Nink in Spindler/Schuster, § 11 TMG, Rn. 8b; Schmitz in Hoeren/Sieber, Handbuch Multimediarecht, Kap. 16.2, Rn. 87, 142; Roßnagel in Roßnagel, Handbuch Datenschutzrecht, Kap. 7.9, Rn. 57; Rammos, K&R 2011, 692, 694; Schröder, ZD 2011, 59, 60.

748 Ihde, CR 2000, 413, 416.

749 Ihde, CR 2000, 413, 417; Schröder, ZD 2011, 59, 60; Rammos, K&R 2011, 692, 694 m. w. N.; vgl. dazu 4.2.2.1.3.

lichen. Wird also ein Cookie, der selbst keine personenbezogenen Daten enthält (etwa nur eine Nutzerkennung, die aus Zahlen besteht), einem bestimmten Nutzer und etwa dessen Registrierungsdaten in dem sozialen Netzwerk zugeordnet, so stellt der Cookie ein personenbezogenes Datum für den Betreiber des Netzwerkes dar.[750] Da die hier untersuchten Anbieter alle Cookies bei den Usern setzen und über entsprechendes Zusatzwissen[751] verfügen, stellen sich die Cookies für diese grundsätzlich als personenbezogene Daten dar und unterfallen damit den datenschutzrechtlichen Pflichten des TMG sowie des BDSG.[752]

4.2.7.3 Datenverarbeitungsvorgang

Finden die datenschutzrechtlichen Vorschriften also auch auf den Einsatz von Cookies Anwendung, so soll nun betrachtet werden, wann bei deren Einsatz in sozialen Netzwerken Datenverarbeitungsprozesse ausgelöst werden und welche Art von Datenverarbeitung stattfindet.

Als früheste mögliche Stufe kommt dabei das Ablegen bzw. Setzen der Cookies auf den Rechnern der Nutzer in Betracht, wenn der Betroffene also zum ersten Mal mit ihm in Berührung kommt. Dabei wird zum einen vertreten, dass das Setzen des Cookies als ein datenschutzrechtliches „Erheben" i. S. d. § 3 Abs. 3 BDSG einzustufen ist.[753] Dies wird damit begründet, dass es sich beim dem Ablegen des Cookies bereits um eine so konkretisierte Vorbereitungshandlung zu einer späteren Datenerhebung handele, dass dies ausreiche, um dieser Tätigkeit die Eigenschaft eines datenschutzrechtlichen Erhebens zuzuschreiben.[754]

---

750 Spindler, Persönlichkeitsschutz im Internet, S. F 92; Ihde, CR 2000, 413, 416; Maisch, ITRB 2011, 13, 15; Bizer, DuD 1998, 277, 278; dies gilt dann auch bei einer Anwendung der relativen Sichtweise zur Bestimmung des Personenbezugs, Luch, Stellungname des wissenschaftlichen Dienstes des Schleswig-Holsteinisches Landtages, S. 8 f.

751 Nach der objektiven Sichtweise wäre das erforderliche Zusatzwissen des Anbieters selbst zur Bestimmung des Personenbezugs überhaupt nicht erforderlich.

752 Spindler/Nink in Spindler/Schuster, § 11 TMG, Rn. 8b; Hoeren in FS Heussen, S. 207, 211; Roßnagel in Roßnagel, Handbuch Datenschutzrecht, Kap. 7.9, Rn. 57; in Bezug auf Facebook: Maisch, ITRB 2011, 13, 15; Luch, Stellungname des wissenschaftlichen Dienstes des Schleswig-Holsteinisches Landtages, S. 9; zu Google und seiner Suchmaschine: Voigt MMR 2009, 377, 380.

753 Ihde, CR 2000, 413, 415.

754 Ihde, CR 2000, 413, 415.

„Erheben" ist nach dem Gesetz das Beschaffen von Daten über den Betroffenen. Es besteht in der Aktivität, durch welche die erhebende Stelle Kenntnis von den betreffenden Daten erhält oder ihre Verfügungsmacht über diese begründet.[755] Voraussetzung ist immer ein aktives Handeln, welches von einem entsprechenden Willen zur Beschaffung der Daten getragen wird.[756] Hierunter fällt etwa der elektronische Abruf von Daten.[757] Wird der Cookie im Fall der Anmeldung zu einem sozialen Netzwerk auf dem Rechner des Users gesetzt, so geschieht dies etwa, um bei der späteren Nutzung des Dienstes den Betroffenen wiederzuerkennen. Durch das Setzen des Cookies bei ihren Nutzern erfüllen die Anbieter das Merkmal einer aktiven Handlung, welche auch von dem Willen getragen ist, in Zukunft Daten über Nutzer in den Cookies zu speichern und diese an den Betreiber zu übermitteln. Denn sie sind es, die die Programmierung vornehmen und es in der Hand haben, wann der Cookie beim Nutzer platziert wird. Dabei gilt es auch zu beachten, dass die Anbieter bereits bei der Registrierung Cookies setzen.[758] Diese müssen freilich in dem Moment ihres Ablegens noch keine personenbezogenen Daten enthalten, etwa wenn es sich dabei um Informationen in Bezug auf das genutzte Betriebssystem oder den verwendeten Browser handelt. Spätestens jedoch wenn der Nutzer sich im Zuge der Registrierung mit seinen Anmeldedaten wie Name und E-Mail-Adresse registriert hat, ist es dem Betreiber möglich eine Verbindung zwischen den Daten herzustellen, so dass auch die eigentlich nicht personenbezogenen Daten zu solchen mit Personenbezug werden. Durch das Setzen der Cookies erhalten die Anbieter auch automatisch die personenbezogenen Daten, denn die Übertragung eben dieser an die Server der Netzwerkbetreiber läuft automatisch und ohne Zutun der Nutzer oder der Anbieter ab. Ein Zwischenschritt ist folglich nicht von Nöten. Der Beschaffung der Daten geht somit allein das Setzen des Cookies voraus. Damit er-

755 Dammann in Simitis, BDSG, § 3 BDSG, Rn. 102; Weichert in Däubler/Klebe/Wedde/Weichert, BDSG, § 3 BDSG, Rn. 31; Buchner in Taeger/Gabel, BDSG, § 3 BDSG, Rn. 25.

756 Dammann in Simitis, BDSG, § 3 BDSG, Rn. 102; Buchner in Taeger/Gabel, BDSG, § 3 BDSG, Rn. 26.

757 Weichert in Däubler/Klebe/Wedde/Weichert, BDSG, § 3 BDSG, Rn. 30; Buchner in Taeger/Gabel, BDSG, § 3 BDSG, Rn. 25.

758 Cookies werden teilweise selbst schon dann gesetzt, wenn man nur die Startseite des Netzwerkes besucht, obwohl man kein Mitglied ist, vgl. dazu etwa Data Protection Commissioner, Fn. 4, S. 174; sowie aus der Datenschutzerklärung von Google, unter dem Begriff Cookies, „Wir verwenden verschiedene Technologien, um Informationen zu erheben und zu speichern, wenn Sie einen Google-Dienst aufrufen", abrufbar unter http://www.google.de/intl/de/policies/privacy/ (zuletzt abgerufen am 01.12.2012).

scheint es durchaus plausibel, bereits hierin einen Datenverarbeitungsprozess, nämlich den des „Erhebens“ i. S. d. § 3 Abs. 3 BDSG, zu erblicken.[759]

Es wird auch vertreten, dass das Ablegen eines Cookies bei den Betroffenen ein datenschutzrechtlich relevantes „Speichern“ i. S. d. § 3 Abs. 5 S. 2 BDSG darstellt.[760] Denn der Anbieter legt den Cookie zum Zweck der späteren Nutzung im Rahmen der Datenverarbeitung im Datenspeicher des Betroffenen ab.[761] Für das Speichern gilt die Voraussetzung, dass die personenbezogenen Daten „zum Zweck ihrer späteren Verarbeitung oder Nutzung“ erfasst oder aufgenommen werden müssen. Dies liegt im Falle des Setzens der Cookies durch die Anbieter sozialer Netzwerke sicher vor. Zudem setzt das Speichern die Verkörperung auf einem Datenträger voraus.[762] Auch diese Voraussetzung ist im Falle des Setzens der Cookies erfüllt, wenn diese von Beginn an personenbezogene Daten enthalten und auf der Festplatte der Betroffenen abgelegt werden.

Möchte man die angeführten Kriterien nicht ausreichen lassen, um den ersten Schritt einer Verarbeitung personenbezogener Daten bereits in dem Setzen des Cookies anzunehmen,[763] so ist der nächste Anhaltspunkt die Übermittlung der Cookies und die in ihnen enthaltenen Daten an die Server der Anbieter. Ist der Cookie einmal gesetzt, folgt im nächsten Schritt die Übertragung seiner Informationen an die Server des Betreibers des sozialen Netzwerkes. Diese geschieht wie erläutert im Hintergrund und völlig automatisch. Hierzu wird mehrheitlich vertreten, dass es sich bei dieser Abfrage der Informationen um ein datenschutzrechtlich relevantes „Erheben“ i. S. d. § 3 Abs. 5 S. 2 BDSG handelt.[764] Zwar wird der Betreiber hier nicht aktiv in dem Sinne, dass er sich die Cookies von den Nutzern holt, denn die Übermittlung wird vom Rechner des Nutzers aus gestartet. Jedoch hat er die spätere Zusendung veranlasst, weil er die Cookies gesetzt und programmiert hat.[765]

---

759 So wohl auch Schmidt in Taeger/Gabel, BDSG, § 1 BDSG, Rn. 59, wenn auch nur vom „Verwenden“ des Cookies gesprochen wird.

760 Hoeren in FS Heussen, S. 207, 211; Bizer, DuD 1998, 277, 279.

761 Bizer, DuD 1998, 277, 279.

762 Dammann in Simitis, BDSG, § 3 BDSG, Rn. 118; Weichert in Däubler/Klebe/Wedde/Weichert, BDSG, § 3 BDSG, Rn. 33.

763 So etwa Schmitz in Hoeren/Sieber, Handbuch Multimediarecht, Kap. 16.2, Rn. 144.

764 Dammann in Simitis, BDSG, § 3 BDSG, Rn. 109; Schmitz in Hoeren/Sieber, Handbuch Multimediarecht, Kap. 16.2, Rn. 145; Roßnagel in Roßnagel, Handbuch Datenschutzrecht, Kap. 7.9, Rn. 57, 74; Rammos, K&R 2011, 692, 694; Bizer, DuD 1998, 277, 279; Gundermann, K&R 2000, 225, 228.

765 Bizer, DuD 1998, 277, 279.

Somit ist festzuhalten, dass spätestens mit der ersten Zusendung der Daten an die Server des Betreibers eine Datenverarbeitung i. S. d. BDSG in Gang gesetzt wird. Liegen dem Anbieter zu dieser Zeit bereits Informationen zu den Nutzern vor, welche einen Personenbezug begründen (vor allem die Anmeldedaten) so besteht für ihn die Möglichkeit, die durch die Cookies erhaltenen Daten dieser Person zuzuordnen, womit die Bestimmbarkeit i. S. d. § 3 Abs. 1 BDSG der Nutzer für den Betreiber des sozialen Netzwerkes definitiv möglich ist. Ob dieser Bezug tatsächlich hergestellt wird oder die Anbieter vielmehr etwa eine Trennung der Daten oder eine Anonymisierung vorsehen, ist eine tatsächlich festzustellende Frage des Einzelfalls. Für die hier interessierende Thematik gilt es jedoch festzuhalten, dass der Einsatz von Cookies eine Gefahr für das Recht auf informationelle Selbstbestimmung der Nutzer sozialer Netzwerke darstellen kann.

4.2.7.4 Erlaubnistatbestand oder Einwilligung

Um genau dieser Gefahr zu begegnen ist es wichtig, die Nutzer auf den Einsatz von Cookies hinzuweisen und, wo eine gesetzliche Legitimation durch einen Erlaubnistatbestand nicht vorliegt, sich eine datenschutzrechtliche Einwilligung in die Verarbeitung der personenbezogener Daten durch Cookies einzuholen.

4.2.7.4.1 Kein Personenbezug

Im Grundsatz gilt dabei für den Einsatz von Cookies nichts anderes als bei der Verarbeitung anderer Daten. Liegt kein Personenbezug der Cookies bzw. der in ihnen enthaltenen Informationen vor, so benötigen die Anbieter sozialer Netzwerke keine Einwilligung der Nutzer. Auch die Erfüllung gesetzlicher Erlaubnistatbestände ist nicht erforderlich, da diese (sowohl nach BDSG als auch nach TMG) einen Personenbezug der verarbeiteten Daten voraussetzen.

4.2.7.4.2 Personenbezug

Anders stellt sich die Situation jedoch dar, wenn die eingesetzten Cookies personenbezogene Daten enthalten.[766] Nach der hier vorgenommenen grundlegen-

766 „mögliche Personenbezug ist Anwendungsvoraussetzung für das TMG", Schmitz in Hoeren/Sieber, Handbuch Multimediarecht, Kap. 16.2, Rn. 142.

den Differenzierung der Anwendungsbereich von BDSG (Verarbeitung von Inhaltsdaten) sowie dem TMG (Verarbeitung von Bestands- und Nutzungsdaten), gelten die dort geregelten Erlaubnistatbestände.

4.2.7.4.2.1 Inhaltsdaten

Werden durch den Einsatz von Cookies personenbezogene Inhaltsdaten erhoben, so ist dies möglich, soweit dies zur Erfüllung eigener Geschäftszwecke der Anbieter geschieht, § 28 Abs. 1 , Abs. 2 BDSG. Findet die Erhebung zu Zwecken der späteren Übermittlung, etwa an Dritte für Zwecke der Werbung statt, so sind die Voraussetzungen des § 29 Abs. 1, Abs. 2 BDSG zu erfüllen. Zu beachten ist, dass die Erhebung, Verarbeitung und Nutzung von personenbezogenen Inhaltsdaten für Zwecke der Werbung jedoch nur mit einer Einwilligung der Betroffenen möglich ist (§ 28 Abs. 3 S. 1 BDSG), wobei die Einwilligung auch elektronisch erteilt werden kann (§ 28 Abs. 3a S. 1 BDSG). Möchten die Anbieter also personenbezogene Inhaltsdaten ihrer Nutzer für Zwecke der Werbung verwenden, so haben sie sich dafür eine datenschutzrechtliche Einwilligung einzuholen, welche bei der Inanspruchnahme von Telemedien nach hier vertretener Auffassung den Voraussetzungen der §§ 4, 4a BDSG sowie des § 13 Abs. 2 TMG genügen muss. Insbesondere sind die Betroffenen durch die AGB bzw. die Datenschutzerklärung entsprechend klar und verständlich darüber zu unterrichten, welche Arten von Daten verarbeitet werden.[767]

4.2.7.4.2.2 Bestands- und Nutzungsdaten

Erheben die Betreiber sozialer Netzwerke personenbezogene Bestandsdaten über Cookies, so ist dies grundsätzlich über die Vorschrift des § 14 Abs. 1 TMG möglich, soweit dies allein der Begründung, inhaltlichen Ausgestaltung oder Änderung des Nutzungsvertrages zwischen Anbieter und den Betroffenen dient. Für weitere Verwendungszwecke benötigen die Betreiber stets eine wirksame datenschutzrechtliche Einwilligung nach den § 13 Abs. 1, Abs. 2 TMG.

Für die Erhebung personenbezogener Nutzungsdaten ist § 15 Abs. 1 S. 1 TMG die taugliche Erlaubnisnorm, wonach solche Daten erhoben werden dürfen, soweit dies erforderlich ist, um die Inanspruchnahme des Dienstes zu er-

---

767 Krit. zu der Information in Bezug auf Inhaltsdaten bei Facebook, Rammos, K&R 2011, 692, 697 f.

möglichen oder abzurechnen.[768] Dabei gilt es jedoch zu beachten, dass § 15 Abs. 4 S. 2 TMG eine Löschungspflicht für personenbezogene Nutzungsdaten statuiert, welche nicht für Abrechnungszwecke verwendet werden. Im Rahmen sozialer Netzwerke, die zum Großteil kostenlos angeboten werden, trifft dies somit auf die Mehrheit der personenbezogenen Nutzungsdaten zu.

Setzen die Anbieter Session-Cookies ein, in denen Nutzungsdaten nur für die Dauer der Sitzung, also der aktiven Anmeldung im Netzwerk, erhoben und nach dem Schließen des Browsers wieder gelöscht werden, so ist dieser Vorgang von dem Erlaubnistatbestand des § 15 Abs. 1 S. 1 TMG gedeckt.[769]

Für den weitaus bedeutenderen, da eingriffsintensiveren Fall, dass Cookies für eine längere Zeit auf dem Computer des Betroffenen vorgehalten werden, bedarf es daher einer datenschutzrechtlichen Einwilligung (§ 13 Abs. 1, Abs. 2 TMG) der Nutzer.[770] Generell gilt für das Erheben von personenbezogenen Bestands- und Nutzungsdaten durch Cookies, dass der Betreiber die Nutzer vor Beginn des Einsatzes zu unterrichten hat, wenn durch die Erhebung der Daten eine spätere Identifizierung des Nutzers ermöglicht und vorbereitet wird, § 13 Abs. 1 S. 2 TMG.[771]

4.2.7.4.3 Erstellen von Nutzungsprofilen

In der Realität ihres Einsatzes durch die Betreiber sozialer Netzwerke werden die durch Cookies erhobenen personenbezogenen Daten jedoch nicht einzeln verarbeitet, sondern der Nutzen für die Anbieter ergibt sich meist erst aus einer Kombination und Zusammenführung der Daten. Es werden sog. Nutzungsprofile der Betroffenen erstellt, wobei es sich dabei um eine zielgerichtete Verknüpfung von Daten handelt, welche einer bestimmten Person zugeordnet ist,

---

768 Roßnagel in Roßnagel, Handbuch Datenschutzrecht, Kap. 7.9, Rn. 74; Bizer, DuD 1998, 277, 280 (noch zum TDDSG).

769 Ihde, CR 2000, 413, 418.

770 Inwiefern bereits die Standardeinstellung des Internetbrowsers, Cookies generell zuzulassen, als wirksame Einwilligung interpretiert werden kann, wird unter 4.2.7.4.4.3 untersucht.

771 Spindler/Nink in Spindler/Schuster, § 11 TMG, Rn. 8b; Schmitz in Hoeren/Sieber, Handbuch Multimediarecht, Kap. 16.2, Rn. 141; Moos in Taeger/Gabel, TMG, § 13 TMG, Rn. 10; Hoeren in FS Heussen, S. 207, 211; noch zum TDDSG: Roßnagel in Roßnagel, Handbuch Datenschutzrecht, Kap. 7.9, Rn. 91.

wodurch sich die Wiedergabe des Teilabbilds der Persönlichkeit, bezogen auf die gewonnenen Daten aus ihrem Online-Verhalten, erstellen lässt.[772]

Für das Erstellen dieser Nutzungsprofile enthält § 15 Abs. 3 S. 1 TMG einen Erlaubnistatbestand.[773] Greift er ein, so hat der Diensteanbieter den Nutzer lediglich auf dessen Widerspruchsrecht nach § 13 Abs. 1 TMG hinzuweisen, § 13 Abs. 3 S. 2 TMG. Eine Einwilligung der Betroffenen ist nicht nötig, womit § 13 Abs. 3 S. 1 TMG eine Opt-out Lösung ausreichen lässt.[774] Voraussetzung ist allerdings zum einen, dass es sich bei den in Nutzungsprofilen verwendeten Daten allein um Nutzungsdaten i. S. d. § 15 Abs. 1 S. 1 TMG handelt. Inhalts- oder Bestandsdaten fallen nicht in den Anwendungsbereich des § 13 Abs. 3 S. 1 TMG.[775] Für Inhaltsdaten gelten insoweit die Bestimmungen des BDSG, also sowohl die Erlaubnistatbestände nach §§ 28, 29 BDSG, als auch die Grundlagen der Einwilligung §§ 4, 4a BDSG sowie im Speziellen §§ 28 Abs. 3, 3a BDSG.[776] Zudem gibt § 13 Abs. 1 S. 1 TMG eine enge Zweckbestimmung für die Nutzungsprofile vor, welche sich allein auf Werbung, Marktforschung oder die bedarfsgerechte Gestaltung des Dienstes bezieht.

Möchten die Betreiber sozialer Netzwerke Nutzungsprofile auch mit Bestands- oder Inhaltsdaten anreichern, so benötigen sie dafür somit die datenschutzrechtliche Einwilligung der Nutzer, welche sich an den Vorgaben der §§ 13 Abs. 1, Abs. 2 TMG und §§ 4, 4a BDSG zu messen hat und insbesondere eine klare und genau Information über die verarbeiteten Daten sowie die Zwecke der Verarbeitung verlangt.

4.2.7.4.4 Exkurs: europarechtliche Vorgaben

Inwiefern bzw. wie lange diese derzeit geltende Rechtslage noch Bestand hat, lässt sich nicht abschätzen. Grund für diese Ungewissheit sind 2 Richtlinien der

772 Zscherpe in Taeger/Gabel, TMG, § 15 TMG, Rn. 58; Spindler/Nink in Spindler/Schuster, § 15 TMG, Rn. 7 m. w. N.

773 Für soziale Netzwerke, Härting, Internetrecht, S. 19, Rz. 78.

774 Spindler/Nink in Spindler/Schuster, § 15 TMG, Rn. 8; Zscherpe in Taeger/Gabel, TMG, § 15 TMG, Rn. 56; Rammos, K&R 2011, 692, 695.

775 Spindler/Nink in Spindler/Schuster, § 15 TMG, Rn. 8; Zscherpe in Taeger/Gabel, TMG, § 15 TMG, Rn. 58; Schmitz in Hoeren/Sieber, Handbuch Multimediarecht, Kap. 16.2, Rn. 217; Rammos, K&R 2011, 692, 694; Bauer, MMR 2008, 435, 437.

776 Wobei auch bei der Erstellung von Nutzungsprofilen mit Inhaltsdaten meist allein die Einwilligung als Rechtsgrundlage übrig bleiben wird, vgl. ausführlich dazu, wenn auch noch zur alten Rechtslage, Moos, MMR 2006, 718.

Europäischen Union (RL 2002/58/EG sowie RL 2009/136/EG[777]), welche sich mit der rechtlichen Problematik um Cookies und deren Gefahr für die Privatsphäre der Nutzer[778] auseinandergesetzt und neue Regelungen getroffen haben, die in Deutschland aber noch nicht vollständig umgesetzt wurden. Zwar behandeln diese Richtlinien vornehmlich das Gebiet der elektronischen Kommunikation, jedoch beinhalten sie, speziell auch Art. 5 Abs. 3 RL 2002/58/EG, allgemeine Bestimmungen, die nicht nur auf elektronische Kommunikationsdienste anwendbar sind, sondern auch auf andere Dienste, in denen diese Techniken verwendet werden.[779]

4.2.7.4.4.1 RL 2002/58/EG

Nach Art. 5 Abs. 3 der RL 2002/58/EG wird ein Recht für Betroffene vorgesehen, die Speicherung oder Nutzung von Informationen auf ihren Endgeräten verweigern zu können. Zudem müssen sie entsprechend den Vorgaben der DS-RL klare und umfassende Informationen insbesondere über die Zwecke der Verarbeitung der Informationen erhalten.[780] Dabei wird in der RL 2002/58/EG davon ausgegangen, dass bestimmte technische Instrumente ohne das Wissen des Nutzers in dessen Endgerät eindringen können, um Zugang zu Informationen zu erlangen, oder die Nutzeraktivität zurückzuverfolgen und so eine ernsthafte Verletzung der Privatsphäre dieser Nutzer darstellen können.[781] Unter diesen Instrumenten versteht der Richtliniengeber im Speziellen auch Cookies. Sollten diese einem rechtmäßigen Zweck, z. B. der Erleichterung der Bereitstellung von Diensten der Informationsgesellschaft dienen,

> „so sollte deren Einsatz unter der Bedingung zugelassen werden, dass die Nutzer gemäß der Richtlinie 95/46/EG klare und genaue Informationen über den Zweck von Cookies oder ähnlichen Instrumenten erhalten, d. h., der Nutzer muss wissen,

---

777 Richtlinie 2009/136/EG des Europäischen Parlaments und des Rates vom 25. November 2009 zur Änderung der Richtlinie 2002/22/EG über den Universaldienst und Nutzerrechte bei elektronischen Kommunikationsnetzen und -diensten, der Richtlinie 2002/58/EG über die Verarbeitung personenbezogener Daten und den Schutz der Privatsphäre in der elektronischen Kommunikation und der Verordnung (EG) Nr. 2006/2004 über die Zusammenarbeit im Verbraucherschutz.

778 Vgl. etwa Erwägungsgründe 51 und 66, RL 2009/136/EG.

779 Art. 29 Datenschutzgruppe, Stellungnahme 2/2010 zur Werbung auf Basis von Behavioural Targeting, WP 171, S. 11.

780 Lienemann, K&R 2011, 609.

781 Erwägungsgrund 24, RL 2002/58/EG.

> dass bestimmte Informationen auf dem von ihm benutzten Endgerät platziert werden. Die Nutzer sollten die Gelegenheit haben, die Speicherung eines Cookies oder eines ähnlichen Instruments in ihrem Endgerät abzulehnen".[782]

Insofern wird auch in Art. 5 Abs. 3 RL 2002/58/EG festgeschrieben, dass der Vorbehalt der Aufklärung und das Widerspruchsrecht der Nutzer einer technischen Speicherung oder dem Zugang nicht entgegen steht,

> „wenn der alleinige Zweck die Durchführung oder Erleichterung der Übertragung einer Nachricht über ein elektronisches Kommunikationsnetz ist oder, soweit dies unbedingt erforderlich ist, um einen vom Teilnehmer oder Nutzer ausdrücklich gewünschten Dienst der Informationsgesellschaft zur Verfügung zu stellen".

Diese Voraussetzungen wurden durch die §§ 13 Abs. 1, Abs. 3 S. 1, 15 Abs. 3 S. 2 TMG sowie §§ 4 Abs. 3 S. 1, 4a Abs. 1 S. 2 BDSG ausreichend umgesetzt. Die Betroffenen müssen danach vor dem Setzen eines Cookies mindestens darauf hingewiesen werden. Ansonsten ist es erforderlich, eine datenschutzrechtliche Einwilligung einzuholen. Art. 5 Abs. 3 RL 2002/58/EG bezieht sich auf „Informationen", nicht etwa nur auf personenbezogene Daten. Er gilt folglich schon in einem früherem Stadium bzw. nicht erst wenn Daten einen Personenbezug aufweisen. Wenn jedoch, wie im hier untersuchten Fall sozialer Netzwerke, erhobene Informationen als Ergebnis der Platzierung eines Cookies und des Abrufens der Informationen als personenbezogene Daten angesehen werden können, findet zusätzlich zu Artikel 5 Abs. 3 auch die DS-RL Anwendung.[783] Auch Art. 1 Abs. 2 RL 2002/58/EG stellt klar, dass die Bestimmungen der RL 2002/58/EG eine Detaillierung und Ergänzung der DS-RL darstellen, also deren Anwendung nicht notwendigerweise ausschließen wollen. Somit muss Art. 5 Abs. 3 RL 2002/58/EG bei der Platzierung von Cookies und bei der nachfolgenden Nutzung der Cookies, mit der Zugriff auf Informationen der betroffenen Partei genommen werden soll, eingehalten werden.[784]

4.2.7.4.4.2 RL 2009/136/EG

Die Anforderungen des Art. 5 Abs. 3 RL 2002/58/EG wurden im Zuge der RL 2009/136/EG (nachfolgend: E-Privacy-RL) jedoch verschärft. Die E-Privacy-RL

782 Erwägungsgrund 25, RL 2002/58/EG.

783 Art. 29 Datenschutzgruppe, Stellungnahme 2/2010 zur Werbung auf Basis von Behavioural Targeting, WP 171, S. 11.

784 Art. 29 Datenschutzgruppe, Stellungnahme 2/2010 zur Werbung auf Basis von Behavioural Targeting, WP 171, S. 10 f.

sieht nämlich vor, dass die Speicherung oder der Zugriff auf Informationen im Endgerät des Nutzers

> „nur gestattet ist, wenn der betreffende Teilnehmer oder Nutzer auf der Grundlage von klaren und umfassenden Informationen, die er gemäß der Richtlinie 95/46/EG u. a. über die Zwecke der Verarbeitung erhält, seine Einwilligung gegeben hat".[785]

Gefordert wird somit bei dem Einsatz von Cookies nun eine informierte Einwilligung der Betroffenen,[786] wobei es nicht ausreicht, wenn die Informationen nur irgendwo „verfügbar" sind, sondern sie müssen den Betroffenen vielmehr aktiv zur Verfügung gestellt werden.[787]

Damit wird dem vorher noch als zulässig erachteten Opt-out Modell und so der Datenverarbeitung widersprechen zu können, in der E-Privacy-RL eine Absage erteilt und vielmehr die Notwendigkeit eines Opt-in Modells erforderlich.[788] Diese Voraussetzung wird durch das derzeit geltende TMG jedoch nicht erfüllt, da hier weiterhin in § 13 Abs. 3 TMG ein Opt-out Modell für den Bereich der Erstellung von Nutzungsprofilen über Cookies als ausreichend angesehen wird.[789] Und da auch der neue Art. 5 Abs. 3 RL 2002/58/EG sich nur auf „Informationen" auf den Endgeräten der Nutzer bezieht, gilt er auch im Rahmen der Erstellung von Nutzerprofilen durch Cookies unter Pseudonym.

Der durch die E-Privacy-RL geänderte Art. 5 Abs. 3 der RL 2002/58/EG sieht hiervon zwar Ausnahmen vor, „wenn der alleinige Zweck die Durchführung der Übertragung einer Nachricht über ein elektronisches Kommunikationsnetz ist oder wenn dies unbedingt erforderlich ist, damit der Anbieter eines Dienstes der Informationsgesellschaft, der vom Teilnehmer oder Nutzer ausdrücklich gewünscht wurde, diesen Dienst zur Verfügung stellen kann". Hierunter fallen jedoch insbesondere nur solche Cookies, die etwa erforderlich sind, um den Nutzer bei der Anmeldung zum Dienst zu erkennen oder auch sog. Warenkorb-Cookies, die erforderlich sind um denjenigen Dienst bereitzustellen

785 Art. 2 Ziff. 5, RL 2009/136/EG.

786 Lienemann, K&R 2011, 609.

787 Das Bereithalten eines Icons auf der Website mit der Bezeichnung „Werbung" und einem Link zu den relevanten Informationen wird insoweit beim Einsatz von Cookies für Werbezwecke als unzureichend betrachtet, Art. 29 Datenschutzgruppe, Stellungnahme 16/2011 zur Best-Practice-Empfehlung von EASA und IAB zu verhaltensorientierter Online-Werbung, WP 188, S. 5.

788 Art. 29 Datenschutzgruppe, Stellungnahme 16/2011 zur Best-Practice-Empfehlung von EASA und IAB zu verhaltensorientierter Online-Werbung, WP 188, S. 7; Lienemann, K&R 2011, 609, 610; Schröder, ZD-Aktuell 2012, 02761.

789 Vgl. auch Schröder, ZD-Aktuell 2012, 02761.

(Einkaufen von Waren und Ablegen dieser Waren in dem Warenkorb), den der Nutzer ausdrücklich angefordert hat.[790] Jedoch fallen gerade Cookies, welche im Zusammenhang mit der Ausspielung von Werbung erstellt und gesetzt werden, nicht unter diese Ausnahmeregelung.

4.2.7.4.4.3 Browsereinstellung als Einwilligung

Wie diese informierte, aktive Einwilligung nach dem neuen Art. 5 Abs. 3 RL 2002/58/EG einzuholen ist, wird jedoch noch diskutiert. So wird vor allem Erwägungsgrund 66 der E-Privacy-RL für die Ansicht vorgebracht, dass die Browsereinstellungen der Nutzer ausreichend zum Ausdruck bringen würden, dass er mit dem Setzen von Cookies einverstanden sei. Dort wird davon ausgegangen, dass, wenn es technisch durchführbar und wirksam ist,

> „die Einwilligung des Nutzers zur Verarbeitung im Einklang mit den entsprechenden Bestimmungen der Richtlinie 95/46/EG über die Handhabung der entsprechenden Einstellungen eines Browsers oder einer anderen Anwendung ausgedrückt werden“ kann.[791]

Jedoch wird in Erwägungsgrund 66 zum Ersten darauf verwiesen, dass die Einwilligung weiterhin mit den Voraussetzungen der DS-RL in Einklang zu stehen hat. Damit ist auch bei dem Abstellen auf die Cookie-Einstellungen im Browser eine „Willensbekundung“ (Art. 2 lit h) DS-RL) erforderlich und die Einwilligung muss „ohne jeden Zweifel“ (Art. 7 lit a) DS-RL) erfolgen. Werden jedoch Cookie-freundliche Standardeinstellungen zum Anknüpfungspunkt der Einwilligung, so lässt sich daraus noch keine Unzweifelhaftigkeit der Abgabe der Einwilligung ableiten. Denn der Nutzer installiert den Browser nur und startet ihn auf seinem Rechner. Eine genauere Einstellung in Bezug auf den Erhalt von Cookies nimmt er jedoch nicht vor, häufig auch deshalb nicht, weil er davon nichts weiß und ungenügend informiert ist. Dass er die Standardeinstellung also zweifelsfrei gewollt so belässt, lässt sich aus der Verwendung des Browsers an sich nicht ableiten. Zudem wird von der „Handhabung“ der Einstellungen des Browsers gesprochen. Ein bloßes Übernehmen der Standardeinstellungen, die Cookies zulassen, kann hierunter nicht subsumiert werden. Vielmehr ist auch bei der Erteilung der Einwilligung durch die Einstellung im Browser der User

---

790 Art. 29 Datenschutzgruppe, Stellungnahme 16/2011 zur Best-Practice-Empfehlung von EASA und IAB zu verhaltensorientierter Online-Werbung, WP 188, S. 10.

791 Vgl. auch Lienemann, K&R 2011, 609.

eine aktive Handlung zu fordern, die klar erkennen lässt, dass der Betroffene seine Einwilligung erteilen möchte.[792]

4.2.7.4.5 Zwischenergebnis zu den europarechtlichen Vorgaben in Bezug auf Cookies

Die derzeit geltende Rechtslage im TMG entspricht nicht den europarechtlichen Anforderungen an die Erteilung einer Einwilligung zur Verarbeitung von (nicht notwendigerweise personenbezogenen) Daten durch den Einsatz von Cookies bei den Betroffenen. Wie bei der mangelnden Umsetzung der europarechtlichen Vorgaben zur datenschutzrechtlichen Einwilligung nach der DS-RL[793] so ist auch hier von einer unzulänglichen Umsetzung bzw. einer Nicht-Umsetzung durch den deutschen Gesetzgeber auszugehen.[794] Entsprechend der aktuellen Rechtsprechung des *EuGH*[795] finden in einem solchen Fall die Vorschriften der betreffenden Richtlinie(n) direkt Anwendung, wenn auch nur zwischen der privaten Person und dem Mitgliedstaat. Zumindest käme aber eine Inanspruchnahme der Bundesrepublik Deutschland im Wege der Staatshaftung in Betracht. Eine richtlinienkonforme Auslegung, etwa des § 15 Abs. 3 S. 1 TMG scheidet aus, da der Wortlaut der deutschen Regelung so eindeutig formuliert ist („...sofern der Nutzer dem nicht widerspricht“), dass für eine Auslegung, hin zu einer vorherigen Einwilligung, kein Raum besteht.

---

792 So auch Art. 29 Datenschutzgruppe, Stellungnahme 16/2011 zur Best-Practice-Empfehlung von EASA und IAB zu verhaltensorientierter Online-Werbung, WP 188, S. 11; Ihde, CR 2000, 413, 419; krit. auch Spindler, Persönlichkeitsschutz im Internet, S. F 93; für Flash-Cookies im Speziellen, Schröder, ZD 2011, 59, 61; siehe auch Lienemann, K&R 2011, 609, 613, die auf Studien hinweist, welche belegen, dass der Großteil der Internetnutzer mit den Funktionen der Browsereinstellungen, gerade im Bezug auf den Erhalt von Werbung, zu wenig vertraut sind, um dadurch informierte Einwilligungen abgeben zu können.

793 Siehe unter 4.2.6.1.2.2.

794 Jüngst ist eine Gesetzesinitiative der SPD-Fraktion im Deutschen Bundestag zur Änderung des TMG entsprechend den europarechtlichen Vorgaben gescheitert, vgl. die Pressemitteilung des Deutschen Bundestages, abrufbar unter http://www.bundestag.de/presse/hib/2012_02/2012_099/01.html (zuletzt abgerufen am 01.12.2012).

795 EuGH, Urteil v. 24.11.2011 – verb. Rs. C-468/10 und C-469/10ASNEF/FECEMD = ZD 2012, 33, Rz. 51.

4.2.7.5 Personalisierte Werbung

Wie bereits erwähnt, finanzieren sich die Anbieter der sozialen Netzwerke vor allem durch Werbeanzeigen von Drittanbietern, denen sie gewisse Bereiche auf ihren Seiten zur Schaltung der Werbung verkaufen. Dabei sind sie ebenso wie die Werbenden bestrebt, um mit maximaler Profitabilität arbeiten zu können, sog. personalisierte Werbung in diesen Netzwerken zu betreiben[796] und als Grundlage dafür die Daten der User zu verwenden.[797] Es treten dabei meist zwei weitere Akteure auf den Plan: die Betreiber von Werbenetzwerken und die Werbetreibenden.[798] Nachfolgend wird unter dem Begriff der personalisierten Werbung das sog. Online Behavioural Advertising (OBA) verstanden, bei dem durch den Betreiber eines Werbenetzwerkes ein Cookie (im Folgenden: Werbe-Cookie) auf dem Rechner des Users gesetzt wird, wenn dieser eine Webseite aufruft, auf der Werbeanzeigen dieses Anbieters ausgespielt werden. Der Werbe-Cookie zeichnet Informationen auf (z. B. den Besuch von Unterseiten und den Clickstream)[799] und jedes Mal wenn der Nutzer eine Seite aufruft, die ebenfalls in einer Kooperation mit dem Betreiber des Werbenetzwerkes steht, sendet er diese Informationen an den Server des Betreibers des Werbenetzwerkes.[800] So wird mit der Zeit aufgrund der erhaltenen Informationen ein Profil mit Schlüsselbegriffen gebildet und dem Nutzer auf ihn zugeschnittene Werbung präsentiert.[801] Das Nutzungsprofil kann Aufschluss geben über Zeitpunkt und Dauer der Nutzungen, der besuchten Adressen im Internet bzw. der Kommunikationspartner oder der abgerufenen Inhalte mit der jeweiligen Verweildauer, woraus sich detaillierte Rückschlüsse auf das Konsumverhalten, die Interessen und Aktivitäten eines Nutzers ziehen lassen.[802] Die Anzeigen sollen dabei möglichst effektiv auf den einzelnen Nutzer abgestimmt werden, um einen größeren Wir-

---

796 Dix, Daten- und Persönlichkeitsschutz im Web 2.0, S. 195, 205; Fuchs, DuD 2010, 453.

797 Heckmann in jurisPK-Internetrecht, Kap 1.11, Rn. 8; Redeker in Hoeren/Sieber, Handbuch Multimediarecht, Kap. 12, Rn. 424; Härting/Schätzle, ITRB 2010, 39, 40.

798 Art. 29 Datenschutzgruppe, Stellungnahme 2/2010 zur Werbung auf Basis von Behavioural Targeting, WP 171, S. 5 f.

799 Vgl. auch Bauer, MMR 2008, 435, 437.

800 Gundermann, K&R 2000, 225, 228.

801 Heckmann in jurisPK-Internetrecht, Kap 1.11, Rn. 8; Karg/Fahl, K&R 2011, 453, 454; dazu ausführlich Rammos, K&R 2011, 692, 693; sowie Art. 29 Datenschutzgruppe, Stellungnahme 2/2010 zur Werbung auf Basis von Behavioural Targeting, WP 171, S. 7.

802 Schmitz in Hoeren/Sieber, Handbuch Multimediarecht, Kap. 16.2, Rn. 217.

kungsgrad zu erzielen. Dafür reichen freilich etwa nur die Bestandsdaten der Nutzer nicht aus. So ist es für die Werbepartner wichtig zu erfahren, wo eine Person wohnt, welche Musik sie gerne hört oder welchen Hobbys sie nachgeht oder welche ihre Lieblingsmodemarke ist. Diese Informationen ergeben sich aber nur aus der tatsächlichen Nutzung des Dienstes und den durch den User eingestellten Inhalten. Daher spielen für die personalisierte Werbung auch Inhalts- und Nutzungsdaten eine entscheidende Rolle.[803] Auch die IP-Adresse wird durch die Cookies ermittelt, da der betroffene Nutzer anhand dieser von dem Werbenetzwerk wiedererkannt und für bestimmte Werbeinhalte ausgewählt werden kann.[804]

Da diese Werbe-Cookies auch gesetzt werden, wenn die Betroffenen sich auf den Seiten des sozialen Netzwerkes bewegen, jedoch nicht direkt von dem Anbieter des sozialen Netzwerkes stammen, muss die Frage gestellt werden, inwiefern eine solche Vorgehensweise vor dem Hintergrund des Schutzes des Rechts auf informationelle Selbstbestimmung mit den derzeit geltenden Regelungen in Einklang zu bringen ist und welche Pflichten den Betreiber des sozialen Netzwerkes treffen.[805]

4.2.7.5.1 Verantwortlichkeit für das Setzen des Werbe-Cookies

4.2.7.5.1.1 Betreiber des Werbenetzwerks

Der Werbe-Cookie wird durch den Betreiber des Werbenetzwerkes gesetzt.[806] An seine Server werden die relevanten, unter Umständen auch personenbezogenen, Daten gesendet und er erstellt damit die Profile über die Betroffenen. Er hat auch Einfluss darauf, welche Arten von Daten erhoben und zu welchem Zweck diese verwendet werden.[807] I. S. d. § 3 Abs. 7 BDSG ist er damit als verantwortliche Stelle für die über den Werbe-Cookie verarbeiteten Daten anzusehen. Da

---

803 Bauer, MMR 2008, 435, 438; Rammos, K&R 2011, 692, 697; Mainusch/Burtchen, DuD 2010, 448.

804 Art. 29 Datenschutzgruppe, Stellungnahme 2/2010 zur Werbung auf Basis von Behavioural Targeting, WP 171, S. 11.

805 „wichtige Bedenken in Bezug auf den Datenschutz und die Privatsphäre", Art. 29 Datenschutzgruppe, Stellungnahme 2/2010 zur Werbung auf Basis von Behavioural Targeting, WP 171, S. 4.

806 Gundermann, K&R 2000, 225, 228.

807 Art. 29 Datenschutzgruppe, Stellungnahme 2/2010 zur Werbung auf Basis von Behavioural Targeting, WP 171, S. 13.

seiner Verarbeitung nur einer einziger Zweck zu Grunde liegt, nämlich das Ausspielen von Werbung, treffen ihn auch die Pflichten nach § 28 Abs. 3 S. 1 BDSG, sollte es sich bei den Daten um personenbezogene Inhaltsdaten handeln. Der Betreiber des Werbenetzwerkes muss sich dann die Einwilligung der Nutzer nach § 28 Abs. 3 S. 1, Abs. 3a S. 1 BDSG einholen. Auch für der Erhebung und Verarbeitung von personenbezogenen Nutzungsdaten ist der Betreiber des Netzwerkes als Verantwortlicher, also als Diensteanbieter i. S. d. § 2 S. 1 Nr. 1 TMG, einzustufen. Denn die Betreiber der Werbenetzwerke bieten in dem sozialen Netzwerk Waren oder Dienstleistungen an. Sie halten eigene Inhalte auf ihren Servern zur Nutzung durch die Betroffenen bereit.

4.2.7.5.1.2 Betreiber des sozialen Netzwerkes

Dem Betreiber des sozialen Netzwerkes kommt in dieser Hinsicht eine Art Vermittlerrolle zu. Er stellt den Platz auf seiner Plattform zur Verfügung, damit die Werbung ausgespielt und die Werbe-Cookies gesetzt werden können. Die Verarbeitung der Daten der Nutzer für das Werbenetzwerk nimmt er nicht vor.[808] Jedoch besteht sein Beitrag zu der stattfindenden Verarbeitung der Daten der Betroffenen durch die Betreiber der Werbenetzwerke darin, dass er seine Webseite in der Weise technisch konfiguriert, dass der Browser eines Besuchers der Internetseite automatisch auf die Internetseite des Betreibers des Werbenetzwerkes umgeleitet wird, wobei der Browser des Nutzers seine IP-Adresse an den Betreiber des Werbenetzwerks übermittelt, der darauf den Cookie und die gezielte Werbung versendet.[809] Zumindest in der ersten und notwendigen Phase der Datenverarbeitung (Setzen des Werbe-Cookies) ist der Betreiber des sozialen Netzwerkes beteiligt. Für die Phase ist er auch als verantwortliche Stelle i. S. d. § 3 Abs. 7 BDSG sowie als verantwortlicher Diensteanbieter nach § 2 S. 1 Nr. 1 TMG anzusehen. Er bestimmt durch die Programmierung seiner Webseite darüber, ob eine Weiterleitung an den Betreiber des Werbenetzwerkes erfolgt. Zumindest für einen Teil der hier untersuchten Datenverarbeitung zu Werbe-

808 Freilich besteht auch grundsätzlich eine solche Möglichkeit, dass also der Anbieter des sozialen Netzwerkes selber Daten verarbeitet und diese dann an den Werbetreibenden weiterleitet.

809 Gundermann, K&R 2000, 225, 227 f.; Art. 29 Datenschutzgruppe, Stellungnahme 2/2010 zur Werbung auf Basis von Behavioural Targeting, WP 171, S. 13.

zwecken zeichnet sich der Betreiber des sozialen Netzwerkes damit als Verantwortlicher.[810]

4.2.7.5.2 Einwilligung der Betroffenen

4.2.7.5.2.1 Betreiber des Werbenetzwerkes

Für die Verarbeitung personenbezogener Inhaltsdaten müssen sich die Betreiber eine Einwilligung der Betroffenen nach § 28 Abs. 3 S. 1, Abs. 3a S. 1 BDSG erteilen lassen. Dabei sind die Voraussetzungen der §§ 4, 4a BDSG zu erfüllen, wobei die Schriftform freilich durch die elektronische Einwilligung in § 28 Abs. 3a S. 1 BDSG ersetzt wird. Sollten sich die von ihnen erstellen Nutzungsprofile allein aus Nutzungsdaten zusammensetzen und nehmen die Betreiber des Werbenetzwerkes eine Pseudonymisierung vor, so reicht ein Hinweis auf das Widerrufsrecht des Betroffenen gem. § 15 Abs. 3 S. 1 TMG aus. Wie beschrieben werden sich die erstellten Profile jedoch nicht allein aus Nutzungsdaten ergeben. Werden weitere Datenarten (vor allem personenbezogene Inhalts- und Bestandsdaten) verwendet, so scheidet § 15 Abs. 3 S. 1 TMG als Legitimationsgrundlage aus. Vielmehr ist dann eine vorherige Einwilligung der Betroffenen nach den §§ 13 Abs. 1, Abs. 2 TMG bzw. den § 28 Abs. 3, 3a BDSG einzuholen.[811] Dabei gilt es zu beachten, dass die Einwilligung in dem Zeitpunkt der Erhebung der Daten, also dem Setzen des Cookies, zu erteilen ist.[812] Nimmt man zudem die derzeit in Deutschland nicht umgesetzte E-Privacy-RL in den Blick, so ergibt sich aus dem geänderten Art. 5 Abs. 3 RL 2002/58/EG, dass eine Einwilligung der Betroffenen auch dann einzuholen ist, wenn die erhobenen und verarbeiteten Daten keinen Personenbezug aufweisen.[813] Selbst bei einer Pseudonymisierung würde sich dann also eine Einwilligungspflicht ergeben.

Entscheidend bei der Einwilligung ist ihre Transparenz und damit auch die vorherige Bereitstellung ausreichend klarer und inhaltlich bestimmter Informationen, §§ 4a Abs. 1 S. 2 BDSG, 13 Abs. 1 S. 1 TMG sowie Art. 5 Abs. 3 der geänderten RL 2002/58/EG. Dazu gehören vor allem Informationen darüber, wer für die Platzierung des Cookies und die Erhebung der entsprechenden Informa-

---

810 Ausführlich: Art. 29 Datenschutzgruppe, Stellungnahme 2/2010 zur Werbung auf Basis von Behavioural Targeting, WP 171, S. 14.

811 Bauer, MMR 2008, 435, 436.

812 „zu Beginn des Nutzungsvorgangs", § 13 Abs. 1 S. 1 TMG.

813 Art. 29 Datenschutzgruppe, Stellungnahme 2/2010 zur Werbung auf Basis von Behavioural Targeting, WP 171, S. 27.

tionen zuständig ist, dass die Cookies für die Erstellung von Profilen genutzt werden, welche Art von Informationen gesammelt werden, um diese Profile zu erstellen und dass die Profile zur Ausspielung auf den Nutzer abgestimmter Werbung genutzt werden.[814] Ein Opt-out Verfahren reicht hierfür nach den geänderten Bestimmungen der RL 2002/58/EG grundsätzlich nicht aus, ebenso wenig wie das Abstellen auf die Standardeinstellung des Browsers.[815]

4.2.7.5.2.2 Betreiber des sozialen Netzwerkes

Auch für den Betreiber des sozialen Netzwerkes gilt, in Bezug auf den von ihm verantworteten Anteil an der Datenverarbeitung, dass er sich, entsprechend den obigen Ausführungen, bei der Weitergabe von personenbezogenen Inhalts- und Nutzungsdaten die Einwilligung der Nutzer gem. den §§ 28 Abs. 3 S. 1, Abs. 3a S. 1, 4 Abs. 1, 4a Abs. 1 BDSG und den §§ 13 Abs. 1, Abs. 2 TMG einholen müssen. Sollte es sich lediglich um Nutzungsdaten handeln, welche an den Betreiber des Werbenetzwerkes weitergegeben und diese pseudonymisiert und die Betroffenen auf ihr Widerspruchsrecht hingewiesen werden (§ 15 Abs. 3 S. 1 TMG), so ist eine Einwilligung der Betroffenen, nicht erforderlich.[816] Werden, wie beschrieben, die IP-Adressen an Dritte weitergegeben, so handelt es sich dabei für die Betreiber des Netzwerkes immer um personenbezogene Daten, da sie die Möglichkeit besitzen, über ihr bestehendes Zusatzwissen, diese einer bestimmbaren Person zuzuordnen.[817]

Auch müssen die Betreiber des sozialen Netzwerkes in den von ihnen bereitzustellenden Informationen (§§ 4a Abs. 1 S. 2 BDSG, 13 Abs. 1 S. 1 TMG)[818] deutlich und verständlich darauf hinweisen, dass Daten an Werbetreibende weitergegeben werden und welche Arten von Daten dies sind. Dies sollte vernünftigerweise in den jeweiligen Datenschutzerklärungen geschehen, die dem Nutzer im Rahmen seiner Registrierung zur Einsicht angeboten werden.

---

814 Art. 29 Datenschutzgruppe, Stellungnahme 2/2010 zur Werbung auf Basis von Behavioural Targeting, WP 171, S. 30.

815 Vgl. 4.2.7.4.4.3.

816 Noch zum TDDSG siehe auch Lange, BB 2002, 561, 564.

817 Vgl. 4.2.2.1.3.

818 Die Informationspflicht ergibt sich hier nicht aus Art. 5 Abs. 3 RL 2002/58/EG, da die Betreiber des sozialen Netzwerkes die Werbe-Cookies nicht setzen und auch keinen Einfluss darauf haben, welche Informationen über diese erhoben und verarbeitet werden.

4.2.7.5.3 In sozialen Netzwerken

Ob eine diesen Anforderungen genügende wirksame Einwilligung des Users vorliegt, ist natürlich immer eine Frage des Einzelfalls und der Ausgestaltung des jeweiligen Dienstes.[819] Insofern soll ein Blick in die derzeit geltenden Datenschutzbestimmungen der Anbieter sozialer Netzwerke den Umgang der Daten der Nutzer hinsichtlich personalisierter Werbung verdeutlichen.

4.2.7.5.3.1 Facebook

In der Datenschutzerklärung von *Facebook* werden die Nutzer darauf aufmerksam gemacht, dass Cookies von Werbekunden auf den Rechnern der Nutzer gesetzt werden. So heißt es dort: *„Manchmal hinterlassen Werbekunden Cookies auf deinem Computer, um ihre Werbeanzeigen wirksamer zu machen."* Welche Arten von Daten dann übertragen werden oder in welchen Fällen Werbekunden etwa keine Cookies hinterlassen, wird jedoch nicht angesprochen. Eine umfassende Aufklärung der Nutzer, welche sie zur wirksamen Ausübung ihres Selbstbestimmungsrechts befähigen würde, findet nicht statt. Weiterhin erläutert der Anbieter, dass bestimmte Arten von Daten an Werbekunden übermittelt werden:

> „Manchmal gestatten wir Werbekunden Nutzerkategorien zur Zielgruppenauswahl zu verwenden, wie „Kinobesucher" oder „Science Fiction-Fan". Dazu fassen wir Eigenschaften zusammen, die unserer Auffassung nach der Kategorie ähneln."

Damit beschränkt sich *Facebook* also nicht nur auf eine Vermittlerrolle, sondern verarbeitet Daten der Nutzer aktiv, um diese an Werbekunden weiterzuleiten. Eine, bei Vorliegen personenbezogener Daten, dafür erforderliche datenschutzrechtliche Einwilligung der Nutzer wird durch den Betreiber jedoch nicht eingeholt.[820] Die Verarbeitung der angegebenen Nutzerdaten findet folglich ohne eine Rechtsgrundlage statt und verstößt gegen das geltende Datenschutzrecht.

4.2.7.5.3.2 Google

Auch *Google* gibt in seiner Datenschutzerklärung Informationen dazu ab, dass der Dienst mit Cookies in Bezug auf die Erbringung von Werbung arbeitet. So wird der Nutzer darüber informiert, dass Cookies verwendet werden, wenn die

---

819 Bauer, MMR 2008, 435, 437.

820 Vgl. unter 4.2.6.5.1.

Betroffenen etwa mit Werbediensten interagieren. Dem Wortlaut nach geht es dabei um eigene Cookies von *Google*. Um welche Daten es sich bei der Datenverarbeitung handelt, wird mit folgender Formulierung umschrieben:

> „Wir nutzen diese Informationen außerdem, um Ihnen maßgeschneiderte Inhalte anzubieten – beispielsweise um Ihnen relevantere Suchergebnisse und Werbung zur Verfügung zu stellen."

Jedoch wird hieraus nicht ersichtlich, welche Informationen genau verarbeitet werden. Dass es sich dabei wohl um personenbezogene Daten handeln wird, zeigt ein Umkehrschluss aus folgender Klausel:

> „Wenn wir Ihnen auf Sie zugeschnittene Werbung anzeigen, werden wir ... nicht mit sensiblen Kategorien, beispielsweise basierend auf Rasse, Religion, sexuelle Orientierung oder Gesundheit, verknüpfen."

Eine Verknüpfung mit anderen als besonders sensiblen Daten wird damit jedoch gerade nicht ausgeschlossen. Zuletzt macht auch *Google* darauf aufmerksam, dass es sich nicht etwa nur auf die Vermittlerrolle in Bezug auf die Datenverarbeitung für Werbung festlegt, sondern es gibt vielmehr

> „personenbezogene Daten an Unternehmen, Organisationen oder Personen außerhalb von Google weiter, wenn wir hierfür Ihre Einwilligung erhalten haben. Für die Weitergabe jeglicher sensibler Kategorien von personenbezogenen Daten benötigen wir Ihre ausdrückliche Einwilligung."

Dass die datenschutzrechtliche Einwilligung von Google den gesetzlichen Voraussetzungen nicht genügt, wurde bereits erläutert.[821] Geht das Unternehmen davon aus, dass diese Einwilligung die ausreichende Rechtfertigung für die Weitergabe personenbezogener Daten darstellt, so fehlt dieser Datenverarbeitung die erforderliche Legitimation. Zudem versäumt es der Anbieter in seiner Datenschutzerklärung darauf hinzuweisen, welche Arten von Informationen verwendet werden. Zuletzt gibt Google das Zugeständnis ab, dass „keine Informationen von DoubleClick-Cookies mit personenbezogenen Daten" verknüpft werden, außer der Nutzer habe ausdrücklich eingewilligt. Zum ersten lässt sich daraus schließen, dass personenbezogene Daten mit normalen Cookies sehr wohl verknüpft werden. Zum anderen wird nicht darüber aufgeklärt, was ein „DoubleClick-Cookie" ist. Eine Erläuterung hält Google nur für den Begriff des Cookies an sich bereit.[822] Es lässt sich festhalten, dass die Informationen dazu, wie per-

---

821 Vgl. unter 4.2.6.5.2.

822 Eine externe Suche nach Informationen zu diesem Begriff ergibt, dass es sich bei dem DoubleClick-Cookie um den Cookie eines großen Werbe- und Marketingunterneh-

sonenbezogene Daten für Zwecke der Werbung verwendet werden, zu vage und unkonkret sind, um die Grundlage einer informierten Einwilligung bilden zu können. Da diese tatsächlich gar nicht wirksam vorliegt, ist auch die Datenverarbeitung in Bezug auf die Ausspielung von Werbeanzeigen als unrechtmäßig zu beurteilen.

4.2.7.5.3.3 meinVZ

In der Datenschutzerklärung von *meinVZ* findet sich unter Ziff. 4 ein erster Hinweis darauf, welche Informationen für Werbezwecke verwendet werden. Dort heißt es, dass der Anbieter

> „diese in den so genannten Protokolldateien gespeicherten Daten auswertet und analysiert, um das Netzwerk und seine Anwendungen zu optimieren sowie um mir gezielt personalisierte Werbung und/oder besondere Angebote und Services über das Netzwerk zu präsentieren bzw. präsentieren zu lassen."

Um welche Daten es sich dabei handelt, wird dem Nutzer in Informationen erläutert, welche über einen Link in dieser Klausel abrufbar sind. Die User erhalten somit eine hinreichende Aufklärung darüber, welche Daten für wie lang im Zusammenhang mit Werbung verwendet werden. Nach den dortigen Angaben kommen bei der Analyse des Clickstreams auch Cookies zum Einsatz. Zudem werden sie am Ende der Ziff. 4 auf ihr Widerspruchsrecht hingewiesen. Auch in Ziff. 5 der Datenschutzerklärung wird der Nutzer ausführlich darüber unterrichtet, dass der Betreiber

> „von mir bei der Registrierung mitgeteilten Daten (z.B. Geschlecht und Region etc.), die von mir freiwillig innerhalb meines eigenen Profils („Meine Seite") eingetragenen Daten (z.B. frühere Studienrichtung, Interessen, Clubs/Vereine, Musikrichtung/Bands, Lieblingsbücher/-filme etc.) sowie meine Mitgliedschaft in Gruppen („Meine Gruppen") dazu nutzt, um mir gezielt personalisierte Werbung und/oder besondere Angebote und Services über das Netzwerk zu präsentieren bzw. präsentieren zu lassen (z.B. eine auf meine Interessen ausgerichtete Buchempfehlung oder Produktwerbung)."

Auch diese Angaben sind, vor allem durch die beispielhafte Untermalung der in Bezug genommenen Daten, ausreichend klar und bestimmt formuliert, um die Grundlage einer informierten Einwilligung des Nutzers in die Verarbeitung seiner Daten, auch für Zwecke der Werbung, zu dienen. Diese, bei der Registrie-

---

mens namens „DoubleClick" handelt, welches durch Google selbst übernommen wurde.

rung abgegebene Einwilligung, erfüllt die gesetzlichen Voraussetzungen,[823] womit der Datenverarbeitungspraxis bei *meinVZ* für Werbezwecke den derzeit geltenden datenschutzrechtlichen Anforderungen genügt.

4.2.7.5.4 Zwischenergebnis zur personalisierten Werbung

Gerade in sozialen Netzwerken besteht für Unternehmen der Werbebranche ein lukrativer Markt. Möchten sie sich auf diesem engagieren, so müssen sie wissen, dass mit dem Einsatz von Cookies für sie auch datenschutzrechtliche Pflichten entstehen können, die sie gegenüber den Nutzern zu erfüllen haben. Auch die Betreiber sozialer Netzwerke sind dabei, wenn auch, je nach Ausgestaltung des Werbedienstes, in einer minder beteiligten Rolle für die Einhaltung und Erfüllung gewisser datenschutzrechtlicher Pflichten verantwortlich. Dass die Werbung in sozialen Netzwerken grundsätzlich einen legitimen Zweck besitzt, nämlich die Kosten der Betreiber zu decken, darf nicht verkannt werden. Auch werden sich viele Nutzer darüber freuen Werbung zu Themen zu erhalten, die sie tatsächlich interessieren. Andererseits muss auch der Privatsphäre und insbesondere dem Recht auf informationelle Selbstbestimmung der Nutzer ausreichend Rechnung getragen werden, indem vor allem die datenschutzrechtlichen Anforderungen an eine informierte Einwilligung erfüllt werden. Die derzeitige Ausgestaltung einiger Datenschutzerklärung lässt diesen herzustellenden Ausgleich der Interessen und die Durchsetzung des Prinzips der freien Selbstbestimmung jedoch vermissen.

4.2.8 Zwischenergebnis zu den rechtlichen Risiken für das Recht auf informationelle Selbstbestimmung

Die obige Untersuchung zu den bestehenden Gefahren für das Recht auf informationelle Selbstbestimmung zeigt die Brisanz, welche sich aus der Nutzung sozialer Netzwerke für das Persönlichkeitsrecht der User ergibt. Man sollte jedoch nicht zu einer pauschalen Verteufelung dieser Web 2.0 Angebote neigen. Denn sie bieten ohne Zweifel viele interessante und zweckmäßige Funktionen, um auch die Entwicklung der eigenen Persönlichkeit positiv zu unterstützen. Dies kann jedoch nicht von den datenschutzrechtlichen Problemen ablenken, die derzeit auf solchen Plattformen bestehen. Nach den hier gefundenen Ergebnis-

823 Vgl. unter 4.2.6.5.3.

sen sind es häufig ausländische (außereuropäische) Anbieter, die sich nicht konsequent an das in Deutschland und Europa geltende Datenschutzrecht halten. Wichtig erscheint es herauszustellen, dass dem Willen der Nutzer und ihrem Recht auf Bestimmung über die Verwendung ihrer Daten teilweise nicht genug Rechnung getragen wird. Sei es etwa durch ungenügende Informationen und mangelnde Transparenz oder auch durch fehlende Einwilligungen. Dabei sind die Lösungen dieser Probleme, wie etwa unbestimmter AGB-Klauseln oder fehlender Einwilligungen, keine Herkulesaufgaben, welche für die Anbieter unüberwindbare Hürden darstellen. Viele der beschriebenen Gefahren und Verstöße gegen geltendes Recht ließen sich mit geringem Aufwand beheben. Warum die Anbieter in Bezug auf Änderungen ihrer Dienste teilweise jedoch absolut uneinsichtig sind, ist wohl nur aus ihrer Sicht, mit Blick auf die Wettbewerbssituation auf dem Markt und die Notwendigkeit zur Steigerung der Nutzerzahlen und Sammlung personenbezogener Daten, zu verstehen. Ein zusätzliches Opt-in Verfahren, etwa bei der Registrierung, wäre da nur hinderlich und könnte die Internetnutzer abschrecken, da sie es gewohnt sind, schnell und unkompliziert Internetdienste zu nutzen. Hier offenbart sich dann erneut der eingangs erwähnte Konflikt zwischen dem Schutzziel des Datenschutzrechts und den Angeboten des Web 2.0: Schutz der Privatsphäre und Selbstbestimmung über die eigenen Daten auf der einen und Schnelligkeit, Einfachheit und Innovationsdrang im Internet auf der anderen Seite.

4.3 Andere Persönlichkeitsrechte

Nicht nur das Recht auf informationelle Selbstbestimmung erfährt durch die Teilnahme an sozialen Netzwerken eine Gefährdung. Auch andere Bereiche des allgemeinen Persönlichkeitsrechts, welche insbesondere im Zusammenhang mit den von den Nutzern dort eingestellten Inhalten stehen, sehen sich den Risiken dieser Web 2.0 Phänomene ausgesetzt. Dabei stellt schon eine der Grundfunktionalitäten des „user generated content“, also des Systems der durch die Nutzer erstellten Inhalte im Internet, nämlich das einfache Kopieren und Weiterverbreiten eigener oder fremder Inhalte, den Schutz des Persönlichkeitsrechts vor neue Herausforderungen.[824] Die zynisch einfache Formel könnte lauten: „Ein Klick = Eine Persönlichkeitsrechtsverletzung“. Gerade soziale Netzwerke, die sich hauptsächlich an die private Umgebung der Nutzer richten und aus diesem

824 Fierdag, Persönlichkeitsrechte in Zeiten des Web 2.0, S. 51, 56.

Grund auch mit massenhaft Inhalten aus diesem Bereich gefüllt sind, bieten daher ein anschauliches Beispiel dafür, wie schnell und häufig unbewusst in die Persönlichkeitsrechte anderer Personen eingegriffen wird. Daher ist es auch nötig in dieser Untersuchung den Bereich der Verletzung des allgemeinen Persönlichkeitsrechts bzw. anderer spezieller Ausprägungen als dem des informationellen Selbstbestimmungsrechts durch Aktivitäten von Nutzern der sozialen Netzwerke zu untersuchen.

4.3.1 Recht am eigenen Bild in sozialen Netzwerken

Wie bereits erläutert, umfasst das allgemeine Persönlichkeitsrecht auch den Schutz des Rechts am eigenen Bild.[825] Dabei soll Untersuchungsgegenstand der nachfolgenden Betrachtung vor allem der nicht-kommerzielle Bestandteil des Rechts am eigenen Bild darstellen, da auch in sozialen Netzwerken die Verwendung von Bildern durch die Verbraucher in der Masse der Fälle unter privaten Vorzeichen geschieht.[826] Der Umgang der Nutzer mit Bildern in den sozialen Netzwerken gehört dort zum alltäglichen Geschäft. Bereits bei der Registrierung werden die User meist aufgefordert, ein Profilbild hochzuladen. Viele weitere Fotoalben können folgen. Auf *Facebook* etwa werden täglich 250 Millionen Bilder eingestellt.[827] Dabei muss es sich natürlich nicht immer um Bilder handeln, auf denen Personen zu erkennen sind, also Bildnisse i. S. d. § 22 S. 1 KUG. Allein diese unglaubliche Masse an Bildern, wohlgemerkt bei nur einem Anbieter, verdeutlicht jedoch die Bedeutung der Notwendigkeit des Schutzes des Rechts am eigenen Bild im Internet und in sozialen Netzwerken. Denn dort ist es mit der Verbreitung eines Fotos dem Besitzer relativ einfach möglich, den Abgebildeten an den medialen Pranger zu stellten.[828]

Für das Hochladen und die Verbreitung von Bildnissen in sozialen Netzwerken hält das KUG die Handlung des öffentlichen Zurschaustellens bereit,

---

825 Vgl. 2.2.1.

826 Freilich muss dennoch, um eine wissenschaftliche Vollständigkeit zu gewährleisten, im Rahmen der folgenden Untersuchung teilweise darauf zurückzukommen sein, dass es auch kommerzielle Bestandteile des Rechts am eigenen Bild gibt, welche etwa bei der dogmatischen Einordnung der Einwilligung nicht außer Acht gelassen werden dürfen, vgl. dazu 4.3.1.4.1.

827 Börsenprospekt der Facebook Inc., S. 74, abrufbar unter http:// www.sec.gov/Archives/edgar/data/1326801/000119312512034517/d287954ds1.htm (zuletzt abgerufen am 01.12.2012).

828 Tinnefeld/Viethen, NZA 2003, 468, 469; Jandt/Roßnagel, MMR 2011, 637.

welche grundsätzlich nur mit der Einwilligung des Abgebildeten erlaubt ist, § 22 S. 1 KUG, oder einer der in §§ 23, 24 KUG normierten Ausnahmetatbestände greift ein.[829]

4.3.1.1 Öffentliches Zurschaustellen, § 22 S. 1 KUG

Dabei muss hier, anknüpfend an die Diskussion zur Tätigkeit im rein privaten Bereich im Datenschutzrecht,[830] die Frage aufgeworfen werden, ob überhaupt ein „öffentliches" Zurschaustellen vorliegen kann, wenn die Nutzer sozialer Netzwerke Bilder in ihr Profil hochladen oder dort anderen zur Verfügung stellen, diese jedoch z. B. nur für ihre Freunde sichtbar sind.[831]

Grundsätzlich wird unter der öffentlichen Zurschaustellung das Sichtbarmachen eines Bildes im weitesten Sinne verstanden.[832] Danach fallen auch im Internet eingestellte Bilder unter diesen Begriff.[833] Eine Gewerbsmäßigkeit muss dabei nicht vorliegen,[834] womit auch die privat agierenden Nutzer sozialer Netzwerke diese Voraussetzung erfüllen.[835] Öffentlich ist die Zurschaustellung, wenn sie für eine Vielzahl von Personen bestimmt ist, es sei denn, der Kreis der Personen kann bestimmt abgegrenzt werden und die Rezipienten sind durch gegenseitige Beziehungen oder durch ihre Beziehung zum Einstellenden persönlich untereinander verbunden.[836]

---

829 Zum Schutz allgemein, siehe 2.2.1.

830 Siehe unter 4.2.4.2.1.

831 Die Tatbestandsalternative des „Verbreitens" scheidet bei einem Zugänglichmachen von Bildern im Internet aus, da in Anlehnung an § 17 UrhG das „Verbreiten" den Vertrieb von körperlichen Bildnissen voraussetzt, vgl. OLG München, Urteil v. 26.06.2007 - 18 U 2067/07 = MMR 2007, 659; Schertz in Loewenheim, Handbuch des Urheberrechts, § 18, Rn. 13; von Strobl-Albeg in Wenzel, Kap. 7, Rz. 44; Helle, Besondere Persönlichkeitsrechte im Privatrecht, S. 125; a. A. etwa Dreyer in Dreyer/Kathoff/Meckel, Urheberrecht, § 22 KUG, Rn. 12.

832 Götting in Schricker/Loewenheim, UrhG, § 22 KUG, Rn. 37; Kröner in Paschke/Berlit/Meyer, S. 1035, Rn. 17.

833 Von Strobl-Albeg in Wenzel, Kap. 7, Rz. 44; Gounalakis/Rhode, Rn. 55; Ohrmann, Der Schutz der Persönlichkeit in den Online-Medien, S. 49.

834 Götting in Schricker/Loewenheim, UrhG, § 22 KUG, Rn. 37; von Strobl-Albeg in Wenzel, Kap. 7, Rz. 44.

835 So auch Ohrmann, Der Schutz der Persönlichkeit in den Online-Medien, S. 49.

836 Vgl. schon RG, Urteil v. 20.10.1911 – IV 628/11 = RGSt, 45, 240, 243; von Strobl-Albeg in Wenzel, Kap. 7, Rz. 44; Helle, Besondere Persönlichkeitsrechte im Privatrecht, S. 124.

Fraglich ist jedoch, ob der Begriff „öffentlich“ im Anwendungsbereich der sozialen Netzwerke pauschal als gegeben angesehen werden kann oder nicht vielmehr einer differenzierten Betrachtung bedarf.[837] Der Unterschied zwischen privat und öffentlich hängt vor allem davon ab, wer Zugang zu diesen Bereichen besitzt und wer über die in ihnen bestehenden Regeln entscheiden kann.[838] Unerheblich ist daher auch, ob der Raum, in dem die Zurschaustellung stattfindet, ein öffentlicher oder ein privater ist.[839] In sozialen Netzwerken reicht die Spanne von der Sichtbarkeit für den Nutzer allein bis hin zur öffentlichen Darstellung im Internet. Die verbindliche Entscheidungsbefugnis muss den Kreis der Informationsverbreitung festlegen können. Freilich gilt quasi als Vermutungsregel, dass der Schutz des Privaten eher dort greifen muss, wo an einen kleinen Kreis Informationen weitergegeben werden und die Kommunikation untereinander den Charakter einer gewissen Vertraulichkeit besitzt.[840]

Es wird zum Teil davon ausgegangen, dass auch wenn die Informationen selbst privater Natur sind, diese im Internet doch in einem solchen Umfang anderen Personen zur Verfügung gestellt werden, dass dies einer Veröffentlichung gleichkomme.[841] Jedoch gilt es gerade im Bereich sozialer Netzwerke zu bedenken, dass es die Nutzer selbst in der Hand haben (über die individuelle Einstellung ihrer Privatsphäre und der Sichtbarkeit ihres Profils bzw. auch einzelner Beiträge), wer die von ihnen eingestellten Bilder betrachten kann. Auch wenn man also etwa 1000 Urlaubsbilder in Fotoalben in dem Netzwerk zugänglich macht, diese jedoch nur von 30 Freunden betrachtet werden können, so liegt in der Tat ein beachtlicher Umfang vor. Jedoch unterscheidet sich diese Präsentation erst einmal nicht von dem Durchblättern von Fotos im Kreise der Freunde im eigenen Wohnzimmer. Eine „Öffentlichkeit“ nach obiger Definition kann dann nicht vorliegen. Allein auf den Umfang der bereitgestellten medialen Inhalte sollte in sozialen Netzwerken daher nicht abgestellt werden.

Den alleinigen Anknüpfungspunkt an der Anzahl der potentiellen Empfänger festzumachen würde andererseits, zumindest für den Fall sozialer Netzwerke, jedoch ebenso wenig ein befriedigendes Ergebnis erzielen, da hier schon die genaue Grenzziehung einen von der Willkür beeinflussten Akt darstellen würde. Beginnt Öffentlichkeit bei 100, 1.000 oder erst 10.000 möglichen Rezipien-

---

837 Ohrmann, Der Schutz der Persönlichkeit in den Online-Medien, S. 49; „Gewohnte Abgrenzungskriterien versagen weitgehend“, Ohly, AfP 2011, 428, 430.

838 Worms/Gusy, DuD 2012, 92, 94.

839 RG, Urteil v. 20.10.1911 – IV 628/11 = RGSt 45, 240, 243; darauf bezugnehmend, Helle, Besondere Persönlichkeitsrechte im Privatrecht, S. 123.

840 Ohly, AfP 2011, 428, 430.

841 Heckmann, K&R 2010, 770, 771.

ten?[842] Über diese Antwort würde wohl jeder anders denken. Hieran den Persönlichkeitsschutz zu knüpfen, würde dessen Bedeutung nicht gerecht werden, denn seine Wirkung könnte sich bei großzügiger Auslegung der Grenze erst sehr spät entfalten.

Eine Bezugnahme auf die sozialen Adressatenkreise, also allein auf die bestehenden oder nicht-bestehenden Verbindungen abzustellen, erscheint ebenso wenig durchführbar und offen für Fehleinschätzungen bzw. unscharfe und praxisuntaugliche Ergebnisse zu sein.[843] Zwar lassen sich in einigen Netzwerken die dortigen Freunde tatsächlich kategorisieren und etwa Listen für Familie, Bekannte und enge Freunde bilden. Doch ist diese Einteilung keine Pflicht der Nutzer. Was geschieht also im Falle einer fehlenden Kategorisierung? Soll pauschal eine Veröffentlichung angenommen werden?

Die Lösung scheint vielmehr in der Findung eines Kriteriums zu liegen, welches die verschiedenen Ansätze berücksichtigt, jedoch trennscharf genug einzusetzen ist, um zu vertretbaren Ergebnissen bei der Beurteilung der „Öffentlichkeit" in sozialen Netzwerken zu gelangen. Der private Bereich in sozialen Netzwerken muss folglich bestimmt werden durch ein Merkmal, welches erstens objektiv klar erkennen lässt, dass der Nutzer eine Einschränkungen vornehmen möchte und nur ein gewisser Kreis von Rezipienten angesprochen werden soll, zweitens diese Bestimmung durch Nutzer selbst verbindlich festgelegt werden kann und drittens sich dieser Bereich durch eine gemeinsame innere Verbundenheit der Rezipienten, als Ausdruck des Privaten, darstellt.

In Betracht kommt dabei die durch die Nutzer vorzunehmende individuelle Justierung der Sichtbarkeit der Inhalte auf ihrem Profil und des Profils selbst in dem jeweiligen Netzwerk.

4.3.1.1.1 Objektiv klar erkennbar

Um einen tauglichen und unzweideutigen Anknüpfungspunkt für die Feststellung einer „Öffentlichkeit" zu bieten, muss das Verhalten der Nutzer ihren Willen zur Beschränkung der Sichtbarkeit ihrer Inhalte und auch der Fotos klar zum Ausdruck bringen. Hierbei muss in Bezug auf die Möglichkeit der objektiven Festlegung eines bestimmten Adressatenkreises und damit hinsichtlich der Abgrenzung von öffentlich und privat, die Rechtsprechung zur Feststellung des Vorliegens einer konkludenten Einwilligung bei ins Internet eingestellten Inhal-

842 Im Ergebnis wohl auch Worms/Gusy, DuD 2012, 92, 94.
843 Ohly, AfP 2011, 428, 430.

ten in eine öffentliche Zugänglichmachung nach § 19a UrhG berücksichtigt werden,[844] wonach eine Einwilligung in die öffentliche Zugänglichmachung durch Dritte vorliegen soll, wenn der Einstellende vor allem keine technischen Mechanismen angewandt hat, um eine Beschränkung der Zugänglichmachung zu erreichen.[845] Dabei behandeln die Sachverhalte teilweise zwar rein urheberrechtliche Gestaltungen.[846] Jedoch kann der in den Entscheidungen zum Ausdruck kommende Gedanke (technische Schutzmaßnahme schließt Willen für öffentliche Zugänglichmachung aus) für die hier vorliegende Frage insoweit fruchtbar gemacht werden, als dass der Einstellende eine aktive und klare Begrenzung des Adressatenkreises vorzunehmen hat, wenn er nicht möchte, dass Bilder im Internet jedermann, also der Öffentlichkeit, zugänglich gemacht und dort genutzt werden.[847] Dies gilt im speziellen für die *Vorschaubilder*-Entscheidung des *BGH*, da dort von einer „schlichten Einwilligung" ausgegangen wird, welche weder schuldrechtlichen noch dinglichen Charakter im Rahmen der Übertragung von Nutzungsrechten besitzt.[848] Auch die hier in Rede stehende Handlung der Nutzer sozialer Netzwerke, das Einstellen der Sichtbarkeit ihres Profils bzw. der einzelnen Beiträge und Bilder, knüpft an eine schlichte, tatsächliche Handlung an. Der Gedankengang der Gerichte, wonach es einer aktiven, den Empfängerkreis begrenzenden Handlung bei ins Internet eingestellten Inhalten bedarf, um die Öffentlichkeit auszuschließen und Dritten klar erkennbar zu machen, dass sie gerade nicht eine Veröffentlichung über den vom User selbst definierten Bereich wünschen, lässt sich für das hier zu findende Kriterium der objektiven Erkennbarkeit von Trennung zwischen öffentlich und privat insofern übertragen. Gefordert wird somit eine Handlung des Einstellenden,

844 Es geht hierbei nur um die mögliche Extraktion von Gedanken der Rechtsprechung zur Festlegung eines bestimmten Adressatenkreises und den daraus folgenden Anforderungen an die Bestimmung der „Öffentlichkeit". Inwieweit diese Rechtsprechung hinsichtlich ihres Hauptthemas, der konkludenten Einwilligung im Internet durch das Einstellen von medialen Inhalten, auf den hier untersuchten Bereich des Rechts am eigenen Bild und die persönlichkeitsrechtliche Einwilligung übertragen werden kann, wird an dem dafür geeignet Ort, nämlich im Rahmen der Einwilligung, untersucht, siehe unter 4.3.1.4.2.2.

845 BGH, Urteil v. 29.04.2010 – I ZR 69/08 = ZUM 2010, 580, Rz. 36; LG Hamburg, Urteil v. 16.06.2010 - 325 O 448/09 = CR 2010, 750; LG Hamburg, Urteil v. 12.04.2011 – 310 O 201/10 = ZUM-RD 2011, 503, 504; OLG Köln, Urteil v. 09.02.2010 – 15 U 107/09 = CR 2010, 530.

846 So etwa BGH, Urteil v. 29.04.2010 – I ZR 69/08 = ZUM 2010, 580; LG Hamburg, Urteil v. 12.04.2011 – 310 O 201/10 = ZUM-RD 2011, 503.

847 So auch LG Hamburg, Urteil v. 16.06.2010 - 325 O 448/09 = CR 2010, 750.

848 BGH, Urteil v. 29.04.2010 – I ZR 69/08 = ZUM 2010, 580, Rz. 34 f.

welche seinen Willen objektiv zum Ausdruck bringt, dass nur ein beschränkter Kreis an Personen Zugang zu den Inhalten besitzen soll. Durch die individuelle Einstellung der Sichtbarkeit von Inhalten in sozialen Netzwerken wird diese Forderung erfüllt. Abruf- und einsehbar sind die Fotos dann nur für eine festgelegte Gruppe. Die Beschränkung des Zugangs ist auch objektiv klar erkennbar und zwar dadurch, dass man die medialen Inhalte betrachten kann oder, als nicht Zugelassener, eben nicht.[849]

4.3.1.1.2 Verbindliche Bestimmung

Zudem muss die Folge der Handlung dergestalt Wirkung zeigen, dass der Einstellende selbst darüber bestimmt und zwar auch verbindlich, wer Zugang zu den Inhalten erhält. Die Festlegung des Zugangs ist zum einen für die Abgrenzung zwischen öffentlich und privat[850] und zum anderen daraus folgend auch für das Eingreifen des Schutzes des Rechts am eigenen Bild entscheidend.[851] Bei der Einstellung der Sichtbarkeit des Profils liegt es in der Hand des jeweiligen Nutzers, eine Beschränkung vorzunehmen. Zwar wird diese Funktionalität durch den Anbieter des Netzwerkes gestellt und er hat notfalls darauf Einfluss, Inhalte aus diesem Bereich zu entfernen. Eine Sphäre der völligen Abschottung und Entziehung aus dem Einflussbereich Dritter ist jedoch auch im privaten Bereich der offline Welt selten gegeben oder wenn überhaupt unter besonderen Anstrengungen zu erreichen. So besteht für Dritte etwa die Möglichkeit sich Zugang zu einer Wohnung zu verschaffen oder dort etwa Überwachungsmaßnahmen durchzuführen. Ob dies gegen geltendes Recht verstößt oder nicht, spielt für die Beurteilung von privat und öffentlich keine Rolle. Trotz dieser Einwirkungsmöglichkeit wird in der realen Welt dennoch die Wohnung bzw. der abgegrenzte häusliche Bereich als typisches Beispiel eines Rückzugsortes in der Privatsphäre betrachtet (auch wenn der Schutzbereich des allgemeinen Persönlich-

849 Vgl. auch Rolf/Rötting, RDV 2009, 263, 266, die davon ausgehen, dass der Nutzer durch die individuellen Einstellungen die Inhalte so seiner Privatsphäre zuordnen kann, dass er sie nicht für jedermann freischaltet.

850 Worms/Gusy, DuD 2012, 92, 94.

851 Vgl. etwa BGH, Urteil v. 01.07.2008 - VI ZR 243/06 = NJW 2008, 3138, Rz. 19, „wird die Reichweite des Schutzes des Rechts am eigenen Bild davon beeinflusst, ob eine Information in die breite Öffentlichkeit der Massenmedien überführt wird und damit nicht auf einen engen Personenkreis begrenzt bleibt“.

keitsrechts dort freilich nicht endet).[852] Zudem bringt die Anknüpfung an jeweilige Privatsphäreeinstellung der Nutzer den Vorteil, dass wie in der Offline-Welt auch, eine Anpassung des Privaten durch die Nutzer selbst vorgenommen werden kann. Es findet keine vorgelagerte festgelegte Determination in dem Sinne statt, dass jeglicher Inhalt, welcher in einem sozialen Netzwerk hochgeladen wird, von Beginn an öffentlich oder nur privat ist. Die Kreise des Privaten ändern sich von Zeit zu Zeit. Hierauf kann der Nutzer über seine Einstellungen im Profil verbindlich reagieren. Als Argument gegen die Verbindlichkeit der Bestimmung könnte man zudem anführen, dass es den Empfängern möglich ist das bereitgestellte Foto herunterzuladen oder eine Screenshot anzufertigen und so eine Kopie dieses Fotos nach ihrem Gutdünken anderen Personen zugänglich zu machen. Auch diese Möglichkeit der Einwirkung auf die medialen Inhalte lässt jedoch nicht den Charakter des Privaten bei deren Einstellen in das Netzwerk entfallen. Zum einen ist es bei der in der eigenen Wohnung abgehaltenen Diashow oder Ansicht von Fotos den Freunden ebenso möglich, Bilder zu entwenden oder abzufotografieren. Die Wohnung wird deshalb jedoch nicht zur Öffentlichkeit. Zudem ist der hier entscheidende Anknüpfungspunkt das Verhalten der Person, welche die mediale Information in das soziale Netzwerk überträgt. Nachfolgende und vor allem durch andere Beteiligte vorgenommene Handlungen unterliegen einer eigenen rechtlichen Beurteilung. Die Anknüpfung an die individuelle Justierung der Sichtbarkeit von Inhalten im Netzwerk erweist sich damit auch hinsichtlich der Vorgabe der verbindlichen Bestimmung der Grenzen des eigenen Privaten als taugliches Kriterium.[853]

4.3.1.1.3 Innere Verbundenheit

Zuletzt muss für eine klare Trennung zwischen öffentlich und privat ein Merkmal gegeben sein, welches nicht mit derjenigen Objektivität beurteilt werden kann, wie die beiden zuvor genannten Kriterien. Charakteristisch für einen privaten Bereich unter Ausschluss der Öffentlichkeit ist das Bestehen einer inneren Verbundenheit und Vertrautheit zwischen dem die Informationen Preisgebenden

---

852 Vgl. etwa BGH, Urteil v. 19.12.1995 - VI ZR 15/95 = NJW 1996, 1128, 1129; BGH, Urteil v. 09.12.2003 - VI ZR 373/02 = GRUR 2004, 438, 439; Wanckel in Götting/Schertz/Seitz, Handbuch des Persönlichkeitsrechts, § 19, Rn. 13; von Strobl-Albeg in Wenzel, Kap. 8, Rz. 67.

853 Ebenso bei Vorliegen eines Passwort- oder Registrierschutzes: AG Menden, Urteil v. 03.02.2010 - 4 C 526/09 = NJW 2010, 1614.

und den Empfängern.[854] Es kommt also auf die Verbindung zwischen den beteiligten Personen an. In sozialen Netzwerken kann eine Verbindung direkt hergestellt werden, indem man eine Person als Freund oder Kontakt hinzufügt. Freilich geschieht dies im Internet häufig auch mit Personen, die man in Wirklichkeit nicht kennt. Die reine Online-Verbundenheit nimmt dieser Beziehung jedoch nicht ihren privaten Charakter. Denn Internetbekanntschaften können sich manchmal sogar zu sehr wichtigen Teilen der eigenen Privatsphäre entwickeln, wenn man etwa einen regen Nachrichtenaustausch, gerade über private Details, pflegt. Auf der anderen Seite kann der Kreis aus Personen auch aus solchen bestehen, zu denen man entweder überhaupt keine Verbindung aufweist (so etwa das gesamte Internet) oder aber „Freunde zweiter Stufe" sog. Freunde von Freunden.[855] Dabei handelt es sich um Personen mit denen man einen gemeinsamen Freund teilt, jedoch direkt meist nie in Kontakt tritt. Auch die Sichtbarkeit von eingestellten Inhalten für diesen Kreis ist in sozialen Netzwerken möglich. Gerade die Einordnung dieses Bereichs stellt sich als schwierige Abgrenzungsfrage zwischen öffentlich und privat dar. Denn ausgeschlossen ist es nicht von vorherein, dass man auch diese Personen, zumindest zeitweise, zu seinem privaten Umfeld zählt. Um auf das Beispiel des Durchblätterns von Fotoalben oder Betrachten von Urlaubsbildern auf einem Projektor in der eigenen Wohnung zurückzukommen, kann es in einer solchen Situation etwa vorkommen, das über einen Freund unbekannte Dritte eingeladen werden (z. B. der neue Partner), welche dann ebenfalls zu dem Empfängerkreis der Informationen zählen. In diesem Fall könnte man nicht von einer öffentlichen Verbreitung oder Zurschaustellung ausgehen, da der Adressatenkreis immer noch bestimmt bleibt und in diesem Umfeld eine gewisse Vertrautheit vorherrscht. Der Unterschied zum Empfängerkreis in sozialen Netzwerken ist jedoch ein anderer. Die dortige Einstellung der Sichtbarkeit von eigenen Inhalten ist bei weitem nicht so feingranular durchführbar, wie dies in der realen Welt möglich ist. Man hat durch die Vorgabe der Betreiber die Wahl: entweder alle Freunde von eigenen Freunden oder eben nicht. Welche Ausmaße es jedoch annehmen kann, wenn man sich zu einer Zurschaustellung gegenüber diesem Kreis entschließt, zeigt allein schon der Multiplikationseffekt, der eine solche Justierung mit sich bringt. Besitzt der die Inhalte einstellende Nutzer etwa 50 Freunde, die wiederum jeder für sich 50 Freunde besitzen (gemeinsame Freunde und den die Bilder Einstellenden ausgenommen), so liegt bereits ein potentieller Empfängerkreis von 2.500 Personen vor, von denen 2.450 keine direkte Verbindung zu einem selbst auf-

854 Ohly, AfP 2011, 428, 430.

855 So der Ausdruck bei Facebook.

weisen. Hier von einer inneren Verbundenheit oder Vertrautheit auszugehen entbehrt jeglicher Realität. Die Personen kennen sich untereinander in der Regel überhaupt nicht. Ein Vertrauen kann somit schon nicht bestehen oder aufgebaut worden sein. Für diese Kategorie von Empfängern muss daher, auch vor dem Hintergrund des Schutzes des Persönlichkeitsrechts der auf den Bildern zu erkennenden Personen, das Vorliegen einer Öffentlichkeit wie sie § 22 S. 1 KUG fordert, angenommen werden.

4.3.1.1.4 Zwischenergebnis zu dem Merkmal „öffentlichen Zurschaustellen"

Ein öffentliches Zurschaustellen nach § 22 S. 1 KUG findet für Bildnisse in sozialen Netzwerken statt, wenn diese über den Kreis der direkten eigenen Freunde hinaus zugänglich gemacht werden. Anknüpfungspunkt ist die jeweilige Einstellung des Profilinhabers bzw. der Person, welche die Fotos hochlädt. Für das Nichtvorliegen einer Öffentlichkeit unterhalb dieser Schwelle spricht die objektiv klare Erkennbarkeit der Abgrenzung eines privaten Bereichs unter Ausschluss Dritter, sowie die Möglichkeit der verbindlichen Festlegung dieser Grenze durch den Nutzer. Die für den Ausschluss von Öffentlichkeit zu fordernde innere Verbundenheit besteht zudem nur zwischen direkten Freunden/Kontakten des Nutzers und ihm selbst. Werden Bildnisse von Personen in sozialen Netzwerken anderen als den eigenen Freunden bereitgestellt, so liegt ein öffentliches Zurschaustellen nach § 22 S. 1 KUG vor.

4.3.1.2 Ausnahmetatbestand, § 23 Abs. 1 KUG

Liegt nun eine öffentliche Zurschaustellung von Fotos in dem sozialen Netzwerk vor, so bedarf diese nach § 22 S. 1 KUG grundsätzlich der Einwilligung der auf diesem Foto erkennbaren Personen, da es sich dann um Bildnisse handelt.[856] In Betracht kommt jedoch auch das Eingreifen eines in §§ 23 Abs. 1, 24 KUG normierten Ausnahmetatbestandes, wobei im Bereich sozialer Netzwerke und deren Nutzung durch Verbraucher, also vor allem in ihrem privaten Umfeld, nur § 23 Abs. 1 KUG eine Rolle spielen wird.[857]

---

856 Zur Einwilligung in sozialen Netzwerke vgl. unter 4.3.1.4.2.4.4.

857 Allg. zu dem abgestuften Schutzkonzept bei der Prüfung der Rechtmäßigkeit der Veröffentlichung von Bildnissen, vgl. etwa BGH, Urteil v. 06.03.2007 - VI ZR 51/06 = NJW 2007, 1977, Rz. 9 ff. m. w. N.; bestätigt durch BVerfG, Beschl. v. 26.02.2008 - 1 BvR 1602/07 u. a. = NJW 2008, 1793, Rz. 77 ff.

4.3.1.2.1 Bildnis aus dem Bereich der Zeitgeschichte, § 23 Abs. 1 Nr. 1 KUG

Dabei müsste es sich bei dem in dem sozialen Netzwerk eingestellten Foto um ein Bildnis aus dem Bereich der Zeitgeschichte handeln. Um diese Voraussetzung zu erfüllen wird ein Informationszweck gefordert, der über bloße kommerzielle Zwecke hinausgeht.[858] Zudem muss an der Zurschaustellung des Bildnisses ein legitimes Informationsinteresse bestehen.[859] Dies liegt etwa vor, wenn ein Foto zu einer Diskussion über eine Frage von allgemeinem Interesse beitragen kann.[860] Die reine Befriedigung der privaten Neugier reicht dafür nicht aus. Schon die Beurteilung, ob Bildnisse aus dem Bereich der Zeitgeschichte vorliegen, erfordert dabei eine Abwägung zwischen den Rechten des Abgebildeten aus Art. 2 Abs. 1, Art. 1 Abs. 1 GG einerseits und den Rechten der Presse bzw. des die Bilder Verbreitendenden aus Art. 5 Abs. 1 GG andererseits.[861]

Diese Voraussetzungen werden in der Masse der Fälle bei der Einstellung von Bildern in sozialen Netzwerken nicht gegeben sein. Wenn etwa Partybilder oder die letzten Urlaubsfotos zur Ansicht eingestellt werden, so handelt es sich dabei um meist den privaten Bereich dokumentierende Aufnahmen. Dass eine größere Öffentlichkeit an einem derartigen Foto ein legitimes Informationsinteresse besitzt, erscheint unwahrscheinlich. Der Kreis, welcher sich für den Aussagegehalt des Bildes interessieren wird, also an diesem ein legitimes Informationsinteresse besitzt, wird meist auf eine engere Gruppe von Personen beschränkt sein. Dies spricht nicht dagegen, von dem Vorliegen einer Öffentlichkeit nach oben definierten Maßstäben auszugehen. Denn zwar ist es möglich,

---

858 Von Strobl-Albeg in Wenzel, Kap. 8, Rz. 41; Kröner in Paschke/Berlit/Meyer, S. 1054, Rn. 82; Schertz in Götting/Schertz/Seitz, Handbuch des Persönlichkeitsrechts, § 12, Rn. 36; Prinz/Peters, Medienrecht, Rn. 866.

859 BGH, Urteil v. 06.03.2007 - VI ZR 51/06 = NJW 2007, 1977, Rz. 14; BGH, Urteil v. 01.07.2008 - VI ZR 243/06 = NJW 2008, 3138, Rz. 13; KG, Urteil v. 19.03.2010 – 9 U 163/09 = ZUM 2010, 972, 974; von Strobl-Albeg in Wenzel, Kap. 8, Rz. 40; Kröner in Paschke/Berlit/Meyer, S. 1043 f., Rn. 47; Schertz in Götting/Schertz/Seitz, Handbuch des Persönlichkeitsrechts, § 12, Rn. 37; Soehring, Presserecht, § 21, Tz. 2d.

860 BGH, Urteil v. 06.03.2007 - VI ZR 51/06 = NJW 2007, 1977, Rz. 17; BGH, Urteil v. 13.04.2010 – VI ZR 125/08 = GRUR 2010, 1029, Rz. 12; Schertz in Götting/Schertz/Seitz, Handbuch des Persönlichkeitsrechts, § 12, Rn. 54; Dreyer in Dreyer/Kathoff/Meckel, Urheberrecht, § 23 KUG, Rn. 10.

861 BGH, Urteil v. 07.06.2011 – VI ZR 108/10 = NJW 2011, 3153, Rz. 17; BGH, Urteil v. 13.04.2010 – VI ZR 125/08 = GRUR 2010, 1029, Rz. 12; BGH, Urteil v. 01.07.2008 - VI ZR 243/06 = NJW 2008, 3138, Rz. 8; Kröner in Paschke/Berlit/Meyer, S. 1045 f., Rn. 53; Schertz in Götting/Schertz/Seitz, Handbuch des Persönlichkeitsrechts, § 12, Rn. 60 m. w. N.

dass nur einige Empfänger die auf dem Bildnis dargestellte Person erkennen.[862] Gerade in dem persönlichkeitsrechtsrelevanten Bereichen, in denen jemand bloßgestellt oder zum Gespött gemacht werden soll, geht es den die Informationen Verbreitenden nicht unbedingt darum, dass jeder Rezipient die dargestellt Person selber kennt. Die anprangernde und verletzende Wirkung wird durch die Zurschaustellung in der Öffentlichkeit bezweckt.[863] Freilich bleibt es nicht ausgeschlossen, dass auch Bilder in das Profil eingestellt werden können, auf denen Personen erkennbar sind und welche einen öffentlichen Informationszweck und Thema für allgemeine Diskussionen bieten können. Entscheidend ist hier deshalb selbstverständlich immer eine Abwägung der tangierten Interessen und Ermittlung des Informationsgehaltes des Bildnisses im Einzelfall.

4.3.1.2.2 Person als Beiwerk, § 23 Abs. 1 Nr. 2 KUG

Häufig werden in sozialen Netzwerken auch Fotos eingestellt, in denen die dort erscheinenden Personen gar nicht den Informationsgehalt des Bildes bestimmen sollen, sondern eher zufällig abgebildet werden. Sind sie jedoch dennoch erkennbar, so könnte für diese Arten von Bildern der Ausnahmetatbestand des § 23 Abs. 1 Nr. 2 KUG eingreifen. Danach ist eine Einwilligung in die Zurschaustellung von Bildern, auf denen Personen nur als Beiwerk neben einer Landschaft oder sonstigen Örtlichkeit erscheinen, nicht erforderlich. Dabei muss der Gesamteindruck des Bildes ergeben, dass die Veröffentlichung der Landschaft oder der sonstigen Örtlichkeit im Vordergrund steht.[864] Es gilt jedoch zu beachten, dass § 23 Abs. 1 Nr. 2 KUG zum ersten das Vorliegen eines „Bildes" erfordert. Die abgebildeten Personen dürfen also nicht erkennbar sein und das Bild so zu einem Bildnis machen.[865] Zudem muss die abgelichtete Person als Beiwerk neben einer Landschaft oder Örtlichkeit auftauchen und nicht als Beiwerk neben

862 Was für das Vorliegen eines Bildnisses ausreicht, Schertz in Götting/Schertz/Seitz, Handbuch des Persönlichkeitsrechts, § 12, Rn. 8; von Strobl-Albeg in Wenzel, Kap. 7, Rz. 15; Prinz/Peters, Medienrecht, Rn. 827.

863 Zudem gilt es zu beachten, dass etwa bei Facebook die Voreinstellung der Sichtbarkeit von eingestellten Inhalten auf die Stufe „Freunde von Freunden" gesetzt ist, womit nach obigen Kriterien von einer öffentlichen Zurschaustellung auszugehen ist.

864 Von Strobl-Albeg in Wenzel, Kap. 8, Rz. 48; Schertz in Götting/Schertz/Seitz, Handbuch des Persönlichkeitsrechts, § 12, Rn. 63; etwa die Übertragung der Sehenswürdigkeiten einer Stadt via Webcam ins Internet, Gounalakis/Rhode, Rn. 65.

865 Schertz in Loewenheim, Handbuch des Urheberrechts, § 18, Rn. 41; Gounalakis/Rhode, Rn. 65; von Strobl-Albeg in Wenzel, Kap. 8, Rz. 47.

einer anderen im Vordergrund des Bildes stehenden Person oder Personen.[866] Die typischen Partyfotos mit Menschengruppen fallen nicht unter diese Ausnahme, da keine Landschaft oder Örtlichkeit abgebildet wird und gerade Personen abgelichtet werden die erkennbar sind. Für ein Ausscheiden des „Bildes" reicht es somit aus, wenn bei einem Foto die Erkennbarkeit von Personen im Vordergrund steht und eben nicht diejenige etwa eines besonderen Bergpanoramas.

Freilich entscheidet auch hier wieder der Einzelfall. Jedoch muss für den Bereich der sozialen Netzwerke beachtet werden, dass Fotos nicht ohne vorherige Prüfung eingestellt werden sollten, auch wenn die dort zu sehenden Personen für den Einstellenden „Beiwerk" der Partymasse darstellen. Die Einholung einer Einwilligung der abgebildeten Person kann, bei deren Erkennbarkeit, dennoch erforderlich sein.

4.3.1.2.3 Bilder von Versammlungen und Aufzügen, § 23 Abs. 1 Nr. 3 KUG sowie Bildnisse, deren Verbreitung oder Zurschaustellung einem höheren Interesse der Kunst dienen, § 23 Abs. 1 Nr. 4 KUG

Dass in sozialen Netzwerken auch Bilder eingestellt werden können, welche im Rahmen der Dokumentation einer Versammlung oder eines Aufzuges entstanden sind, versteht sich von selbst. Insofern greift dieser Ausnahmetatbestand bei Vorliegen seiner Voraussetzungen, insbesondere des Zwecks der Darstellung, allein der Abbildung des Geschehens und nicht der Personen zu dienen,[867] auch ein. Daher gibt es in Bezug auf die Zurschaustellung dieser Art von Bildern in sozialen Netzwerken aber keine Unterschiede bei ihrer rechtlichen Einordnung im Vergleich zur Veröffentlichung in anderen Medien. Dasselbe gilt für Bildnisse, welche einem höheren Interesse der Kunst dienen und verbreitet oder zur Schau gestellt werden.[868]

---

866 Götting in Schricker/Loewenheim, UrhG, § 23 KUG, Rn. 80; von Strobl-Albeg in Wenzel, Kap. 8, Rz. 47; Dreyer in Dreyer/Kathoff/Meckel, Urheberrecht, § 23 KUG, Rn. 41; a. A.: Helle, Besondere Persönlichkeitsrechte im Privatrecht, S. 151 und 166, der von einer Analogiefähigkeit des § 23 Abs. 1 Nr. 2 KUG für den Fall einer zufälligen Abbildung einer Person neben einer Person der Zeitgeschichte ausgeht.

867 Götting in Schricker/Loewenheim, UrhG, § 23 KUG, Rn. 84; von Strobl-Albeg in Wenzel, Kap. 8, Rz. 49; Prinz/Peters, Medienrecht, Rn. 872.

868 Insofern sei hier auf die einschlägige Kommentarliteratur zu § 23 Abs. 1 Nr. 3 und Nr. 4 KUG verwiesen, vgl. etwa Götting in Schricker/Loewenheim, UrhG, § 23 KUG, Rn.

4.3.1.3 Berechtigte Interessen des Abgebildeten, § 23 Abs. 2 KUG

Quasi als Korrektiv zur gesetzlichen Erlaubnis einer Bildveröffentlichung nach den § 23 Abs. 1 Nr. 1 – 4 KUG wird nach § 23 Abs. 2 KUG die Voraussetzung aufgestellt, dass die Verbreitung oder Zurschaustellung kein berechtigtes Interesse des Abgebildeten verletzen darf. Dabei ist eine umfassende Interessenabwägung zwischen denjenigen Interessen der Allgemeinheit an einer Veröffentlichung und denjenigen der abgebildeten Person auf Schutz ihres Persönlichkeitsrechts vorzunehmen.[869] Bei dieser Abwägung gilt es nicht nur die Bildinformation selbst zu bewerten, sondern es sind auch die Begleitumstände (wie Aufnahmesituation und begleitender Text) zu berücksichtigen.[870] Gerade die Rücksichtnahme auf das das Bild umgebende Umfeld wird im Zusammenhang mit sozialen Netzwerken eine große Rolle spielen.[871] Denn so ist es zum einen der das Bild einstellenden Person möglich, dieses mit zusätzlichen Text zu versehen. Zum anderen können durch andere Personen Kommentare zu dem Bild abgegeben werden. Innerhalb sozialer Netzwerke findet die Zurschaustellung von Bildnissen eigentlich nie ohne eine außerhalb des Bildes liegende Information oder Beschreibung statt. All dies ist bei der vorzunehmenden Interessenabwägung zu berücksichtigen.

Vor allem bei bekannten Personen, bei denen regelmäßig das Eingreifen des § 23 Abs. 1 Nr. 1 KUG bejaht oder mindestens diskutiert wird, erhält § 23 Abs. 2 KUG jedoch in Zukunft die Funktion eines Auffangtatbestandes, da die erforderliche Abwägung der widerstreitenden Interessen, wie angesprochen, schon im Rahmen der Prüfung des Vorliegens eines Bildnisses aus dem Bereich der Zeitgeschichte vorzunehmen ist.[872] Da in dem hier untersuchten Feld der Nutzung sozialer Netzwerke durch Verbraucher jedoch wohl meist keine Personen aus dem Bereich der Zeitgeschichte abgebildet werden, gilt es häufig die Rück-

---

84 ff.; Schertz in Götting/Schertz/Seitz, Handbuch des Persönlichkeitsrechts, § 12, Rn. 64 ff.; von Strobl-Albeg in Wenzel, Kap. 8, Rz. 49 ff.

869 Soehring, Presserecht, § 21, Tz. 15; von Strobl-Albeg in Wenzel, Kap. 8, Rz. 55; Prinz/Peters, Medienrecht, Rn. 874; Gounalakis/Rhode, Rn. 67; Helle, Besondere Persönlichkeitsrechte im Privatrecht, S. 179.

870 Soehring, Presserecht, § 21, Tz. 15; von Strobl-Albeg in Wenzel, Kap. 8, Rz. 102; Götting in Schricker/Loewenheim, UrhG, § 23 KUG, Rn. 120; Dreyer in Dreyer/Kathoff/Meckel, Urheberrecht, § 23 KUG, Rn. 52; Helle, Besondere Persönlichkeitsrechte im Privatrecht, S. 176 f.

871 In Bezug auf Websites, Gounalakis/Rhode, Rn. 71.

872 Schertz in Götting/Schertz/Seitz, Handbuch des Persönlichkeitsrechts, § 12, Rn. 79; Götting in Schricker/Loewenheim, UrhG, § 23 KUG, Rn. 111.

ausnahme des § 23 Abs. 2 KUG bei der Einstellung von Bildnissen in sein Profil zu beachten. Für diese Konstellation relevante, zu den von den „berechtigten Interessen“ umfassten Bereichen, werden dabei vor allem Bilder aus der Intimsphäre (im speziellen Nacktaufnahmen) gezählt.[873] Es kommt nicht einmal auf die Erkennbarkeit der abgebildeten Person an.[874] Zudem verletzen häufig Bilder aus der Privatsphäre der Abgebildeten ihre berechtigten Interessen, insbesondere sind dazu Aufnahmen aus der eigenen Wohnung oder des eigenen Wohnhauses zu zählen.[875] Jedoch kann dic für die Errichtung der Privatsphäre erforderliche erkennbare Abgeschiedenheit auch außerhalb der eigenen vier Wände, im Rahmen einer begrenzten Öffentlichkeit, bestehen.[876] Vorsicht ist insofern bei Fotos geboten, welche eine Art der Kränkung, Schmähung oder eine Prangerwirkung hervorrufen[877] oder ein extrem peinliches Verhalten oder in der Öffentlichkeit als unschicklich oder anstößig verstandenes Verhalten darstellen.[878] Ebenfalls muss bei den zu beachtenden Folgen einer Zurschaustellung die Möglichkeit einer Gewalttat gegen die abgebildete Person berücksichtigt werden.[879] Zudem sind die Umstände der Bildnisherstellung zu berücksichtigen (heimlich, ungewollt, etc.).[880] Freilich beziehen sich diese Beispiele darauf, dass das betreffende

873 Vgl. etwa BGH, Urteil v. 22.01.1985 - VI ZR 28/83 = NJW 1985, 1617, 1618 f.; BGH, Urteil v. 02.07.1974 - VI ZR 121/73 = NJW 1974, 1947, 1949; Soehring, Presserecht, § 21, Tz. 17; von Strobl-Albeg in Wenzel, Kap. 8, Rz. 56; Götting in Schricker/Loewenheim, UrhG, § 23 KUG, Rn. 112; ausführlich zu den verschiedenen berechtigten Interessen, Damm/Rehbock, Widerruf, Unterlassung und Schadensersatz in den Medien, Rn. 260 ff.

874 BGH, Urteil v. 02.07.1974 - VI ZR 121/73 = NJW 1974, 1947, 1948 f.; von Strobl-Albeg in Wenzel, Kap. 8, Rz. 56.

875 Soehring, Presserecht, § 21, Tz. 18b; von Strobl-Albeg in Wenzel, Kap. 8, Rz. 66 f.; Prinz/Peters, Medienrecht, Rn. 875; Gounalakis/Rhode, Rn. 69.

876 Von Strobl-Albeg in Wenzel, Kap. 8, Rz. 68 f.; Prinz/Peters, Medienrecht, Rn. 875; Helle, Besondere Persönlichkeitsrechte im Privatrecht, S. 180.

877 Soehring, Presserecht, § 21, Tz. 18g; von Strobl-Albeg in Wenzel, Kap. 8, Rz. 81; Schertz in Götting/Schertz/Seitz, Handbuch des Persönlichkeitsrechts, § 12, Rn. 85; Götting in Schricker/Loewenheim, UrhG, § 23 KUG, Rn. 119; Dreyer in Dreyer/Kathoff/Meckel, Urheberrecht, § 23 KUG, Rn. 75; Prinz/Peters, Medienrecht, Rn. 879; Helle, Besondere Persönlichkeitsrechte im Privatrecht, S. 182.

878 Von Strobl-Albeg in Wenzel, Kap. 8, Rz. 65; Götting in Schricker/Loewenheim, UrhG, § 23 KUG, Rn. 123; Gounalakis/Rhode, Rn. 71.

879 Soehring, Presserecht, § 21, Tz. 18g; von Strobl-Albeg in Wenzel, Kap. 8, Rz. 83; Prinz/Peters, Medienrecht, Rn. 880; Gounalakis/Rhode, Rn. 68.

880 Von Strobl-Albeg in Wenzel, Kap. 8, Rz. 77; Helle, Besondere Persönlichkeitsrechte im Privatrecht, S. 189.

Foto im Rahmen der Privatsphäre und nicht in der Öffentlichkeit entstanden ist. Daneben wird häufig auch die Verwendung des Bildnisses ausschließlich für Werbezwecke als Kriterium angeführt, welches die berechtigten Interessen des Abgebildeten verletzt.[881] Dabei gilt es jedoch zu beachten, dass die ausschließlich für kommerzielle Zwecke hergestellten Aufnahmen bereits aus dem Anwendungsbereich der „Zeitgeschichte" nach § 23 Abs. Nr. 1 KUG fallen.[882]

Bei der Abwägung der Interessen gilt es auch immer das Vorverhalten der Betroffenen mit zu berücksichtigen, etwa ob sie sich selbst des Schutzes der Privatsphäre begeben haben.[883] Insgesamt gelten die vorgenannten Beispiele und Fallgruppen auch für Fotoveröffentlichungen in sozialen Netzwerken. Eine generelle Aussage, wann ein Bildnis die berechtigten Interessen des Abgebildeten verletzt, kann jedoch nicht getroffen werden. Die notwendigerweise vorzunehmende Abwägung ist stets eine Prüfung des Einzelfalles.

4.3.1.4 Einwilligung

Entscheidend wird in den meisten Fällen das Vorliegen einer, eventuell auch konkludent möglichen, Einwilligung in die öffentliche Zurschaustellung der Fotos nach § 22 S. 1 KUG sein. Dabei geht es hier um die Einwilligung in Bezug auf Eingriffe in das allgemeine Persönlichkeitsrecht, genauer das Recht am eigenen Bild.[884] Auch diese Einwilligung stellt, wie die datenschutzrechtliche, einen Ausfluss des grundrechtlich geschützten Selbstbestimmungsrechts aus Art. 2 Abs. 1 GG der abgebildeten Personen dar.[885]

---

881 Soehring, Presserecht, § 21, Tz. 19 f.; Helle, Besondere Persönlichkeitsrechte im Privatrecht, S. 185.

882 Von Strobl-Albeg in Wenzel, Kap. 8, Rz. 55; Schertz in Götting/Schertz/Seitz, Handbuch des Persönlichkeitsrechts, § 12, Rn. 78; Götting in Schricker/Loewenheim, UrhG, § 23 KUG, Rn. 121.

883 Von Strobl-Albeg in Wenzel, Kap. 8, Rz. 75; Helle, Besondere Persönlichkeitsrechte im Privatrecht, S. 184.

884 Wird ein Bildnis gleichzeitig als personenbezogenes Datum qualifiziert, so sind zudem die Voraussetzungen der Datenschutzgesetze zu erfüllen, Jandt/Roßnagel, MMR 2011, 637, 640; allgemein zur datenschutzrechtlichen Einwilligung siehe bereits unter 4.2.6.

885 Von Strobl-Albeg in Wenzel, Kap. 7, Rz. 60; Damm/Rehbock, Widerruf, Unterlassung und Schadensersatz in den Medien, Rn. 170; Baston-Vogt, Der sachliche Schutzbereich des zivilrechtlichen allgemeinen Persönlichkeitsrechts, S. 225; Helle, Besondere Persönlichkeitsrechte im Privatrecht, S. 103; Klass, AfP 2005, 507, 508; Kohte, AcP 185, 105, 129; Helle, AfP 1985, 93, 96.

Für die persönlichkeitsrechtliche Einwilligung ist jedoch, anders als im Datenschutzrecht, unstreitig anerkannt, dass diese grundsätzlich in jeder Form und auf jede mögliche Art und Weise zum Ausdruck gebracht werden, also mündlich, schriftlich, ausdrücklich oder konkludent erfolgen, kann. [886] Zudem kann sie inhaltlich auf jede beliebige Art und Weise beschränkt werden.[887] Voraussetzung ist somit lediglich, dass die Einwilligung durch eine Willensäußerung getragen wird, welche sich freilich in einem tatsächlichen Verhalten verbergen kann.[888] Ebenso wie im Datenschutzrecht ist jedoch auch hier umstritten, welche Rechtsnatur die Einwilligung besitzt, welche Wirkung ihr zukommt und welche rechtlichen Konsequenzen sich aus dieser Einordnung ergeben.[889]

---

886 Vgl. etwa BGH, Urteil v. 14.10.1986 - VI ZR 10/86 = GRUR 1987, 128; Kröner in Paschke/Berlit/Meyer, S. 1037, Rn. 24; Schertz in Loewenheim, Handbuch des Urheberrechts, § 18, Rn. 16; von Strobl-Albeg in Wenzel, Kap. 7, Rz. 63; Soehring, Presserecht, § 19, Tz. 44.

887 Rixecker in MüKomm/BGB, Anhang zu § 12 BGB, Rn. 51; Helle, Besondere Persönlichkeitsrechte im Privatrecht, S. 105.

888 Götting in Schricker/Loewenheim, UrhG, § 22 KUG, Rn. 39; Prinz/Peters, Medienrecht, Rn. 834; zur Wahrnehmung des Selbstbestimmungsrechts durch die Einwilligung, Baston-Vogt, Der sachliche Schutzbereich des zivilrechtlichen allgemeinen Persönlichkeitsrechts, S. 224 ff.

889 Zudem erfährt auch die Wirkung der persönlichkeitsrechtlichen Einwilligung verschiedene Einstufungen (siehe allgemein dazu Dasch, Die Einwilligung zum Eingriff in das Recht am eigenen Bild, S. 28 ff., sowie die Nachweise bei von Strobl-Albeg in Wenzel, Kap. 7, Rz. 59). Dabei wird vertreten sie wirke wie ein Gestattungsvertrag oder auch Erlass, sie stelle ein negatives Tatbestandsmerkmal des § 22 S. 1 KUG oder einen Rechtfertigungsgrund dar. Es kann hier festgestellt werden, dass die Ansichten, welche einen Gestattungsvertrag oder Erlass favorisieren, nicht mit dem eindeutigen Wortlaut des § 22 KUG übereinzubringen und abzulehnen sind. So spricht § 22 S. 2 KUG davon, dass die Einwilligung als „erteilt" gelte. Ein abzuschließender Vertrag ist damit keine Voraussetzung, sondern vielmehr eine einseitige Erklärung. Zudem benötigt der Erlass einen Anspruch, über den verfügt werden kann. Jedoch bewirkt das Vorliegen der Einwilligung die Rechtmäßigkeit der Zurschaustellung oder Verbreitung des Bildnisses. Ansprüche können in der Folge gar nicht entstehen. Für die nachfolgend zu beurteilende Frage dieser Arbeit, der Möglichkeit einer konkludenten Einwilligung im Internet und speziell in sozialen Netzwerken, ist die Diskussion um die Rechtsfolge (negatives Tatbestandsmerkmal oder Rechtfertigungsgrund) zudem nicht ergebnisrelevant. Der Vollständigkeit halber soll jedoch auf diesen Gesichtspunkt hingewiesen werden, wobei der Autor jene Ansicht für treffend erachtet, die der Einwilligung eine rechtfertigende Wirkung beimisst (vgl. Dasch, Die Einwilligung zum Eingriff in das Recht am eigenen Bild, S. 35; sowie ausführlich Helle, AfP 1985, 93).

4.3.1.4.1 Rechtsnatur

Auch hinsichtlich der dogmatischen Verortung der persönlichkeitsrechtlichen Einwilligung werden die verschiedensten Ansätze vertreten.[890] Das Ergebnis der Einordnung als eine rechtsgeschäftliche Willenserklärung,[891] zumindest rechtsgeschäftsähnliche Erklärung,[892] als Realakt[893] oder als untypisches Rechtsgeschäft mit Berücksichtigung der Besonderheiten des Persönlichkeitsrechts im Rahmen von einer Reduktion der rechtsgeschäftlichen Vorschriften[894] entscheidet darüber, welche Normen bei der Beteiligung Minderjähriger oder einer eventuell möglichen Übertragung des Rechts auf die Erklärung anwendbar sind.[895]

Dabei gilt es im Bereich der persönlichkeitsrechtlichen Einwilligung in die Veröffentlichung von Bildern jedoch zwei Besonderheiten zu beachten. Zum ersten stellt das Recht am eigenen Bild als Ausformung des allgemeinen Persönlichkeitsrechts ein höchstpersönliches Gut dar, über welches, unjuristisch gesprochen, disponiert werden soll.[896] Es ist ein immaterielles und dem Träger zugeordnetes subjektives Recht.[897] Eine Übertragung oder Vererbung der ideellen

890 Zur Übersicht vgl. etwa Dasch, Die Einwilligung zum Eingriff in das Recht am eigenen Bild, S. 40 ff., Ohly, Volenti non fit iniuria, S. 55 ff.; Helle, AfP 1985, 93.

891 Von Strobl-Albeg in Wenzel, Kap. 7, Rz. 62; Schertz in Götting/Schertz/Seitz, Handbuch des Persönlichkeitsrechts, § 12, Rn. 18; Fricke in Wandtke/Bullinger, UrhG, § 22 KUG, Rn. 13; Dreier in Dreier/Schulze, UrhG, § 22 KUG, Rn. 17; Kröner in Paschke/Berlit/Meyer, S. 1036, Rn. 19; Soehring, Presserecht, § 19, Tz. 44; Helle, Besondere Persönlichkeitsrechte im Privatrecht, S. 102 f.; Dasch, Die Einwilligung zum Eingriff in das Recht am eigenen Bild, S. 52; Frömming/Peters, NJW 1996, 958.

892 „mindestens rechtsgeschäftsähnlich" OLG München, Urteil v. 30.05.2001– 21 U 1997/00 = ZUM 2001, 708, 709.

893 In Bezug auf einen Heilbehandlungseingriff, BGH, Urteil v. 18.03.1980 - VI ZR 155/78 = NJW 1980, 1903, 1904.

894 Ohly, Volenti non fit iniuria, S. 214.

895 Wobei jedoch festgestellt werden muss, dass sich die Ansichten, welche mindestens eine rechtsgeschäftsähnliche Erklärung annehmen, im Ergebnis wenig unterscheiden, da eine Anwendung der Vorschriften für Willenserklärungen des BGB so, wenn auch eingeschränkt, immer möglich bleibt; vgl. auch Götting in Schricker/Loewenheim, UrhG, § 22 KUG, Rn. 39: „formalbegrifflich geführte Diskussion"; Schertz in Loewenheim, Handbuch des Urheberrechts, § 18, Rn. 15; Rixecker in MüKomm/BGB, Anhang § 12 BGB, Rn. 53.

896 Von Strobl-Albeg in Wenzel, Kap. 7, Rz. 60; Soehring, Presserecht, § 19, Tz. 49; Klass, AfP 2005, 507, 508; Kohte, AcP 185, 105, 110.

897 Prinz/Peters, Medienrecht, S. 783; Helle, Besondere Persönlichkeitsrechte im Privatrecht, S. 49 f.; Dasch, Die Einwilligung zum Eingriff in das Recht am eigenen Bild, S. 8.

Bestandteile des allgemeinen Persönlichkeitsrechts scheidet grundsätzlich aus.[898] Dies spricht eigentlich dafür, die Einwilligung nicht an die Form der rechtsgeschäftlichen Erklärung zu ketten und so etwa die starren Grenzen der §§ 104 ff. BGB zur Anwendung zu bringen. Denn die Ausübung der eigenen Grundrechte steht lediglich unter dem Vorbehalt der sog. Grundrechtsmündigkeit, also der Einsichts- und Urteilsfähigkeit einer Person, vor allem Minderjähriger.[899] Zum zweiten eignen sich jedoch gerade Bilder wie sonst kaum andere mediale Inhalte hervorragend zur Vermarktung und Kommerzialisierung[900] und auch diese vermögensrechtlichen Interessen sind über das Recht am eigenen Bild geschützt.[901] Die Einwilligung soll daher häufig in einer gewollten Rechtsfolge[902] münden, nämlich dass der die Einwilligung Erhaltende die vermögenswerten Bestandteile der Persönlichkeitsrechte des Betroffenen verwerten kann.[903] Nötig für diese Vermarktung, aber auch für jede andere Veröffentlichung des Bildes wird damit mindestens eine schuldrechtliche Gestattung der Ausübung der vermögenswerten Rechte sein,[904] teilweise wird sogar eine dinglich oder zumindest quasi-

898 BGH, Urteil v. 10.03.1968 - I ZR 44/66 = NJW, 1968, 1773, 1774; BGH, Urteil v. 01.12.1999 - I ZR 49/97 = NJW 2000, 2195, 2197; Fricke in Wandtke/Bullinger, UrhG, § 22 KUG, Rn. 12; Helle, Besondere Persönlichkeitsrechte im Privatrecht, S. 51; ders., AfP 1985, 93, 99.

899 Dazu etwa Jarass in Jarass/Pieroth, GG, Art. 19 GG, Rn. 13 f.; Starck in von Mangoldt/Klein/Starck, GG, Art. 1 GG, Rn. 210; vgl. auch die Begründung zum Gesetzesentwurf zur Einführung der Patientenverfügung. Dort wird ebenfalls aufgrund der Höchstpersönlichkeit der Erklärung auf die Einsichtsfähigkeit der Person abgestellt, BT-Drs. 16/8442, S. 12 f.

900 BGH, Urteil v. 01.12.1999 - I ZR 49/97 = NJW 2000, 2195, 2197; von Strobl-Albeg in Wenzel, Kap. 7, Rz. 61; Schertz in Götting/Schertz/Seitz, Handbuch des Persönlichkeitsrechts, § 12, Rn. 18.

901 Vgl. etwa BVerfG, Beschl. v. 22.08.2006 - 1 BvR 1168/04 = NJW 2006, 3409, 3410; BGH, Urteil v. 08.05.1956 - I ZR 62/54 = NJW 1956, 1554, 1555; BGH, Urteil v. 01.12.1999 - I ZR 49/97 = NJW 2000, 2195, 2197; Götting in Schricker/Loewenheim, UrhG, § 22 KUG, Rn. 9; Helle, Besondere Persönlichkeitsrechte im Privatrecht, S. 67.

902 Kohte, AcP 185, 105, 117; Frömming/Peters, NJW 1996, 958; Helle, AfP 1985, 93, 96.

903 Helle, Besondere Persönlichkeitsrechte im Privatrecht, S. 52, ist beizupflichten, wenn er den Streit darüber, ob das Persönlichkeitsrecht oder Teile übertragbar sind, nicht als Diskussion über mögliche Übertragung und Einordnung von Rechten qualifiziert, sondern über die rechtliche Einordnung der Befugnisse (kurz: der Einwilligung) des Rechtsinhabers, die er in Bezug auf sein Recht am eigenen Bild erteilen kann; ausführlich zur möglichen Übertragung von Persönlichkeitsrechten, Forkel, GRUR 1988, 491.

904 Helle, Besondere Persönlichkeitsrechte im Privatrecht, S. 109, „schuldrechtliches Verfügungsgeschäft“.

dinglich ausgestaltete Erlaubnis des Berechtigten gefordert.[905] Es geht darum, die Beziehung des Berechtigten zu anderen Personen im Rechtsverkehr zu regeln und für diesen eine gewisse Sicherheit zu schaffen.[906] Dies ist auch der Unterschied zu der bereits oben untersuchten datenschutzrechtlichen Einwilligung, bei der gerade keine Rechtsfolge bezweckt ist.[907] Gegen die Forderung einer Verdinglichung der Einwilligungserklärung muss jedoch die Höchstpersönlichkeit des hier untersuchten Rechts und damit seine im Kern bestehende Unübertragbarkeit angeführt werden.[908] Die Frage, ob die vermögensrechtlichen Bestandteile des Persönlichkeitsrechts unter Lebenden übertragbar sind und somit mehr als die reine schuldrechtliche Gestattung zur Verwertung durch Dritte möglich ist, hat der *BGH* in der *NENA*-Entscheidung ausdrücklich offen gelassen,[909] ebenso wie in seiner *Marlene-Dietrich*-Entscheidung.[910] Den Gedanken der Notwendigkeit einer rechtlich fassbaren Erlaubnis (sei sie nun schuldrechtlich, quasi-dinglich oder dinglich ausgestaltet) zur Ausübung der vermögenrechtlichen Teile des Rechts am eigenen Bild, führen dann auch einige Stimmen als Grund für eine Qualifizierung der Einwilligung bei Bildveröffentlichungen

---

905 Von Strobl-Albeg in Wenzel, Kap. 7, Rz. 61; krit.: Helle, Besondere Persönlichkeitsrechte im Privatrecht, S. 114 f.; „Positionen, die einen einigermaßen gesicherten Bestand haben", Forkel, GRUR 1988, 491, 493. Ob neben dieser dinglich wirkenden Einwilligung auch die Anerkennung einer Möglichkeit der dinglich wirkenden Übertragung von Persönlichkeitsrechten möglich ist, soll hier nicht weiter verfolgt werden. Forkel geht in Anlehnung an die §§ 31 ff. UrhG und einer möglichen Übertragung von Teilen des Urheberpersönlichkeitsrechts im Ergebnis von der Möglichkeit einer gebundenen, beschränkten Übertragung des Persönlichkeitsrechts aus, GRUR 1988, 491, 496 f.; siehe dazu etwa Dreier in Dreier/Schulze, UrhG, § 22 KUG, Rn. 36; Ernst-Moll, GRUR 1996, 558, 561 f.; Götting, GRUR 2004, 801, 805; Peukert, ZUM 2000, 710, 715 f.; Unseld, GRUR 2011, 982, 985 m. w. N.

906 Von Strobl-Albeg in Wenzel, Kap. 7, Rz. 62; Helle, Besondere Persönlichkeitsrechte im Privatrecht, S. 103.

907 Siehe unter 4.2.6.

908 Fricke in Wandtke/Bullinger, UrhG, § 22 KUG, Rn. 12; Helle, Besondere Persönlichkeitsrechte im Privatrecht, S. 52; auf mögliche Alternativen, wie etwa der beschränkten dinglichen Übertragung entsprechend der §§ 31 ff. UrhG, soll hier nicht weiter eingegangen werden; vgl. dazu Forkel, GRUR 1988, 491, 493 ff.; Götting, GRUR 2004, 801, 805; Peukert, ZUM 2000, 710, 715 f.

909 BGH, Urteil v. 14.10.1986 - VI ZR 10/86 = GRUR 1987, 128.

910 BGH, Urteil v. 01.12.1999 - I ZR 49/97 = NJW 2000, 2195, 2198; für die Anerkennung der Übertragung von vermögensrechtlichen Bestandteilen zu Lebzeiten vgl. etwa Dreier in Dreier/Schulze, UrhG, § 22 KUG, Rn. 36; Ernst-Moll, GRUR 1996, 558, 561 f.; Peukert, ZUM 2000, 710, 715 f.; Unseld, GRUR 2011, 982, 985 m. w. N.

als rechtsgeschäftliche Erklärung an.[911] Ein weiteres Argument für diese dogmatische Verortung der Einwilligung (nicht nur hinsichtlich der materiellen Bestandteile) stellt der so über die §§ 104 ff. BGB eingreifende Schutz von Minderjährigen dar.[912] Gerade diese Gruppe ist im Rechtsverkehr gefährdet und kann die Folgen ihres Handelns meist nicht abschätzen, so dass es einer Einwilligung durch den gesetzlichen Vertreter bedarf. Für den speziellen hier untersuchten Bereich des Einstellens von Bildern in soziale Netzwerke bzw. anderen Angeboten des Web 2.0, ließe sich dieser Gesichtspunkt sogar noch erweitern. Denn hier sind es nicht nur die Minderjährigen, welche die Folgen schwerlich abschätzen können. Aufgrund der technischen Komplexität und der häufig mangelnden Erfahrung im Umgang mit sozialen Netzwerken stellt auch diejenige Gruppe der Gesellschaft, welche nicht mit dem Internet und seinen Funktionen aufgewachsen ist, einen Teil der Bevölkerung dar, für den es eine Schutzintensivierung bedeuten würde, die rechtsgeschäftlichen Mechanismen (etwa der §§ 119 ff. BGB) anzuwenden. Auch findet so keine mögliche Bevormundung, etwa im Bereich Minderjähriger durch die Anwendung der §§ 104 ff. BGB oder allgemein unerfahrener Personen der betroffenen Kreise statt, denn diese Personen selbst sind es, welche die Einwilligungserklärung abgeben müssen und sie sind in der Regel voll geschäftsfähig. Für eine Einordnung der nach § 22 S. 1 KUG zu erteilenden Einwilligung als rechtsgeschäftliche Willenserklärung spricht zudem, dass sie eine Ausübung privatautonomer Willensbetätigung darstellt.[913] Zudem wird zwar beim Recht am eigenen Bild richtigerweise zwischen materiellen und immateriellen Bestandteilen unterschieden. In der Praxis kann es jedoch oft passieren, dass eine Einwilligung etwa für die Verbreitung eines Bildnisses für nicht kommerzielle Zwecke erteilt wird, später jedoch dieses Bildnis für kommerzielle Zwecke verwendet wird, etwa weil sich die Abbildung dafür besonders gut eignet. Um bei der vorzunehmenden Willensäußerung zumindest einen gewissen anfänglichen Grundschutz zu gewährleisten, erst einmal unabhängig davon, welcher Zweck mit der Verbreitung oder Zurschaustellung des Bildnisses verfolgt wird, sollte auf das Institut der rechtsgeschäftlichen Willens-

911 Von Strobl-Albeg in Wenzel, Kap. 7, Rz. 62; Schertz in Götting/Schertz/Seitz, Handbuch des Persönlichkeitsrechts, § 12, Rn. 18; Helle, Besondere Persönlichkeitsrechte im Privatrecht, S. 103.

912 Schertz in Götting/Schertz/Seitz, Handbuch des Persönlichkeitsrechts, § 12, Rn. 18; Helle, AfP 1985, 93, 97.

913 Dreier in Dreier/Schulze, UrhG, § 22 KUG, Rn. 17; Dreyer in Dreyer/Kathoff/Meckel, Urheberrecht, § 22 KUG, Rn. 15; Baston-Vogt, Der sachliche Schutzbereich des zivilrechtlichen allgemeinen Persönlichkeitsrechts, S. 225; Kohte, AcP 185, 105, 110.

erklärung zurückgegriffen werden, da für diese Art der Willensäußerung das Gesetz Vorgaben hinsichtlich ihres Schutzes bereitstellt.

Aufgrund ihrer rechtlichen Wirkung in Bezug auf die Sicherheit im Rechtsverkehr, aber auch hinsichtlich der Anwendung von rechtsgeschäftlichen Schutzmechanismen ist der herrschenden Meinung zu folgen, welche die Einwilligung nach § 22 S. 1 KUG im Rahmen des Rechts am eigenen Bild als rechtsgeschäftliche Willenserklärung qualifiziert.[914] Dabei handelt es sich jedoch nach hier vertretener Auflassung nicht um eine dingliche Rechteübertragung, sondern vielmehr um eine als schuldrechtlich zu qualifizierende Erlaubnis des Rechteinhabers, die betroffenen Teile seines Persönlichkeitsrechts zu verwerten bzw. allgemein zu verwenden.[915] Dies erscheint gerade vor dem Hintergrund angebracht, dass der *BGH* einer Verdinglichung der vermögenswerten Bestandteile des Rechts am eigenen Bild bisher eine Absage erteilt hat. Die unstreitig bestehenden höchstpersönlichen Züge dieses Rechts müssen bei der Beteiligung Minderjähriger über die Anwendung der Lehre der Doppelzuständigkeit im Falle vorliegender Einsichtsfähigkeit zur Geltung gelangen.[916]

4.3.1.4.2 Konkludente Einwilligung (speziell beim Einstellen von Bildern ins Internet)

Wie beschrieben wird im Bereich des Persönlichkeitsrechts die Erteilung einer konkludenten Einwilligung unstreitig für möglich erachtet. Es stellt sich jedoch die Frage, welche Anforderungen an eine solche zu stellen sind, wenn das Zurschaustellen im Internet geschieht und inwiefern weitere Verwendungen des Bildnisses davon gedeckt sind. Es ist von vornherein zu beachten, dass es sich hier nur um die Fallkonstellation handelt, dass der Abgebildete selbst sein Bildnis online verfügbar macht. Geschieht dies durch einen Dritten, so ist auf das

---

914 Von Strobl-Albeg in Wenzel, Kap. 7, Rz. 62; Schertz in Götting/Schertz/Seitz, Handbuch des Persönlichkeitsrechts, § 12, Rn. 18; Fricke in Wandtke/Bullinger, UrhG, § 22 KUG, Rn. 13; Dreier in Dreier/Schulze, UrhG, § 22 KUG, Rn. 17; Kröner in Paschke/Berlit/Meyer, S. 1036, Rn. 19; Prinz/Peters, Medienrecht, Rn. 832; Frömming/Peters, NJW 1996, 958; Ohly, AfP 2011, 428, 432; für eine rechtsgeschäftliche Erklärung, jedoch unter einschränkender Anwendung der §§ 104 ff., BGB: Ohly, Volenti non fit iniuria, S. 214; Klass, AfP 2005, 507, 511.

915 So etwa auch Prinz/Peters, Medienrecht, Rn. 832; Schertz in Loewenheim, Handbuch des Urheberrechts, § 18, Rn. 17; Helle, Besondere Persönlichkeitsrechte im Privatrecht, S. 115; krit. Unseld, GRUR 2011, 982, 983.

916 Siehe dazu unter 4.3.1.4.3.

Verhältnis zwischen ihm und dem Abgebildeten abzustellen, ob dort etwa eine Einwilligung erteilt wurde.

4.3.1.4.2.1 Urheberrecht

Dabei muss zunächst auf den, auch durch den *BGH* in der *Vorschaubilder-*Entscheidung[917] behandelten Bereich des Urheberrechts abgestellt werden. Denn eventuell lassen sich aus den dortigen Vorgaben Erkenntnisse für eine konkludente Einwilligung im Bereich des Persönlichkeitsrechts gewinnen. Für den Bereich des Urheberrechts ist eine Auslegung des ungeschützten Einstellens von medialen Inhalten ins Internet als eine rechtfertigende Einwilligung durch den *BGH* in der Tat seit längerer Zeit anerkannt.[918]

4.3.1.4.2.1.1 Konkludente Einräumung von Nutzungsrechten

Dabei handelt es sich nicht um eine konkludente (dingliche) Einräumung der Nutzungsrechte des Urhebers bzw. des Berechtigten, etwa an den Suchmaschinenbetreiber oder andere Dritte, auch wenn dies grundsätzlich möglich wäre.[919] Eine solche scheidet nämlich laut *BGH* mangels eines feststellbaren Übertragungswillens des Urhebers beim Einstellen von Fotos ins Internet aus.[920] Dies gilt selbst in dem Fall, dass der Urheber seine Internetseite für eine Auffindbarkeit durch Suchmaschinen über den Quellcode optimiert hat. Hier könnte man bereits argumentieren, dass doch zumindest für einen Suchmaschinenbetreiber der Quellcode oder die Metatags einer Seite, die ebenfalls bei der Suche berücksichtigt werden, als objektiver Erklärungsgehalt zu werten seien. Für „normale" Internetnutzer, welche den Seitenquellcode nicht einsehen bzw. sogar bei ihrer

917 BGH, Urteil v. 29.04.2010 – I ZR 69/08 = ZUM 2010, 580.

918 Vgl. etwa BGH, Urteil v. 17.07.2003 - I ZR 259/00 = MMR 2003, 719, 722; BGH, Urteil v. 06.12.2007 - I ZR 94/05 = NJW 2008, 751, Rz. 27; BGH, Urteil v. 02.10.2008 - I ZR 18/06 = GRUR 2009, 53, Rz. 20; a. A. etwa LG München I, Urteil v. 23.12.2004– 7 O 18484/03 = ZUM 2005, 241, 245, in Bezug auf die Einwilligung zum Verzicht auf eine Vergütung; zu dieser schlichten Einwilligung vgl. unter 4.3.1.4.2.1.2.

919 Vgl. etwa BGH, Urteil v. 20.11.1970 - I ZR 50/69 = GRUR 1971, 362, 363; BGH, Urteil v. 29.04.2010 – I ZR 69/08 = ZUM 2010, 580, Rz. 29; siehe auch Roggenkamp, K&R 2007, 328.

920 BGH, Urteil v. 29.04.2010 – I ZR 69/08 = ZUM 2010, 580, Rz. 31; vgl. auch Fahl, K&R 2010, 437, 440.

Suche verarbeiten, mag dies zutreffen. Gerade auch vor dem Hintergrund, dass der objektive Erklärungsgehalt aufgrund der Umstände zu ermitteln ist,[921] muss der Umstand „Optimierung der Auffindbarkeit für Suchmaschinen" bei der Auslegung der Willenserklärung, wie sie bei einem Suchmaschinenbetreiber ankommt, jedoch Berücksichtigung finden.[922] Der *BGH* lässt dies jedoch nicht gelten und stellt fest, dass dies nicht den objektiv erkennbaren Erklärungswillen zum Ausdruck bringe, ein Recht zur Nutzung des Werkes (etwa in Bezug auf eine öffentliche Zugänglichmachung) an Dritte, wie etwa Suchmaschinenbetreiber, übertragen zu wollen.[923] Dem Einstellen als Erklärung könne nur der Wille entnommen werden, dass die urheberrechtlich geschützten Werke durch andere Internetnutzer betrachtet werden können.[924] Zudem verweist der *BGH* bei der Auslegung der Erklärung auf den von dem Urheber im konkreten Sachverhalt angebrachten Urhebervermerk, der gerade den Willen zum Ausdruck bringe, ihre urheberrechtlichen Befugnisse an ins Internet eingestellten Werken behalten zu wollen.[925] Dies entspricht der Rechtsprechung des *BGH* zur Möglichkeit von konkludenten Rechteeinräumungen, wonach ein entsprechender Parteiwille unzweideutig zum Ausdruck kommen müsse.[926] Aus denselben Gründen lehnt der *BGH* dann konsequent mangels vorhandenen Erklärungswillens auch das Vorliegen einer schuldrechtliche Erklärung bzw. die Einräumung eines schuldrechtlichen Anspruchs ab.[927]

Somit bleibt festzuhalten: Das Einstellen medialer Inhalte ins Internet impliziert nach dem *BGH* keinen dinglichen oder schuldrechtlichen unzweideutigen Erklärungswillen in die Einräumung von Nutzungsrechten, selbst wenn eine Optimierung für die Nutzung dieser Inhalte vorgenommen wurde.

4.3.1.4.2.1.2 Schlichte rechtfertigende Einwilligung

Vielmehr handele es sich bei dem Verhalten des Urhebers um eine schlichte, konkludente Einwilligung, die nicht auf einer rechtgeschäftlichen Ebene erteilt

---

921 Vgl. statt vieler etwa Wendtland in Bamberger/Roth, BeckOK BGB, § 133 BGB, Rn. 27 m. w. N.

922 So auch Spindler, GRUR 2010, 785, 790, „Wissenszurechnungsorgan der Suchmaschinenbetreiber".

923 BGH, Urteil v. 29.04.2010 – I ZR 69/08 = ZUM 2010, 580, Rz. 31.

924 BGH, Urteil v. 29.04.2010 – I ZR 69/08 = ZUM 2010, 580, Rz. 31.

925 BGH, Urteil v. 29.04.2010 – I ZR 69/08 = ZUM 2010, 580, Rz. 30.

926 BGH, Urteil v. 20.11.1970 - I ZR 50/69 = GRUR 1971, 362, 363 m. w. N.

927 BGH, Urteil v. 29.04.2010 – I ZR 69/08 = ZUM 2010, 580, Rz. 32.

werde, sondern allein die Rechtswidrigkeit des Eingriffs Dritter in die Verwertungsrechte des Urhebers ausschließe.[928] Auch für diese gilt nach dem *BGH* eine Auslegung anhand des objektiven Erklärungswertes.[929] Und hier wird es interessant: der *BGH* legt den fehlenden Einsatz von technischen Schutzmechanismen für die bereitgestellten Werke aus der Sicht des Suchmaschinenbetreibers dahingehend aus, dass dies ein Einverständnis in die Nutzung der Werke in einem üblichen Umfang bei der Bildersuche im Internet darstelle.[930] Dabei macht das Gericht zwiespältige Aussagen zu der Rechtsnatur dieser Einwilligung, wenn es zum einen die Frage offen lässt, ob es sich dabei um eine rechtsgeschäftsähnliche Handlung oder eine rechtsgeschäftliche Willenserklärung handelt,[931] auf der anderen Seite aber explizit feststellt, dass die Einwilligung *„keine auf den Eintritt einer ... Rechtsfolge gerichtete rechtsgeschäftliche Willenserklärung“* erfordere.[932] Da der *BGH* jedoch eine Auslegung der Erklärung anhand des objektiven Empfängerhorizontes vornimmt, kann er somit nur von einer rechtsgeschäftsähnlichen Handlung ausgehen, denn ein Realakt wäre einer Auslegung nicht zugänglich.[933] Ist nun die Auslegung möglich, so verwundert es doch sehr, dass in ihrem Rahmen allein auf den Umstand abgestellt wird, dass technische Schutzmechanismen für die Werke des Urhebers gegen das Auffinden durch Suchmaschinen nicht eingebaut wurden und es heutzutage jeder Person einleuchten müsse, dass in Bezug auf frei ins Internet eingestellte Inhalte mit den üblichen Nutzungshandlungen zu rechnen sei.[934] Die bei der Beurteilung einer konkludent vorliegenden Nutzungsrechteeinräumung noch einbezogenen Umstände (Auffindbarkeitsoptimierung und Urhebervermerk) werden hier nicht berücksichtigt, obwohl das Gericht vorher ausdrücklich feststellt, dass dem Urhebervermerk die Wertung entnommen werden könne, dass die Berechtigte ihre

928 BGH, Urteil v. 29.04.2010 – I ZR 69/08 = ZUM 2010, 580, Rz. 34; siehe auch Schricker/Loewenheim in Schricker/Loewenheim, UrhG, Vor § 28 UrhG, Rn. 57; zur Entscheidung des BGH: Spindler, GRUR 2010, 785, 789; Fahl, K&R 2010, 437, 440.

929 BGH, Urteil v. 29.04.2010 – I ZR 69/08 = ZUM 2010, 580, Rz. 36; Spindler, GRUR 2010, 785, 790.

930 BGH, Urteil v. 29.04.2010 – I ZR 69/08 = ZUM 2010, 580, Rz. 36 unter Verweis auf BGH, Urteil v. 06.12.2007 - I ZR 94/05 = NJW 2008, 751, Rz. 27.

931 BGH, Urteil v. 29.04.2010 – I ZR 69/08 = ZUM 2010, 580, Rz. 35.

932 BGH, Urteil v. 29.04.2010 – I ZR 69/08 = ZUM 2010, 580, Rz. 34; krit. auch Ohly, GRUR 2012, 983, 985.

933 Vgl. etwa Palandt/Ellenberger, § 133 BGB, Rn. 3; Wendtland in Bamberger/Roth, BeckOK BGB, § 133 BGB, Rn. 15 f.

934 BGH, Urteil v. 29.04.2010 – I ZR 69/08 = ZUM 2010, 580, Rz. 36.

urheberrechtlichen Befugnisse selbst ausüben wolle.[935] Insoweit misst der *BGH* mit zweierlei Maß.[936] Denn die Erklärung, an die sich die Auslegung knüpft (Einstellen der Werke ins Internet), ist immer noch dieselbe, wie auch die ihr zu Grunde liegenden Umstände, welche bei der Prüfung des Vorliegens einer Übertragung von Nutzungsrechten begutachtet wurde. Auch auf der nächsten Stufe, nämlich der Frage, ob sich der Erklärungsgehalt verändert bzw. die Urheberin ihre Einwilligung wirksam widerrufen hat, kommt das Gericht nur auf die mangelnden Sicherungsmaßnahmen in Bezug auf die Auffindbarkeit durch Suchmaschinen zu sprechen und erkennt in der gegenüber der Suchmaschinenbetreiberin abgegebenen Widerrufserklärung eine protestatio facto contraria, dass also ein widersprüchliches Verhalten vorliege.[937] Insoweit muss man eingestehen, dass der dieser Entscheidung zu Grunde liegende Sachverhalt in der Tat ein sehr spezieller war, denn die Urheberin optimierte auf der einen Seite ihre Webseite, behielt sich auf der anderen Seite aber ihre Verwertungsrechte vor. Dass dies unjuristisch ausgedrückt, ein widersprüchliches Verhalten darstellt, mag einleuchten. Jedoch ändert dies nichts an der Tatsache, dass der *BGH* für die Auslegung ein und derselben Erklärung verschiedene Umstände heranzieht und in seine Bewertung einfließen lässt.[938] Man darf mit *Spindler*[939] vermuten, dass diesen Überlegungen wohl auch allgemeine Interessenabwägungen in Bezug auf Aufwand und Nutzen zwischen dem einzelnem Urheber und dem Suchmaschinenbetreiber, vor allem im Hinblick auf dessen Funktion und Wert für das Internet, zu Grunde lagen. Sollte dem so sein, ist es wohl aber nur noch eine Frage der Zeit, bis solche Erwägungen auch auf andere, für das Internet und seine Nutzer wertvolle bzw. unersetzbare Phänomene übertragen werden, wobei man vor allem auch an die gesellschaftlichen Vorteile sozialer Netzwerke denken muss. Für den konkret zu beurteilenden Fall mag man somit zumindest im Ergebnis dem *BGH* zustimmen.[940] Insofern gilt es aber erneut klar zu stellen, dass es sich

---

935 BGH, Urteil v. 29.04.2010 – I ZR 69/08 = ZUM 2010, 580, Rz. 30.

936 Auch wenn dies freilich nicht automatisch bedeutet, dass das Ergebnis unbedingt ein anderes wäre.

937 BGH, Urteil v. 29.04.2010 – I ZR 69/08 = ZUM 2010, 580, Rz. 37; vgl. auch Berberich, MMR 2005, 145, 147 f.; zu den Auswirkungen des Urteils auf den Widerruf bezüglich des persönlichkeitsrechtlichen Bereichs siehe unter 4.3.1.4.4.2.2.

938 Krit. auch Fahl, K&R 2010, 437, 440.

939 Spindler, GRUR 2010, 785, 790 f.; vgl. auch Conrad, ZUM 2010, 585, 586.

940 So explizit nur für diese Konstellation Spindler, GRUR 2010, 785, 791; Conrad, ZUM 2010, 585, 586; grundsätzlich etwa von Ungern-Sternberg, GRUR 2009, 369, 372; schon früher Berberich, MMR 2005, 145, 147 f.; Ott, ZUM 2007, 119, 126 f.; ableh-

hier um einen sehr speziellen Sachverhalt und darauf bezogene Wertungen handelte, die einer Verallgemeinerung nicht offen stehen sollten.[941] Es bleibt festzuhalten, dass nach dem *BGH* eine konkludente rechtfertigende Einwilligung in die übliche Nutzung von in das Internet eingestellten Werken des Urhebers durch Suchmaschinen dann vorliegt, wenn dies *erstens* durch den Berechtigten selbst geschieht, *zweitens* keine Schutzmaßnahmen ergriffen werden, um einer Nutzung vorzubeugen und *drittens* der Verweis auf die Zurückbehaltung der eigenen urheberrechtlichen Befugnisse nicht deutlich genug zum Ausdruck kommt (wobei zweitens und drittens nicht trennscharf unterscheidbar sind und auch ineinander übergehen können).

4.3.1.4.2.2 Persönlichkeitsrecht

Lassen sich nun aus den eben dargestellten Erwägungen des *BGH* hinsichtlich der Möglichkeit einer rechtfertigenden, konkludenten Einwilligung beim Einstellen von Bildern in das Internet, Erkenntnisse für den hier zu untersuchenden Bereich des Rechts am eigenen Bild entnehmen, wenn ein Bildnis i. S. d. § 22 S. 1 KUG in das Internet und auch in ein soziales Netzwerk eingestellt wird?

Vielleicht sind die Differenzen zwischen dem Urheberrecht und dem allgemeinen Persönlichkeitsrecht mit Blick auf das Einstellen von Bildnissen ins Internet so marginal oder es bestehen überhaupt keine, so dass eine Übertragbarkeit der Gründe und Gedankengänge der *Vorschaubilder*-Entscheidung angemessen erscheint?

Es gilt vorher den Untersuchungsgegenstand zu konkretisieren, um keine Missverständnisse aufkommen zu lassen. Der *BGH* bezog sich in seiner Entscheidung explizit auf urheberrechtliche Nutzungsrechte bzw. auf das Recht zur öffentlichen Zugänglichmachung nach § 19a UrhG. Dem Sachverhalt lag jedoch nicht ein „kommerzieller" Einschlag zu Grunde. Denn eine Vermarktung, etwa in dem Sinne, dass der Urheber sein Werke nur gegen die Zahlung einer Gebühr zur freien Betrachtung ins Internet einstellte, fand nicht statt. Mithin kann als Vergleichspol hier auf persönlichkeitsrechtlicher Seite auch nicht dessen vermögenrechtlicher Bestandteil als Anknüpfungspunkt herangezogen werden.

Es geht vielmehr um die Untersuchung einer möglichen Übertragung der Gedanken des *BGH* auf den ideellen Bereich des Rechts am eigenen Bild. Dass

---

nend dagegen etwa Roggenkamp, K&R 2007, 328, 329; Fahl, K&R 2010, 437, 440; Schack, MMR 2008, 414, 415 f.

941 Spindler, GRUR 2010, 785, 791; Fahl, K&R 2010, 437, 440; a. A. wohl Ohly, GRUR 2012, 983, 991.

es in der Entscheidung dennoch um ein Verwertungsrecht bzw. daraus abgeleiteten Nutzungsrecht ging, hindert diese Untersuchung nicht, denn auch wenn Werke zu nicht-kommerziellen Zwecken ins Internet eingestellt werden, müssen Nutzungsrechte eingeräumt oder eben, wie nach dem *BGH* hier geschehen, eine Einwilligung erteilt werden, um diese Werke urheberrechtlich rechtmäßig nutzen zu können. Die nachfolgende Betrachtung beschränkt sich somit auf die Feststellung der Möglichkeit einer Übertragung der in der *Vorschaubilder*-Entscheidung angeführten Kriterien auf den ideellen Bereich des Rechts am eigenen Bild. Um dies mit einem Beispiel zu veranschaulichen: Ein Verbraucher stellt ein Porträtfoto von sich im Internet ein. Die Abwandlung, dass dies auf dem Profil in einem sozialen Netzwerk geschieht, muss ebenfalls Gegenstand der Betrachtung sein.[942]

4.3.1.4.2.2.1 Direkte Anwendung der Vorgaben des BGH?

Die Erwägungen des *BGH* bezogen sich grundsätzlich nur auf das Urheberrecht bzw. urheberrechtliche Verwertungsrechte[943] an dem eingestellten Bild und nicht auf den persönlichkeitsrechtlichen Bereich der dort abgebildeten Personen. Dieser ist jedoch das Recht am eigenen Bild zugeordnet. Urheber des Bildes kann und wird meist eine dritte Person sein, welcher grundsätzlich die Verwertungsrechte (unter Berücksichtigung des § 60 Abs. 1 UrhG) zustehen.[944] Kurz gesagt: Das persönlichkeitsrechtliche Recht am eigenen Bild ist nicht gleichzeitig das Urheberrecht an dem Bild.[945]

Dieser Differenzierung ist höchste Aufmerksamkeit zu schenken, da man sich ansonsten faktisch in der Lage befindet, dass Persönlichkeitsrechte wie das

942 Siehe dazu unter 4.3.1.4.2.4.4.

943 BGH, Urteil v. 29.04.2010 – I ZR 69/08 = ZUM 2010, 580, Rz. 33, „der Eingriff ... in das Recht ... auf Zugänglichmachung ihrer Werke (§ 19 a UrhG) ist jedoch nicht rechtswidrig“.

944 Vgl. etwa zur Anfertigung eines Porträtfotos durch ein Fotostudio und Einstellen dieses Porträts in das Internet durch den Abgebildeten, LG Köln, Urteil v. 20.12.2006 - 28 O 468/06 = MMR 2007, 465.

945 siehe etwa Dreier in Dreier/Schulze, UrhG, Vor § 22 KUG, Rn. 5; Soehring, Presserecht, § 9, Tz. 28; Helle, Besondere Persönlichkeitsrechte im Privatrecht, S. 49; so ist auch anerkannt, dass Streitigkeiten über das Recht am eigenen Bild nicht als Urheberrechtsstreitsachen gem. § 104 S. 1 UrhG einzuordnen sind, vgl. J. B. Nordemann in Fromm/Nordemann, UrhG, § 104 UrhG, Rn. 1; zu Urheberrechten an User-generated Content vgl. etwa Reinemann/Remmertz, ZUM 2012, 216.

Urheberrecht und eventuell einzuräumende Nutzungsrechte behandelt werden. Dies verkennt etwa das *LG Memmingen,*[946] wenn es für den Bereich des allgemeinen Persönlichkeitsrechts die vom *BGH* in seinem Urteil beschriebene schlichte Einwilligung grundsätzlich wohl auch für Nutzungshandlungen anwendbar hält, mit denen der „*Abgebildete rechnen muss*", selbst wenn das gegenständliche Foto nicht von dem Abgebildeten auf die Webseite eingestellt wurde.[947] Der *BGH* geht ersichtlich nur von einer Möglichkeit der konkludenten Einwilligung des Urhebers (bzw. in Konsequenz auch desjenigen, dem die Verwertungsrechte übertragen worden sind) aus.[948] So spricht etwa auch der vom *BGH* in seiner Entscheidung mehrfach zitierte *von Ungern-Sternberg,*[949] von einer schlichten einseitigen Einwilligung des „Urheberberechtigten" und nicht von der des Abgebildeten.[950] Eine unbesehene Übertragung der Ausführungen des *BGH* auf den hier in Rede stehenden Bereich des Rechts am eigenen Bild kann damit zunächst nicht erfolgen.

4.3.1.4.2.2.2 Unterschiede zum Urheber(persönlichkeits)recht

Eventuell lässt sich jedoch eine so starke Gemeinsamkeit oder Ähnlichkeit zwischen dem ideellen Teil des Rechts am eigenen Bild und dem Urheberrecht und den dort bestehenden Schutzmechanismen hinsichtlich der ideellen Interessen des Urhebers feststellen, welche eine entsprechende Anwendung der Ausführungen des *BGH* rechtfertigen könnten.

In Betracht kommen auf urheberrechtlicher Seite zwei zu untersuchende Anknüpfungspunkte: Zum ersten die urheberrechtlichen Verwertungsrechte bzw. die aus ihnen folgenden Nutzungsrechte, denn die Entscheidung des *BGH* bezog sich konkret auf das Verwertungsrecht der öffentlichen Zugänglichmachung nach § 19a UrhG. Zwar dienen die Nutzungsrechte vor allem der wirt-

946 LG Memmingen, Urteil v. 04.05.2011 – 12 S 796/10 = ZUM-RD 2011, 628.

947 LG Memmingen, Urteil v. 04.05.2011 – 12 S 796/10 = ZUM-RD 2011, 628, 630; das LG verneint jedoch die Anwendung der Vorgaben zur schlichten Einwilligung im Ergebnis deshalb, weil es sich in dem zu Grunde liegenden Sachverhalt nicht um die Verwendung des Fotos durch eine Suchmaschine handelte, sondern durch Dritte für werbliche Zwecke genutzt wurde.

948 BGH, Urteil v. 29.04.2010 – I ZR 69/08 = ZUM 2010, 580, Rz. 33, „eine die Rechtswidrigkeit der Verletzungshandlung ausschließende Einwilligung des Urhebers"; vgl. auch Ohly, AfP 2011, 428, 432.

949 Von Ungern-Sternberg, GRUR 2009, 369.

950 Von Ungern-Sternberg, GRUR 2009, 369, 370.

schaftlichen Verwertung des Werkes, sie besitzen aber auch einen ideellen bzw. persönlichkeitsrechtlichen Einschlag.[951] Eine klare Trennung zwischen materiellen und ideellen Interessen des Urhebers ist aufgrund der in Deutschland geltenden monistischen Auffassung zudem nicht möglich.[952] Auch deshalb wird davon ausgegangen, dass es etwa neben den in §§ 12 – 14 UrhG normierten urheberpersönlichkeitsrechtlichen Befugnissen im engeren Sinne auch solche gibt, welche im weiteren Sinne Wirkung entfalten und bei der Einräumung von Nutzungsrechten an Verwertungsrechten quasi akzessorisch (mindestens) eingeschränkt werden, um die Verwertungsrechte wirksam ausüben zu können.[953] Zum zweiten wird daher das Urheberpersönlichkeitsrecht als Anknüpfungspunkt für eine eventuelle Übertragung der Wertungen des *BGH* in Bezug auf die ideellen Bestandteile des Rechts am eigenen Bild betrachtet. Denn auch das Urheberpersönlichkeitsrecht schützt vor allem, aber wiederum nicht nur, ideelle Interessen des Urhebers[954] und gilt ebenso wie das Recht am eigenen Bild mindestens als besondere Ausformung des allgemeinen Persönlichkeitsrechts.[955]

---

951 Vgl. Schulze in Dreier/Schulze, UrhG, § 11 UrhG, Rn. 2; Ulmer, Urheber- und Verlagsrecht, § 1, S. 4 sowie § 18, S. 114.

952 Dietz/Peukert in Schricker/Loewenheim, UrhG, Vor §§ 12 ff. UrhG, Rn. 11 f.; Schulze in Dreier/Schulze, UrhG, § 11 UrhG, Rn. 2; Dreyer in Dreyer/Kathoff/Meckel, Urheberrecht, § 11 UrhG, Rn. 3; Ulmer, Urheber- und Verlagsrecht, § 17, S. 113.

953 Teilweise wird auch eine Übertragung diskutiert; vgl. etwa Schricker/Loewenheim in Schricker/Loewenheim, UrhG, Vor § 28, Rn. 58; Dietz/Peukert in Schricker/Loewenheim, UrhG, Vor §§ 12 ff. UrhG, Rn. 26 f. m. w. N.; dies. in Loewenheim, Handbuch des Urheberrechts, § 15, Rn. 18; Schulze in Dreier/Schulze, UrhG, Vor § 12 UrhG, Rn. 12; Dreyer in Dreyer/Kathoff/Meckel, Urheberrecht, Vor §§ 12 ff. UrhG, Rn. 9 ff.; krit. Kroitzsch in Möhring/Nicolini, UrhG, § 11 UrhG, Rn. 14.

954 Bullinger in Wandtke/Bullinger, UrhG, Vor §§ 12 ff. UrhG, Rn. 3; Dreyer in Dreyer/Kathoff/Meckel, Urheberrecht, Vor §§ 12 ff. UrhG, Rn. 7; Ulmer, Urheber- und Verlagsrecht, § 18, S. 114 sowie § 38, S. 208.

955 Götting in Götting/Schertz/Seitz, Handbuch des Persönlichkeitsrechts, § 11, Rn. 9 f.; Dietz/Peukert in Schricker/Loewenheim, UrhG, Vor §§ 12 ff. UrhG, Rn. 14; dabei soll hier nicht auf die Diskussion eingegangen werden, inwieweit das Urheberpersönlichkeitsrecht als eine selbstständige Erscheinungsform neben dem allgemeinen Persönlichkeitsrecht steht (vgl. etwa Dietz/Peukert in Schricker/Loewenheim, UrhG, Vor §§ 12 ff. UrhG, Rn. 14; Dreyer in Dreyer/Kathoff/Meckel, Urheberrecht, Vor §§ 12 ff. UrhG, Rn. 1; Bullinger in Wandtke/Bullinger, UrhG, Vor §§ 12 ff., Rn. 16; Helle, Besondere Persönlichkeitsrechte im Privatrecht, S. 21 f.) oder nur eine Ausformung dessen darstellt, aber in ihm quasi „eingebettet“ bleibt (so etwa Götting in Götting/Schertz/Seitz, Handbuch des Persönlichkeitsrechts, § 11, Rn. 10, 14); zu den be-

4.3.1.4.2.2.2.1 Verwertungsrechte

Mit den Verwertungsrechten werden die Befugnisse des Urhebers an seinem Werk umschrieben und sie betreffen vor allem die materielle Seite des Urheberrechts.[956] Eine erkennbare Nähe zu den ideellen Bestandteilen des Rechts am eigenen Bild liegt daher zumindest eher fern. Dafür spricht auch die verfassungsrechtliche Einordnung des Urheberrechts, zumindest seiner vermögensrechtlichen Bestandteile, unter das Eigentum i. S. d. Art 14 GG.[957] Betroffen sind davon die in den §§ 15 ff. UrhG geregelten Verwertungsrechte und die daran einzuräumenden Nutzungsrechte, welche vor allem die Sicherung des Interesses des Urhebers an der Verkehrsfähigkeit und wirtschaftlichen Nutzbarkeit seines Werkes bezwecken.[958]

Für die hier in Rede stehenden ideellen Bestandteile des Rechts am eigenen Bild kann diese Einordnung unter das verfassungsrechtlich geschützte Eigentum aber nicht unternommen werden. Denn Schutzgegenstand ist nicht etwa die Verkehrsfähigkeit oder Vermarktungsmöglichkeit, sondern allein das Selbstbestimmungsrecht der betroffenen abgebildeten Person aus Art. 2 Abs. 1, Art. 1 Abs. 1 GG, darüber zu entscheiden, wie und wo sie abgebildet wird und somit öffentlich gemacht wird.[959] Eine Übertragung oder Vererblichkeit von ideellen

---

sonderen Persönlichkeitsrechten allgemein, vgl. etwa Helle, Besondere Persönlichkeitsrechte im Privatrecht, S. 37 ff.

956 Schulze in Dreier/Schulze, UrhG, § 15 UrhG, Rn. 1; von Ungern-Sternberg in Schricker/Loewenheim, UrhG, § 15 UrhG, Rn. 2.

957 BVerfG, Beschl. v. 07.07.1971 - 1 BvR 765/66 = GRUR 1972, 481, 483; Dreier in Dreier/Schulze, UrhG, Einleitung, Rn. 39 m. w. N.; Loewenheim in Schricker/Loewenheim, UrhG, Einleitung, Rn. 10.

958 Von Ungern-Sternberg in Schricker/Loewenheim, UrhG, § 15 UrhG, Rn. 2; Hubmann, Das Persönlichkeitsrecht, S. 234. Das BVerfG hat die Frage, ob dies auch für die vermögensrechtlichen Bestandteile des allgemeinen Persönlichkeitsrechts gilt, ausdrücklich offen gelassen, jedoch eine gewisse Sympathie für die Idee gezeigt (BVerfG, Beschl. v. 05.03.2009 – 1 BvR 127/09 = ZUM 2009, 479, Rz. 11 f., „zu diesen vermögenswerten Rechten könnten auch die vermögensrechtlichen Bestandteile des allgemeinen Persönlichkeitsrechts ... zählen"). Auch die Literatur erkennt die Parallele zwischen den vermögenswerten Bestandteilen des Urheberrechts und des allgemeinen Persönlichkeitsrechts in Bezug auf den Schutz des Art. 14 GG an (vgl. Götting in Schricker/Loewenheim, UrhG, § 22 KUG, Rn. 9).

959 BGH, Urteil v. 01.12.1999 - I ZR 49/97 = NJW 2000, 2195, 2197; BGH, Urteil v. 05.06.2008 – I ZR 96/07 = NJW 2008, 3782, Rz. 14; Götting in Schricker/Loewenheim, UrhG, § 22 KUG, Rn. 8; Helle, Besondere Persönlichkeitsrechte im Privatrecht, S. 47.

Bestandteilen des allgemeinen Persönlichkeitsrechts wird daher auch von der h. M. ausgeschlossen.[960] Danach besteht zwischen den ideellen Bestandteilen des Rechts am eigenen Bild und den Verwertungsrechten des Urheberrechts ein so entscheidender Unterschied, dass diese nicht als Anknüpfungspunkt für die aus dem *BGH*-Urteil zu ziehenden Ergebnisse und Folgen für das Recht am eigenen Bild dienen können. Eine Übertragung der Gedanken würde den unterschiedlichen Schutzgesichtspunkten von Verwertungsrechten und ideellem Bestandteil des Rechts am eigenen Bild nicht gerecht werden und verbietet sich daher.

4.3.1.4.2.2.2.2 Urheberpersönlichkeitsrecht

Viel ähnlicher scheinen sich da schon das Urheberpersönlichkeitsrecht und die ideellen Positionen des Rechts am eigenen Bild. Denn das Urheberpersönlichkeitsrecht dient zumindest hauptsächlich dem Schutz der ideellen Interessen des Urhebers und seiner persönlichen Verbindung zu dem Werk.[961] Damit ist jedoch schon der erste Unterschied zwischen den beiden Instituten angesprochen: Der erforderliche Werkbezug des Urheberpersönlichkeitsrechts.[962] Das Recht am eigenen Bild besteht jedoch abstrakt, als das Selbstbestimmungsrecht über die Darstellung im Bild, also das eigene Erscheinungsbild.[963] Das Urheberpersönlichkeitsrecht kann erst mit dem Werk *ent*stehen, während das Recht am eigenen Bild bereits *be*steht.[964] Vorausgesetzt und dann auch geschützt ist die persönli-

---

960 Vgl. nur BGH, Urteil v. 01.12.1999 - I ZR 49/97 = NJW 2000, 2195, 2197.

961 Dietz/Peukert in Schricker/Loewenheim, UrhG, Vor §§ 12 ff. UrhG, Rn. 12; dies. in Loewenheim, Handbuch des Urheberrechts, § 15, Rn. 1; Schulze in Dreier/Schulze, UrhG, Vor § 12 UrhG, Rn. 1.

962 Götting in Götting/Schertz/Seitz, Handbuch des Persönlichkeitsrechts, § 15, Rn. 8; Dietz/Peukert in Loewenheim, Handbuch des Urheberrechts, § 15, Rn. 8, 14; Dreyer in Dreyer/Kathoff/Meckel, Urheberrecht, Vor §§ 12 ff. UrhG, Rn. 37; Ulmer, Urheber- und Verlagsrecht, § 6, S. 33.

963 Götting in Schricker/Loewenheim, UrhG, § 22 KUG, Rn. 7; Fricke in Wandtke/Bullinger, UrhG, § 22 KUG, Rn. 3; Dasch, Die Einwilligung zum Eingriff in das Recht am eigenen Bild, S. 13; Helle, Besondere Persönlichkeitsrechte im Privatrecht, S. 47, 49.

964 Vgl. auch Beater, Medienrecht, Rn. 407. Freilich muss auch das Recht am eigenen Bild entstehen. Jedoch geschieht dies unabhängig von einer eigenen geistigen Schöpfung wie dem Werk, sondern mit der Geburt. Vgl. auch Götting in Götting/Schertz/Seitz, Handbuch des Persönlichkeitsrechts, § 15, Rn. 8, „Urheberpersönlichkeitsrecht objektbezogen, das allgemeine Persönlichkeitsrecht subjektbezogen“.

che Beziehung zur Sache,[965] während bei dem Recht am eigenen Bild keine Sache vorliegt sondern Schutzanknüpfungspunkt vielmehr die eigene Person und die eigene Selbstbestimmung in Bezug auf das Bildnis ist. Der Schutz setzt somit früher an und ist an weniger strenge Anforderungen geknüpft, als dies im Urheberrecht der Fall ist. Denn dort muss erst ein Werk (§ 2 Abs. 2 UrhG) geschaffen werden, um die nötige Verbindung zwischen Urheber und Werk herstellen zu können. Dieser Verschiedenheit lässt sich zumindest eine gewisse qualitative Einstufung dergestalt entnehmen, dass das Recht am eigenen Bild für die betreffende Person von unserer Rechtsordnung höher bzw. wichtiger, da schon früher „einsatz- und schutzbereit", eingestuft wird und ohne die Erfüllung spezieller Voraussetzungen und einer Verbindung zu einer Sache seinen Schutz entfalten soll. Natürlich muss hinsichtlich der hier untersuchten Frage, dem Einstellen von Bildnissen ins Internet, erkannt werden, dass dieser Unterschied dort wenig Bedeutung zeigt, da es in diesen Fällen immer auch ein Objekt bzw. eine Verkörperung des Bildnisses gibt, z. B. auf einer Festplatte (eine andere Frage ist, wer Urheber dieses Bildnisses ist). Die Wertung der Rechtsordnung, dem Recht am eigenen Bild grundsätzlich leichter zur Geltung zu verhelfen als dem Urheberpersönlichkeitsrecht, kann jedoch etwa bei den an eine rechtfertigende Einwilligung für Eingriffe in den ideellen Teil des Rechts am eigenen Bild zu stellenden Anforderungen Berücksichtigung finden.

Eine vordergründige Gemeinsamkeit besteht zwischen Urheberpersönlichkeitsrecht und Recht am eigenen Bild, wenn es um die ideellen Interessen und ihre Unübertragbarkeit zu Lebzeiten geht.[966] Auch der *BGH* hat in der *Marlene-Dietrich*-Entscheidung eine gewisse Parallele zwischen diesen beiden Rechten im Hinblick auf ihren unübertragbaren, ideellen Kern gezogen, dies jedoch ausdrücklich nur für den Fall, dass gleichzeitig vermögensrechtliche Bestandteile vererbt werden.[967] Hier soll jedoch abstrakt untersucht werden, ob sich die ideellen Bestandteile von Urheberpersönlichkeitsrecht und Recht am eigenen Bild so weit ähneln, dass eine gewisse Verknüpfung und gedankliche Übertragung für die vom *BGH* aufgestellten Kriterien zur konkludenten rechtfertigenden Einwil-

---

965 Dreyer in Dreyer/Kathoff/Meckel, Urheberrecht, Vor §§ 12 ff. UrhG, Rn. 37; Hubmann, Das Persönlichkeitsrecht, S. 263.

966 Für das Urheberpersönlichkeitsrecht etwa Schulze in Dreier/Schulze, UrhG, § 11 UrhG, Rn. 3; Bullinger in Wandtke/Bullinger, UrhG, Vor §§ 12 ff. UrhG, Rn. 5;
für das Recht am eigenen Bild etwa BGH, Urteil v. 01.12.1999 - I ZR 49/97 = NJW 2000, 2195, 2198; Dreier in Dreier/Schulze, UrhG, § 22 KUG, Rn. 37; Götting in Schricker/Loewenheim, UrhG, § 22 KUG, Rn. 62.

967 BGH, Urteil v. 01.12.1999 - I ZR 49/97 = NJW 2000, 2195, 2199; vgl. auch Götting in Schricker/Loewenheim, UrhG, § 22 KUG, Rn. 62.

ligung möglich erscheint. Insofern muss auch eine Spezialität des deutschen Urheberrechts beachtet werden, nämlich die geltende monistische Auffassung (vgl. § 11 S. 1 UrhG), wonach das Urheberrecht als Einheit verstanden wird, welches den Urheber in seinen geistigen und persönlichen Beziehungen zum Werk umfassend schützt und so das Urheberpersönlichkeitsrecht zusammen mit den Verwertungsrechten als Teil eines „Stammrechts" ansieht.[968] Dieser Umstand macht dann auch einen entscheidenden Unterschied zwischen der ideellen Seite beider Rechte aus. Das Urheberpersönlichkeitsrecht verbindet sich quasi mit den vermögensrechtlichen Elementen des Urheberrechts zu einer festen, untrennbaren Einheit.[969] Aus diesem Grund wird in § 28 Abs. 1 UrhG auch die Vererblichkeit des gesamten Urheberrechts festgeschrieben. Sowohl die kommerziellen als auch die ideellen Bestandteile gehen auf die Erben des Urhebers über.[970] Bei den ideellen Bestandteilen des Rechts am eigenen Bild bzw. auch des allgemeinen Persönlichkeitsrechts stellt sich die Situation jedoch anders dar. Anerkannt ist dort, dass weder eine Übertragbarkeit noch eine Vererblichkeit der ideellen Position möglich ist. Dies vor allem wegen ihres höchstpersönlichen Charakters und ihres Bezuges zu einer natürlichen Person und deren verfassungsrechtlich garantierter Würde, Art. 1 Abs. 1 GG.[971] Hier erkannt man zudem erneut den Unterschied der Anknüpfungspunkt des eingreifenden Schutzes: das Werk auf der einen, die natürliche Person und ihre Selbstbestimmung auf der anderen Seite. Zwar wirkt der sog. „postmortale Persönlichkeitsschutz" auch nach dem Tod der Person als allgemeiner Wert- und Achtungsanspruch fort.[972] Jedoch nimmt

---

968 Dietz/Peukert in Loewenheim, Handbuch des Urheberrechts, § 15, Rn. 1; Kroitzsch in Möhring/Nicolini, UrhG, § 11 UrhG, Rn. 5 f.; Bullinger in Wandtke/Bullinger, UrhG, § 11 UrhG, Rn. 1 f.; Ulmer, Urheber- und Verlagsrecht, § 6, S. 34.

969 Dietz/Peukert in Schricker/Loewenheim, UrhG, Vor §§ 12 ff. UrhG, Rn. 11 „Verklammerung"; Ulmer, Urheber- und Verlagsrecht, § 6, S. 34.

970 Dietz/Peukert in Schricker/Loewenheim, UrhG, Vor §§ 12 ff. UrhG, Rn. 29; Schricker/Loewenheim in Schricker/Loewenheim, UrhG, § 28 UrhG, Rn. 5 f.; Schack, Urheber- und Urhebervertragsrecht, Rn. 45; Ulmer, Urheber- und Verlagsrecht, § 6, S. 34 sowie § 82, S. 356 f.

971 Zusätzlich in Bezug auf Art. 2 Abs. 1 GG, BGH, Urteil v. 20.03.1968 - I ZR 44/66 = NJW 1968, 1773, 1774; BGH, Urteil v. 1.12.1999 – I ZR 49/97 = NJW 2000, 2195, 2197; allein in Bezug auf Art. 1 Abs. 1 GG, BVerfG, Beschl. v. 24.02.1971 - 1 BvR 435/68 = NJW 1971, 1645, 1647; vgl. auch Dreier in Dreier/Schulze, UrhG, § 22 KUG, Rn. 37.

972 BGH, Urteil v. 20.03.1968 - I ZR 44/66 = NJW 1968, 1773, 1774; BGH Urteil v. 08.06.1989 - I ZR 135/87 = GRUR 1995, 668, 670; BGH, Urteil v. 1.12.1999 – I ZR 49/97 = NJW 2000, 2195, 2198; den Achtungsanspruch allein auf die Menschenwürde stützend, BVerfG, Beschl. v. 24.02.1971 - 1 BvR 435/68 = NJW 1971, 1645, 1647.

dieser mit der Zeit ab, ist nicht notwendigerweise von den Erben, sondern nur von den nächsten Angehörigen[973] geltend zu machen und erlaubt nur Abwehransprüche bei schwerwiegenden Eingriffen in das postmortale Persönlichkeitsrecht.[974] Es werden den Angehörigen also keine Rechte übertragen bzw. vererbt, sondern sie erhalten lediglich die Möglichkeit der Wahrnehmung von Abwehr- aber nicht von Schadensersatzansprüchen.[975] Bereits das Gesetz trifft diese unterschiedliche Wertung in Bezug auf das Recht am eigenen Bild, § 22 S. 3, 4 KUG und das Urheber(persönlichkeitsrecht), § 28 Abs. 1 UrhG. Dem lässt sich entnehmen, dass die ideellen und höchstpersönlichen Bestandteile des Rechts am eigenen Bild noch enger mit der abgebildeten Person verknüpft sind, als dies bei dem Urheber und der Verbindung zu seinem Werk der Fall ist. Sie werden folglich sowohl durch das Gesetz als auch durch die h. M. in Rechtsprechung und Literatur in einem persönlichkeitsrechtlichen Sinne höher gewichtet.[976] Ist jedoch der ideelle Teil des Rechts am eigenen Bild derart fest an die abgebildete Person selbst geknüpft, so spricht dies gegen eine Vergleichbarkeit der Schutzintensitäten von Recht am eigenen Bild und Urheberpersönlichkeitsrecht und damit auch gegen eine mögliche Übertragung die für eine Disposition über die ideellen Bestandteile nötigen Voraussetzungen einer rechtfertigenden Einwilligung.[977]

4.3.1.4.2.2.3 Übertragbare Gedanken

Welche Vorgaben lassen sich der *Vorschaubilder*-Entscheidung nun hinsichtlich den Anforderungen, welche an eine persönlichkeitsrechtliche, konkludente Einwilligung in Bezug auf die Verwendung des eigenen Bildnisses durch Dritte im Internet zu stellen sind, entnehmen?

---

973 Vgl. auch § 22 S. 3 KUG.

974 BGH, Urteil v. 20.03.1968 - I ZR 44/66 = NJW 1968, 1773, 1774; BGH, Urteil v. 08.06.1989 - I ZR 135/87 = GRUR 1995, 668, 670; BGH, Urteil v. 01.12.1999 – I ZR 49/97 = NJW 2000, 2195, 2198; Schack, Urheber- und Urhebervertragsrecht, Rn. 45.

975 BGH, Urteil v. 20.03.1968 - I ZR 44/66 = NJW 1968, 1773, 1774; BGH, Urteil v. 08.06.1989 - I ZR 135/87 – GRUR 1995, 668, 670 f.; BGH, Urteil v. 01.12.1999 – I ZR 49/97 = NJW 2000, 2195, 2198.

976 Vgl. auch Soehring, Presserecht, § 19, Tz. 49, der zurecht darauf verweist, dass es sich bei der Einwilligung „um einen Vorgang handelt, der das im Wertesystem des Grundgesetzes mit besonderem Stellenwert ausgestattete Persönlichkeitsrecht beeinträchtigt".

977 A. A. wohl Härting, Internetrecht, S. 50, Rz. 202.

4.3.1.4.2.2.3.1 Keine grundsätzliche Übertragbarkeit

Nach den gefundenen Ergebnissen muss festgestellt werden, dass zwar Ähnlichkeiten zwischen dem Recht am eigenen Bild und dem Urheberrecht hinsichtlich ihrer ideellen Ausformungen bestehen. Jedoch lässt sich den Wertungen des Gesetzes, dem grundsätzlichen Unterschied zu den Verwertungsrechten und auch der höher zu gewichtenderen persönlichkeitsrechtlichen Verbundenheit zwischen Berechtigtem und dem im KUG verkörperter ideellen Recht das Ergebnis entnehmen, dass eine vorbehaltlose Übertragung der vom *BGH* in der *Vorschaubilder*-Entscheidung aufgestellten Kriterien zum Urheberrecht auf das Recht am eigenen Bild und seine immateriellen Bestandteile berührende rechtfertigende Einwilligung nicht in Betracht kommt. Dies würde den durch das Gesetz und der h. M. aufgestellten Schutzmechanismen zuwider laufen. Vielmehr gilt es im Rahmen der Auslegung der persönlichkeitsrechtlichen Einwilligungserklärung zu untersuchen und anhand der aufgezeigten Unterschiede abzuwägen, welche Auslegungsvorgaben des *BGH* auch für den Bereich des Rechts am eigenen Bild übernommen werden könnten.[978]

Insofern muss kritisch auf ein Urteil des *LG Köln*[979] hingewiesen werden. Dort veröffentlichte der Abgebildete selbst (im Unterschied zum Sachverhalt, der dem *BGH* oder dem *LG Memmingen* zu Grunde lag) ein Foto von sich im Internet. Das Gericht weist noch zutreffend auf die unterschiedlichen Schutzgüter (Urheberrecht und allgemeines Persönlichkeitsrecht) hin, folgert daraus jedoch keine unterschiedliche Beurteilung für die an eine schlichte Einwilligung zu stellenden Anforderungen.[980] Denn der objektive Erklärungsinhalt der Handlung aus Empfängersicht (ungesichertes Einstellen des Fotos in das Internet) sei sowohl bei der schlichten Einwilligung im Urheberrecht, als auch bei der Einwilligung nach dem KUG der ausschlaggebende Anknüpfungspunkt. Dieser Feststellung ist auch nach der hier vertretenen Sicht, dass es sich bei der persönlichkeitsrechtlichen Einwilligung um eine rechtsgeschäftliche Willenserklärung handelt, insoweit zuzustimmen, als es für die Beurteilung der Willenserklärung auf den objektiven Erklärungsinhalt aus der Sicht des Empfängers ankommt.[981] Das *LG Köln* macht jedoch zu der dogmatischen Einordnung der Einwilligung

978 Siehe unter 4.3.1.4.2.4.

979 LG Köln, Urteil v. 22.06.2011 - 28 O 819/10 = ZUM-RD 2011, 626.

980 LG Köln, Urteil v. 22.06.2011 - 28 O 819/10 = ZUM-RD 2011, 626, 628.

981 Vgl. etwa von Strobl-Albeg in Wenzel, Kap. 8, Rz. 77; Wendtland in Bamberger/Roth, BeckOK BGB, § 133 BGB, Rn. 27 m. w. N.

nach § 22 S. 1 KUG keine Angaben[982] und überträgt insoweit einen Gedankengang, welcher vom *BGH* ausdrücklich für eine schlichte, mindestens rechtsgeschäftsähnliche Willenserklärung in Bezug auf das Urheberrecht entwickelt wurde,[983] auf eine Einwilligung, mit der über die immateriellen Bestandteile des Rechts am eigenen Bild disponiert werden sollte. Dem kann in dieser Pauschalität nicht gefolgt werden. Vielmehr muss dem rechtgeschäftlichen und dem höchstpersönlichen Charakter der persönlichkeitsrechtlichen Einwilligungserklärung im Rahmen der notwendigerweise vorzunehmenden Auslegung der Tätigkeit des Handelnden aus einem objektiven Empfängerhorizont und dem zu ermittelnden inhaltlichen Umfang Rechnung getragen werden. Ebenfalls aus diesen Gründen zu kritisieren ist ein Urteil des *LG Hamburg*.[984] Auch dort wendet das Gericht die durch den *BGH* aufgestellten Grundsätze für die Einwilligung in die öffentliche Zugänglichmachung durch Suchmaschinen, hier sogar ohne nähere Begründung, an.[985] Das gegenständliche Bildnis des Berechtigten wurde auf der Firmenhomepage seines Arbeitgebers eingestellt, wozu der Berechtigte auch seine Einwilligung erteilt hatte. Insofern handelte es sich hier trotzdem nicht um den kommerziellen Bereich des Rechts am eigenen Bild, sondern um den ideellen Bestandteil, denn eine Vermarktung des Bildnisses selbst war nicht vorgesehen. Einer unbesehenen Übertragung der Ausführungen des *BGH* auf diesen Bereich kann jedoch, wie beschrieben, nicht zugestimmt werden. Vielmehr hätten auch hier Gründe für eine Anwendbarkeit der vom *BGH* aufgestellten Vorgaben explizit erörtert und auf die Besonderheiten des ideellen Teils des Rechts am eigenen Bild eingegangen werden müssen.

4.3.1.4.2.2.3.2 Auslegung der Willenserklärung

In der Tat könnte man nun, wie dies auch das *LG Köln* getan hat, als einen übertragbaren Gedanken aus der *Vorschaubilder*-Entscheidung für eine konkludente persönlichkeitsrechtliche Einwilligung die Forderung entnehmen, dass der Willensakt, an den sich die Einwilligung knüpft, nach den Grundsätzen der §§ 133, 157 BGB aus einem objektiven Empfängerhorizont nach Treu und Glauben auszulegen ist. Denn nach hier vertretender Auffassung handelt es sich bei der Ein-

982 Es bezeichnet die Einwilligung lediglich als „einer solchen nach KUG“, LG Köln, Urteil v. 22.06.2011 - 28 O 819/10 = ZUM-RD 2011, 626, 628.

983 BGH, Urteil v. 29.04.2010 – I ZR 69/08 = ZUM 2010, 580, Rz. 35 f.

984 LG Hamburg, Urteil v. 16.06.2010 – 325 O 448/09 = ZUM-RD 2010, 623.

985 LG Hamburg, Urteil v. 16.06.2010 – 325 O 448/09 = ZUM-RD 2010, 623, 625.

willigung im persönlichkeitsrechtlichen Bereich um eine rechtgeschäftliche Willenserklärung. Dass eine solche nach den Vorgaben der §§ 133, 157 BGB auszulegen ist, gerade wenn sie konkludent erteilt wird, ist jedoch keine durch den *BGH* in seinem Urteil neu aufgestellte Regel, sondern für empfangsbedürftige Willenserklärungen lange anerkannt.[986] Die Auslegung der konkludenten Einwilligung betrifft vor allem ihren inhaltlichen Umfang. Bei der Bestimmung dieses Umfangs spielten die Erwägungen des *BGH* (Seitenoptimierung, keine Schutzmechanismen, Kenntnis der Funktionen des Internets) eine wichtige Rolle. Jedoch eben nur für den Bereich des Urheberrechts. Wie diese Umstände im Falle der Bestimmung des Umfangs einer konkludenten Einwilligung im Bereich des allgemeinen Persönlichkeitsrechts bzw. des Rechts am eigenen Bild zu gewichten sind, soll nachfolgend untersucht werden. Dem Ergebnis der Auslegung ist dann zu entnehmen, in welche Arten der Verwendung seines Bildnisses der Berechtigte eingewilligt hat und welche er ausschließen wollte.

4.3.1.4.2.3 Zwischenergebnis zur konkludenten persönlichkeitsrechtlichen Einwilligung

Es bleibt festzuhalten: Die *Vorschaubilder*-Entscheidung des *BGH* bietet keinen geeigneten Anknüpfungspunkt, um aus ihr unreflektiert die Anforderungen an eine konkludente Einwilligung im Bereich des Rechts am eigenen Bild bei der Einstellung von Bildnissen in das Internet zu entnehmen. Die dort behandelten Bereiche des Urheberrechts unterscheiden sich zu sehr von dem ideellen Bereich des Rechts am eigenen Bild, als dass dies eine unbesehene Übertragung rechtfertigen würde. Vielmehr muss die konkludente Einwilligung für das Einstellen von Bildern ins Internet und auch in sozialen Netzwerken entsprechend den durch Rechtsprechung und Literatur entwickelten Grundsätzen für das Recht am eigenen Bild unabhängig davon definiert werden. Freilich wird man dabei nicht umhin kommen, auch die durch den *BGH* berücksichtigten Umstände in die Auslegung der persönlichkeitsrechtlichen Einwilligung und der Bestimmung ihres Umfangs einfließen zu lassen. Jedoch muss dies immer aus der Perspektive der ideellen Bestandteile des allgemeinen Persönlichkeitsrechts und dem an seine Öffnung gegenüber der Allgemeinheit zu stellenden Anforderungen geschehen.

---

986 Vgl. etwa nur BGH, Urteil v. 03.02.1967 - VI ZR 114/65 = NJW 1967, 763; BGH, Urteil v. 12.03.1992 - IX ZR 141/91 = NJW 1992, 1446; Wendtland in Bamberger/Roth, BeckOK BGB, § 133 BGB, Rn. 27; siehe auch Fricke in Wandtke/Bullinger, UrhG, § 22 KUG, Rn. 15; Petershagen, NJW 2011, 705, 708.

4.3.1.4.2.4 Umfang der konkludenten Einwilligung

Aufgrund der völligen Formfreiheit der persönlichkeitsrechtlichen Einwilligung (anders als im Bereich des Datenschutzrechts) kann die Wirksamkeit einer konkludenten Einwilligung nicht an bestimmten gesetzlichen Anforderungen festgemacht werden. Aus diesem Grund wird quasi als Einschränkung dieser nur allzu leicht positiv feststellbaren Form des Ausdrucks des eigenen Selbstbestimmungsrechts umso mehr auf den durch Auslegung zu ermittelnden Umfang der Einwilligung zu achten sein. Dieser ist durch die oben angesprochene Auslegung nach § 133, 157 BGB zu ermitteln.[987] Zudem muss dem hier untersuchten Bereich des Internets und seiner Besonderheiten im Rahmen dieser Auslegung Rechnung getragen werden.

4.3.1.4.2.4.1 Generell

Dabei gilt für die Einwilligung im Rahmen des § 22 S. 1 KUG der Grundsatz, dass ihr Umfang nur so weit reicht, wie dem Einwilligenden der Zweck und die Art der beabsichtigten öffentlichen Zurschaustellung bei der Erteilung der Einwilligung bekannt waren.[988] Wird das Bildnis für Zwecke verwendet, welche dem Abgebildeten nicht bekannt waren, bzw. im Rahmen der Auslegung nicht in seiner Erklärung und den Umständen interpretiert werden können, so ist die Verwendung des Bildnisses rechtswidrig.[989] Durch die Auslegung muss der Wille des Berechtigten erforscht werden, den der Adressat als den wirklichen Wil-

987 BGH, Urteil v. 08.05.1956 - I ZR 62/54 = NJW 1956, 1554; BGH, Urteil v. 28.09.2004 - VI ZR 305/03 = NJW 2005, 56, 57; Fricke in Wandtke/Bullinger, UrhG, § 22 KUG, Rn. 16; Götting in Schricker/Loewenheim, UrhG, § 22 KUG, Rn. 43; Kröner in Paschke/Berlit/Meyer, S. 1037, Rn. 26; Prinz/Peters, Medienrecht, Rn. 837; Beater, Medienrecht, Rn. 1280; Libertus, ZUM 2007, 621, 624; Klass, AfP 2005, 507, 511; krit. in Bezug auf die Anwendung der Auslegungsgrundsätze im Bereich der Ausübung des Selbstbestimmungsrechts, Baston-Vogt, Der sachliche Schutzbereich des zivilrechtlichen allgemeinen Persönlichkeitsrechts, S. 233 f.

988 BGH, Urteil v. 28.09.2004 - VI ZR 305/03 = NJW 2005, 56, 57; BGH, Urteil v. 14.11.1995 - VI ZR 410/94 = NJW 1996, 593, 594; LG Nürnberg-Fürth, Beschl. v. 06.02.2009 - 11 O 762/09 = AfP 2009, 177, 178; Kröner in Paschke/Berlit/Meyer, S. 1037, Rn. 26; Götting in Schricker/Loewenheim, UrhG, § 22 KUG, Rn. 44; Soehring, Presserecht, § 19, Tz. 46a; Prinz/Peters, Medienrecht, Rn. 837.

989 Dreier in Dreier/Schulze, UrhG, § 22 KUG, Rn. 18; Ohly, AfP 2011, 428, 432.

len des Erklärenden verstehen konnte.[990] Dabei ist sowohl das Verhalten des Betroffenen aus der Sicht des Erklärungsempfängers zu berücksichtigen, als auch die anderen Gesamtumstände der Einwilligungserteilung.[991]

Um den Zweck der Erteilung zu konkretisieren bzw. um eine inhaltliche Ausuferung stillschweigender Einwilligung zu verhindern, bietet es sich zudem an, bei der Auslegung des Umfangs auf die Prinzipien der Zweckübertragungslehre zurückzugreifen.[992] Eine analoge Anwendung des § 31 Abs. 5 UrhG scheidet aufgrund der oben dargelegten Unterschiede zwischen Urheberrecht und ideellen Bestandteilen des Rechts am eigenen Bild zwar aus. Doch wenn schon im Bereich des Urheberrechts eine gesetzliche Regelung festschreibt, dass Rechte und Befugnisse im Zweifel soweit wie möglich bei dem Berechtigten verbleiben, so muss dies für die persönlichkeitsrechtliche Einwilligung, welche nach hier vertretener Auffassung einen höheren Stellenwert im Sinne eines umfassenderen Schutzes erfährt, erst recht gelten.[993] Grundsätzlich müssen auch bei einer konkludenten Einwilligung Art, Zweck und Umfang der geplanten Veröffentlichung nach den Umständen so offensichtlich sein, dass auf Seiten des einwilligenden Abgebildeten keine Unklarheiten bestehen.[994]

Dabei handelt es sich freilich stets um eine Einzelfallentscheidung, welche anhand der Umstände und Gegebenheiten der konkreten Erteilungssituation zu beurteilen ist.

4.3.1.4.2.4.2 Im Internet

Als Vorstufe, hin zur Untersuchung der Probleme im Rahmen einer konkludent erteilten Einwilligung in sozialen Netzwerken, bietet es sich an, den Blick auf das Internet allgemein zu richten und zu untersuchen, inwieweit etwa auch schon die Rechtsprechung hier Grundsätze aufgestellt hat, welche Tätigkeiten Dritter, und damit „übliche Nutzungshandlungen" i. S. d. der *Vorschaubilder-*

---

990 Kohte, AcP 185, 105, 125.

991 Libertus, ZUM 2007, 621.

992 Fricke in Wandtke/Bullinger, UrhG, § 22 KUG, Rn. 16; Götting in Schricker/Loewenheim, UrhG, § 22 KUG, Rn. 44; Kröner in Paschke/Berlit/Meyer, S. 1038, Rn. 27 f.; Dreyer in Dreyer/Kathoff/Meckel, Urheberrecht, § 22 KUG, Rn. 18; Soehring, Presserecht, § 19, Tz. 46a; Prinz/Peters, Medienrecht, Rn. 837; Gounalakis/Rhode, Rn. 57; Ohly, Volenti non fit iniuria, S. 342.

993 So auch Ohly, Volenti non fit iniuria, S. 342 f.

994 Klass, AfP 2005, 507, 510; Frömming/Peters, NJW 1996, 958.

Entscheidung des *BGH*,[995] der Umfang einer konkludenten Einwilligung beim Einstellen von Inhalten in das Internet abdeckt.

4.3.1.4.2.4.2.1 Funktionsweise des Internet

Da bei der Auslegung der Einwilligung alle Erteilungsumstände aus einem objektiven Empfängerhorizont zu berücksichtigen sind, müssen auch die allgemein, also objektiv, bekannten Funktionsweisen des Internets mit einbezogen werden. So sind als „übliche Nutzungshandlungen" in Bezug auf öffentlich eingestellte Inhalte das Lesen, Herunterladen, Ausdrucken und Verlinken auf diese Inhalte von der Einwilligung im Urheberrecht umfasst.[996] Dies dehnt der *BGH* in seiner Entscheidung auf die Erstellung und Zugänglichmachung von Vorschaubildern im Rahmen von Suchmaschinen aus.[997]

Rechtfertigt nun der Unterschied zwischen Urheberrecht und dem Recht am eigenen Bild eine differenzierte Sichtweise?

Diese Frage ist für die allgemein übliche Kenntnis hinsichtlich Funktionen wie das Kopieren, Herunterladen oder Verlinken von öffentlich zugänglichen Inhalten im Internet zu verneinen. Denn insoweit ist dem *LG Köln* beizupflichten, dass auch bei dem Vorliegen unterschiedlicher Schutzgüter, die Willenserklärung der rechtfertigenden Einwilligung nach §§ 133, 157 BGB auszulegen ist.[998] Dass die ideellen Bestandteile des Rechts am eigenen Bild einen höhere Schutzeinordnung erfahren, kann in Bezug auf die vorausgesetzte Kenntnis der Bevölkerung hinsichtlich der möglichen Handlungsoptionen im Internet keine unterschiedliche Bewertung rechtfertigen. Denn hier geht es im engeren Sinne gar nicht um den bei der Disposition über das eigene Rechtsgut ausgedrückten

---

995 BGH, Urteil v. 29.04.2010 – I ZR 69/08 = ZUM 2010, 580, Rz. 36.

996 BGH, Urteil v. 17.07.2003 - I ZR 259/00 = NJW 2003, 3406, 3408; BGH, Urteil v. 06.12.2007 - I ZR 94/05 = NJW 2008, 751, Rz. 27; OLG Düsseldorf, Urteil v. 08.11.2011 - I-20 U 42/11 = MMR 2012, 118; von Strobl-Albeg in Wenzel, Kap. 7, Rz. 64; Ohly, AfP 2011, 428, 432; Libertus, ZUM 2007, 621, 622; von Ungern-Sternberg, GRUR 2008, 247, 249; Ott, ZUM 2009, 345, 346 f.; einschränkend etwa Schack, MMR 2008, 414, 415; Conrad, ZUM 2010, 585, 586; vgl. zum Schutz von Links auch durch die Meinungs- und Pressefreiheit, BGH, Urteil v. 14.10.2010 – I ZR 191/08 = NJW 2011, 2436, Rz. 22.

997 BGH, Urteil v. 29.04.2010 – I ZR 69/08 = ZUM 2010, 580, Rz. 37.

998 LG Köln, Urteil v. 22.06.2011 - 28 O 819/10 = ZUM-RD 2011, 626, 628; so wohl auch, jedoch ohne nähere Begründung OLG Köln, Urteil v. 09.02.2010 – 15 U 107/09 = CR 2010, 530; LG Hamburg, Urteil v. 16.06.2010 – 325 O 448/09 = CR 2010, 750; LG Memmingen, Urteil v. 04.05.2011 – 12 S 796/10 = ZUM-RD 2011, 628, 630.

Willen des Betroffenen, sondern um Umstände, die in seine Erklärung hineininterpretiert werden, was freilich im Rahmen der Auslegung aus Sicht den objektiven Empfängerhorizontes üblich ist. Da es aber nicht der eigene, privatautonome und beim Recht am eigenen Bild besonders zu berücksichtigende Willensausdruck ist, darf man diese Umstände dann hier auch nicht anders bewerten.

Unstreitig von der konkludenten Einwilligung gedeckt ist vor allem auch das Setzen eines einfaches Links auf einen in das Internet frei zugänglich eingestellten Inhalt als bloßer Verweis auf diese Quelle.[999] Mit einer solchen Linksetzung muss heutzutage jeder Internetnutzer rechnen, wenn er Texte oder Bilder öffentlich zugänglich in das Netz einstellt. Denn die grundsätzliche Kenntnis von geschützten Bereichen im Internet und öffentlich zugänglichen Seiten, ist wohl eine der ersten Erfahrungen, die jeder Internetnutzer macht (z. B. bei dem Einrichten eines E-Mail-Kontos).

Dies gilt auch für den hier untersuchten Bereich des Rechts am eigenen Bild, da eine unterschiedliche Behandlung der Vorgaben zum Urheberrecht in dieser Situation (frei zugängliches Einstellen des Bildnisses) keine Anhaltspunkte für eine abweichende Beurteilung liefert.[1000] Die hier geforderte besondere Berücksichtigung der auf seiner Privatautonomie beruhenden Erklärung des Nutzers kann zu keinem anderen Ergebnis gelangen, solange zu dem öffentlichen Einstellen des Bildnisses keine zusätzlichen Hinweise auf den Willen des Berechtigten hinzukommen.[1001] Denn allein ein etwa vorliegender, jedoch nicht zu Tage tretender innerer Vorbehalt, ist bei einer Auslegung aus dem objektiven Empfängerhorizont unbeachtlich.[1002]

Stellt also der Abgebildete sein Bildnis öffentlich ins Internet und trifft ansonsten keine weiteren Maßnahmen, um seinem wirklichen Willen Ausdruck zu verleihen, so ist in dieser Handlung grundsätzlich die konkludente Einwilligung

---

999 Von Strobl-Albeg in Wenzel, Kap. 7, Rz. 64; Libertus, ZUM 2007, 621, 622; Vgl. auch BGH, Urteil v. 17.07.2003 - I ZR 259/00 = NJW 2003, 3406, 3408, wonach es in diesem Fall schon an einer urheberrechtlich relevanten Handlung fehlt; sowie BGH, Urteil v. 14.10.2010 – I ZR 191/08 = NJW 2011, 2436, Rz. 22, für den Schutz von Links durch die Meinungs- und Pressefreiheit.

1000 Von Strobl-Albeg in Wenzel, Kap. 7, Rz. 64; Seidel/Nink, CR 2009, 666, 668; Ohly, AfP 2011, 428, 432.

1001 Dazu unter 4.3.1.4.2.4.2.2.

1002 Vgl. § 116 S. 1 BGB; LG Köln, Urteil v. 20.12.2006 - 28 O 468/06 = MMR 2007, 465, 466; Busche in MüKomm/BGB, § 133 BGB, Rn. 13.

in die Verlinkung, das Betrachten und das Kopieren dieses Bildnisses zu sehen.[1003]

Jedoch wird gerade in Bezug auf den Einsatz von Links eine klare Abgrenzung zu Tätigkeiten gezogen, bei denen der Inhalt bzw. das Bildnis in ein drittes Angebot inkorporiert wird, sei es per Frame, Inline-Link oder direkter Einbindung durch Bereitstellen des Bildes auf dem eigenen Server.[1004] Denn dann stellt sich für den Betrachter der Website dieses Bild nicht mehr als ein solches dar, welches auf einer anderen Webseite beherbergt ist, auf das also nur verwiesen wird, sondern die Einbindung erweckt vielmehr den Eindruck, als sei das Bild der eigene Inhalt der gerade besuchten Seite. Dass das Bildnis dann häufig in einem völlig anderen Kontext öffentlich zur Schau gestellt wird, als es durch den Berechtigten beabsichtigt war, spricht gegen eine auf diese Tätigkeiten bezogene konkludente Einwilligung.[1005]

Damit bleibt festzuhalten, dass bei einem einfachen, öffentlichen Einstellen des Bildnisses in das Internet durch den Berechtigten, ohne jegliche zusätzlich zum Ausdruck gebrachte Beschränkung oder Erweiterung des Umfangs der Einwilligung, diese die durch die Rechtsprechung aufgestellten Merkmale der üblichen Nutzungshandlungen und Funktionen des Internets abdeckt.

4.3.1.4.2.4.2.2 Zusätzlich zum Ausdruck gebrachte Erweiterung oder Beschränkung

Tritt neben den Akt des Einstellens von Bildern jedoch eine weitere Form der Willensbekundung des Berechtigten, so ist dieser gerade vor dem Hintergrund der Höchstpersönlichkeit der ideellen Bestandteile des Rechts am eigenen Bild, ein besonderer Wert beizumessen.

1003 Zu welchen Zwecken und in welchem Zusammenhang ein solches Bildnis dann genutzt werden kann ist eine andere Frage und kann sich als nicht von der Einwilligung gedeckt darstellen.

1004 Für das Recht am eigenen Bild: Von Strobl-Albeg in Wenzel, Kap. 7, Rz. 78; Ohly, AfP 2011, 428, 432; Seidel/Nink, CR 2009, 666, 668; Libertus, ZUM 2007, 621, 622; für das Urheberrecht: OLG Düsseldorf, Urteil v. 08.11.2011 - I-20 U 42/11 = MMR 2012, 118; LG München I, Urteil v. 10.01.2007 – 21 O 20028/05 = ZUM 2007, 224, 225.

1005 Für das Urheberrecht etwa LG Köln, Urteil v. 20.12.2006 - 28 O 468/06 = MMR 2007, 465, 466; Ohly, GRUR 2012, 983, 988; für das Recht am eigenen Bild, LG Memmingen, Urteil v. 04.05.2011 – 12 S 796/10 = ZUM-RD 2011, 628, 630.

Für den Bereich des Urheberrechts vertritt der *BGH* die zu kritisierende Ansicht, dass zwar im Rahmen der Auslegung der Willenserklärung auf den Umstand einer Seitenoptimierung abzustellen sei, jedoch etwa nicht bzw. nur unterproportional, auf einen bestehenden entgegengesetzten Urhebervermerk.[1006] Das Gericht setzt hohe Hürden an die Anerkennung eines entgegenstehenden Willens des Berechtigten und lässt diese im Rahmen der Auslegung nur zu, wenn der Berechtigte mittels technischer Schutzmaßnahmen (also völlig unabhängig von der eigentlichen Willensbekundung) eine Begrenzung des Umfangs seiner Einwilligung zum Ausdruck bringt.[1007] Das Ergebnis dieser Anforderungen ist quasi eine Bedeutungslosigkeit der privatautonomen Willenserklärung, sollte diese nicht mit tatsächlichen technischen Maßnahmen des Selbstschutzes verstärkt worden sein.[1008] Treffend veranschaulicht wird dies etwa durch das von *Spindler* angeführte Beispiel, dass der Besitzer eines Grundstücks nach dem Credo des *BGH* erst dann Abwehransprüche gegen Dritte, die sein Grundstück überqueren, geltend machen könnte, wenn er einen Zaun um sein Grundstück errichtet, obwohl er durch Hinweisschilder darauf hingewiesen hat, dass er gegen eine Benutzung seines Grundstückes sei.[1009]

Eine Übertragung dieser Anforderungen auf den Bereich des Rechts am eigenen Bild ist abzulehnen. Denn wie gezeigt bestehen wesentliche Unterschiede in der Schutzintensität zwischen dem persönlichkeitsrechtlichen Recht am eigenen Bild und dem Urheber(persönlichkeits)recht. Gerade vor dem Hintergrund, dass es sich bei dem Recht am eigenen Bild um die privatautonome Ausübung des eigenen Selbstbestimmungsrechts in Bezug auf sein Bildnis, also um die Ausübung von Grundrechten (Art. 2 Abs. 1, Art. 1 Abs. 1 GG) handelt, erscheint es verfehlt überzogene Anforderungen an die Willenserklärung zu stellen. Um diesen Gedanken zu präzisieren: die Kritik richtet sich nicht dagegen, bei der Auslegung auch auf das Bestehen oder Fehlen von technischen Schutzmechanismen abzustellen. Denn wie der Wille zum Ausdruck gebracht wird, ist sicherlich situationsabhängig und den Berechtigten überlassen und durch technische Schutzmaßnahmen tritt der Wille des Betroffenen erfreulich deutlich zu Tage. Freilich trägt er grundsätzlich auch das Risiko, den Willen deutlich genug zum Ausdruck zu bringen, denn ansonsten muss dieser unberücksichtigt blei-

1006 Siehe unter 4.3.1.4.2.1.2.

1007 BGH, Urteil v. 29.04.2010 – I ZR 69/08 = ZUM 2010, 580, Rz. 36.

1008 Wiebe, GRUR 2011, 888, 890; krit. auch Conrad, ZUM 2010, 585, 586; Ohly, GRUR 2012, 983, 990.

1009 Spindler, GRUR 2010, 785, 790.

ben.[1010] Dies entspricht auch den Regeln der Auslegung von Willenserklärungen, wonach zwar der wirkliche Wille erforscht werden soll, jedoch die Auslegung sich nicht allein nach dem inneren Willen des Erklärenden richten kann.[1011] Jedoch darf nicht dazu übergegangen werden, manche Ausdrucksformen des Willens der Berechtigten im Bereich der Ausübung von Grundrechten höher zu gewichten als andere, was jedoch die Konsequenz wäre, wollte man die Auslegungskriterien des *BGH* in der *Vorschaubilder*-Entscheidung auf diesen Bereich übertragen. Freilich kann der Wille eines Berechtigten in manchen Ausdrucksformen besser und klarer und in anderen dagegen nicht so deutlich erkannt werden. Lässt sich einer Tätigkeit oder Handlung des Berechtigten jedoch der eindeutige Wille entnehmen, etwa dass die Verwendung des Bildnisses durch Dritte nicht gestattet sein soll oder nur für einen bestimmten Zweck, dann kann man diese Ausübung des Selbstbestimmungsrechts nicht einfach untergewichten, indem man darauf abstellt, dass dieser Wille mit zusätzlichen Handlungen und Maßnahmen zu untermauern sei.[1012]

Natürlich ist es bereits eine Auslegungsfrage, inwieweit ein bestimmter Wille zum Ausdruck gebracht wird. Betrachtet man dazu etwa das Beispiel in der *Vorschaubilder*-Entscheidung, Urhebervermerk auf der einen, fehlende Schutzmechanismen auf der anderen Seite, so wurde in beiden Ausdrucksformen durch den *BGH* richtigerweise ein eindeutiger Wille des Berechtigten festgestellt. Für die Auslegung des Willens jedoch eine Art Stufenverhältnis einführen zu wollen, wonach etwa der Text auf einer Website weniger beachtenswert sei, als die Nutzung technischer Mechanismen, kann nicht überzeugen.

Als weiterer Kritikpunkt muss das Merkmal der „fehlenden Schutzmechanismen" direkt angesprochen werden. Denn handelt es sich, wie hier im Bereich des ideellen Teils des Rechts am eigenen Bild, bei der Einwilligung um eine rechtgeschäftliche Erklärung, dann muss man sich die Frage stellen, inwieweit es mit der Rechtsgeschäftslehre des BGB überein gehen kann, dass einem Nicht-Handeln, einem Schwiegen, also einer reinen Passivität, eine solche Bedeutung bei der Auslegung einer Willenserklärung zukommen könnte, wenn man die Überlegungen des *BGH* auch hier anwenden würde.[1013] Im Fall des *BGH* musste

1010 LG Köln, Urteil v. 22.06.2011 - 28 O 819/10 = ZUM-RD 2011, 626, 628; Jauernig in Jauernig, BGB, § 133 BGB, Rn. 7.

1011 Busche in MüKomm/BGB, § 133 BGB, Rn. 13.

1012 A. a. wohl Ohly, GRUR 2012, 983, 991, der einem schriftlichen Hinweis auf der Internetseite nicht die gleiche Bedeutung aus Empfängersicht beimisst, wie dem Einstellen der Datei ins Internet.

1013 Wie etwa im Fall des LG Hamburg, Urteil v. 16.06.2010 – 325 O 448/09 = CR 2010, 750.

auf diese Problematik nicht eingegangen werden, da er von einer schlichten rechtfertigenden Einwilligung, ohne Rechtsfolgewillen, ausging.[1014] Für den hier untersuchten Bereich, die rechtsgeschäftliche Erklärung im Rahmen der Erlaubnis des Eingriffs in den ideellen Teil des Rechts am eigenen Bild, ist diesem Umstand jedoch Rechnung zu tragen. Dabei geht es nicht darum, ob überhaupt eine Willenserklärung vorliegt, bzw. eine entsprechende Handlung gegeben ist, aus der sich diese ergibt.[1015] Denn diese liegt hier in dem Einstellen der Bilder unzweifelhaft vor. Es geht vielmehr darum, wie weit einem Schweigen im Rahmen der Auslegung des Umfangs dieser Willenserklärung Bedeutung beigemessen werden darf. Insofern gelten ebenfalls die Grundsätze der §§ 133, 157 BGB.[1016] Somit ist auch hier auf den objektiven Empfängerhorizont abzustellen und darauf, wie aus dieser Sicht das Schweigen in Bezug auf den Umfang der Einwilligung aufgefasst werden durfte. Danach müsste aus der Sicht eines objektiven Empfängers davon ausgegangen werden, dass der Berechtigte allein durch das Einstellen des Bildnisses in alle Verwendungen einwilligt, die er nicht durch zusätzliche Maßnahmen unterbunden hat. Der *BGH* begründet diese Sichtweise in seiner Entscheidung mit dem bei dem Suchmaschinenbetreiber entstandenen schutzwürdigen Vertrauen.[1017] Eine solche Auslegung für den hier untersuchten Bereich würde das Grundprinzip der Selbstbestimmung in ihr Gegenteil, nämlich eine Fremdbestimmung, nach dem Motto „Wir machen erstmal und wenn Du das nicht möchtest, dann gib uns bitte ein deutliches Zeichen“ verkehren bzw. eine Unterordnung der eigenen Privatautonomie unter das Vertrauen des Rechtsverkehrs in die unbegrenzte bzw. auf die üblichen Nutzungshandlungen begrenzte Reichweite der Einwilligung zur Folge haben.[1018] Dies soll nicht bedeuten, dass man, einzig beim Vorliegen der Handlung des Einstellens des Bildnisses in das Internet und fehlenden Schutzmechanismen, dieses Ergebnis nicht durch eine Auslegung rechtlich korrekt erzielen kann. Was jedoch vor dem Hintergrund der Grundrechtsausübung nicht möglich erscheint, ist eine Gewichtung innerhalb der Auslegung anhand des Vertrauens des Rechts-

1014 BGH, Urteil v. 29.04.2010 – I ZR 69/08 = ZUM 2010, 580, Rz. 35.

1015 Die Frage, ob ein Schweigen überhaupt eine Willenserklärung darstellen kann, wird grundsätzlich verneint, außer es liegt z. B. ein beredtes Schweigen vor, vgl. etwa BGH, Beschl. v. 19.09.2002 - V ZB 37/02 = NJW 2002, 3629, 3630; BAG, Urteil v. 18.03.2009 - 10 AZR 281/08 = NJW 2009, 2475, Rz. 14; Wendtland in Bamberger/Roth, BeckOK BGB, § 133 BGB, Rn. 10.

1016 Wendtland in Bamberger/Roth, BeckOK BGB, § 133 BGB, Rn. 29; Busche in MüKomm/BGB, § 133 BGB, Rn. 61.

1017 BGH, Urteil v. 29.04.2010 – I ZR 69/08 = ZUM 2010, 580, Rz. 36.

1018 Ausführlich und krit. dazu Wiebe, GRUR 2011, 888, 890 ff.;

verkehrs vorzunehmen, bei der eindeutig zu Tage tretende, zusätzliche Willensbekundungen, keine oder nur eine untergeordnete Berücksichtigung finden.

Freilich sind bei der Auslegung des Schweigens auch andere Umstände, wie etwa ein Vorbehaltsvermerk oder auch eine Seitenoptimierung zu berücksichtigen. Dem alleinigen Schweigen, bzw. hier vielmehr der Nicht-Handlung in Bezug auf die Errichtung technischer Schutzmaßnahmen allein aus Vertrauensgesichtspunkten den Erklärungswert entnehmen zu wollen, dass damit einer Verwendung des Bildnisses in dem im Internet üblichen Umfang zugestimmt wird und dass dieser Passivität auch noch ein höherer Erklärungswert beigemessen wird, also der ausdrücklich erteilte, muss jedoch in dem hier in Rede stehenden höchstpersönlichen Bereich der absoluten Rechte des allgemeinen Persönlichkeitsrechts auf Ablehnung stoßen.[1019]

Es bleibt damit festzuhalten:

Im Rahmen der Auslegung der persönlichkeitsrechtlichen Einwilligung für Eingriffe in das Recht am eigenen Bild ist eine gleichwertige Berücksichtigung aller durch den Betroffenen zum Ausdruck gebrachten Interessen vorzunehmen. Eine qualitative Abstufung der Ausdrucksformen, lässt die Tragweite dieser Disposition über höchstpersönliche, ideelle Rechte unberücksichtigt.

4.3.1.4.2.4.2.3 Übertragung der Gedanken der Zweckübertragungslehre

Wie bereits erwähnt wird überwiegend davon ausgegangen, im Rahmen der Auslegung von konkludenten Einwilligung die Zweckübertragungslehre entweder analog anzuwenden oder doch zumindest ihren Kerngedanken zu berücksichtigen, dass der Berechtigte in die Verwendung seines Bildnisses nur insoweit einwilligt, also dies für den jeweiligen Zweck notwendig ist. Damit wird sich vor allem eine Beschränkung hinsichtlich der öffentlichen Zurschaustellung des Bildnisses auf den Bereich ergeben, in dem das Bildnis durch den Berechtigten bzw. aufgrund seiner Einwilligung durch Dritte eingestellt wurde. Diese Beschränkung der Verwendung des Bildnisses ergibt sich zudem aus der Vorgabe, dass der Umfang der Einwilligung wesentlich von der Art der Veröffentlichung abhängt, welche den Anstoß für die Erteilung der Einwilligung gegeben hat.[1020]

1019 Krit. auch Ohly, GRUR 2012, 983, 987.

1020 Vgl. etwa BGH, Urteil v. 28.09.2004 - VI ZR 305/03 = NJW 2005, 56, 57; BGH, Urteil v. 14.11.1995 - VI ZR 410/94 = NJW 1996, 593, 594; Götting in Schricker/Loewenheim, UrhG, § 22 KUG, Rn. 44; Soehring, Presserecht, § 19, Tz. 46a; Prinz/Peters, Medienrecht, Rn. 837.

Dies kann etwa dazu führen, dass die Einwilligung allein die Veröffentlichung auf konkret dieser einen Internetseite umfasst.[1021] Auch hier spielen freilich wieder die gesamten Umstände, wie auch das Vorliegen von Verwendungsbeschränkungen und technischen Schutzmechanismen eine Rolle. Jedoch kann gerade durch die Anwendung des durch die Zweckübertragungslehre zum Ausdruck kommenden Gedankens auch das direkte Umfeld, also die Website selbst und ihr Inhalt, Berücksichtigung finden. So ist es etwa nicht von der Einwilligung gedeckt, wenn Bildnisse, welche für eigene private oder auch berufliche Zwecke ins Internet eingestellt werden, für werbliche Zwecke durch Dritte verwendet werden.[1022] Auch wenn Bildnisse im Rahmen der Bebilderung der Freizeitbetätigung in das Internet eingestellt werden, impliziert dies keine konkludente Einwilligung in der Hinsicht, dass ein solches Bildnis für eine Berichterstattung über die berufliche Tätigkeit des Abgebildeten verwendet und öffentlich zur Schau gestellt werden darf.[1023]

4.3.1.4.2.4.3 Zwischenergebnis zum Umfang der konkludenten Einwilligung

Es gilt festzuhalten, dass auf die Besonderheit des Rechts am eigenen Bild und seine ideellen Bestandteile als Ausprägung des grundrechtlich geschützten Selbstbestimmungsrechts im Rahmen der Auslegung der Einwilligungserklärung Rücksicht zu nehmen ist. Dabei darf eine unterschiedliche Gewichtung von klaren Ausdrucksformen des eindeutigen Willens des Betroffenen nicht vorgenommen werden. Insofern ist kritisch darauf hinzuweisen, dass eine unreflektierte Übernahme der durch den *BGH* aufgestellten Kriterien für die Auslegung der konkludenten Einwilligung im Urheberrecht für den Bereich des Rechts am eigenen Bild ausscheidet. Bei der Auslegung sind alle Umstände in Betracht zu ziehen, die aus der Sicht des objektiven Empfängerhorizontes eine Rolle spielen könnten. Die Gedanken der Zweckübertragungslehre sind dabei insofern zu berücksichtigen, als bei Zweifeln die Einwilligung nur soweit reicht, wie es der jeweilige zur Veröffentlichung des Bildnisses führende Anlass erfordert.

1021 Petershagen, NJW 2011, 705, 708.

1022 LG Memmingen, Urteil v. 04.05.2011 – 12 S 796/10 = ZUM-RD 2011, 628, 630; vgl. auch Soehring, Presserecht, § 21, Tz. 25b.

1023 OLG München, Urteil v. 26.06.2007 - 18 U 2067/07 = MMR 2007, 659.

4.3.1.4.2.4.4 In sozialen Netzwerken

Das gefundene Ergebnis gilt es nun auf die Zurschaustellung von Bildnissen im Bereich von sozialen Netzwerken zu übertragen, wobei hier davon ausgegangen wird, dass ein öffentliches Zurschaustellen erst dann vorliegt, wenn das Bildnis einem Kreis von Personen zugänglich gemacht wird, der über den der direkten Kontakte/Freunde des Berechtigten hinausgeht.[1024] Betroffen und damit Ansatzpunkt für die Erörterung des Vorliegens einer konkludenten Einwilligung ist somit der Bereich, der Freunden von Freunden zur Einsicht offen steht, bis hin zu allen Mitgliedern in dem jeweiligen Netzwerk und Internetnutzern außerhalb des Netzwerkes.

4.3.1.4.2.4.4.1 Individuelle Sichtbarkeitseinstellung

Entscheidende Bedeutung kommt bei der Beurteilung der Reichweite des Umfangs einer (konkludenten) Einwilligung der bereits im Rahmen der Bestimmung der „Öffentlichkeit" angesprochenen Möglichkeit zu, dass jeder Nutzer in seinem Profil, als auch für jedes Einstellen eines Bildnisses in das Netzwerk auswählen kann, welchem Adressatenkreis das Bildnis zugänglich sein soll. Die Justierbarkeit der Sichtbarkeit des Fotos erfüllt auch die vom *BGH* aufgestellten Forderungen nach einer technischen Schutzmaßnahme, wenn die Einwilligung inhaltlich begrenzt werden soll. So dass im Rahmen von sozialen Netzwerken auch dann eine wirksame Begrenzung des Umfangs der Einwilligung in den Eingriff in das Recht am eigenen Bild vorliegt, wenn man mit dem *BGH*, entgegen der hier vertretenen Ansicht, allein dieses Merkmal für ausschlaggebend erachten möchte. Denn die Folge der Sichtbarkeitseinstellung ist, dass nur der ausgewählte Personenkreis Zugang zu dem Bildnis erhält. Damit kommt der eindeutige Wille des Betroffenen zum Ausdruck, eine öffentliche Zugänglichmachung nur an diese Empfänger zulassen zu wollen.

4.3.1.4.2.4.4.2 Eigenes Bildnis, eigenes Profil

Stellt der Nutzer nun Fotos von sich in sein eigenes Profil ein, so findet eine öffentliche Zugänglichmachung eines Bildnisses erst statt, wenn mehr als die ei-

1024 Siehe unter 4.3.1.1.4.

genen direkten Kontakte Zugriff auf diese Inhalte erlangen.[1025] Mit der dazugehörigen Einstellung (etwa sichtbar für Freunde von Freunden) bringt er gleichzeitig seinen Willen zum Ausdruck, dass eine weitere öffentliche Zugänglichmachung dieses Bildnisses durch Dritte nur innerhalb dieses Adressatenkreises erlaubt ist. Der Nutzer stellt damit eine objektiv klar erkennbare Grenze des Umfangs seiner Einwilligung auf. Kopiert eine Person dieses Bildnis und stellt es anderen Personen innerhalb des Netzwerkes zur Verfügung, welche nicht zu der vom Berechtigten bestimmten Gruppe zählen, so ist diese öffentliche Zurschaustellung nicht mehr von der ursprünglichen Einwilligung des Betroffenen umfasst.[1026] Dass eine solche Möglichkeit der Kopierbarkeit des Bildnisses besteht, hindert dabei nicht die Feststellung einer wirksam zum Ausdruck gebrachten inhaltlichen Beschränkung der Einwilligung des Berechtigten in Bezug auf sein Bildnis. Denn auch der *BGH* lässt für den, persönlichkeitsrechtlich weniger schützenswerten, Bereich des Urheberrechts den Einsatz technischer Schutzmaßnahmen genügen und macht deren Berücksichtigung nicht etwa davon abhängig, dass dieser unumgehbar sei oder eine hundert prozentige Sicherheit gewährleisten müsse. Entscheidend ist allein, dass eine grundsätzliche Begrenzung der Reichweite vorgenommen wird. Dieses Merkmal erfüllt die individuelle Einstellung der Sichtbarkeit des Profils und auch einzelner Bilder in sozialen Netzwerken. Ebenso wenig ist es Personen aus dem Empfängerkreis freilich gestattet, dieses Bild außerhalb des sozialen Netzwerkes zu veröffentlichen. Der Vorteil der sozialen Netzwerke im Gegensatz zu dem offenen Internet ist somit, dass es für jede Person offensichtlich ist, in welchem Umfang ein Bildnis öffentlich zur Schau gestellt werden darf. Im Idealfall werden die Nutzer durch die verpflichtende Angabe des Empfängerkreises quasi zu einer inhaltlichen Beschränkung ihrer Einwilligung gezwungen, ohne die eine öffentliche Zurschaustellung des Bildnisses in dem Netzwerk von vornherein nicht möglich ist.[1027] Des Weiteren gilt es den Zusammenhang und die Umstände der Veröffentlichung des Bildes zu beachten. So wird in der Mehrheit der Fälle das Bildnis einen rein privaten Hintergrund besitzen. Dies gilt es ebenfalls bei einer weiteren Zurschaustellung des Bildnisses durch Dritte zu berücksichtigen.

1025 Siehe unter 4.3.1.1.

1026 Vgl. auch Härting, Internetrecht, S. 50, Rz. 201; Spindler, Persönlichkeitsschutz im Internet, S. F 49; Schertz/Höch, Privat war gestern, S. 14.

1027 Dass diese verpflichtende Angabe des Nutzers freilich in der Praxis nicht überall von den Anbietern bereitgestellt wird, ist ein tatsächliches Problem, welches auch Folgen für die Wirksamkeit einer Einwilligung zeigen kann, siehe unter 4.3.1.4.2.4.4.4 in Bezug auf das Markieren bzw. Taggen.

Stellt der Nutzer ein Bildnis in sein Profil ein und versieht es mit dem Merkmal der „öffentlichen" Sichtbarkeit, so ist dieses Bildnis für jede Person im Internet, also auch außerhalb des sozialen Netzwerkes, sichtbar. Da der User diese Einstellung selbst gewählt hat, stellt sich die Situation insofern wie bei der Veröffentlichung eines Bildnisses im offenen Internet dar. Die Einwilligung deckt dann grundsätzlich die im Internet übliche Verwendung des Bildnisses ab. Jedoch gilt es auch hier für Dritte die jeweiligen Umstände der Veröffentlichung zu berücksichtigen, bevor sie dieses Bildnis in einem Zusammenhang öffentlich zur Schau stellen, der sich nicht mit dem der ursprünglich der Erteilung der Einwilligung zu Grunde liegenden deckt. Insbesondere muss dabei der Charakter des sozialen Netzwerkes beachtet werden, ob es sich also um ein solches handelt, welches sich an die private Sphäre der Nutzer richtet oder im Zusammenhang mit der beruflichen Tätigkeit des Nutzers steht.

Insofern kann man feststellen, dass der Nutzer in Bezug auf eigene Bildnisse in seinem eigenen Profil es selbst in der Hand hat den Umfang seiner erteilten Einwilligung durch die ihm von den Betreibern zur Seite gestellten Möglichkeit der Sichtbarkeitseinstellung zu bestimmen. An diese Vorgaben muss sich der Empfängerkreis halten. Tut er dies nicht und stellt das Bildnis Personen außerhalb der definierten Gruppe zur Verfügung, so ist grundsätzlich die Einwilligung des Betroffenen einzuholen.

4.3.1.4.2.4.4.3 Eigenes Bildnis, fremdes Profil

Wird das Bildnis eines Nutzers durch eine dritte Person in dem sozialen Netzwerk über deren Profil öffentlich zur Schau gestellt, so hat diese Person grundsätzlich die Einwilligung des Abgebildeten einzuholen.

Dies erübrigt sich freilich, wenn das Bildnis selbst aus dem sozialen Netzwerk stammt und mit einer entsprechenden Sichtbarkeitsstufe, welche die Verbreitung auf dem Profil des Dritten deckt, durch den Berechtigten versehen wurde. Dabei kommt jedoch wohl meist nur der Fall in Betracht, dass der Berechtigte eine Abrufbarkeit für alle Mitglieder in dem sozialen Netzwerk oder gar eine ganz öffentliche festgelegt hatte. Denn sollte er eine Veröffentlichung für Freunde von Freunden zugelassen haben, so wird sich ein öffentliches Zurschaustellen durch eine dieser Person an ihre jeweiligen Freunde von Freunden nicht eins zu eins mit demjenigen Adressatenkreis decken, welchen der Berechtigte im Blick hatte. Insofern müssen Nutzer, sobald sie ein Bildnis einer fremden Person in ihrem Profil öffentlich Zurschaustellen regelmäßig die Einwilligung des Abgebildeten einholen, es sei denn das Bildnis wurde durch diesen explizit mit der Vorgabe „öffentlich“ oder „für alle Mitglieder in dem Netzwerk“ versehen.[1028]

4.3.1.4.2.4.4.4 Markieren/Taggen als konkludente Einwilligung?

Durch besondere Funktionen in den sozialen Netzwerken ist es eventuell für den das Bildnis Einstellenden möglich, eine Einwilligung des Abgebildeten auch auf anderen Wegen einzuholen, als etwa mündlich oder schriftlich. Denn in den meisten sozialen Netzwerken ist es möglich, eingestellte Bilder mit den jeweiligen Profilen der Nutzer zu verlinken, die auf dem Bild zu sehen sind. Diese Funktion nennt sich „markieren“ oder „taggen“. Die Wirkung ist mit der eines einfachen Hyperlinks vergleichbar. Fährt man mit dem Cursor der Computermaus über den Ausschnitt eines Bildes der markiert wurde, so besteht die Möglichkeit mit einem Klick auf das dort verlinkte Profil der betreffenden Person zu gelangen. Dabei ist das Markieren grundsätzlich nur möglich, wenn die zu markierende Person ihrerseits ihre Erlaubnis erteilt, dass eine entsprechende Verlinkung auf ihr Profil durch einen anderen Nutzer gesetzt werden darf.

Bestätigt nun ein Nutzer diese Verlinkung und damit den Verweis auf sein Profil, so lässt sich die Frage stellen, ob diese Erlaubnis dahingehend interpretiert werden kann, dass der Abgebildete damit zum Ausdruck bringt, mit der öffentlichen Zurschaustellung des Bildnisses für den in Bezug auf die Reichweite des Fotos angegebenen Adressatenkreis einverstanden zu sein. Das Markieren könnte damit eine adäquate Alternative zu der Einholung der Einwilligung des Abgebildeten, etwa auf dem Wege einer Nachricht oder einer E-Mail, darstellen. Durch das positive Bestätigen der Markierung kommt der Wille des Abgebildeten, dass der betroffene Adressatenkreis sein Bildnis sehen darf, eindeutig zum Ausdruck. Auch der Umfang der Einwilligung wird damit praktisch „abgesegnet“, da es dem Markierten auch möglich ist festzustellen, welchem Adressatenkreis sein Bildnis zugänglich gemacht wird. Damit sind die Voraussetzungen einer Einwilligung in die öffentliche Zurschaustellung des eigenen Bildnisses grundsätzlich gegeben.

Es gilt jedoch eine, für soziale Netzwerke spezifische, Anforderungen bei dem Ablauf des Freischaltens der Markierung zu beachten, um unzweideutig

---

1028 So auch Redeker in Hoeren/Sieber, Handbuch Multimediarecht, Kap. 12, Rn. 435; vgl. etwa auch Härting, Internetrecht, S. 50, Rz. 200, der vor der Veröffentlichung von Bildnissen Dritter in sozialen Netzwerken empfiehlt, den abgebildeten Partygast um seine Einwilligung zu bitten.

eine Einwilligung des Betroffenen annehmen zu können. So war es in einigen sozialen Netzwerken möglich, bestimmte Personen auf Bildnissen zu markieren, ohne dass die Betroffenen dieser Markierung zugestimmt hatten.[1029] Es bestand für sie nur die Möglichkeit die Markierung zu löschen, was freilich vorausgesetzt hat, dass sie davon überhaupt Notiz genommen haben. In einem solchen Fall kann nicht von der wirksamen Einwilligung des Markierten in die öffentliche Zurschaustellung seines Bildnisses ausgegangen werden. Denn diese beruht nicht auf seiner Zustimmung, sondern allein auf dem Einstellen des Bildnisses durch einen Dritten in das Netzwerk und der Markierung durch ihn.[1030] Für das Bestehen einer Einwilligung des Betroffenen ergeben sich keine Anknüpfungspunkte, welche etwa im Rahmen einer Auslegung näher untersucht werden könnten. Daher gilt es zu beachten, dass die positive, durch den Betroffenen selbst akzeptierte Markierung, ein adäquate Möglichkeit der Erteilung einer Einwilligung in die öffentliche Zurschaustellung eines Bildnisses darstellt. Vorausgesetzt jedoch, dass dies auf dem Willen des Abgebildeten beruht und nicht allein durch Dritte bestimmt wird (sei es ein anderer Nutzer oder auch die Voreinstellung durch den Anbieter des Netzwerkes, dass Markierungen ohne Zustimmung des Betroffenen ermöglicht werden können).[1031]

4.3.1.4.2.4.5 Berücksichtigung von AGB

Damit ist die Frage aufgeworfen, inwieweit der Nutzer durch seine Zustimmung zu den AGB der Anbieter bereits im Registrierungsprozess einer öffentlichen Zurschaustellung von seinen Bildnissen zustimmt bzw. seine antizipierte „Generaleinwilligung“ dazu erteilt, dass Bildnisse von ihm durch andere Nutzer markiert werden dürfen, wenn dies etwa die Grund- bzw. Voreinstellung in dem sozialen Netzwerk darstellt.

Grundsätzlich ist es möglich, die persönlichkeitsrechtliche Einwilligungserklärung auch im Rahmen eines Vertrages zu erteilen, da es sich bei ihr um eine

---

1029 Siehe dazu ausführlich, Data Protection Commissioner, Fn. 4, S. 126 f.

1030 Es handelt sich also nicht um die Situation, dass der Abgebildete selbst ein Bildnis etwa öffentlich in das Internet einstellt und dann mit den üblichen Nutzungshandlungen zu rechnen hat.

1031 Vgl. etwa auch die Empfehlung der Art. 29 Datenschutzgruppe an die Betreiber sozialer Netzwerke (freilich in Bezug auf das Datenschutzrecht), Art. 29 Datenschutzgruppe, Stellungnahme 5/2009 zur Nutzung sozialer Online-Netzwerke, WP 163, S. 9 sowie dort Fn. 13; siehe zu der Voreinstellung und einer eventuell vorliegenden Einwilligung der Nutzer in dieses Verfahren, durch das Akzeptieren der AGB der Anbieter, sogleich unter 4.3.1.4.2.4.5.

rechtsgeschäftliche Willenserklärung handelt.[1032] Daher wäre es grundsätzlich auch möglich, sich die Einwilligung als Teil der AGB von den Nutzern erteilen zu lassen. Die Kontrolle einer in AGB enthaltenen Einwilligungserklärung nach den Vorschriften der §§ 305 ff. BGB dient damit auch der effektiven Sicherung des Selbstbestimmungsrechts vor einer Aushöhlung durch den Anbieter.[1033]

4.3.1.4.2.4.5.1 Überraschende Klausel, § 305c Abs. 1 BGB

Jedoch gilt es in Bezug auf die durch die Anbieter der sozialen Netzwerke gegenüber Verbrauchern verwendeten AGB die Wirksamkeitsvoraussetzungen des BGB zu beachten. So wird sich eine Klausel, in der sich der registrierende Nutzer vorab damit einverstanden erklärt, jeglicher öffentlicher Zurschaustellung seines Bildnisses in dem sozialen Netzwerk und eventuell sogar auch außerhalb, schon jetzt zuzustimmen, als eine derart überraschende Klausel darstellen, dass ein normaler Nutzer mit ihr nicht zu rechnen braucht und folglich eine solche Klausel schon gar nicht Vertragsbestandteil nach § 305c Abs. 1 BGB werden wird. Freilich gilt es für die Beurteilung des Überraschungs- und Überrumpelungseffekts auf den Zweck des sozialen Netzwerkes abzustellen. Liegt dieser jedoch allein im privaten Bereich, so kann der Durchschnittsverbraucher nicht damit rechnen, dass er schon beim Eintritt in das Netzwerk seine Einwilligung in die zukünftige Zurschaustellungen seines Bildnisses in von ihm nicht vorhergesehenen, drittbestimmten Umfang erteilt. Eine andere Bewertung kann sich für an die berufliche Sphäre der Nutzer gerichtete Netzwerke (wie etwa *XING*) ergeben. Hier geht es ja gerade um die Darstellung der eigenen Person in ihrem beruflichen Umfeld. Dies impliziert bereits eine notwendigerweise vorliegende Extrovertiertheit der Mitgliedschaft in dem Netzwerk. Fraglich erscheint jedoch insoweit auch, ob die Nutzer dieser Netzwerke mit einer öffentlichen Abrufbarkeit und Zurschaustellung ihres Bildnisses im gesamten Internet rechnen dürfen. Nicht überraschend dürfte dagegen im beruflichen Bereich die Erteilung der Einwilligung dahingehend sein, dass das eigene Bildnis den Mitgliedern des Netzwerkes (also über den Bereich der eigenen direkten Kontakte hinausgehend) zugänglich gemacht wird.

1032 Freilich geschieht dies in der Praxis meist für den Bereich der kommerziellen Bestandteile des Rechts am eigenen Bild, vgl. etwa BGH, Urteil v. 14.10.1986 - VI ZR 10/86 = GRUR 1987, 128; Dasch, Die Einwilligung zum Eingriff in das Recht am eigenen Bild, S. 70 ff.

1033 Kohte, AcP 185, 105, 130; vgl. auch Klass, AfP 2005, 507, 517.

4.3.1.4.2.4.5.1.1 XING

Übereinstimmend mit dieser Vorgabe findet sich in der Datenschutzerklärung[1034] von *XING* unter Ziff. 3.2 „freiwillige Angaben" die folgende Information:

> „Sie können auch ein Foto von sich hoch laden, wenn Sie das wünschen. Ihre freiwilligen Angaben werden nach der Eingabe für alle anderen XING-Mitglieder sichtbar".

Stimmt der Nutzer der Datenschutzerklärung zu, so erteilt er also eine Einwilligung dahingehend, dass sein Bildnis (hier sein Profilbild) allen anderen Mitgliedern und nicht nur seinen direkten Kontakten, öffentlich zur Schau gestellt wird. Für den beruflichen Bereich erscheint dieses Vorgehen jedoch durchaus angemessen und nicht überraschend. Denn die sich registrierenden Nutzer möchten sich dort gerade im Rahmen des Netzwerkes präsentieren und etwa die von ihnen erbrachten Leistungen anbieten bzw. damit auf sich aufmerksam machen. Zu einer solchen vollständigen Präsentation kann auch ein Bildnis der betroffenen Person gehören. Eine solche Klausel ist im Bereich der beruflichen Betätigung daher nicht zu beanstanden.

4.3.1.4.2.4.5.1.2 meinVZ

Entsprechend der hier aufgestellten Differenzierung wird weder in den Nutzungsbedingungen noch in der Datenschutzerklärung von *meinVZ* eine Einwilligung der sich registrierenden Nutzer eingeholt, in der sie vorab in die Veröffentlichung ihres Bildnisses einwilligen oder antizipiert das Markieren von eigenen Bildnissen erlauben. Denn für den durch dieses Netzwerk abgedeckten privaten Bereich würde es sich als überraschend darstellen, sollte eine solche Einwilligung bereits als Teil der AGB im Rahmen der Registrierung erteilt werden. In Ziff. 5.3.4 der AGB weist der Anbieter explizit auf die bestehende rechtliche Problematik hinsichtlich der Rechte am eigenen Bild hin, wenn es dort heißt:

> „Sollen Fotoaufnahmen hochgeladen werden, auf denen neben dem Nutzer selbst noch eine weitere oder mehrere Personen zu erkennen sind, darf sowohl der Upload als auch die Markierung bzw. Verlinkung der Bilddatei nur erfolgen, soweit die Zustimmung des bzw. der Dritten hierzu vorliegt."

1034 Wenn man auch anmerken mag, dass Informationen in Bezug auf die Erteilung einer Einwilligung hinsichtlich der öffentlichen Zurschaustellung des eigenen Bildnisses in dem Netzwerk dort vielleicht nicht zu erwarten sind.

Damit erteilt der sich registrierende Nutzer jedoch keine Einwilligung in die öffentliche Zurschaustellung oder Markierung seiner Bildnisse. Vielmehr weist der Anbieter den Nutzer darauf hin, dass es gerade dann einer Einwilligung des Abgebildeten bedarf.

Differenziert stellt sich die Lage jedoch bei den hier untersuchten amerikanischen Anbietern dar.

4.3.1.4.2.4.5.1.3 Facebook

So findet sich in den AGB von *Facebook* zunächst ebenfalls keine Einwilligung der Nutzer in die öffentliche Zurschaustellung ihres Bildnisses. In Ziff. 5.9 der AGB weist der Anbieter, ähnlich wie *meinVZ*, auf das besonders zu berücksichtigende Recht am eigenen Bild hin wenn er erläutert: *„Du wirst Nutzer ohne ihre Einverständniserklärung nicht markieren“*. Auch dies stellt sich nicht als vorab erteilte Einwilligung der Nutzer in den Umgang mit ihren Bildnissen innerhalb oder sogar außerhalb des Netzwerkes dar. Kritisch im Rahmen der Prüfung der AGB hinsichtlich des Bestehens überraschender Klauseln ist jedoch die Ziff. 10.1 der AGB zu beurteilen. Dort heißt es:

> „Du erteilst uns die Erlaubnis, vorbehaltlich der von dir festgelegten Einschränkungen, deinen Namen und dein Profilbild in Verbindung mit diesen Inhalten zu verwenden.“

Bei „diesen Inhalten“ handelt es sich um solche für Werbezwecke. Durch diese Klausel soll der Nutzer eine Einwilligung in die Verwendung seines Bildnisses im Rahmen von Werbung erteilen. Nun gilt es jedoch zu beachten, dass eine Verwendung nur „vorbehaltlich“ der individuellen Einstellung des Nutzers erfolgen wird. Entnimmt man dieser Klausel damit die Aussage, dass eine öffentliche Zurschaustellung des Bildnisses nur dann stattfindet, wenn der Nutzer dies selbst durch eine Justierung in den Einstellungen seines Profils erlaubt hat, so stellt sich diese Klausel nach hier vertretener Ansicht als nicht überraschend dar. Zwar spricht für einen Überrumpelungscharakter, dass ein Durchschnittsnutzer in einem privaten Netzwerk wohl nicht mit einer solchen Einwilligung im Rahmen der Registrierung rechnen wird. Jedoch macht der Anbieter die Verwendung des Profilbildes ausdrücklich von der durch den Nutzer vorzunehmenden Einstellung abhängig. Stellt sich der tatsächliche Ablauf damit so dar, dass der Nutzer verpflichtend vor der werblichen Verwendung seines Bildnisses eine Einstellung vornehmen muss, so stößt diese Klausel auf keine Bedenken. Anders sieht es freilich aus, sollte die Voreinstellung des Profils und des Profilbildes bei der erstmaligen Nutzung des Netzwerkes bereits so justiert sein, dass das Bildnis für Werbezwecke (ohne zusätzlich userseitigen Zwischenschritt) genutzt werden kann. Eine weitere Zustimmung des Users in Form der individuellen Einstellung der Sichtbarkeit und Verwendung seines Bildnisses wäre damit für eine Nutzung seines Profilbildes für Zwecke der Werbung nicht nötig. Dann fehlt es nach hier vertretener Ansicht an einer Begrenzung bzw. überhaupt an einer Bestimmung des Umfangs der Einwilligung des Nutzers als Voraussetzung zur Verwendung seines Bildnisses auch für Werbezwecke. Das Ergebnis stellt sich jedoch als eine anhand der tatsächlichen Abläufe zu beantwortende Frage dar und muss im konkreten Fall überprüft werden. Grundsätzlich bestehen daher keine Bedenken hinsichtlich eines nicht mit den Vorgaben des § 305c Abs. 1 BGB in Einklang zu bringenden Überraschungseffekts in Bezug auf diese Bestimmung der AGB.

Des Weiteren muss hier jedoch auch die Datenschutzerklärung von *Facebook* Beachtung finden.[1035] Denn auch dieser wird im Rahmen der Registrierung zu dem Dienst zugestimmt (so die Ansicht von *Facebook*) und auch diese enthält Regelungen zu dem Umgang mit dem Bildnis der Nutzer. In der Rubrik „Daten, die wir erhalten, und ihre Verwendung" wird auf „öffentliche Informationen" eingegangen und definiert, welche Informationen aus der Sicht des Betreibers grundsätzlich öffentlich, also im Internet, frei abrufbar sein sollen. Darunter fällt nach der Aufzählung auf der betreffenden Seite auch das Profilbild.[1036] Insofern geht der Betreiber sogar von einer Fiktion aus, wenn er davon spricht, dass die dort aufgeführten Arten von Informationen stets öffentlich sind und so behandelt werden,

> „als seien sie auf deinen eigenen Wunsch hin öffentlich zugänglich gemacht worden".

Dass dies freilich nicht dem Wunsch jedes Nutzers entsprechen wird, versucht der Betreiber Rechnung zu tragen, indem auf die Möglichkeit hingewiesen wird, dass Profilbild jederzeit löschen zu können. Dies ist natürlich erst möglich, wenn der Nutzer ein zu löschendes Profilbild eingestellt hat. Man könnte nun annehmen, dass eine solche Klausel zwar eine überraschende Wirkung entfaltet, der User jedoch durch einen ausdrücklichen Hinweis, etwa bei dem erstmaligen

---

1035 Dass im Rahmen der Registrierung bei Facebook keine wirksame datenschutzrechtliche Einwilligung abgegeben wird, wurde bereits oben näher erläutert, vgl. unter 4.2.6.5.1.

1036 Https://www.facebook.com/about/privacy/your-info#everyoneinfo (zuletzt abgerufen am 01.12.2012).

Einstellen eines Profilbildes im Rahmen des Registrierungsprozesses, auf seine zu erteilende Einwilligung in das öffentliche Zurschaustellen dieses Bildnisses hingewiesen werden könnte, um so dennoch zu einer wirksamen Erteilung der Einwilligung in die Veröffentlichung des Bildnisses zu gelangen.[1037] Die Realität bei *Facebook* sieht jedoch anders aus. Denn im Registrierungsprozess, an dem Punkt, an dem der Nutzer sein Profilbild hochladen soll, wird er weder darauf hingewiesen, dass dieses Bildnis öffentlich abrufbar sein wird, noch wird er um seine Einwilligung dazu gebeten.[1038] Eine eventuell eintretende „Heilung" des Versäumnisses der Einholung einer klaren und benutzerfreundlichen Form der Einwilligung in der Datenschutzerklärung kann somit nicht in Betracht kommen. Ist allein die angeführte Bestimmung in den AGB dafür maßgebend, dass das Bildnis des Nutzers öffentlich zur Schau gestellt wird, so muss einer solchen Klausel im Rahmen von Verträgen mit Verbrauchern ein besonderer Überraschungseffekt zugesprochen werden. Zum einen erfolgt die Registrierung aus privaten und persönlichen Gründen. Dies schließt nicht von vornherein die öffentliche Zurschaustellung des Bildnisses der Nutzer aus. Nur kann nicht davon ausgegangen werden, dass der Durchschnittsverbraucher mit einer solchen Klausel, auf die er nicht ausdrücklich (und sei es erst im Zeitpunkt des Hochladens des Bildnisses) hingewiesen wird und welche zusätzlich als Fiktion der Erteilung seiner Einwilligung fungiert, im Rahmen seines privaten Handelns rechnen muss. Des Weiteren muss die Erscheinungsform des Netzwerkes für das Bestehen eines Überrümpellungseffekts angeführt werden. Zwar ist *Facebook* mit hunderten Millionen von Mitgliedern keine kleine abgeschlossene Gruppe im Internet, dennoch besteht ein gewisser Zugangsmechanismus (auch wenn die Hürden hier freilich nicht sehr hoch liegen), welcher das soziale Netzwerk von dem allgemein zugänglichen Internet unterscheidet. Aber dieses System, die Erteilung des Zugangs von der Registrierung bzw. der Anmeldung mit seinen Daten abhängig zu machen, erweckt den Eindruck eines zumindest in sich geschlossenen, vom gesamten Internet zu unterscheidenden, Systems. Man kann vielleicht noch versuchen in die Richtung zu argumentieren, dass ein Nutzer damit rechnen muss, dass sein Bildnis innerhalb dieses Systems für alle Mitglieder grundsätzlich zugänglich ist (auch wenn selbst diese Auffassung für den rein privaten Bereich abzulehnen ist). Völlig außerhalb dieses Systems stehenden Dritten das Bildnis zur Ansicht bereit zu stellen, wird jedoch von der Erwar-

---

1037 Denn wird die Einwilligung vor dem erstmaligen Hochladen eines Bildes erteilt, so erfolgt sie anforderungskonform immer noch vor der öffentlichen Zurschaustellung des Bildnisses und nicht erst danach.

1038 Data Protection Commissioner, Fn. 4, S. 32.

tungshaltung eines Durchschnittsnutzers nicht gedeckt sein. Freilich mag es für einige Nutzer wichtig sein, dass ihr Bildnis und ihr Profil auch öffentlich zugänglich sind. Dies ist jedoch eine Frage der individuellen Sichtbarkeitseinstellung in dem Profil und jedem User selbst überlassen. Auch bleibt es natürlich jedem Anbieter unbenommen, von vornherein in den AGB festzulegen, dass alle Profile und Profilbilder öffentlich zugänglich sind. Dies ist Teil seiner Vertragsfreiheit.[1039] Was jedoch hier beanstandet wird ist der in dieser Art von Klauseln und aufgrund ihrer einfachen, leicht überlesbaren Einbettung in die Datenschutzerklärung enthaltende Überrumpelungseffekt. Die vorliegende Bestimmung, wonach von einer Erklärungsfiktion des Users in die öffentliche Zurschaustellung seines Bildnisses ausgegangen wird, wenn er sich für den Dienst registriert, und die inhaltliche Weite dieser Fiktion, nämlich dass jede Person im Internet das Bildnis des Nutzers betrachten kann, lassen diese Klausel als so überraschend und in ihrer Art und Weise ungewöhnlich erscheinen, dass ein normaler Verbraucher mit ihr nicht zurechnen braucht. Diese Klausel wird nicht Bestandteil des Vertrages (§ 305c Abs. 1 BGB) und entbindet den Betreiber nicht von der ihn treffenden Pflicht, vor einer öffentlichen Zurschaustellung des Bildnisses seiner Nutzer, sich deren Einwilligung einzuholen.

4.3.1.4.2.4.5.1.4 Google

Auch *Google* beschränkt sich im Rahmen seiner AGB zunächst auf einen allgemeinen Hinweis an die Nutzer, dass diese darauf zu achten haben,

> „dass Sie, wenn Sie Inhalte in unsere Dienste hochladen, Ihrerseits über die hierzu eventuell notwendigen Rechte verfügen."

Auch dieser Klausel lässt sich eine Einwilligung in die Nutzung des Bildnisses und eine Festlegung des ihr zu Grunde liegenden Umfangs nicht entnehmen. Jedoch finden sich in der Datenschutzerklärung des Anbieters Angaben zu der öffentlichen Zurschaustellung und Verwendung des Bildnisses der Nutzer, wel-

---

1039 Die Einwilligung der Nutzer in den AGB der Anbieter, welche sich auf die Auffindbarkeit des Bildnisses durch externe Suchmaschinen erstreckt, nimmt insoweit richtigerweise auch das OLG Köln, Urteil v. 09.02.2010 – 15 U 107/09 = CR 2010, 530 in den Blick, wenn es den Umfang der erteilten Einwilligung prüft. Zu kritisieren ist jedoch, dass das Gericht diese Klausel anscheinend als völlig unproblematisch hinsichtlich einer Einbeziehungskontrolle der AGB beurteilt bzw. dazu keine Ausführungen macht.

che es kritisch zu begutachten gilt. So wird dort geregelt, dass der Anbieter, falls die Nutzer von den

> „angebotenen Funktionen zum Teilen von Inhalten vollumfänglich profitieren möchten"

möglicherweise dazu aufgefordert werden

> „ein öffentlich einsehbares Google-Profil zu erstellen, das auch Ihren Namen und Ihr Foto beinhalten kann".

Aufgrund der Einschränkung, ähnlich wie schon in der Datenschutzerklärung bei *Facebook*, dass der Anbieter den Nutzer vor einer Veröffentlichung des Bildnisses zur Erstellung eines öffentlichen *Google*-Profils „auffordert", ist jedoch auch diese Klausel zumindest nicht derart überraschend, dass ein Durchschnittsnutzer nicht mit ihr rechnen muss. Denn vor der öffentlichen Zurschaustellung des Bildnisses steht noch ein Zwischenschritt, die Aufforderung an und eine Aktion durch den User. Werden die Nutzer vor einer öffentlichen Zurschaustellung ihres Bildnisses separat darauf aufmerksam gemacht, dass als Folge dieser Tätigkeit eine öffentliche Zurschaustellung ihres Bildnisses eintritt, so lässt sich diesem Vorgehen die inhaltliche Bestimmung der Einwilligung der Nutzer entnehmen, mit dieser Zurschaustellung einverstanden zu sein. Nötig ist jedoch in jedem Fall ein von der Erteilung der Zustimmung im Rahmen der Registrierung unabhängiges Verfahren, in dem der Nutzer seine Einwilligung und deren Erstreckung auch auf eine öffentliche Zurschaustellung seines Bildnisses, kundtun kann. Das Auftreten einer solchen Bestimmung in AGB, welche auf die Möglichkeit der öffentlichen Zurschaustellung des Bildnisses nach Zustimmung durch den Nutzer hinweist, ist auch im Rahmen des Abschlusses von Verträgen mit Verbrauchern nicht als derart überraschend einzustufen, dass sich hieraus eine zu unterbleibende Einbeziehung in den Vertrag nach § 305c Abs. 1 BGB rechtfertigen würde.

4.3.1.4.2.4.5.1.5 Zwischenergebnis zu den untersuchten Vertragsklauseln

Einige der untersuchten Klauseln stellen derart überraschende Regelungen auf, dass aus der Sicht eines Durchschnittsverbrauchers nicht davon ausgegangen werden kann, diese Klauseln als üblich und nicht unvorhergesehen zu qualifizieren. Dabei lassen sich die meisten Betreiber keine eindeutige Einwilligung in die öffentliche Zurschaustellung des Bildnisses ihrer Nutzer erteilen. Wohl aus gutem Grund, denn eine solche bei der Registrierung abverlangte Einwilligung dürfte sich zumindest im privaten Bereich meist als überraschend i. S. d. § 305c Abs. 1 BGB darstellen. Vielmehr welzen sie die Pflicht der Einholung der rechtlich wirksamen Einwilligung dritter Personen auf die Nutzer ab.

4.3.1.4.2.4.5.2 Transparenzgebot, § 307 Abs. 1 S. 2 BGB

Des Weiteren müssen solche Klauseln, die wirksam Vertragsbestandteil geworden sind, vor dem Hintergrund der im Rahmen der Inhaltskontrolle durchzuführenden Prüfung der Einhaltung des Transparenzgebotes nach § 307 Abs. 1 S. 2 BGB näher untersucht werden. Denn zwar stellen sich einige der oben angesprochenen Bestimmungen grundsätzlich als nicht derart überraschend dar, dass diese die Ablehnung ihrer Einbeziehung in der Vertrag nach § 305c Abs.1 BGB rechtfertigen würde. Jedoch muss der Inhalt dieser Klauseln, um den Anforderungen des § 307 Abs. 1 S. 2 BGB zu genügen, auch möglichst weitgehend konkretisiert werden, so dass der Vertragspartner seine Rechte und Pflichten dem Vertragstext mit größtmöglicher Bestimmtheit entnehmen kann.[1040]

Dabei soll im Folgenden exemplarisch an der von *Google* verwendeten Klausel dargestellt werden, inwiefern eine Bestimmung in den AGB, welche etwa die wirksame Erteilung einer persönlichkeitsrechtlichen Einwilligung zur Folge haben soll, inhaltlich konkretisiert sein muss. In der Datenschutzerklärung von *Google* heißt es:

> „Falls Sie von den von uns angebotenen Funktionen zum Teilen von Inhalten vollumfänglich profitieren möchten, fordern wir Sie möglicherweise auch dazu auf, ein öffentlich einsehbares Google-Profil zu erstellen, das auch Ihren Namen und Ihr Foto beinhalten kann."

Den Stein des Anstoßes, für eine Prüfung der Übereinstimmung mit dem AGB-rechtlichen Transparenzgebot, gibt hier das Wort „möglicherweise". Der Anbieter behält sich zwar vor, den Nutzer gesondert um seine Zustimmung zur öffentlichen Zurschaustellung seines Bildnisses zu beten. Jedoch eben nur möglicherweise. Für den Durchschnittsverbraucher ergibt sich aber aus einer solchen Formulierung keine Möglichkeit definitiv abschätzen zu können, wann sein Bildnis veröffentlicht wird und ob er vor der öffentlichen Zurschaustellung überhaupt noch einmal benachrichtigt wird. Es werden seitens des Anbieters auch etwa keine Beispiele aufgezählt, um zumindest eine gewisse Plastizität zu erzeugen. Der User wird hier darüber im Dunkeln gelassen, wann der Anbieter

1040 Wurmnest in MüKomm/BGB, § 307 BGB, Rn. 59; Stoffels, AGB-Recht, Rn. 569.

ihn auffordert und wann nicht und aus welchen Gründen dies geschieht. Eine inhaltlich so unklare Regelungen, welche dem Nutzer zumindest keine groben Anhaltspunkte liefert, ob er vor der Veröffentlichung seines Bildnisses noch zur Abgabe seiner Einwilligung aufgefordert wird, kann den Anforderungen des Transparenzgebotes in § 307 Abs. 1 S. 2 BGB nicht entsprechen. *Google* bietet zudem ein weiteres Beispiel in seiner Datenschutzerklärung, welches die Mindestanforderungen an eine inhaltliche Konkretheit von AGB-Klauseln vermissen lässt. So heißt es:

> „Wenn andere Nutzer bereits über Ihre E-Mail-Adresse oder andere Sie identifizierende Daten verfügen, werden wir diesen Nutzern gegebenenfalls die öffentlich zugänglichen Informationen Ihres Google-Profils, wie beispielsweise Ihren Namen und Ihr Foto, anzeigen."

Hier geht der Anbieter anscheinend von einer konkludent erteilten Einwilligung der Nutzer zu einer öffentlichen Zurschaustellung ihres Bildnisses für den Fall aus, dass dritte Personen bereits Informationen über den Abgebildeten besitzen, aufgrund derer er für sie identifizierbar ist. Dabei bleibt zum einen unklar, welche Daten Dritte über den Nutzer besitzen müssen. Als Beispiel wird die E-Mail-Adresse angeführt. Andere Daten, die der Identifizierung dienen können sind aber auch der Name, die Telefonnummer oder die Postadresse. Dass andere Personen über solche Informationen verfügen, muss aber nicht bedeuten, dass der Abgebildete gleichzeitig einverstanden ist, dass diese Person auch Zugang zu seinem Bildnis erhalten. Zudem wird durch den Anbieter nicht festgelegt, wie die anderen Nutzer an diese Informationen gelangt sein müssen, um ihnen Zugang zu dem Bildnis zu gewähren. Für den Betreffenden bleibt zudem aufgrund der Formulierung „gegebenenfalls" erneut völlig offen, wann der Anbieter eine Einwilligung für gegeben erachtet und wann nicht. Eine möglichst konkrete Abschätzung der Folgen ihrer Zustimmung zu dieser Klausel ist den Nutzern aufgrund dessen kaum möglich. Auch die Unbestimmtheit und inhaltliche Offenheit dieser Klausel ist daher mit dem Transparenzgebot aus § 307 Abs. 1 S. 1 BGB nicht in Einklang zu bringen.

4.3.1.4.2.4.6 Zwischenergebnis zur konkludenten persönlichkeitsrechtlichen Einwilligung in sozialen Netzwerken

Für die Erteilung der Einwilligung in die öffentliche Zurschaustellung von Bildnissen in sozialen Netzwerken bleibt festzuhalten: Die bereitgestellte Möglichkeit der individuellen Einstellung der Sichtbarkeit eines Bildnisses bietet den

Nutzern eine adäquate Möglichkeit, um ihrer Einwilligung Ausdruck zu verleihen und den inhaltlichen Umfang eben dieser festzulegen. Sollen Bildnisse Dritter veröffentlicht werden, so kann deren Freigabe einer Markierung auf dem Foto eine Einwilligung in die Veröffentlichung darstellen. Ansonsten sollten sich Nutzer die Einwilligung der Abgebildeten einholen. Bei der Auslegung des Umfangs sowie der Feststellung, ob eine Einwilligung der Nutzer bereits bei der Registrierung abgegeben wird, sind die AGB der Betreiber sozialer Netzwerke zu berücksichtigen. Möchten die Anbieter bereits hier verbindlich die Einwilligung regeln, so empfiehlt es sich die betreffenden Klauseln hervorzuheben und die Nutzer auf diese aufmerksam zu machen. Abstand genommen werden sollte von Bestimmungen in den AGB, welche die Nutzer inhaltlich nicht ausreichend genüg aufklären bzw. im Dunkeln darüber lassen, ob oder wann ihre Zustimmung zur öffentlichen Zurschaustellung ihres Bildnisses zu erteilen ist.[1041]

4.3.1.4.3 Minderjährige

Wie im Rahmen der datenschutzrechtlichen Einwilligung, so wird auch in Bezug auf die Einwilligung bei dem Recht am eigenen Bild darüber diskutiert, wie die Fälle zu behandeln sind, in denen Bildnisse von Minderjährigen verwendet und veröffentlicht werden und wie in diesen Konstellationen die beteiligten Interessen (Selbstbestimmungsrecht des Minderjährigen auf der einen, Eltern- und Erziehungsrecht auf der anderen Seite[1042]) bestmöglich berücksichtigt werden können. Auch für den Bereich der sozialen Netzwerke ist diese Diskussion relevant, da ein Großteil der Nutzer in diesen Web 2.0 Phänomenen die Altersgrenze von 18 Jahren noch nicht erreicht hat.[1043]

1041 Vgl. auch Redeker in Hoeren/Sieber, Handbuch Multimediarecht, Kap. 12, Rn. 435, der dafür plädiert, dass die Plattformbedingungen ausdrücklich klarstellen sollten, dass bereits das Einstellen von eigenen Bildnissen in das Netzwerk eine Einwilligung in deren Veröffentlichung darstellt.

1042 Jarass in Jarass/Pieroth, GG, Art. 2 GG, Rn. 74; Heidenreich, AfP 1970, 960.

1043 So sind nach Informationen der Europäischen Kommission 77% der 13-16 Jährigen und 38% der 9-12 Jährigen Internetnutzer in der EU in sozialen Netzwerken aktiv, vgl. Pressemitteilung der Europäischen Kommission, IP/11/762 vom 21.06.2011.

4.3.1.4.3.1 Einwilligung des gesetzlichen Vertreters oder Doppelzuständigkeit

Ist die Einwilligungserklärung grundsätzlich als rechtsgeschäftliche Willenserklärung zu behandeln, so setzt sie für ihre Wirksamkeit die Geschäftsfähigkeit des Abgebildeten voraus.[1044] Möchte ein Minderjähriger seine Einwilligung erteilen, so ist daher grundsätzlich die Einwilligung seines gesetzlichen Vertreters nach § 107 BGB notwendig.[1045] Denn in den hier interessierenden Fällen, der Veröffentlichung von Bildnissen in sozialen Netzwerken, erhalten die Minderjährigen durch die Abgabe ihrer Einwilligung nicht nur rechtliche Vorteile. Vielmehr erteilen sie die schuldrechtliche Erlaubnis (verpflichten sich also) dazu, dass Dritte ihr Bildnis Zurschaustellen dürfen. Schadensersatzansprüche gegen diese Personen sind dann beispielsweise nicht mehr möglich. Dies geht auch mit dem bereits erwähnten nötigen Schutz von Minderjährigen konform, der bereits durch die §§ 107 ff. BGB im Gesetz angelegt ist. Gerade diese Zielgruppe ist häufig nicht in der Lage die Tragweite ihrer Handlungen zu überblicken. Dass dies in Zeiten der jungen Internetgeneration eine gewisse Abschwächung in Bezug auf die Kenntnisse um das Phänomen Internet erfährt, ändert daran nichts. Der jugendliche Eifer, die Naivität und der Reiz des Neuen und Unbekannten spielen auch bei den mit dem Internet vertrauten Kindern und Jugendlichen eine entscheidende Rolle im Rahmen der Vornahme von virtuellen Handlungen. Daher ist auch grundsätzlich hier an der gesetzlichen Vorgabe festzuhalten, dass für die Wirksamkeit der Einwilligungserklärung von Minderjährigen die Einwilligung ihrer gesetzlichen Vertreter erforderlich ist.

Auf einer zweiten Stufe wird darüber gestritten, inwieweit diese Abhängigkeit der Wirksamkeit der Erklärung des Minderjährigen von der Einwilligung des gesetzlichen Vertreters eingeschränkt werden darf und kann. Dabei geht es im Ergebnis darum, ob dem Minderjährigen, ab einem gewissen Alter, ein alleiniges Einwilligungsrecht zugestanden wird, er ein Vetorecht bzw. ein Einwilligungsrecht neben demjenigen der gesetzlichen Vertreter besitzt oder auch seine körperliche und geistige Reife nichts daran ändert, dass allein der gesetzliche Vertreter einwilligungsbefugt ist. Diese Problematik wird meist unter dem Begriff der „Grundrechtsmündigkeit“ diskutiert. Dabei wird darunter die Urteils-

---

1044 Kröner in Paschke/Berlit/Meyer, S. 1036, Rn. 21; Soehring, Presserecht, § 19, Tz. 45; von Strobl-Albeg in Wenzel, Kap. 7, Rz. 67; Libertus, ZUM 2007, 621, 624.

1045 BGH, Urteil v. 05.10.2004 - VI ZR 255/03 = NJW 2005, 215, 217; BGH, Urteil v. 28.09.2004 - VI ZR 305/03 = NJW 2005, 56, 57; Götting in Schricker/Loewenheim, UrhG, § 22 KUG, Rn. 42.

und Einsichtsfähigkeit einer Person verstanden, sich ihrer Würde, ihrer Stellung im sozialen Gefüge bewusst zu sein und dementsprechend ihre Rolle und Selbstdarstellung autonom gestalten zu können.[1046]

Abzulehnen ist dabei die Idee, der Minderjährige könnte ab einem gewissen Alter und damit einhergehenden Reifegrad allein seine Einwilligungserklärung erteilen. Dies würde die mit seinen Interessen in Einklang zu bringenden Belange der gesetzlichen Vertreter und ihr Eltern- und Sorgerecht völlig unberücksichtigt lassen und auch gegen die Vorschriften der §§ 107 ff. BGB verstoßen.[1047]

Auch die teilweise vertretene Position, dass es nicht auf das Alter des Minderjährigen ankomme bzw. dieses unberücksichtigt bleiben müsse, kann in dem hier vorliegenden Bereich der höchstpersönlichen Rechtsgüter nicht überzeugen. Gegen ein Abstellen auf die Einsichtsfähigkeit des beschränkt Geschäftsfähigen wird etwa vorgebracht, dass dies gegen die gesetzlichen Vorgaben der §§ 107 ff. BGB verstoßen würde und im Rechtsverkehr zu erheblichen Unsicherheiten führen könnte.[1048] Dieser Ansicht lässt sich jedoch entgegenhalten, dass in anderen persönlichkeitsrechtlichen Bereichen, wie etwa dem Namensrecht (§ 1617c Abs. 1 BGB), bereits gesetzlich anerkannt ist, dass ab einem gewissen Reifegrad die Einwilligung des gesetzlichen Vertreters zumindest nicht alleine ausreichend ist. Hiermit wurde implizit der vorzunehmende Interessenabwägung gesetzlich Rechnung getragen, auch wenn dort (§ 1617c Abs. 1 S. 2 BGB) bereits eine feste Altersgrenze vorgegeben ist und eine Abwägung nicht mehr stattfinden muss.[1049] Dies zeigt, dass die Interessen und Belange eines Minderjährigen in Bezug auf sein Persönlichkeit, auch im Verhältnis zu seinen gesetzlichen Vertretern, nicht völlig unberücksichtigt bleiben, dürfen.[1050]

1046 Starck in von Mangoldt/Klein/Starck, GG, Art. 1 GG, Rn. 210; Ohly, Volenti non fit iniuria, S. 293; Klass, AfP 2005, 507, 510 und 517; vgl. auch die Gesetzesbegründung zur Patientenverfügung, BT-Drs. 16/8442, S. 12 f.

1047 So aber Heidenreich, AfP 1970, 960, 962, der davon ausgeht, dass das elterliche Sorgerecht mit zunehmender Reife des Minderjährigen zurücktritt und die Eltern sich jeder Verfügung über das Persönlichkeitsrecht zu enthalten haben; wie hier etwa OLG Düsseldorf, Urteil v. 29.05.1984 – 15 U 174/83 = AfP 1984, 229; 230; Dreier in Dreier/Schulze, UrhG, § 22 KUG, Rn. 26; Helle, Besondere Persönlichkeitsrechte im Privatrecht, S. 104 f.; Klass, AfP 2005, 507, 516.

1048 Helle, Besondere Persönlichkeitsrechte im Privatrecht, S. 105; ders., AfP 1985, 93, 98.

1049 Vgl. auch § 1626 Abs. 2 BGB, in dem vorgeschrieben wird, dass die Eltern bei der Erziehung ihrer Kinder deren wachsende Fähigkeit zu selbstständigem, verantwortungsbewusstem Handeln berücksichtigen müssen.

1050 Dasch, Die Einwilligung zum Eingriff in das Recht am eigenen Bild, S. 103; Klass, AfP 2005, 507, 516; Kohte, AcP 185, 105, 145; der BGH (Urteil v. 02.07.1974 - VI

Insofern erscheint die mittlere Position vorzugswürdig. Sie bringt die sich gegenüberstehenden Interessen dadurch am besten zum Ausdruck, dass es bei der Notwendigkeit der Einwilligung der gesetzlichen Vertreter bleibt, jedoch die Interessen der Minderjährigen ab einer gewissen Grenze ebenfalls zu berücksichtigen sind.[1051] Freilich lässt sich dem entgegenhalten, dass dieses Ergebnis Unsicherheiten im Rechtsverkehr verursachen könnte, da die Empfänger der Einwilligung nicht immer einschätzen können, ob der Minderjährige einsichtsfähig ist. Dabei muss jedoch erneut auf das Wesen des hier behandelten Bereichs des Rechts am eigenen Bild hingewiesen werden. Der ideelle Bestandteil des subjektiven Rechts kann nicht Teil des Warenverkehrs sein, wie dies eventuell für die kommerziellen Bestandteile angenommen werden mag.[1052] Die §§ 107 ff. BGB beziehen sich jedoch grundsätzlich auf den Austausch von Leistungen. Möchte man diese Vorschriften dennoch richtigerweise auf den Bereich der ideellen Bestandteile anwenden, so begegnet es keinen Bedenken die Vorgaben des BGB einzuschränken bzw. die Wertungen der Grundrechte und den höchstpersönlichen Charakter der beteiligten Rechte bei deren Anwendung zu berücksichtigen.[1053] Insofern bleibt es auch bei der gesetzlichen Vorgabe des § 107 BGB, dass die Wirksamkeit der Willenserklärung des Minderjährigen, von der Einwilligung seines gesetzlichen Vertreters abhängt. Aber einem gewissen Alter wird diese Vorgabe jedoch um eine, wenn man so will persönlichkeitsrechtliche, Voraussetzung erweitert und ergänzt. In diesem Bereich der ideellen Komponenten des Rechts am eigenen Bild erscheint es daher auch vertretbar, dass der Rechtsverkehr und die beteiligten Akteure ein „Mehr" an Aufwand betreiben müssen, um eine wirksame Einwilligung zu erhalten.

Die im Rahmen der Einwilligung eines Minderjährigen zu erteilende Willenserklärung kann daher nach § 107 ff. BGB nur mit der Einwilligung des ge-

---

ZR 121/73 = NJW 1974, 1947, 1950) ließ die Frage nach der Erforderlichkeit der Beachtung des Willens eines Minderjährigen zwar offen, zeigte dafür jedoch eine gewisse Sympathie. Aus einer späteren Formulierung des BGH (Urteil v. 28.09.2004 - VI ZR 305/03 = NJW 2005, 56, 57) lässt sich zudem entnehmen, dass er die Einwilligung des gesetzlichen Vertreters und nicht etwa diejenige des Minderjährigen als zusätzliches Wirksamkeitserfordernis betrachtet, wenn er davon spricht, dass es „zusätzlich der Einwilligung des gesetzlichen Vertreters" bedarf. Dieser Feststellung lässt sich eine vorrangige Bedeutung der Einwilligung des minderjährigen Betroffenen entnehmen.

1051 So auch Götting in Schricker/Loewenheim, UrhG, § 22 KUG, Rn. 42.

1052 Auf diese Unterscheidung im Bereich der Einwilligung nach § 22 S. 1 KUG bei der Beteiligung Minderjähriger weist etwa auch Dasch (Die Einwilligung zum Eingriff in das Recht am eigenen Bild, S. 101) hin.

1053 Dreier in Dreier/Schulze, UrhG, § 22 KUG, Rn. 26; Ohly, AfP 2011, 428, 434.

setzlichen Vertreters wirksam erteilt werden. Um den persönlichkeitsrechtlichen Interessen der beschränkt Geschäftsfähigen Rechnung zu tragen, müssen ihre Belange jedoch im Wege einer ihrerseits zu erteilenden Einwilligung beachtet werden, wenn sie einsichtsfähig sind.[1054] Die so vertretene Lösung wird auch als „Doppelzuständigkeit“ bezeichnet, da die wirksame Erteilung der Einwilligung von zwei Parteien, dem Minderjährigen und seinem gesetzlichen Vertreter, abhängig ist.[1055]

Dabei stellt dieses Ergebnis keinen Widerspruch zu der hier im Rahmen der datenschutzrechtlichen Einwilligung vertretenen Auffassung dar. Denn wie bereits angesprochen ist die Einwilligung im Datenschutzrecht nicht auf eine Rechtsfolge gerichtet, sondern vielmehr eine Erklärung mit einer tatsächlichen Wirkung. Daher musste dort auch nicht die im Gesetz festgeschriebene Wertung der §§ 107 ff. BGB im Sinne eines Zustimmungserfordernisses der gesetzlichen Vertreter beachtet werden.[1056]

4.3.1.4.3.2 Altersgrenze

Unter den Vertretern der Doppelzuständigkeit wird zudem darüber diskutiert, ob es eine mehr oder weniger feste Altersgrenze für das Vorliegen der Einsichtsfähigkeit des Minderjährigen geben kann und wenn ja, wo diese liegt.

1054 LG Bielefeld, Urteil v. 18.11.2007 – 6 O 360/07 = ZUM 2008, 528; Palandt/Sprau, § 823 BGB, Rn. 38; Soehring, Presserecht, § 19, Tz. 45; von Strobl-Albeg in Wenzel, Kap. 7, Rz. 69; Dreyer in Dreyer/Kathoff/Meckel, Urheberrecht, § 22 KUG, Rn. 16; Dreier in Dreier/Schulze, UrhG, § 22 KUG, Rn. 26; Ohly, Volenti non fit iniuria, S. 320; Raue, Persönlichkeitsrechte, S. 44; Dasch, Die Einwilligung zum Eingriff in das Recht am eigenen Bild, S. 106; Klass, AfP 2005, 507, 516; in diese Richtung lassen sich die Ausführungen des BGH (Urteil v. 02.07.1974 - VI ZR 121/73 = NJW 1974, 1947, 1950) deuten; einschränkend wohl Prinz/Peters, Medienrecht, Rn. 835, die darauf abstellen, dass der gesetzliche Vertreter sich nicht in Widerspruch zum Willen des Minderjährigen setzen darf.

1055 AG Menden, Urteil v. 03.02.2010 - 4 C 526/09 = NJW 2010, 1614; Götting in Schricker/Loewenheim, UrhG, § 22 KUG, Rn. 42; Kröner in Paschke/Berlit/Meyer, S. 1037, Rn. 22; Dreyer in Dreyer/Kathoff/Meckel, Urheberrecht, § 22 KUG, Rn. 16; Dreier in Dreier/Schulze, UrhG, § 22 KUG, Rn. 26; Dasch, Die Einwilligung zum Eingriff in das Recht am eigenen Bild, S. 103; Ohly, Volenti non fit iniuria, S. 323; ders., AfP 2011, 428, 434; Kohte, AcP 185, 105, 145; Libertus, ZUM 2007, 621, 624.

1056 Zu den Unterschieden zwischen der datenschutzrechtlichen Einwilligung und derjenigen nach § 22 S. 1 KUG, Schnabel, ZUM 2008, 657, 659 f.

Dabei wird überwiegend von einer Altersgrenze von 14 Jahren ausgegangen, mit der vermutet wird, dass der betroffene Minderjährige die nötige Einsichts- und Urteilsfähigkeit besitzt, um auch seine Einwilligung zu der Veröffentlichung seines Bildnisses zu erteilen.[1057] Es gilt zu beachten, dass es nicht um die Frage der Grundrechtsträgereigenschaft geht,[1058] sondern darum, ob eine Grenze festgelegt werden kann, ab wann davon auszugehen ist, dass die Grundrechte selbstverantwortlich ausgeübt werden können. Der Grund, für eine zumindest grobe Festlegung der Einsichtsfähigkeitsgrenze, liegt vor allem in der möglichen Belastung des Rechtsverkehrs, wenn die Erklärungsempfänger immer eine Einzelfallentscheidung vornehmen müssten um festzustellen, ob ihr minderjähriger Gegenüber die nötige Einsichtsfähigkeit besitzt, um ebenfalls seine Einwilligung zu erteilen.[1059] Auch der *BGH* hat auf das zu beachtende Merkmal der Rechtssicherheit hingewiesen, wenn dem Minderjährigen eine Einwilligungsfähigkeit aufgrund der Doppelzuständigkeit eingeräumt werden würde.[1060] Insofern erscheint es im Rahmen der Einwilligung zur Veröffentlichung von Bildnissen in der Tat angebracht, gewisse Leitlinien aufzustellen, um so auch die Belange des Rechtsverkehrs berücksichtigen zu können.[1061] Die Notwendigkeit solcher Vorgaben ergibt sich dabei erneut aus der Rechtsnatur der Einwilligung, auch im Bereich der ideellen Bestandteile des Rechts am eigenen Bild. Da es sich um eine rechtsgeschäftliche Erklärung handelt, finden auf sie die Vorschriften der §§ 104 ff. BGB grundsätzlich Anwendung. Und dies auch, wenn die ideellen Bestandteile eben keine Waren oder Leistungen im Rechtsverkehr darstellen. Im Anwendungsbereich der §§ 104 ff. BGB gilt es zu beachten, dass diese nicht nur dem Schutz der Minderjährigen dienen. Wenn die Einwilligungserklärung auch auf eine Rechtsfolge gerichtet ist, so muss an diese Rechtfolge angeknüpftes Vertrauen des Rechtsverkehrs in die Gültigkeit der Erklärung zu einem gewissen Grad geschützt werden. Gerade die §§ 104 ff. BGB stellen dabei typische Vorschriften dar, die auch das Vertrauen des Rechtsver-

---

1057 LG Bielefeld, Urteil v. 18.11.2007 – 6 O 360/07 = ZUM 2008, 528; Götting in Schricker/Loewenheim, UrhG, § 22 KUG, Rn. 42; von Strobl-Albeg in Wenzel, Kap. 7, Rz. 70; Dasch, Die Einwilligung zum Eingriff in das Recht am eigenen Bild, S. 106; Libertus, ZUM 2007, 621, 624.

1058 Denn die Grundrechtsträgereigenschaft kennt keine Altersgrenze, vgl. nur Starck in von Mangoldt/Klein/Starck, GG, Art. 1 GG, Rn. 210.

1059 Dieses Argument ebenfalls anführend, jedoch zur Begründung einer Alleinentscheidungsbefugnis der gesetzlichen Vertreter, Helle, Besondere Persönlichkeitsreche im Privatrecht, S. 105.

1060 BGH, Urteil v. 02.07.1974 - VI ZR 121/73 = NJW 1974, 1947, 1950.

1061 Dasch, Die Einwilligung zum Eingriff in das Recht am eigenen Bild, S. 104.

kehrs in Gültigkeit der abgegebenen Erklärung sichern.[1062] Auch diese gesetzliche Wertung der Wirksamkeit der Einwilligung zu Grunde liegenden Vorschriften lässt es zweckmäßig erscheinen, den Gedanken der Rechtssicherheit zu berücksichtigen.

Abgestellt wird dabei richtigerweise auf bereits kodifizierte Regelungen und Vorgaben, welche einen ähnlichen persönlichkeitsrechtlichen Bereich (wie das Recht am eigenen Bild) im Rechtsverkehr behandeln. Zum einen werden die Vorgaben des § 1617c Abs. 1 S. 2 BGB entsprechend herangezogen, wonach ein minderjähriges Kind selber darüber entscheiden soll, ob es den Ehenamen seiner Eltern als Geburtsnamen annehmen möchte, wenn dieser erst nach Vollendung seines 14. Lebensjahres festgelegt wird.[1063] Des Weiteren wird diese Grenze von 14 Lebensjahren in § 1671 Abs. 2 Nr. 1 BGB festgeschrieben, wenn es darum geht, dass ein Kind dem Antrag auf Übertragung der elterlichen Sorge auf ein Elternteil widerspricht.[1064]

Diese Orientierungshilfen dürfen nicht als starr und unumstößlich verstanden werden. Denn aufgrund des entscheidenden Merkmals, der Einsichtsfähigkeit, und deren individuell verschiedenartiger Ausprägung, erscheint es nicht unwahrscheinlich, dass auch ein jüngeres, urteilsfähiges Kind bereits um seine Einwilligung zu bitten ist.[1065] Die Leitlinie der vollendeten 14 Lebensjahre ist daher vor allem für die Praxis ein erster Anhaltspunkt. Ergeben sich jedoch bei einem jüngeren Kind deutliche Anzeichen dafür, dass es die nötige Einsichtsfähigkeit besitzt, so ist dem (durch die Einholung seiner Einwilligung) Rechnung zu tragen.

4.3.1.4.3.3 In sozialen Netzwerken

Insofern muss auch für das Angebot sozialer Netzwerke gelten, dass die Betreiber sich dort grundsätzlich ab einem Alter von 14 Jahren neben der Einwilligung

---

1062 Allg. dazu etwa J. Schmitt in MüKomm/BGB, Vorb. §§ 104 ff. BGB, Rn. 9; zu § 108 BGB, vgl. Wendtland in Bamberger/Roth, BeckOK BGB, § 108 BGB, Rn. 1; siehe auch Dasch, Die Einwilligung zum Eingriff in das Recht am eigenen Bild, S. 104.

1063 Freilich vorbehaltlich der Zustimmung des gesetzlichen Vertreters, § 1617c Abs. 1 S. 2 2. Halbs. BGB; Rixecker in MüKomm/BGB, Anhang zu § 12 BGB, Rn. 54; von Strobl-Albeg in Wenzel, Kap. 7, Rz. 69; Götting in Schricker/Loewenheim, UrhG, § 22 KUG, Rn. 42; siehe auch zu den Vorgängervorschriften, Dasch, Die Einwilligung zum Eingriff in das Recht am eigenen Bild, S. 105.

1064 Von Strobl-Albeg in Wenzel, Kap. 7, Rz. 69.

1065 Rixecker in MüKomm/BGB, Anhang § 12 BGB, Rn. 54.

des gesetzlichen Vertreters auch die Einwilligung der Minderjährigen selbst einholen müssen, sollten sie sich diese bereits in den AGB oder der Datenschutzerklärung erteilen lassen. Dies stellt sich grundsätzlich unproblematisch dar, da es ja die Minderjährigen selbst sind, die sich bei dem Dienst anmelden. Von ihnen die eventuell erforderliche Einwilligung zu erhalten dürfte daher (die Beachtung der allgemeinen Wirksamkeitsanforderungen vorausgesetzt) nicht sonderlich schwierig werden. Anders könnte sich dies in Bezug auf die stets erforderliche Einwilligung des gesetzlichen Vertreters nach § 107 BGB darstellen. Dabei könnten sich die Anbieter für deren Einwilligung auf den Standpunkt stellen, dass diese dem Minderjährigen gegenüber konkludent erteilt wurde,[1066] etwa durch zur Verfügung stellen eines PCs, der Internetverbindung oder auch dem tatsächlichen Einführen des Kindes in die Welt des Internets und seiner Angebote. Hierin kann man eine Hilfestellung und Unterstützung der Eltern in Bezug auf den Abschluss eines Nutzungsvertrages mit dem Betreiber einer sozialen Netzwerkes erblicken. Gegen eine solche Sichtweise lassen sich jedoch dieselben Einwände anbringen, wie dies schon im Rahmen derjenigen Einwilligung geschah, welche durch den Minderjährigen bzw. seinen gesetzlichen Vertreter zum Abschluss des Nutzugsvertrages abzugeben ist.[1067]

Da es derzeit keine wirksame Altersverifikation im Internet gibt, welche durch die Betreiber für den Zugang zu sozialen Netzwerke eingesetzt werden kann,[1068] müssen sich diese auf die Einhaltung ihrer in den AGB festgelegten Grenzen und die wahrheitsgemäße Angabe des Alters im Rahmen der Registrierung verlassen.[1069] Insofern können sie sich zwar grundsätzlich an die oben aufgestellte Leitlinie von 14 Lebensjahren halten. Sollte der Anbieter jedoch auf einem anderen Wege von der Einsichts- und Urteilsfähigkeit des Minderjährigen und unter 14 Jahre alten Kindes erfahren (etwa durch eine E-Mail des beschränkt Geschäftsfähigen, aus deren Inhalt klar wird, dass er sehr wohl weiß, was mit seinem Bildnis geschieht), so muss der Betreiber sich die Einwilligung dieses Kindes auch schon vor dem vollendeten 14. Lebensjahr einholen und kann in einer solchen Situation nicht auf die skizzierten und mehrheitlich vertre-

1066 Was möglich ist, vgl. etwa Wendtland in Bamberger/Roth, BeckOK BGB, § 107 BGB, Rn. 14; J. Schmitt in MüKomm/BGB, § 107 BGB, Rn. 12.

1067 Siehe unter 4.1.3.

1068 Vgl. zu der Forderung tauglicher Altersverifikationssysteme in sozialen Netzwerken, Jandt/Roßnagel, MMR 2011, 637, 642; zu den Anforderungen an Altersverifikationssysteme im Bereich des Jugendschutzes, BGH, Urteil v. 18.10.2007 - I ZR 102/05 = NJW 2008, 1882.

1069 So auch in Bezug auf den Datenschutz und diese Situation kritisierend, Jandt/Roßnagel, MMR 2011, 637, 641.

tenen Leitlinien verweisen. Insofern wird es in naher Zukunft auch wichtig sein, über eine Anpassung der Altersgrenzen nachzudenken, da Kinder heute bereits in sehr frühen Jahren mit dem Internet und seinen Angeboten in Berührung kommen und ihnen damit vielfach bereits vor dem vollendeten 14. Lebensjahr die nötige Einsichts- und Urteilsfähigkeit attestiert werden kann.[1070]

4.3.1.4.3.4 Zwischenergebnis zur persönlichkeitsrechtlichen Einwilligung von Minderjährigen

Es bleibt damit festzuhalten, dass für den Bereich sozialer Netzwerke und der Beteiligung Minderjähriger grundsätzlich nichts anderes gilt, als in anderen Anwendungsgebieten der Einwilligung zu Veröffentlichung von Bildnissen. Grundsätzlich ist die Einwilligung des gesetzlichen Vertreters erforderlich und ab einem gewissen Reifegrad zusätzlich die des Minderjährigen selbst, wobei als Orientierung die Vollendung des 14. Lebensjahres dienen kann.

4.3.1.4.4 Widerruf

Zuletzt soll im Zuge der Auseinandersetzung mit Problemen im Rahmen des Rechts am eigenen Bild darauf eingegangen werden, inwieweit ein Widerruf der einmal erteilten Einwilligung grundsätzlich möglich ist und wie sich die Situation für Bildnisse in sozialen Netzwerken darstellt.[1071]

4.3.1.4.4.1 Generell

Dabei spielt für die Beurteilung der Möglichkeit eines Widerrufs erneut die Rechtsnatur der Einwilligungserklärung eine entscheidende Rolle. Vertritt man,

---

1070 In diese Richtung geht etwa Art. 8 Abs. 1 des Entwurfs für eine Datenschutz-Grundverordnung in Europa (KOM (2012) 11 endg.) durch die Europäische Kommission, der eine Altersgrenze von 13 Jahren (vollendetes 13. Lebensjahr) für die eigene Einwilligung in die Verarbeitung personenbezogener Daten festlegt.

1071 Unstreitig möglich ist neben einem Widerruf die Anfechtung der Einwilligungserklärung nach §§ 119 ff. BGB, wenn man wie hier von dem Vorliegen einer rechtsgeschäftlichen Erklärung ausgeht, vgl. etwa Dreier in Dreier/Schulze, UrhG, § 22 KUG, Rn. 34; von Strobl-Albeg in Wenzel, Kap. 7, Rz. 83; Helle, Besondere Persönlichkeitsrechte im Privatrecht, S. 117; Frömming/Peters, NJW 1996, 958, 959; Klass, AfP 2005, 507, 514.

wie hier, die Auffassung, dass es sich um eine rechtsgeschäftliche Willenserklärung handelt, so gilt für diese nach § 130 Abs. 1 S.1 BGB, dass sie ihre Bindungswirkung mit Zugang beim Empfänger entfaltet und ein Widerruf bis zum Zugang möglich bleibt, §§ 130 Abs. 1 S. 2 BGB, 183 S. 1 BGB.[1072]

Dieser generellen Bindungswirkung der Einwilligungserklärung im Bereich des Rechts am eigenen Bild[1073] steht es jedoch nicht entgegen, dass die h. M. von der grundsätzlichen Möglichkeit eines Widerrufs ausgeht. Für dessen Begründung, auch nach Wirksamwerden der Willenserklärung, wird richtigerweise für den Bereich der ideellen Bestandteile des Rechts am eigenen Bild vor allem der persönlichkeitsrechtliche Einschlag der Einwilligungserklärung hervorgehoben.[1074] Denn die Persönlichkeit kann sich im Lauf der Zeit verändern und es können sich entscheidende Wandlungen innerhalb einer Person vollziehen, welche für die Zulassung eines Widerrufs für die Zukunft sprechen.[1075] Der Widerruf ist grundsätzlich gegenüber dem Empfänger der Einwilligung zu erklären[1076] und stellt sich als actus contrarius zur Einwilligung dar.[1077] Da jedoch ein gewisses Vertrauen des Rechtsverkehrs und vor allem des Adressaten in die abgegebene Erklärung entstanden sein kann, darf man eine solche Widerrufsmöglichkeit eventuell nicht unter allzu einfachen Voraussetzungen zugestehen.

1072 Götting in Schricker/Loewenheim, UrhG, § 22 KUG, Rn. 40; Rixecker in MüKomm/BGB, Anhang zu § 12 BGB, Rn. 56; Dasch, Die Einwilligung zum Eingriff in das Recht am eigenen Bild, S. 84.

1073 Vgl. etwa Götting in Schricker/Loewenheim, UrhG, § 22 KUG, Rn. 40; Dreyer in Dreyer/Kathoff/Meckel, Urheberrecht, § 22 KUG, Rn. 21; Damm/Rehbock, Widerruf, Unterlassung und Schadensersatz in den Medien, Rn. 180; Helle, Besondere Persönlichkeitsrechte im Privatrecht, S. 117; Klass, AfP 2005, 507, 515.

1074 OLG München, Urteil v. 17.03.1989 – 21 U 4729/88 = NJW-RR 1990, 999, 1000; Soehring, Presserecht, § 19, Tz. 49; von Strobl-Albeg in Wenzel, Kap. 7, Rz. 84; Götting in Schricker/Loewenheim, UrhG, § 22 KUG, Rn. 41; Dreyer in Dreyer/Kathoff/Meckel, UrhG, § 22 KUG, Rn. 21; Kröner in Paschke/Berlit/Meyer, S. 1039, Rn. 33; Prinz/Peters, Medienrecht, Rn. 838; Helle, Besondere Persönlichkeitsrechte im Privatrecht, S. 119; Ohly, Volenti non fit iniuria, S. 353; Kohte, AcP 185, 105, 138; Klass, AfP 2005, 507, 515; Helle, AfP 1985, 93, 100.

1075 LG Nürnberg-Fürth, Beschl. v. 06.02.2009 - 11 O 762/09 = AfP 2009, 177, 179; Götting in Schricker/Loewenheim, UrhG, § 22 KUG, Rn. 41; Kröner in Paschke/Berlit/Meyer, S. 1039, Rn. 33; Helle, Besondere Persönlichkeitsrechte im Privatrecht, S. 118; Klass, AfP 2005, 507, 515.

1076 Prinz/Peters, Medienrecht, Rn. 839; Klass, AfP 2005, 507, 515; Frömming/Peters, NJW 1996, 958, 959; Ohly, AfP 2011, 428, 433.

1077 Dasch, Die Einwilligung zum Eingriff in das Recht am eigenen Bild, S. 88; Ohly, AfP 2011, 428, 433.

4.3.1.4.4.1.1 Anforderungen

Damit ist auch schon die Diskussion angesprochen, nach welchen Vorgaben sich ein solcher Widerruf zu richten hat. Zumeist wird in Anlehnung an § 42 Abs. 1 S. 1 UrhG ein wichtiger Grund gefordert, der vor allem in einem grundlegenden Überzeugungswandel des Abgebildeten liegt.[1078] Entscheidend ist vor allem die innere, in seiner Persönlichkeit liegende, Veränderung.[1079] Zudem muss dieser Wandel auch so entscheidend und gewichtig sein, dass er etwa über eine bloße Laune hinausgeht. Daher ist es auch richtig zu fordern, dass diese Veränderung der Persönlichkeit nach außen deutlich wird.[1080] Dies erscheint vor dem Hintergrund des entstandenen Vertrauens des Erklärungsempfängers, unter Berücksichtigung des Rechtsverkehrs, aber natürlich vor allem unter dem Gesichtspunkt der gesetzlichen Regelung des § 130 Abs. 1 S. 1 BGB, von der abgewichen wird, auch nötig. Der Widerruf wirkt dabei für die Zukunft, also ex nunc.[1081] Abzulehnen ist eine Ansicht, wonach aufgrund einer Interessenabwägung dem Einwilligenden der Widerruf gestattet werden soll, wenn er mit der Einwilligungssituation überfordert war und die Tragweite seiner Entscheidung erst zu spät erkannt hat.[1082] Denn eine solche Ansicht, die sich für ihre Begründung auf die überraschende Situation der Erteilung der Einwilligung in Anlehnung an die Gefahren eines Haustürgeschäfts stützt, trägt nicht dem Charakter der Einwilligung als rechtgeschäftliche, bindende Erklärung Rechnung, bzw. stützt den ausnahmsweise zuzulassenden Widerruf nicht auf Argumente, die den ideellen, höchstpersönlichen Bestandteilen des Rechts am eigenen Bild Rech-

1078 OLG München, Urteil v. 17.03.1989 – 21 U 4729/88 = NJW-RR 1990, 999, 1000; Götting in Schricker/Loewenheim, UrhG, § 22 KUG, Rn. 41; Schertz in Götting/Schertz/Seitz, Handbuch des Persönlichkeitsrechts, § 12, Rn. 22 m. w. N.; von Strobl-Albeg in Wenzel, Kap. 7, Rz. 84; Prinz/Peters, Medienrecht, Rn. 838; Härting, Internetrecht, S. 50 f., Rz. 203; Klass, AfP 2005, 507, 515; zum Teil wird auch zusätzlich auf § 35 VerlG abgestellt.

1079 OLG München, Urteil v. 17.03.1989 – 21 U 4729/88 = NJW-RR 1990, 999, 1000; LG Nürnberg-Fürth, Beschl. v. 06.02.2009 - 11 O 762/09 = AfP 2009, 177, 179; Götting in Schricker/Loewenheim, UrhG, § 22 KUG, Rn. 41; Kröner in Paschke/Berlit/Meyer, S. 1039, Rn. 33; Prinz/Peters, Medienrecht, Rn. 838; Klass, AfP 2005, 507, 515.

1080 Kröner in Paschke/Berlit/Meyer, S. 1039, Rn. 33; vgl. verschiedene Beispiele aus der Rechtsprechung bei von Strobl-Albeg, Kap. 7, Rz. 85.

1081 Kröner in Paschke/Berlit/Meyer, S. 1039, Rn. 34; von Strobl-Albeg in Wenzel, Kap. 7, Rz. 85; Prinz/Peters, Medienrecht, Rn. 839; Helle, AfP 1985, 93, 99.

1082 So aber LG Hamburg, Urteil v. 21.01.2005 = 324 O 448/04 = NJW-RR 2005, 1357, 1358.

nung tragen.[1083] Ungenauigkeiten und Zweifel bei der Erteilung der Einwilligung sind bereits bei ihrer Abgabe und ihrem inhaltlichen Umfang zu prüfen und zu berücksichtigen.

Nun wird jedoch auch die These vertreten, dass der Widerruf einer Einwilligung, die für den ideellen Bestandteil des allgemeinen Persönlichkeitsrechts erteilt wird, an überhaupt keine besonderen Gründe geknüpft werden sollte, um so der Höchstpersönlichkeit und der engen Bindung an die Person des Betroffenen Rechnung zu tragen.[1084] Es bestehe eine gewisse Parallele zwischen dem Widerruf im Rahmen eines Auftrages nach § 671 Abs. 1 BGB und dem im ideellen Bereich des allgemeinen Persönlichkeitsrechts, nämlich das Vorliegen einer persönlichen Nähebeziehung.[1085] Wenn schon der jederzeitige Widerruf im Rahmen eines Auftrages möglich sei, so müsse dies erst recht in Bezug auf das allgemeine Persönlichkeitsrecht gelten, denn hier ist das persönliche Näheverhältnis noch ausgeprägter als bei der Erteilung eines Auftrages.[1086] Dieser Auffassung ist zuzugeben, dass die jeweils bestehenden persönlichen Näheverhältnisse durchaus eine Übertragbarkeit der in dem § 671 Abs. 1 BGB zum Ausdruck kommenden Gedanken, dass aufgrund des besonderen Vertrauensverhältnisses eine jederzeitige Beendigung möglich sein muss,[1087] auf den persönlichkeitsrechtlichen Bereich möglich erscheinen lassen.

In Bezug auf die der Einwilligung zu Grundeliegenden Umstände ist jedoch eine Differenzierung erforderlich. Wie angesprochen soll durch das Erfordernis eines wichtigen Grundes in Form der Wandlung in der Persönlichkeit des Einwilligenden vor allem dem Vertrauensschutz des Erklärungsempfängers dienen.

Dieser Vertrauensschutz besteht jedoch nicht bzw. nicht ausreichend für die Forderung nach einem wichtigen Grund in jeder Situation. Zu beachtendes Vertrauen wird vorliegen, wenn der Einwilligung ein Vertrag zu Grunde liegt, eventuell sogar ein entgeltlicher.[1088] Der Erklärungsempfänger vertraut dann auf die Durchführung dieses Vertrages und dass er in dessen Rahmen das Bildnis verwenden darf. Ein durch die Anforderung eines Überzeugungswandels gestützter Widerruf erscheint aber dort nicht sachgerecht, wo der Vertrauensschutz des Erklärungsempfängers allein auf der Erklärung selbst beruht, also Grundlage kein

---

1083 Kritisch auch Soehring, Presserecht, § 19, Tz. 49.

1084 Ohly, AfP 2011, 428, 433; Alexander, ZUM 2011, 382, 387.

1085 Alexander, ZUM 2011, 382, 387.

1086 Alexander, ZUM 2011, 382, 387.

1087 Vgl. etwa Seiler in MüKomm/BGB, § 671 BGB, Rn. 1 m. w. N.

1088 Dasch, Die Einwilligung zum Eingriff in das Recht am eigenen Bild, S. 85; Helle, Besondere Persönlichkeitsrechte im Privatrecht, S. 120; wohl auch Ohly, AfP 2011, 428, 433.

Vertrag ist.[1089] Eine rechtliche Bindungswirkung entsprechend dem § 130 Abs. 1 S. 1 BGB kann nicht angenommen werden, wenn es sich um eine Einwilligung ohne Vertrag zur Veröffentlichung eines Bildnisses zur eigenen Selbstdarstellung und im Rahmen einer nicht-kommerziellen Verwendung handelt.[1090] Insofern überwiegt dann die Bedeutung der ideellen Bestandteile des Rechts am eigenen Bild die Interessen des Erklärungsempfängers. Ein wichtiger Grund bzw. eine Wandlung der inneren Einstellung der Person ist dann nicht mehr nötig.

Freilich muss insofern darauf verwiesen werden, dass nach hier vertretener Auffassung das Urheberrecht nicht analog auf die vorliegend zu beurteilenden Fälle aus dem ideellen Bereich des Rechts am eigenen Bild übertragen werden darf. Was aber nicht von vorn herein gegen eine Berücksichtigung der Gedanken und verfolgten Zwecke der §§ 42 Abs. 1 UrhG, 35 VerlG spricht, bzw. kann man in einem erst-recht Schluss davon ausgehen, dass wenn ein Widerruf in Bezug auf Nutzungsrechte nach § 42 Abs. 1 UrhG bei gewandelter Überzeugung möglich ist, so muss dies erst recht für eine Einwilligung in die Verwendung von Bildnissen im ideellen Bereich des Rechts am eigenen Bild gelten, da dieser Bereich nach hier vertretener Auffassung von seiner Bedeutung für die Persönlichkeit eines Betroffenen noch gewichtiger einzustufen ist. Bringt dann eine gesetzliche Regelung gerade die Bedeutung des persönlichkeitsrechtlichen Bezugs besonders zum Ausdruck (wie die Möglichkeit des Widerrufs aufgrund gewandelter Überzeugung), so muss dieser gesetzlich vorgegebenen zur Geltung Bringung von persönlichkeitsrechtlichen Wertentscheidungen ein besonderes Gewicht beigemessen werden.[1091] Die Möglichkeit des Widerrufs ist dann der Gedanke, welcher sich auf den hier untersuchten Bereich übertragen lässt.

1089 Dies bedeutet freilich nicht, dass überhaupt kein Vertrauen in die Gültigkeit der Willenserklärung aufgebaut wird; siehe zu einer möglichen Entschädigung sogleich unter 4.3.1.4.4.1.2.

1090 LG Oldenburg, Beschl. v. 21.04.1988 - 5 S 1656/87 = GRUR 1988, 694, 695; Dasch, Die Einwilligung zum Eingriff in das Recht am eigenen Bild, S. 88; Ohly, AfP 2011, 428, 433; im Ergebnis auch Alexander, ZUM 2011, 382, 387; vgl. in Bezug auf soziale Netzwerke, Redeker in Hoeren/Sieber, Handbuch Multimediarecht, Kap. 12, Rn. 437.

1091 Im Ergebnis so auch von Strobl-Albeg in Wenzel, Kap. 7, Rz. 84; Alexander, ZUM 2011, 382, 387; vgl. auch Kröner in Paschke/Berlit/Meyer, S. 1039, Rn. 33, der den Widerruf als besondere Ausprägung des Persönlichkeitsrechts bezeichnet.

4.3.1.4.4.1.2 Entschädigung oder Schadensersatzpflicht

Wenn auch ein breiter Konsens darüber herrscht, dass ein Widerrufsrecht anerkannt werden muss, so ist vor allem die Rechtsfolge strittig, bzw. die Frage, wann und woraus sich Entschädigungspflichten für den Widerrufenden ergeben.

Dass eine gewisse Entschädigung durch den Widerrufenden zu leisten ist, wird dabei mehrheitlich, auch für den ideellen Teil des allgemeinen Persönlichkeitsrechts, anerkannt.[1092] Verschieden sind die Ansichten über die der Entschädigung zu Grunde liegenden, analog anzuwendenden Normen.

Vertreten wird eine analoge Anwendung des § 42 Abs. 3 UrhG mit der Begründung, dass die Widerrufs- und Rückrufsvoraussetzungen sich ähneln und daher eine analoge Anwendung passend erscheint.[1093] Dem kann jedoch entgegen gehalten werden, dass die Rechtsfolge des § 42 Abs. 3 UrhG die Zahlung einer angemessenen Entschädigung darstellt. Diese Entschädigung kann freilich vorher nicht genau beziffert werden und könnte den Widerrufsberechtigten daher eventuell davon abhalten, von seinem Widerrufsrecht Gebrauch zu machen.[1094] Die Situation des Rückrufs von Nutzungsrechten auf der einen und des Widerrufs einer persönlichkeitsrechtlichen Einwilligung auf der anderen Seite beziehen sich zudem auf wertmäßig so unterschiedliche Recht und Sphären, dass eine analoge Anwendung des § 42 Abs. 3 UrhG auf den Bereich der ideellen Bestandteile des Rechts am eigenen Bild ausscheidet.[1095] Die Schutzhöhe zwischen Urheberrecht und dem Recht am eigenen Bild ist für eine analoge Anwendung des § 42 Abs. 3 UrhG zu verschieden.[1096] Die Zahlung einer Entschädigung erscheint daher nicht als passende Konsequenz für den Widerruf einer Einwilligung in die Veröffentlichung und Verwendung eines Bildnisses.

1092 Vgl. etwa nur Schertz in Loewenheim, Handbuch des Urheberrechts, § 18, Rn. 19; Götting in Schricker/Loewenheim, UrhG, § 22 KUG, Rn. 41; von Strobl-Albeg in Wenzel, Kap. 7, Rz. 85; Dasch, Die Einwilligung zum Eingriff in das Recht am eigenen Bild, S. 88; Kohte, AcP 185, 105, 138; krit. aber Alexander, ZUM 2011, 382, 387.

1093 Gass in Möhring/Nicolini, UrhG, § 22 KUG, Rn. 32; von Strobl-Albeg in Wenzel, Kap. 7, Rz. 85; Beater, Medienrecht, Rn. 1281; Frömming/Peters, NJW 1996, 958, 959.

1094 Götting in Schricker/Loewenheim, UrhG, § 22 KUG, Rn. 41; Schertz in Loewenheim, Handbuch des Urheberrechts, § 18, Rn. 19; ders. in Götting/Schertz/Seitz, Handbuch des Persönlichkeitsrechts, § 12, Rn. 23; Klass, AfP 2005, 507, 515 (dort Fn. 105).

1095 AG Berlin-Charlottenburg, Urteil v. 21.02.2002 – 204 C 574/01 = GRUR-RR 2002, 187, 188; Schertz in Götting/Schertz/Seitz, Handbuch des Persönlichkeitsrechts, § 12, Rn. 23.

1096 Alexander, ZUM 2011, 382, 387.

Auf der anderen Seite wird dem Erklärungsempfänger in analoger Anwendung des § 122 BGB der Ersatz seines Vertrauensschadens zugestanden.[1097] Hierdurch wird dem Umstand Rechnung getragen, dass der Erklärungsempfänger auf die Gültigkeit der Einwilligung vertrauen durfte, etwa auch, wenn dieser kein Vertrag zu Grunde lag.[1098] Dadurch wird keine so hohe Hürde für den Widerrufenden gesetzt, dass er aus Angst vor einer zu großen Entschädigungszahlung den Widerruf nicht ausüben würde. Denn der zu ersetzende Schaden ist auf den Vertrauensschaden begrenzt. Der Rechtsgedanke des § 122 BGB, dass ein Mangel und damit der Grund des Widerrufs in der Sphäre des Erklärenden liegt,[1099] lässt sich durchaus auf die hier untersuchten Fälle, der Wandlung der Persönlichkeit, übertragen.[1100] Der Vorteil dieses Vorgehens ist, dass für den ideellen Bereich des Rechts am eigenen Bild damit nicht grundsätzlich eine Schadensersatzforderung begründet wird. Denn wenn der Erklärungsempfänger überhaupt nicht schutzwürdig ist, dann entfällt die Ersatzpflicht des Widerrufenden nach § 122 Abs. 2 BGB analog.[1101]

4.3.1.4.4.2 Internet

Nun gilt es festzustellen, welche Unterschiede es beim Widerruf von Einwilligungen zu beachten gibt, wenn es sich um Bildnisse handelt, die im Internet veröffentlicht wurden.

Dabei besteht im Internet die Besonderheit, dass etwa durch das freie Einstellen einer Datei die darin zu erblickende Einwilligungserklärung eine solche

---

1097 AG Berlin-Charlottenburg, Urteil v. 21.02.2002 – 204 C 574/01 = GRUR-RR 2002, 187, 188; Schertz in Götting/Schertz/Seitz, Handbuch des Persönlichkeitsrechts, § 12, Rn. 23; Dreier in Dreier/Schulze, UrhG, § 22 KUG, Rn. 35; Damm/Rehbock, Widerruf, Unterlassung und Schadensersatz in den Medien, Rn. 182; Ohly, Volenti non fit iniuria, S. 354; Dasch, Die Einwilligung zum Eingriff in das Recht am eigenen Bild, S. 88; Klass, AfP 2005, 507, 515 (dort Fn. 105).

1098 Dasch, Die Einwilligung zum Eingriff in das Recht am eigenen Bild, S. 88; Helle, Besondere Persönlichkeitsrechte im Privatrecht, S. 120, möchte sowohl § 122 BGB als auch § 42 Abs. 3 UrhG anwenden.

1099 Armbrüster in MüKomm/BGB, § 122 BGB, Rn. 4; Wendtland in Bamberger/Roth, BeckOK BGB, § 122 BGB, Rn. 1.

1100 Ohly, Volenti non fit iniuria, S. 354.

1101 Dasch, Die Einwilligung zum Eingriff in das Recht am eigenen Bild, S. 88; noch weitergehend Alexander, ZUM 2011, 382, 387, der für den Bereich der ideellen Bestandteile des allgemeinen Persönlichkeitsrechts eine jederzeitige, freie Widerrufbarkeit annimmt, die keine Verpflichtung zum Ersatz des Vertrauensschadens nach sich zieht.

an die Allgemeinheit und damit einen unbestimmten Personenkreis darstellt.[1102] Wandelt sich nun die innere Einstellung des Betroffenen und möchte er nicht mehr, dass sein Bildnis durch den ursprünglichen Einwilligungsempfänger öffentlich zur Schau gestellt wird, so steht er vor der Frage, wie er seinen Widerruf wirksam ausüben kann, welchem Personenkreis dieser also zugehen muss.

4.3.1.4.4.2.1 Urheberrecht

Der *BGH* hat in seiner *Vorschaubilder*-Entscheidung für den Bereich des Urheberrechts festgestellt, dass der Widerruf gegenüber nur einem Adressaten (dem Suchmaschinenbetreiber) bei einer vorher erteilten Einwilligung gegenüber der Allgemeinheit als protestatio facto contraria, also als unbeachtlich, zu werten sei, wenn der Erklärende seinem Willen nicht durch zusätzliche technische und die Suchmaschine erkennbare Sicherungsmaßnahmen Ausdruck verleiht und die Widerrufserklärung sich als gegenüber der Einwilligung entsprechendes gegenläufiges Verhalten darstellt.[1103] Selbst der auf der Internetseite durch einen Urhebervermerk zum Ausdruck gebrachte Wille, sich die Nutzung des Werkes vorzubehalten, ändert daran nichts. Alle durch den Berechtigten kundgetanen Erklärungen zur Einschränkung seiner Einwilligung bzw. zum Widerruf eben dieser, sind solange unbeachtlich, solange nicht aus dem unter einer Interessenabwägung festzustellenden Verhalten des Berechtigten hervorgeht, dass er seine Einwilligung zurücknimmt.[1104] Sind im Internet eingestellte Bilder also weiterhin generell für die Allgemeinheit abrufbar und wird gegenüber einer bestimmten Person der Widerruf erklärt, ohne dass dieser durch Sicherungsmechanismen untermauert wird, ist der Widerruf unbeachtlich. Möchte der Berechtigte, nachdem er ein Bild frei im Internet eingestellt hat seinen Widerruf erteilen, so kann er nach dem *BGH* dies somit gegenüber einer bestimmten Person nur wirksam tun, indem er Zugangsbeschränkungen einsetzt, die genau gegenüber dieser Person seinen Willen erkennen lassen, ihr den Zugang verweigern zu wollen. Diese Zugangsbeschränkungen sind dann das für einen Widerruf nötige, zur Einwilligung entgegengesetzte, Verhalten. Möchte er seine gegenüber der Allgemeinheit

1102 Für das Urheberrecht: BGH, Urteil v. 29.04.2010 – I ZR 69/08 = ZUM 2010, 580, Rz. 37.

1103 BGH, Urteil v. 29.04.2010 – I ZR 69/08 = ZUM 2010, 580, Rz. 37; es ist darauf hinzuweisen, dass der BGH von einem freien Widerruf, ohne das Erfordernis eines wichtigen Grundes, ausgeht, da auch die Einwilligung nicht Teil eines Vertrages war, sondern eine einfache, schlichte Einwilligung darstellte.

1104 Conrad, ZUM 2010, 585, 586.

erteilte Einwilligung auch in Bezug auf die Allgemeinheit widerrufen, so muss er folglich eine komplette Sperrung des Bildes veranlassen, bzw. im Endeffekt die Datei löschen.[1105] Die Besonderheit, die zu solch hohen Anforderungen an den Widerruf führt, ist die Funktionsweise des Internets und in dem vom *BGH* entschiedenen Fall, die Technik von Suchmaschinen, nur Codebefehle der Webseiten verstehen zu können.[1106] Nur durch diese „Vertechnisierung" der Widerrufserklärung kann der Suchmaschinenbetreiber überhaupt den Willen des Erklärenden erkennen. Dass der *BGH* im Rahmen der Interessenabwägung bzw. eher einer Zumutbarkeitserwägung dann den Interessen der Suchmaschinenbetreiber den Vorzug vor den Interessen und Handlungsmöglichkeiten der Berechtigten gibt, wurde bereits oben kritisiert.[1107] Für den Bereich des Urheberrechts sind die dargestellten Anforderungen und Grundsätze jedoch dennoch zu beachten.

4.3.1.4.4.2.2 Ideeller Bestandteil des Rechts am eigenen Bild

Fraglich erscheint jedoch, ob die so aufgestellten Voraussetzungen auf den ideellen Bereich des allgemeinen Persönlichkeitsrechts und das Recht am eigenen Bild übertragbar sind. Dagegen spricht generell die oben dargelegte qualitative Differenz zwischen Urheberrecht und dem Recht am eigenen Bild und seinen ideellen Bestandteilen.[1108] Zudem gilt es zu beachten, dass durch eine solche Sichtweise dem in dem Recht am eigenen Bild zum Ausdruck kommenden Selbstbestimmungsrecht des Abgebildeten nicht genügend Rechnung getragen wird.[1109] Denn würde man die vom *BGH* aufgestellten Anforderungen übernehmen, so würde die Erklärung des Willens allein nicht ausreichen bzw. unbeachtlich sein, und es müssten flankierend immer technische Sicherungsmaßnahmen bzw. solche Methoden ergriffen werden, die es den im Internet vorhandenen Diensten ohne weiteres ermöglichen zu erkennen, dass der Berechtigte seine Einwilligung widerrufen möchte.[1110]

1105 Ohly, AfP 2011, 428, 433.

1106 Conrad, ZUM 2010, 585, 586.

1107 Siehe unter 4.3.1.4.2.1.2.

1108 Vgl. auch Alexander, ZUM 2011, 382, 384, der sich für eine differenzierende Betrachtungsweise in Bezug auf die kommerziellen und ideellen Bestandteile des allgemeinen Persönlichkeitsrechts ausspricht.

1109 So auch Ohly, AfP 2011, 428, 433, wenn er von der durch das allgemeine Persönlichkeitsrecht vermittelten Autonomie spricht; Ohly, GRUR 2012, 983, 990.

1110 Spindler, GRUR 2010, 785, 791; Conrad, ZUM 2010, 585, 586.

Dabei stellen diese Maßnahmen im Endeffekt jedoch nur eine Ausformung des Willens des Betroffenen dar. Und für den Bereich der Einwilligung an einen unbestimmten Adressatenkreis bzw. die Allgemeinheit sind solche Sicherungsmechanismen sicher die einfachste Methode, um dem Widerruf Ausdruck verleihen zu können. Denn eine direkte Mitteilung an die Empfänger der Einwilligung scheidet schon aufgrund der Unkenntnis über deren Identität faktisch aus. Insofern ist der Gedankengang des *BGH* auch auf den Bereich des Rechts am eigenen Bild übertragbar, dass bei einer Einwilligung an die Allgemeinheit im Internet die einzige wohl wirksame Methode eines Widerrufs der Einsatz technischer Zugangsbeschränkungen sein wird. Damit ist jedoch nicht ausgeschlossen, dass der Widerruf gegenüber einer bestimmten Person oder einem bestimmten Personenkreis erklärt werden kann, auch wenn das Bild grundsätzlich der Allgemeinheit zugänglich ist und auch die Einwilligungserklärung an die Allgemeinheit abgeben wurde. Die beschriebene Situation lässt sich mit derjenigen des Widerrufs bei einer Auslobung nach § 657 BGB vergleichen.[1111] Auch die Auslobung stellt eine öffentliche Bekanntmachung in Form einer Willenserklärung dar, wie dies hier für die Einwilligungserklärung durch das Einstellen eines Bildes in das Internet angenommen wird.[1112] Nach § 658 Abs. 1 BGB kann diese Auslobung widerrufen werden und zwar grundsätzlich in gleicher Weise, wie die Auslobung stattfand, also durch eine öffentliche Bekanntmachung oder aber auch durch eine besondere Mitteilung. Mit dieser besonderen Mitteilung ist eine empfangsbedürftige Willenserklärung gemeint, die sich an bestimmte Personen richtet.[1113]

Der Widerruf entfaltet dann Wirkung nur gegenüber diesen individuell bestimmten Personen.[1114] Diese gesetzlich vorgegebene Wertung, dass ein Widerruf beschränkt auf einen bestimmten Personenkreis auch bei vorheriger an die Allgemeinheit gerichteter Willenserklärung möglich ist, lässt sich auf den Widerruf im Rahmen des Rechts am eigenen Bild übertragen.[1115] Denn wie die

1111 Ohly, AfP 2011, 428, 433; ders., GRUR 2012, 983, 990 f.

1112 Zur Auslobung: Seiler in MüKomm/BGB, § 657 BGB, Rn. 4; Bergmann in Staudinger, § 657 BGB, Rn. 14. In Bezug auf das Internet: Ohly, AfP 2011, 428, 432.

1113 BGH, Beschl. v. 28.09.2006 - III ZR 295/05 = NJW-RR 2007, 392, Rz. 2; OLG München, Urteil v. 28.07.2005 - U (K) 1834/05 = NJW-RR 2005, 1401; OLG Dresden, Urteil v. 16.11.2010 – 8 U 210/10 = BeckRS 2011, 29016; Seiler in MüKomm/BGB, § 658 BGB, Rn. 4; Kotzian-Marggraf in Bamberger/Roth, BeckOK BGB, § 658 BGB, Rn. 3; Mansel in Jauernig, BGB, § 658 BGB, Rn. 1.

1114 Bergmann in Staudinger, § 658 BGB, Rn. 14; Seiler in MüKomm/BGB, § 658 BGB, Rn. 4.

1115 Ohly, AfP 2011, 428, 433.

Einwilligungserklärung im Bereich des Rechts am eigenen Bild stellt auch die Auslobung ein einseitiges schuldrechtliches Rechtsgeschäft dar.[1116]

Überdies muss im ideellen Bereich des Rechts am eigenen Bild dem Grundgedanke der Selbstbestimmung über höchstpersönliche Güter Rechnung getragen werden. Wollte man hier einen Widerruf nur in der Weise zulassen, dass er an die Allgemeinheit gerichtet sein muss, so blieben dem Berechtigten nur zwei Möglichkeiten. Entweder er schränkt von Anfang an die Einwilligung ein, so dass nur ein bestimmter Personenkreis Zugriff auf das Bildnis erhält. Dann kann er auch diesem Personenkreis gegenüber widerrufen. Oder er muss das betreffende Bildnis löschen bzw. für jede Person unauffindbar machen, wenn die vorherige Einwilligung an die Allgemeinheit gerichtet war. Mit einer Selbstbestimmung in Bezug auf die Entscheidung darüber, wem das eigene Bildnis zugänglich gemacht wird, hat dies dann jedoch nicht mehr viel zu tun. Denn gerade in diesem so eng mit der Persönlichkeit verbundenen Bereich der Außendarstellung ist es nicht ungewöhnlich, wenn sich die innere Einstellung des Betroffenen zu dem Bildnis ändert und er entsprechend den Veröffentlichungskreis anpassen möchte. Dies steht auch nicht der Rechtsprechung entgegen, wonach eine Person aus dem allgemeinen Persönlichkeitsrecht keinen Anspruch darauf ableiten kann, generell nur so dargestellt zu werden, wie sie es für richtig hält.[1117] Denn dort ging es um Fremddarstellungen der eigenen Persönlichkeit, wohingegen hier die durch den Betroffenen selbst erteilte Einwilligung als Ausfluss seiner Selbstbestimmung in Rede steht.

Wird der Widerruf also direkt an einen bestimmten Adressaten gerichtet, etwa per E-Mail oder durch eine andere direkte Kontaktaufnahme, so muss dies ausreichen, um den Empfänger des Widerrufs von dem ursprünglich durch die Einwilligungserklärung bestimmten Adressatenkreis auszuschließen.[1118] Gesonderte technische Schutzmaßnahmen sind daneben grundsätzlich nicht erforderlich. Auch kann dem nicht der Einwand des widersprüchlichen Verhaltens entsprechend der vom *BGH* vertretenen Ansicht entgegengesetzt werden. Denn in den der protestatio facto contraria zu Grunde liegenden Fällen und Entscheidungen ging es um ein sozialtypisches Verhalten mit dem eine Leistung angenommen wurde.[1119] Insofern müsse sich der Anbieter der Leistung darauf verlassen

1116 Seiler in MüKomm/BGB, § 657 BGB, Rn. 4; Ohly, AfP 2011, 428, 432.

1117 BVerfG, Beschl. v. 10.11.1998 - 1 BvR 1531–96 = NJW 1999, 1322, 1323; BVerfG, Urteil v. 15.12.1999 - 1 BvR 653/96 = NJW 2000, 1021, 1022; Damm/Rehbock, Widerruf, Unterlassung und Schadensersatz in den Medien, Rn. 27.

1118 So auch Ohly, GRUR 2012, 983, 991.

1119 Vgl. etwa BGH, Urteil v. 16.12.1964 - VIII ZR 51/63 = NJW 1965, 387, 388; BGH, Urteil v. 26.01.2005 - VIII ZR 66/04 = NJW-RR 2005, 639, 640; Olzen in Staudinger,

können, dass bei Inanspruchnahme eben dieser er auch seine Gegenleistung erhält.[1120] In der hier behandelten Konstellation wird jedoch keine Leistung, etwa der Suchmaschinenbetreiber, entgegengenommen. Das sozialtypische Verhalten, Einstellen der Bilder ins Internet, stellt sich als Einwilligung in Eingriffe in das Recht am eigenen Bild dar. Eine Leistungsbeziehung wird dadurch nicht begründet. Der Berechtigte verpflichtet sich dazu, keine Ansprüche geltend zu machen. Dies kann aber nicht mit der Situation der Entgegennahme einer geldwerten Leistung eines Dritten verglichen werden.[1121]

Folglich ist für den ideellen Bereich des Rechts am eigenen Bild dem Berechtigten auch ein auf bestimmte Adressaten beschränktes Widerrufsrecht zuzugestehen.[1122] Dies kann er etwa durch eine individuelle E-Mail oder ein Schreiben zum Ausdruck bringen.

4.3.1.4.4.3 In sozialen Netzwerken

Von diesen Überlegungen in Bezug auf das Internet im Allgemeinen gilt es nun den Blick auf die Angebote der sozialen Netzwerke zu richten. Auch dort wird die Situation eintreten, dass ein Berechtigter sein Bildnis veröffentlicht hat, nach einer gewissen Zeit oder aus einem bestimmten Grund dies nun nicht mehr auf der Plattform zugänglich wissen möchte.

4.3.1.4.4.3.1 Widerruf durch individuelle Sichtbarkeitseinstellung

Die Situation stellt sich jedoch bereits zu Beginn anders dar als im Internet, denn wie oben beschrieben wird der Nutzer meist eine Einstellung in Bezug auf die Sichtbarkeit seines Bildnisses treffen. Damit besteht bereits von Anfang an die vom *BGH* geforderte technische Maßnahme, um den Adressatenkreis zu beschränken. Insofern muss der Nutzer dann seinen Widerruf auch nur an diesen Adressatenkreis richten. Und auch hier bieten die Funktionen der sozialen Netzwerke die entsprechenden Mechanismen. Wie auch schon bei der Erteilung der Einwilligung kann der User über die individuelle Einstellung der Sichtbar-

---

§ 241 BGB, Rn. 102 ff.; Palandt/Ellenberger, Einf v § 145 BGB, Rn. 26; Larenz/Wolf, BGB AT, § 30, Rn. 25 f.; Conrad ZUM 2010, 585, 587; ausführlich zur protestatio facto contraria Köhler, JZ 1981, 464.

1120 Krit. Köhler, JZ 1981, 464, 467.

1121 Im Ergebnis ebenso: Ohly, AfP 2011, 428, 433; Conrad, ZUM 2010, 585, 587.

1122 Ohly, AfP 2011, 428, 433.

keit des Bildes seine Einwilligung in Bezug auf denjenigen Adressatenkreis widerrufen, der davor noch die Möglichkeit hatte, das Bildnis zu betrachten. Dies entspricht sogar der vom *BGH* für das Urheberrecht aufgestellten Anforderung, dass der Widerruf denjenigen Empfängern zugehen muss, die auch durch die Einwilligung adressiert wurden und dass das dem Widerruf zugrundliegende Verhalten sich als das genaue Gegenstück zu demjenigen der Einwilligungserklärung darzustellen hat. Zudem besteht für den Betroffenen grundsätzlich die Möglichkeit, das Bildnis von der Plattform und aus seinem Profil zu entfernen.

4.3.1.4.4.3.2 Möglichkeit des grundlosen Widerrufs?

Da an die Funktion der Sichtbarkeitseinstellung in den Netzwerken keine Voraussetzungen in dem Sinne geknüpft sind, dass der Berechtigte einen wichtigen Grund angeben müsste, fragt sich, ob es zulässig ist, wenn der Widerruf in einem sozialen Netzwerk grundlos vorgenommen wird.

Dabei gilt es zunächst festzustellen, dass die Einwilligung in den hier untersuchten Netzwerken nicht in einem Vertrag mit dem Betreiber erteilt wird, sondern einzeln für jedes Bild auf der Plattform in dem Moment, in dem es eingestellt wird bzw. durch die Einstellung der Einsehbarkeit des Profils für andere Nutzer. Damit kann aber zumindest schon kein zu berücksichtigendes, schützenswertes Vertrauen aufgrund eines durchzuführenden Vertrages bestehen. Zudem sind auch die anderen Nutzer, denen gegenüber die Einwilligung erteilt wird, nicht vertraglich mit dem Betroffenen verbunden. Des Weiteren liegt den meisten sozialen Netzwerken ein unentgeltliches Angebot zu Grunde.[1123] Für die Bereitstellung von Bildnissen erhalten die Nutzer keine Vergütung durch die Betreiber oder durch andere Nutzer, woraus sich eventuell höhere Hürden für einen Widerruf ergeben würden. All diese Gründe lassen erkennen, dass ein schutzwürdiges Vertrauen, welches die Forderung nach einem wichtigen Grund bzw. einer Wandlung der inneren Überzeugung des Abgebildeten begründen könnte, im Falle der Veröffentlichung von Bildnissen in sozialen Netzwerken nicht entsteht.[1124] Damit kann eine Einwilligung in die öffentliche Zurschaustellung eines Bildnisses in einem sozialen Netzwerk durch den Berechtigten ohne

---

1123 Redeker in Hoeren/Sieber, Handbuch Multimediarecht, Kap. 12, Rn. 437.

1124 So im Ergebnis auch Redeker in Hoeren/Sieber, Handbuch Multimediarecht, Kap. 12, Rn. 437, der zur Begründung jedoch den Zweck sozialer Netzwerke als Mittel der privaten Kommunikation und ein fehlendes Veröffentlichungsinteresse im Gegensatz zu herkömmlichen Medien anführt.

Vorliegen eines besonderes Grundes widerrufen werden. Dieser Widerruf wird denjenigen Erklärungsempfängern, welche von der Änderung der Sichtbarkeitseinstellung betroffen sind auch unmittelbar ersichtlich, denn sie erhalten keinen Zugriff mehr auf die betreffenden Bilder.

4.3.1.4.4.3.3 Weiterverbreitung des Bildnisses an Dritte

Nun könnte sich in sozialen Netzwerken zusätzlich das Problem stellen, dass dort, durch die Funktion des „Teilens" von medialen Inhalten, Bildnisse durch Nutzer des festgelegten Adressatenkreises dritten Personen öffentlich zugänglich gemacht werden und diese eventuell ein schutzwürdiges Vertrauen hinsichtlich der Zurschaustellung dieser Bildnisse besitzen.[1125]

Nach dem hier gefundenen Ergebnis wird die Einwilligung des Berechtigten durch die individuelle Justierung bei dem Einstellen des Bildes in das Netzwerk vorgenommen und der Umfang definiert.[1126] Werden nun Bildnisse an dritte Personen weitergegeben bzw. diesen öffentlich zur Schau gestellt, so ist diese Handlung schon nicht von der Einwilligung des Berechtigten gedeckt. Ein Widerruf der Einwilligung ist daher gegenüber solchen Nutzern, die überhaupt nicht zu dem ursprünglichen Adressatenkreis der Einwilligung gehörten, nicht nötig bzw. gar nicht möglich. Ein Widerruf ist nur denjenigen Nutzern gegenüber möglich, welche zu dem definierten Personenkreis gehörten. Setzen sich diese über die Vorgabe des Berechtigten hinweg, indem sie etwa das Bildnis kopieren und weiterverbreiten, so gehen sie über die definierten Grenzen der Veröffentlichung hinaus. Auch ein eventuell vorgebrachter Einwand, dass eine solche Begrenzung nicht ersichtlich war, kann nicht durchgreifen, da es für die Nutzer anhand der Sichtbarkeitseinstellung erkennbar ist, bis zu welchem Umfang die Einwilligung erteilt wurde.

4.3.1.4.4.4 Zwischenergebnis zum Widerruf einer persönlichkeitsrechtlichen Einwilligung

Der Widerruf einer Einwilligung im Bereich des Rechts am eigenen Bild ist grundsätzlich möglich, auch wenn dieser sich nur an einen bestimmten Empfänger richten soll. Jedoch bestehen gewisse Anforderungen an einen solchen Wi-

---

1125 Vgl. dazu auch Ohly, AfP 2011, 428, 433 f.

1126 Siehe unter 4.3.1.4.2.4.4.

derruf, welcher die Wirkung einer Einwilligung für die Zukunft beseitigen soll, die im Rahmen eines Vertrages abgegeben wurde. Werden Bildnisse in ein soziales Netzwerk eingestellt und eine Einwilligung zur öffentlichen Zurschaustellung erteilt, so haben die Nutzer durch die individuelle Justierung der Sichtbarkeitseinstellung die Möglichkeit, ihre Einwilligung zu widerrufen. Schadensersatzansprüche werden sich dabei grundsätzlich für die ursprünglichen Empfänger der Einwilligungserklärung nicht ergeben, da es an einem schutzwürdigen Vertrauen fehlt.

4.3.2 Zwischenergebnis zu den rechtlichen Risiken für das Recht am eigenen Bild

In dem vorstehenden Abschnitt wurde versucht anhand des Rechts am eigenen Bild die Gefahren und Probleme für persönlichkeitsrechtliche Belange der Nutzer sozialer Netzwerke (neben denen für ihre Daten und ihr Recht auf informationelle Selbstbestimmung) aufzuzeigen und rechtliche Lösungen zu entwickeln. Dies stellt freilich ebenso wenig eine abschließende Betrachtung der persönlichkeitsrechtlichen Gefahren dar, wie auch das Recht am eigenen Bild nicht abschließend für die Persönlichkeitsrechte der Nutzer steht. Jedoch lassen sich anhand der Untersuchung dieses speziellen Bereiches die besonderen Herausforderungen erkennen, welche es in Bezug auf die Nutzung sozialer Netzwerke zu bewältigen gilt. Zudem lassen sich aufgestellte Anforderungen und gefundene Ergebnisse, etwa zu der persönlichkeitsrechtlichen Einwilligung, auch auf andere besondere Persönlichkeitsrechte übertragen.

Wichtig erscheint festzuhalten, dass nicht jede Veröffentlichung eines Bildnisses in einem sozialen Netzwerk gleichzeitig unter den Tatbestand der öffentlichen Zurschaustellung des § 22 S. 1 KUG fällt. Sowohl diesbezüglich, als auch hinsichtlich der Feststellung des Vorliegens einer Einwilligung gilt es auf die individuellen Einstellungen der Nutzer in ihrem Profil zu achten. Persönlichkeitsrechtsschutz ist immer auch Selbstschutz und kann nicht allein durch Gesetze gewährleistet werden.

5 Ergebnis der rechtlichen Betrachtung

Die Gefahren für das allgemeine Persönlichkeitsrecht der Nutzer von sozialen Netzwerken sind real und mannigfaltig. Sowohl was die Richtung betrifft, aus der sie entspringen, als auch ihre inhaltliche Ausprägung. Vorstehend wurde anhand des Rechts auf informationelle Selbstbestimmung und des Rechts am eigenen Bild untersucht, welche potentiellen Risiken sich für die Berechtigten derzeit tatsächlich bieten und eventuell noch bieten können. Zudem wurden verschiedene Lösungsansätze entwickelt, um dem Schutz des Persönlichkeitsrechts der Nutzer nach der derzeitigen Rechtslage Geltung zu verschaffen.

Festzustellen bleibt, dass das deutsche Recht hier nicht auf verlorenem Posten steht. Natürlich sind viele Phänomene des Web 2.0 neu und konnten vom Gesetzgeber bei Erlass verschiedener Vorschriften nicht berücksichtigt werden. Grundsätzlich bietet das deutsche Recht jedoch sowohl einen gewissen Gestaltungsspielraum, um auch auf die Bedrohung für das allgemeine Persönlichkeitsrecht in sozialen Netzwerken reagieren zu können, als auch Schutzmechanismen, um wirksame Barrieren vor dem sensiblen Bereich der Persönlichkeitsrechte zu errichten. Teilweise ist jedoch kritisch anzumerken, dass der deutsche Gesetzgeber mit wichtigen Umsetzungsmaßnahmen auf dem Gebiet des Datenschutzrechts hinterherhinkt. Hier muss für einen effektiven Persönlichkeitsschutz die Novellierung der bestehenden Gesetze vorangetrieben werden. Dies nicht allein vor dem Hintergrund der Gefahren in sozialen Netzwerken, denn diese bilden freilich nur einen Ausschnitt des Internets und seiner angebotenen Dienste, sondern auch mit Blick auf die Kommunikation im Internet und dort generell vorhandener Gefahren für die Nutzer und ihre Persönlichkeitsrechte.

Nachfolgend sollen thesenartig die wichtigsten, im Verlauf dieser Untersuchung, gefundenen Ergebnisse noch einmal kurz dargestellt werden:

- Bei der Nutzung sozialer Netzwerke durch deutsche Verbraucher unterliegen die, auch durch ausländische Anbieter, verwendeten AGB aufgrund von Art. 6 Abs. 2 Rom I-VO der AGB Kontrolle nach den §§ 305 ff. BGB.
- Viele derzeit eingesetzte Klauseln in AGB, die sich mit der Einräumung von Nutzungsrechten an durch die Nutzer eingestellten Inhalten befassen, stellen sich aus der Sicht der Nutzer als überraschende Klauseln i. S. d. § 305c Abs. 1 BGB dar.
- Klauseln zur Nutzungsrechteeinräumung müssen möglichst klar, einfach und verständlich formuliert werden. Dieser, durch das Transparenzgebot gem. § 305 Abs. 1 S. 2 BGB aufgestellten, Anforderung, genügen die untersuchten

Formulierungen in den AGB der Betreiber sozialer Netzwerke teilweise nicht.

- Aufgrund des inhaltlichen Abweichens von den Grundgedanken der Zweckübertragungslehre (§ 31 Abs. 5 UrhG) sind viele Klauseln zur Nutzungsrechteeinräumung mit den wesentlichen Grundgedanken dieser gesetzlichen Regelung nicht zu vereinbaren, § 305 Abs. 2 Nr. 1 BGB.
- Auch auf die Angebote ausländischer Betreiber ist deutsches Datenschutzrecht anwendbar, wenn die für die jeweilige Datenverarbeitung verantwortliche Stelle ihren Sitz außerhalb der Europäischen Union bzw. des EWR besitzt und auf Mittel zurückgreift, welche in Deutschland belegen sind, was im Rahmen der Nutzung sozialer Netzwerke, etwa beim Einsatz von Cookies auf den Rechnern der Nutzer, der Fall ist.
- Im Bereich des Datenschutzrechts besteht keine Rechtswahlfreiheit, wie im Bereich des Privatrechts. Deutsches Datenschutzrecht findet aufgrund der vorhandenen Eingriffsnormen Anwendung.
- Bei der Nutzung dieser Dienste fallen Bestands-, Nutzungs- als auch Inhaltsdaten an, welche für die Betreiber regelmäßig auch einen Personenbezug aufweisen, da es ihnen durch die bei ihnen vorhandenen Informationen über den Nutzer möglich ist, diesen zu identifizieren.
- Die Anbieter sozialer Netzwerke sind für jegliche, durch sie vorgenommene Datenverarbeitung in Bezug auf die Daten der Nutzer oder solche, die durch sie eingestellt werden, datenschutzrechtlich verantwortlich. Die Nutzer können datenschutzrechtlich verantwortlich sein, wenn sich ihre Tätigkeit und die durch sie vorgenommene Datenverarbeitung an die, außerhalb des Netzwerkes liegende, Öffentlichkeit richtet, sie gewerbliche Profile erstellen oder Daten für ihre beruflichen Zwecke verarbeiten.
- Die Voraussetzungen der datenschutzrechtlichen Einwilligung beurteilen sich grundsätzlich nach den §§ 13 Abs. 2 TMG sowie 4, 4a BDSG. Bei der Nutzung sozialer Netzwerke ist die Einhaltung des Formerfordernisses des § 4a Abs. 1 BDSG aufgrund des Vorliegens besonderer Umstände nicht nötig. Vielmehr ist die elektronische Einwilligung gem. § 13 Abs. 2 TMG ausreichend. Für den Bereich der sozialen Netzwerke greift das Kopplungsverbot des § 28 Abs. 3b BDSG dabei nicht ein.
- Eine konkludente Einwilligung ist im Bereich des Datenschutzrechts grundsätzlich möglich. Jedoch liegen auch dieser Form gewisse Voraussetzungen zu Grunde, welche häufig durch die Anbieter nicht erfüllt werden. Durch die individuelle Einstellung der Sichtbarkeit des eigenen Profils wird den Nutzern eine rechtlich wirksame Möglichkeit geboten, eine konkludente Einwil-

ligung in die Verarbeitung ihrer Daten abzugeben. Für die Beurteilung der Wirksamkeit einer datenschutzrechtlichen Einwilligung von Minderjährigen ist allein auf deren individuelle Einsichts- und Urteilsfähigkeit in Bezug auf die Verarbeitung ihrer Daten abzustellen.

- Von den Anbietern verwendete Datenschutzerklärungen unterliegen der AGB-Kontrolle nach den §§ 305 ff. BGB. Dabei stellen sich die derzeit verwendeten Klauseln häufig als zu unbestimmt oder völlig überraschend für die Nutzer dar und sind daher teilweise unwirksam.
- Der Einsatz von Cookies durch die Betreiber sozialer Netzwerke ist grundsätzlich nicht zu beanstanden, sie bedürfen in Bezug auf die Verarbeitung von Bestands- und Inhaltsdaten jedoch häufig der Einwilligung der Nutzer. Die derzeit in Deutschland geltende Rechtslage erfüllt in Bezug auf den Einsatz von Cookies teilweise nicht die europarechtlichen Vorgaben. Werden Cookies durch Dritte, vor allem Werbetreibende, in sozialen Netzwerken eingesetzt, so sind auch diese Anbieter datenschutzrechtlich verantwortlich und müssen sich an die geltenden datenschutzrechtlichen Vorgaben halten und eventuell eine Einwilligung der Nutzer für die Verarbeitung ihrer personenbezogener Daten einholen.
- Bei der Bereitstellung von Bildern in sozialen Netzwerken ist vor allem auf die Rechte der darauf abgebildeten Personen zu achten. Ein öffentliches Zurschaustellen nach § 22 Abs. 1 KUG liegt vor, wenn Bildnisse über den Kreis der eigenen, direkten Kontakte hinaus in dem Netzwerk zugänglich gemacht wird.
- Meist wird dann die Einwilligung der Betroffenen nötig sein. Ihre rechtliche Einordnung ist strittig, sollte jedoch unter anderem aufgrund des Schutzes Minderjähriger, des Vertrauens des Rechtsverkehrs und ihrer gewollten Rechtsfolge als rechtsgeschäftliche Willenserklärung angesehen werden. Dabei kann sie auch konkludent durch den Berechtigten erteilt werden. Vor allem wegen ihres höchstpersönlichen Charakters ist diese persönlichkeitsrechtliche Einwilligung jedoch von der im Urheberrecht möglichen, einfachen rechtfertigenden Einwilligung und den ihr zu Grunde liegenden Voraussetzungen abzugrenzen. Die Möglichkeit der individuellen Justierung der Sichtbarkeit von eingestellten Bildnissen, sei es auf dem eigenen oder einem fremden Profil, sowie die Funktion der Bestätigung einer Markierung von Personen auf Bildern, stellen eine ausreichende Erfüllung der an eine konkludente Einwilligung zu stellende Anforderungen dar.
- Für die Einwilligung durch Minderjährige ist, anders als in Bezug auf die datenschutzrechtliche Einwilligung, grundsätzlich die Zustimmung des gesetz-

lichen Vertreters erforderlich und ab einer bestimmten Altersgrenze, welche sich zumindest als erste Vermutungsregel bei der Vollendung des 14. Lebensjahres anbringen lässt, auch auf den Willen des minderjährigen Betroffenen Rücksicht zu nehmen.

- Der Widerruf einmal in das Internet als auch in ein soziales Netzwerk eingestellter Bildnisse ist grundsätzlich möglich. Gewisse Anforderungen ergeben sich jedoch bei einer vorherigen Erteilung der Einwilligung im Rahmen eines Vertrages. In sozialen Netzwerken lässt sich der Widerruf, entsprechend der Erteilung der Einwilligung, durch die Justierung der Sichtbarkeit des Bildnisses oder des gesamten Profils, ausüben.

Nun mag man sich die Frage stellen, welche Anstrengungen unternommen werden können und müssen, um den Persönlichkeitsschutz im Rahmen der Nutzung von Web 2.0 Angeboten und vor allem sozialen Netzwerken, zu ermöglichen und zu stärken? Denn die vorstehenden Ergebnisse der Untersuchung und die angebotenen rechtlichen Lösungen stellen nur Momentaufnahmen der tatsächlichen Situation dar. Soll aber nachhaltig eine Verbesserung, etwa für den Schutz von Nutzerdaten eintreten, so kommt man nicht umhin, einen Bick in die Zukunft zu werfen und zu analysieren, welche Handlungsmöglichkeiten derzeit bestehen, um einen verbesserten Persönlichkeitsschutz in sozialen Netzwerken Wirklichkeit werden zu lassen.

6 Zukünftiger Schutz der Persönlichkeit in sozialen Netzwerken

Wenn man von dem zukünftigen Schutz und den von Politik, Gesellschaft und Wirtschaft zu ergreifenden Maßnahmen in Bezug auf die Verbesserung der rechtlichen Lage der Nutzer im Web 2.0 spricht, so muss als Ausgangspunkt klar sein, dass dieser Schutz sich nicht anhand einer „Patentlösung" erreichen lässt. Denn aufgrund der Schnelligkeit der technologischen Entwicklungen im Internet ist bereits jetzt, etwa auf legislativer Ebene, ein beschränkt sein des Gesetzgebers (sei es national oder international) zum Reagieren und nicht zum Agieren, erkennbar. Dies impliziert nicht etwa eine Hoffnungs- oder Sinnlosigkeit gesetzgeberischer Bemühungen. Eine Resignation wäre also fehl am Platz, denn der zivilrechtliche Persönlichkeitsschutz bei Informationsverbreitungen über Plattformen des Web 2.0 bedarf dringend näherer Prüfung.[1127] Jedoch sollte man sich als Prämisse jeglicher Maßnahmen zum zukünftigen Schutz der Persönlichkeit im Internet dieser Tatsache eingedenk sein. Eine Pause zum Verschnaufen wird es kaum geben.

In den obigen Ausführungen dieser Arbeit wurden einige Gefahren für die Persönlichkeitsrechte der Nutzer in sozialen Netzwerken im Internet untersucht. Nicht alle lassen sich einzeln klassifizieren und dann gezielt bekämpfen, da sie meist auch zusammenwirken und sich gegenseitig beeinflussen. Zudem werden weiter neue hinzukommen. Jedoch soll nachfolgend versucht werden, auf wichtige und für den zukünftigen Schutz, vor allem auch in sozialen Netzwerken, entscheidende Risiken einzugehen und darzustellen, was derzeit auf den verschiedensten gesellschaftlichen Ebenen geplant wird, aber auch zukünftig unternommen werden kann und sollte, um diesen Risiken zu begegnen.

6.1 Datenschutz

Das gleiche, was auf die technische Entwicklung zutrifft, gilt ebenso für den Bereich des Rechts. Aufgrund der ständigen technologischen Weiterentwicklung besteht Reformbedarf.[1128] Man könnte sagen: kontinuierlicher Reformbedarf. So

1127 Bruns, AfP 2011, 241.

1128 Kühling/Bohnen, JZ 2010, 600, 607; Heckmann, K&R 2010, 770, 775.

wird auch auf europäischer Ebene festgestellt, dass sich die Welt infolge der raschen technologischen Entwicklung und der Globalisierung tiefgreifend verändert, was den Datenschutz vor neue Herausforderungen stellt.[1129] Als Folge wurde ein Konzept für eine Reform der EU-Vorschriften für den Schutz personenbezogener Daten in sämtlichen Tätigkeitsbereichen der EU entworfen[1130] und im Januar 2012 u. a. der Entwurf für eine sog. Datenschutz-Grundverordnung (im Folgenden: DS-GV) vorgestellt.[1131] Die Unangemessenheit des heutigen Datenschutzrechts für aktuelle Probleme äußert sich dabei, wie bereits oben gesehen, in verschiedenen Bereichen.

Manche sehen das Grundproblem des Datenschutzes nicht in dessen Anwendungsbereich, sondern in den fehlenden Sanktionsmöglichkeiten im Falle einer Nichterfüllung[1132] oder auch in der fehlenden Normklarheit des Datenschutzrechts.[1133] Freilich dürfen auch diese Aspekte nicht außer Acht gelassen werden. Denn datenschutzrechtliche Pflichten ohne wirksame Durchsetzungsmöglichkeiten werden sich in der Praxis schnell als zahnloser Tiger erweisen. Nachfolgend sollen jedoch nicht zukünftige Sanktions- und Durchsetzungsmechanismen im Fokus stehen. Vielmehr wird versucht anhand einiger zentraler und für den zukünftigen Schutz personenbezogener Daten wichtiger Punkte auf die Herausforderungen, aber auch die Möglichkeiten eines reformierten Datenschutzes und andere gesamtgesellschaftlich zu ergreifende Maßnahmen, einzugehen.

6.1.1 Datenschutzrechtliche Einwilligung

Ein bei der Modernisierung des (nationalen sowie internationalen) Datenschutzrechts zu beachtender Aspekt ist die derzeit geltende gesetzliche Regelung der datenschutzrechtlichen Einwilligung, welche die Betroffenen im Rahmen der Nutzung der angebotenen Dienste abgeben. Nach § 4a Abs. 1 S. 3 BDSG wird für eine Einwilligung in die Verarbeitung personenbezogener Daten immer noch

1129 Mitteilung der Europäischen Kommission, Gesamtkonzept für den Datenschutz in der Europäischen Union, KOM (2010) 609 endg., S. 2.

1130 Mitteilung der Europäischen Kommission, Gesamtkonzept für den Datenschutz in der Europäischen Union, KOM (2010) 609 endg., S. 5.

1131 KOM (2012) 11 endg.; dazu etwa Priebe, EuZW 2012, 163; Hornung, ZD 2012, 99; Schneider/Härting, ZD 2012, 199.

1132 In Bezug auf § 3a BDSG etwa Kühling/Bohnen, JZ 2010, 600, 603.

1133 Kühling/Bohnen, JZ 2010, 600, 607.

die Schriftform (§ 126 BGB) bzw. als Ersatz dafür die elektronische Form (§ 126a BGB) nach dem Signaturgesetz verlangt. Natürlich besteht nach § 13 Abs. 2 TMG die Möglichkeit, die Einwilligung elektronisch zu erteilen. Jedoch gilt das TMG, nach hier vertretener Ansicht, nicht für alle im Internet und speziell bei der Nutzung sozialer Netzwerke anfallenden Daten, wodurch wieder auf das BDSG zurückgegriffen werden muss. Dann ist jedoch wieder (zumindest) eine elektronische Signatur zu verlangen.

Ist es also an der Zeit, das Schriftlichkeitserfordernis im Internet, auch für Daten, welche unter das BDSG fallen, über Bord zu werfen, um so eine Vereinheitlichung der Einwilligungsvoraussetzungen zu erlangen? Die gesetzliche Zulässigkeit der elektronischen Einwilligung nach § 13 Abs. 2 TMG zeigt zumindest, dass der Gesetzgeber erkannt hat, auf die besonderen Umstände der neuen Technologien reagieren zu müssen. Jedoch lassen sich weder in den Reformbestrebungen der Europäischen Union noch des Bundesgesetzgebers derartige Tendenzen in Bezug auf das BDSG erkennen.[1134] Nach hier vertretener Ansicht[1135] ist jedoch im Anwendungsbereich sozialer Netzwerke die Schriftform bzw. elektronische Signatur durch die Form der elektronischen Einwilligung gemäß den Anforderungen des § 13 Abs. 2 TMG ersetzbar. Dass eine solche Lösung auf Dauer nicht befriedigen wird, ist offensichtlich. Die hohen und praxisuntauglichen Anforderungen, welche das BDSG an eine Einwilligung stellt, sind nicht mehr zeitgemäß und sollten überarbeitet werden.[1136] Auch international wird die Bedeutung der Einwilligung im Internet erkannt und die Bestimmungen über die Einwilligung sollen daher präzisiert und weiter gestärkt werden.[1137]

Es muss insgesamt darum gehen den Mittelweg zwischen diensteneutraler und praxistauglicher Erteilung der Einwilligung auf der einen Seite zu finden und auf der anderen Seite eine die Anforderungen an den Schutz der informationellen Selbstbestimmung nicht untergrabende Lösung herauszuarbeiten. Dabei dürfte die Regelung des § 13 Abs. 2 TMG schon ein gutes Beispiel für zukünftige Lösungen darstellen. Es muss bei der Einwilligung beachtet werden, dass es freilich auch immer um die möglichst adäquate, vorherige Vermittlung von In-

---

1134 Vgl. aber die Empfehlung der Enquete-Kommission Internet und digitale Gesellschaft, wonach die elektronische Einwilligung gem. § 28 Abs. 3a BDSG auf das gesamte BDSG erstreckt werden sollte, Enquete-Kommission Internet und digitale Gesellschaft, Fn. 6, S. 85.

1135 Vgl. 4.2.6.1.2.1.

1136 So auch Spindler, Persönlichkeitsschutz im Internet, S. F 109.

1137 Mitteilung der Europäischen Kommission, Gesamtkonzept für den Datenschutz in der Europäischen Union, KOM (2010) 609 endg., S. 10.

formationen als Entscheidungsgrundlage geht. Ein völlig anderer Weg wäre es, zumindest im Bereich zwischen Privatrechtssubjekten vom Prinzip des Verbots mit Erlaubnisvorbehalt bei der Datenverarbeitung abzurücken.[1138] Dann würde auch die datenschutzrechtliche Einwilligung an Bedeutung verlieren. Solange die Datenverarbeitung jedoch grundsätzlich verboten ist, muss der Bedeutung der Einwilligung, gerade auch im Hinblick auf zukünftige, sich erst mit der Zeit entwickelnde Dienste im Internet, Rechnung getragen werden. Eng mit im Rahmen der Einwilligung zu erteilenden Informationen hängt auch die nächste Forderung zusammen, die Schaffung von besseren Regelungen um mehr Transparenz in Bezug auf den Datenumgang zu gewährleisten.

6.1.2 Transparenz

Es wird nötig sein, in Zukunft weitere Transparenz für die Nutzer in Bezug auf den Umgang mit ihren Daten zu schaffen. Nur auf diese Weise kann ein effektiver Schutz der Persönlichkeitsrechte und vor allem der Daten sichergestellt werden. Charakteristisch für die neuen Technologien und die Angebote des Web 2.0 ist der Kontrollverlust über die eigenen Daten, welche bewusst oder unbewusst als digitale Fußabdrücke zurückgelassen werden.[1139] Gerade im Bereich der Einwilligung, in dem der Nutzer es grundsätzlich selber in der Hand haben soll, was mit seinen Daten geschieht, muss der Schutz auch weiterhin auf dem informierten Autonomieprinzip, als Ausdruck informationeller Selbstbestimmung, beruhen.[1140] Das „informiert sein“ in Bezug auf den konkreten Dienst und dort verarbeitete Daten, kann aber nur durch Transparenz gewährleistet werden. Dem Nutzer darf im Umgang mit seinen Daten grundsätzlich erst einmal nichts verheimlicht werden, sondern ihm muss bekannt sein, dass Daten erhoben werden, wie dies geschieht und welche dies sind.[1141] Eine andere Frage ist dann freilich, ob jeder Nutzer diese umfassende Aufklärung wünscht. Diesem Interesse kann jedoch dadurch entsprochen werden, dass den Usern Auswahlmöglichkeiten zur Verfügung gestellt werden, in Bezug auf welche Informationen oder Verarbeitungsprozesse sie Informationen erhalten möchten. Dies Wahlmöglichkeit kann sich dann jedoch nur auf gegenüber den gesetzlich erforderlichen zusätzliche,

1138 Dazu etwa Härting/Schneider ZRP 2011, 233, 234.

1139 Hoffman-Riem, AöR 2009, 513, 524.

1140 Fischermann/Hamann, Zeitbombe Internet, S. 150; Hoffman-Riem, AöR 2009, 513, 526; Enquete-Kommission Internet und digitale Gesellschaft, Fn. 6, S. 63.

1141 Hoffman-Riem, AöR 2009, 513, 527; Härting/Schneider, ZRP 2011, 233, 234.

durch die Anbieter zur Verfügung gestellte, Informationen beziehen. Der kodifizierte Standard muss jedoch eine umfassende Transparenz darstellen, der sich nur durch an die Betreiber von Internetdiensten gerichtete Pflichten durchsetzen lässt. Erforderlich ist folglich eine Transparenz der Datenverarbeitung, von ihrer Erhebung bis hin zur Verarbeitung und Schluss endlich ihrer Löschung.

Ziel muss es sein, über eine lückenlose Transparenz den Nutzern die Möglichkeit zu geben, ihre Daten und damit ihre „Digitale Identität" besser als bisher kontrollieren zu können.[1142] Dabei ist es wichtig zu fordern, dass diese nicht erst im Stadium der Datenverarbeitung beginnt, sondern bereits vorher, in der Planung der digitalen Infrastruktur, muss sich diese in ihrer technischen Ausgestaltung an den wesentlichen Grundgedanken des Datenschutzrechts, u. a. der Transparenz, orientieren.[1143] Dies wird auch auf internationaler Ebene anerkannt, wenn das *Europäische Parlament* die Einführung eines allgemeinen Transparenzgrundsatzes unterstützt, wie auch die Verwendung von Technologien zur Verbesserung der Transparenz und die Entwicklung von standardisierten Datenschutzhinweisen, die dem einzelnen eine Kontrolle über seine Daten ermöglicht.[1144] Die *Europäische Kommission* sieht in der Transparenz die Voraussetzung dafür, dass der Einzelne die Kontrolle über seine personenbezogenen Daten besitzt, womit wirksamer Datenschutz gewährleistet werden kann.[1145]

Voraussetzung der Transparenz muss dabei vor allem sein, dass die Informationen leicht zugänglich, verständlich sowie klar und einfach aufbereitet sind.[1146] Denn die besten und schönsten Informationen nutzen wenig, wenn die User nicht zwangsläufig mit ihnen in Berührung gelangen. Zu begrüßen ist der Vorschlag der *Europäischen Kommission*, die Einführung eines allgemeinen Transparenzgrundsatzes für die Verarbeitung personenbezogener Daten in Erwägung zu ziehen.[1147] Die vorgeschlagene Lösung, mehrere EU-Standardmuster (Datenschutzhinweise) zu erstellen, die die für die Verarbeitung Verantwortli-

---

1142 Heckmann, K&R 2010, 770, 776.

1143 Heckmann, K&R 2010, 770, 776; vgl. zu dem Modell des Privacy by Design unter 6.1.4.

1144 Entschließung des Europäischen Parlaments, P7_TA-PROV(2011)0323, 6.7.2011, Ziff. 15.

1145 Mitteilung der Europäischen Kommission, Gesamtkonzept für den Datenschutz in der Europäischen Union, KOM (2010) 609 endg., S. 6.

1146 Mitteilung der Europäischen Kommission, Gesamtkonzept für den Datenschutz in der Europäischen Union, KOM (2010) 609 endg., S. 6.

1147 Mitteilung der Europäischen Kommission, Gesamtkonzept für den Datenschutz in der Europäischen Union, KOM (2010) 609 endg., S. 7; zu dem darauf basierenden Entwurf für eine Datenschutz-Grundverordnung siehe 6.2.

chen zu verwenden haben,[1148] kann jedoch nicht frei von Bedenken bleiben. Denn dieser Weg erinnert stark an den der gesetzlich vorgegebenen Widerrufsbelehrung im Fernabsatzrecht durch den deutschen Gesetzgeber.[1149] Diese sollte für Anbieter von Waren im Internet eine rechtlich sichere Möglichkeit darstellen, ihren Informationspflichten aus § 312c BGB und der Belehrung über das Widerrufsrecht nach §§ 355 Abs. 2, Abs. 3 BGB rechtskonform nachzukommen. Jedoch erwies sich diese Vorlage des Gesetzgebers als doch nicht rechtlich unangreifbar, wodurch eine ständige Überarbeitung des Textes der Widerrufsbelehrung nötig war und eine Verunsicherung bei den sie Nutzenden eintrat.[1150] Eine Überregulierung im Sinne von fest vorgegebenen und zu verwendenden Hinweisen sollte nicht das Ziel sein.[1151] Sicherlich sollten gewisse inhaltliche und auch formale Vorgaben in Bezug auf die Datenschutzhinweise bestehen. Aufgrund der Mannigfaltigkeit der Internetangebote und der Methoden, Daten der Nutzer zu erheben, erscheint es jedoch wenig vielversprechend, ein Standardformular für alle Dienste oder etwa ein Standardformular für jede einzelne Art von Internetangeboten festzuschreiben. Die rechtlichen Vorgaben zu Datenschutzhinweisen müssen wandlungsfähig und zielgerichtet aufgestellt werden. Zielgerichtet auf den Schutz der Nutzer.

Dies soll freilich nicht bedeuten, dass es keine gesetzlichen Vorgaben für die Erfüllung von Transparenzpflichten geben sollte. So wird man verlangen müssen, dass, gerade mit Blick auf besonders gefährdete Personengruppen, eine Art Mindestinhalt, die Gestaltung und die Auffindbarkeit von Informationen in Bezug auf den Datenumgang durch festgeschriebene Rahmenreglungen vorgegeben werden, wobei es auch zu überlegen gilt, ob zumindest ein Teil der Informationspflichten, anders als jetzt etwa in § 13 Abs. 2 TMG, unabhängig von einem bestimmten Merkmal der Daten, wie dem Personenbezug, zum Tragen kommt.[1152] Denn auch die Verarbeitung nicht personenbezogener Daten kann bereits die Grundlage einer Gefährdung für das informationelle Selbstbestimmungsrecht der Nutzer darstellen, wenn man sich vergegenwärtigt, dass die Da-

---

1148 Mitteilung der Europäischen Kommission, Gesamtkonzept für den Datenschutz in der Europäischen Union, KOM (2010) 609 endg., S. 7.

1149 Jetzt geregelt in Art. 246 § 2 Abs. 3 EGBGB i. V. m. Anlage 2 zu § 14 BGB-InfoV.

1150 Vgl. zu der Problematik etwa Masuch, NJW 2008, 1700; Ebnet, NJW 2011, 1029 f.

1151 Vgl. auch die Kritik an dem Ziel, verstärkt vorformulierte Einwilligungserklärungen einzusetzen, DGRI, Stellungnahme zum Entwurf einer EU-Datenschutz-Verordnung, S. 3.

1152 Jandt/Roßnagel, MMR 2011, 637, 640; Schneider/Härting, ZD 2011, 63, 68; dies. ZD 2012, 199, 201; DGRI, Stellungnahme zum Entwurf einer EU-Datenschutz-Verordnung, S. 2.

ten über einen längeren Zeitraum gesammelt und später mit einem personenbezogenem Datum verbunden werden. So etwa in einem Nutzungsprofil, da sich dann auch die anfänglich nicht personenbezogenen Daten als solche mit Personenbezug darstellen. Aufklärungs- und Unterrichtungspflichten hätten nach jetziger Gesetzeslage aber nur für das letzte, personenbezogene Datum bestanden.

6.1.3 Verfallsdatum und Recht zu Vergessen

In der Diskussion steht derzeit ebenfalls ein sog. Recht zu Vergessen bzw. vergessen zu werden.[1153] Dabei geht es um die Möglichkeit des Nutzers, seine Daten aus dem Internet und von Webseiten, etwa der Betreiber sozialer Netzwerke, restlos löschen lassen zu können bzw. die Möglichkeit, dass Daten nach gewisser Zeit automatisch „verfallen". Diese Art von neuen technologischen Ansätzen, sog. privacy-enhanced technologies, also datenschutzfreundliche bzw. -sparsame Technologien, welche dem Nutzer mehr Möglichkeiten geben, seine persönlichen Informationen besser zu schützen, sind begrüßenswert und tragen grundsätzlich zur Durchsetzung des Persönlichkeitsschutzes im Internet bei.[1154]

Es ist anzumerken, dass der Grundgedanke dieses Rechts, die Kontrolle über seine eigenen Daten zu behalten, nicht völlig neu ist. Das informationelle Selbstbestimmungsrecht aus Art. 2 Abs. 1, Art. 1 Abs. 1 GG verleiht dem Bürger gerade diese Macht. Ein solches Recht zu Vergessen lässt sich mithin im allgemeinen Persönlichkeitsrecht verorten und ist Ausdruck der Autonomie eines jeden Einzelnen, der zum Rechteinhaber über seiner persönliche Daten wird.[1155] Auch einfachgesetzlich ist der Gedanke, der mit dem neu in Rede stehenden Recht zu Vergessen zum Ausdruck gebracht werden soll, bereits etwa in § 35 BDSG kodifiziert worden. So werden in § 35 Abs. 2 S. 2 BDSG verschiedene Fälle aufgezählt, in denen die Betroffenen gegen den für die Datenverarbeitung Verantwortlichen einen Anspruch auf Löschung ihrer personenbezogenen Daten besitzen. Zwar gestaltet sich gerade bei Löschungsbegehren gegen Betreiber von Internetseiten, wie etwa auch sozialen Netzwerken, die tatsächliche Duchsetzung dieses Rechts aufgrund der allzu einfachen Möglichkeit der Spiegelung und Weitergabe von personenbezogenen Daten im Internet als

---

1153 Dazu etwa Weber, JIPITEC 2011, 120; Nolte ZRP 2011, 236; umfassend Mayer-Schönberger, Delete - Die Tugend des Vergessens in digitalen Zeiten.

1154 Hoeren, ZRP 2010, 251, 253; Weber, JIPITEC 2011, 120, 127.

1155 Dix in Simitis, BDSG, § 35 BDSG, Rn. 2; Weber, JIPITEC 2011, 120, 121.

schwierig.[1156] Denn auch wenn der Webseitenbetreiber die personenbezogenen Daten von seinen Servern löscht, so ist damit längst nicht gesagt, dass die Daten aus dem Internet selbst verschwunden sind und etwa nicht auf anderen Internetseiten auftauchen. Dies ändert jedoch erst einmal nichts an der geltenden Rechtslage, dass gegenüber dem für die Datenverarbeitung Verantwortlichen ein Anspruch auf Löschung der personenbezogenen Daten besteht, wenn etwa bereits die Speicherung aufgrund einer unwirksamen Einwilligung oder mangels Erlaubnistatbestand unzulässig war (§ 35 Abs. 2 S. 2 Nr. 1 BDSG).[1157]

Gleichzeitig kann jedoch daraus nicht geschlossen werden, dass jede Person das Recht hätte, überhaupt nicht mehr öffentlich erwähnt oder nur so dargestellt zu werden, wie sie es gerne hätte und sie die ausschließliche Verfügungsbefugnis über alle sie betreffenden Daten besitzt.[1158] Denn hier kollidiert das informationelle Selbstbestimmungsrecht mit Grundrechten Dritter, wie der freien Meinungsäußerung und anderen Grundrechten, welche bei der Nutzung des Internet einschlägig sind.[1159]

Dabei besteht das Grundproblem darin, dass durch den technischen Fortschritt, wie Digitalisierung, verbilligter Speicherplatz und vereinfachter Informationszugriff, das Erinnern bzw. das ständige Vorhalten von Daten die Regel und das Vergessen die Ausnahme geworden ist.[1160] Die Forderung von *Mayer-Schönberger* ist daher auch, ein Verfallsdatum für Informationen einzuführen, welches den Sinn hat, die Nutzer wieder an die Endlichkeit von Informationen zu erinnern.[1161] Der Mensch muss praktisch wieder dazu gebracht werden darüber nachzudenken, dass Informationen endlich sind und mit der Zeit für die meisten Ereignisse der Vergangenheit verschwinden. Die technische Realisierung eines solchen Verfallsdatums stellt sich dabei freilich nicht allzu einfach

1156 Dix in Simitis, BDSG, § 35 BDSG, Rn. 8; Gola/Schomerus, BDSG, § 35 BDSG, Rn. 2a; Däubler in Däubler/Klebe/Wedde/Weichert, BDSG, § 35 BDSG, Rn. 3; Weichert, VuR 2009, 323, 328.

1157 Dix in Simitis, BDSG, § 35 BDSG, Rn. 8; Gola/Schomerus, BDSG, § 35 BDSG, Rn. 2a f.; Däubler in Däubler/Klebe/Wedde/Weichert, BDSG, § 35 BDSG, Rn. 17; Meents in Taeger/Gabel, BDSG, § 35 BDSG, Rn. 19.

1158 BVerfG, Beschl. v. 10.11.1998 - 1 BvR 1531–96 = NJW 1999, 1322, 1323; BVerfG, Urteil v. 15.12.1999 - 1 BvR 653/96 = NJW 2000, 1021, 1022; Damm/Rehbock, Widerruf, Unterlassung und Schadensersatz in den Medien, Rn. 27.

1159 Damm/Rehbock, Widerruf, Unterlassung und Schadensersatz in den Medien, Rn. 28 f.; Gola/Schomerus, BDSG, § 1 BDSG, Rn. 10; Weber, JIPITEC 2011, 120, 122.

1160 Mayer-Schönberger, Delete - Die Tugend des Vergessens in digitalen Zeiten, S. 66.

1161 Mayer-Schönberger, Delete - Die Tugend des Vergessens in digitalen Zeiten, S. 202; vgl. auch Nolte, ZRP 2011, 236, 237 f.

dar. Man könnte etwa die Variante ins Auge fassen, dass die Nutzer, wenn sie eine Datei auf ihrem Computer anlegen, neben dem Speicherort auch ein Ablaufdatum für diese Datei festlegen müssen.[1162] Um einer solchen Technik in der Praxis zum Durchbruch verhelfen zu können, wäre zudem die Unterstützung durch die Hersteller (von Geräten und Software) sowie des Gesetzgebers nötig.[1163] Der Vorteil dieses neuen Ansatzes gegenüber dem bereits im BDSG geregelten Anspruch auf Löschung der personenbezogenen Daten ist, dass das Datum seine Löschung bereits quasi im Gepäck trägt. Ein diffiziles aktives rechtliches Vorgehen, gerade gegen Verantwortliche im europäischen Ausland, könnte so vermieden und dem Schutz personenbezogener Daten zu einer erleichterten Durchsetzung verholfen werden.

Auf europäischer Ebene ist diese Idee bereits von der *Europäischen Kommission* aufgenommen worden[1164] und soll nach dem Willen des *Europäischen Parlaments* weiter konkretisiert und dann kodifiziert werden.[1165] Dies ist nun in dem Entwurf zur DS-GV geschehen.[1166] Jedoch lässt sich zu der tatsächlichen Verwirklichung und legislativen Festschreibung noch wenig sagen, da viele ungeklärte Punkte in Bezug darauf bestehen, wie die Durchsetzung dieses Rechts oder die Löschung der Daten tatsächlich ablaufen soll.[1167]

Dabei gibt es vor allem für die technische Lösung über ein Verfallsdatum, welches von jedem Nutzer an veröffentlichte Daten angehängt wird und diese nach Ablauf des festgelegten Zeitpunktes automatisch löscht bzw. sperrt, einige Sympathien, da außer der Definition des Verfallsdatums nicht viel von den Nutzern gefordert wird.[1168] Diese Möglichkeit stellt sich folglich recht nutzerfreundlich dar, was sicherlich ein wichtiger Punkt in Bezug auf die allgemeine Akzeptanz einer solchen Entwicklung ist.

Problematisch an Verfallsdaten ist jedoch deren Durchsetzung in der Praxis. Soll etwa eine (öffentliche oder private) Stelle festgelegt werden, welche die digitalen Daten löscht oder die Löschung überwacht? Welche Zugriffsrechte erhält diese auf die IT-Systeme der Anbieter im Internet? Dies dürfte sich gerade

1162 Mayer-Schönberger, Delete - Die Tugend des Vergessens in digitalen Zeiten, S. 202.

1163 Mayer-Schönberger, Delete - Die Tugend des Vergessens in digitalen Zeiten, S. 205.

1164 Mitteilung der Europäischen Kommission, Gesamtkonzept für den Datenschutz in der Europäischen Union, KOM (2010) 609 endg., S. 8.

1165 Entschließung des Europäischen Parlaments, P7_TA-PROV(2011)0323 vom 6.7.2011, Ziff. 16.

1166 Dazu unter 6.2.

1167 Weber, JIPITEC 2011, 120, 122.

1168 Siehe etwa Hoeren, ZRP 2010, 251, 253; Weber, JIPITEC 2011, 120, 127; krit. in Bezug auf rein technische Lösungen Nolte, ZRP 2011, 236, 238.

vor dem Hintergrund der Allgegenwärtigkeit und der Datensammelleidenschaft der sozialen Netzwerke oder der Suchmaschinenbetreiber als nicht einfach darstellen.[1169] In Betracht kommt aber auch die vertragliche Festlegung von Verfallsdaten, wobei dann die Schwierigkeit bestehen dürfte, dass sich die Vertragsparteien auf ein Datum einigen müssten.[1170] Die sich gegenüberstehenden Interessen werden wohl häufig auseinandergehen. Zudem wird bei einer Lösung über ein technisches Verfallsdatum ein Plug-In (z. B. X-pire![1171]) im Webbrowser benötigt, welches eventuell auch kostenpflichtig ausgestaltet wäre. Solche Kosten könnten vor allem in der jungen Generation zu Akzeptanzproblemen führen,[1172] wobei gerade diese Altersgruppe besonders gefährdet ist und sich für ihren Schutz effektive und leicht umsetzbare Lösungen finden lassen müssen.

Die Diskussion zum Recht auf Vergessen beschränkt sich jedoch nicht nur auf ein Verfallsdatum. Auch ohne ein solches sind legislative Bestrebungen erkennbar, die dafür sorgen sollen, dass Diensteanbieter im Internet nicht mehr benötigte Daten löschen und Nutzern vereinfachte Möglichkeiten an die Hand gegeben werden sollen, eine Löschung ihrer Daten zu initiieren.

Auch der deutsche Gesetzgeber erkannte die Notwendigkeit der Löschung von im Internet veröffentlichten Daten. In einem Gesetzesentwurf des Landes Hessen im deutschen Bundesrat[1173] wurde eine Änderung und Ergänzung des TMG (nachfolgend mit der Abkürzung TMG-E) vorgeschlagen. Dabei sollte der bestehende § 13 Abs. 4 TMG geändert und weitere Pflichten des Diensteanbieters zur Löschung von Daten der Nutzer eingeführt werden. Die zu begrüßende Intention dahinter ist, dass verhindert werden soll, dass einmal eingegebene, persönliche Daten der Nutzer, für alle Zeit im Internet auffindbar sind und eventuell missbraucht werden können.[1174] Dazu würde die Pflicht zur Bereitstellung einer Art „Löschknopf" eingeführt (§ 13 Abs. 4 S. 1 Nr. 3 TMG-E), wodurch der Nutzer selbst in der Lage sein soll, die Löschung seiner Daten zu veranlassen.[1175] Inhaltlich ähnlich formuliert war eine Forderung der *Art. 29 Datenschutzgruppe*, wonach die von einem Nutzer bei seiner Anmeldung zu einem Onlinedienst mitgeteilten Daten gelöscht werden sollten, sobald entweder er o-

1169 Weber, JIPITEC 2011, 120, 127; zu technischen Problemen siehe auch Nolte, ZRP 2011, 236, 237 f.

1170 Weber, JIPITEC 2011, 120, 127.

1171 Zur Funktionsweise vgl. Federrath/Fuchs/Hermann/Maier/Scheuer/Wagner, DuD 2011, 403, 404 f.

1172 Federrath/Fuchs/Hermann/Maier/Scheuer/Wagner, DuD 2011, 403, 405.

1173 BR-Drs. 156/11; siehe dazu etwa Finger, ZD 2011, 109.

1174 BR-Drs. 156/11, S. 8.

1175 BR-Drs. 156/11, S. 8.

der der Anbieter des sozialen Netzwerkdienstes sich entscheidet, das betreffende Nutzerprofil zu löschen und nicht weiter zu verwenden.[1176]

Zudem sollte eine Pflicht zur automatischen Löschung von Nutzerdaten eingeführt werden, wenn die Nutzer längere Zeit nicht mehr aktiv auf der Plattform sind (§ 13 Abs. 4 S. 1 Nr. 4 TMG-E), wobei ein Inaktivitätszeitraum von 1 – 2 Jahren als ausreichend angesehen wurde.[1177] Auch diesbezüglich stellte bereits die *Art. 29 Datenschutzgruppe* die Forderung auf, dass das Nutzerprofil eines Users, wenn er den sozialen Netzwerkdienst für einen bestimmten Zeitraum nicht mehr nutzt, in den inaktiven Zustand versetzt werden und so für andere Nutzer oder die Öffentlichkeit nicht mehr sichtbar sein sollte.[1178]

Des Weiteren wurde in einem neu einzufügenden § 13a Abs. 3 TMG-E eine Lösch- bzw. Anonymisierungspflicht für nutzergenerierte Inhalte (Bilder, Videos, Texte) vorgeschlagen, welche im Laufe der Mitgliedschaft bei dem jeweiligen Online-Dienst eingestellt wurden.[1179] Denn es bestehe die Gefahr, dass solche Inhalte, gerade wenn sie nicht Teil des eigenen Profils sind, welches bei der Löschung des eigenen Nutzerkontos entfernt wird, noch Jahre später im Internet auffindbar sind.[1180] Jedoch steht diese Pflicht unter dem Vorbehalt der Unverhältnismäßigkeit der Löschung bzw. Anonymisierung für den Anbieter, etwa wenn alle einzelnen Beiträge eines Nutzers durchsucht und von Hand gelöscht werden müssten.[1181]

Die Novellierungsansätze zum TMG zeigen, dass das politische und gesetzgeberische Bewusstsein für Risiken der ewigen Auffindbarkeit von Daten und für die Möglichkeit der Löschung eben dieser Daten zum Schutz der Nutzer geweckt ist und hier wichtige und richtige Schritte auf dem Weg sind. Die Möglichkeit des Verfallsdatums von Informationen bietet dabei sicher nicht die einzige Lösung. Jedoch muss in Bezug auf die geplante Novellierung des TMG konstatiert werden, dass diese durchaus sinnvollen Regelungen derzeit nicht weiter verfolgt werden. In ihrer Stellungnahme zu dem Gesetzentwurf[1182] begrüßt die Bundesregierung die Reformansätze grundsätzlich, weist jedoch zum einen auf die Notwendigkeit einer intensiveren Untersuchung der geltenden

1176 Art. 29 Datenschutzgruppe, Stellungnahme 5/2009 zur Nutzung sozialer Online-Netzwerke, WP 163, S. 12.

1177 BR-Drs. 156/11, S. 9.

1178 Art. 29 Datenschutzgruppe, Stellungnahme 5/2009 zur Nutzung sozialer Online-Netzwerke, WP 163, S. 13.

1179 BR-Drs. 156/11, S. 14 f.

1180 BR-Drs. 156/11, S. 15.

1181 BR-Drs. 156/11, S. 15.

1182 BT-Drs. 17/6765, S. 13 ff.

Rechtslage in Deutschland hin und bezieht sich zum anderen auf den Entwurf für die DS-GV auf europäischer Ebene.[1183] Die Reformbestrebungen wurden daher nicht weiter verfolgt.

6.1.4 Privacy by Design bzw. Privacy by Default

Unter den Stichworten Privacy by Design und Privacy by Default versteht man Techniken und Gestaltungen der Internetdienste, welche den Schutz der Nutzerdaten bereits in der Planung und Architektur der Dienste berücksichtigen, diesem Schutz in der Ausgestaltung und dem Design der Webseiten Rechnung tragen (Privacy by Design) und Vor- bzw. Grundeinstellungen bereithalten, durch welche der Schutz der eigenen Nutzerdaten von Anfang an gewährleistet wird (Privacy by Default). Es ist wichtig zu erkennen, dass der zukünftige Schutz der Persönlichkeit im Internet zum großen Teil über eine adäquate Gestaltung der Technik, also der Internetseiten und der Dienste selbst, herzustellen ist.[1184] Rechtliche Grundprinzipien und Methoden zur Minimierung der Gefahren für die Persönlichkeitsrechte der Betroffenen sind schon bei der Entwicklung der Systeme in deren technischen Abläufe zu integrieren.[1185] Der Rechtsschutz muss im Internet verankert werden und darf nicht gegen das Internet gerichtet sein.[1186] Man sollte daher nicht allein aus Sicht des Gesetzgebers auf das Internet und seine Probleme schauen, sondern vielmehr auch versuchen bei der Entwicklung neuer Regelungen die Brille der Entwickler und Designer von Online-Angeboten aufzusetzen. Vorteil dieser Vorgehensweise wäre sicherlich eine höhere Akzeptanz neuer rechtlicher Vorgaben in den Wirtschaftsunternehmen und nicht zuletzt eine höhere Effektivität der Regelungen.

Auch die *Europäische Kommission* erkennt den Wert dieses Konzepts und sieht in den Technologien zum Schutz der Privatsphäre, sowie in der Anwendung des Konzepts Privacy by Design eine wichtige Rolle des zukünftigen Da-

1183 BT-Drs. 17/6765, S. 13.

1184 Gennen/Kremer, ITRB 2011, 59, 63; Hornung, ZD 2011, 51, 52; CSU-Netzrat, Positionspapier S. 18; DGRI, Stellungnahme zum Entwurf einer EU-Datenschutz-Verordnung, S. 3; Enquete-Kommission Internet und digitale Gesellschaft, Fn. 6, S. 86.

1185 Schulz, CR 2012, 204 m. w. N.; CSU-Netzrat, Positionspapier, S. 18 f.

1186 Heckmann, K&R 2010, 770, 776; CSU-Netzrat, Positionspapier, S. 10.

tenschutzes.[1187] Ebenso dem folgend das *Europäische Parlament*, welches in den Konzepten Privacy by Design und Privacy by Default eine Stärkung des Datenschutzes erkennt und daher ihre konkrete Anwendung und weitere Entwicklung sowie die Notwendigkeit, den Einsatz von Technologien zur Stärkung der Privatsphäre zu fördern, unterstützt.[1188]

Die *Art. 29 Datenschutzgruppe* forderte auf europäischer Ebene, dass die sozialen Netzwerkdienste datenschutzfreundliche Standardeinstellungen anbieten sollten, die eine Kontrolle durch die Nutzer selbst ermöglichen, bei der der Nutzer in jedem Zugriff auf seine Profildaten, der über seine selbst gewählten Kontakte hinausreicht, ausdrücklich und ohne Einschränkungen einwilligen muss, um somit das Risiko der rechtswidrigen Verarbeitung seiner Daten durch Dritte zu verringern.[1189]

Auch in Deutschland wurde das Potenzial des Privacy by Default Prinzips erkannt. Der durch den (mittlerweile aufgeschobenen) Gesetzentwurf für eine Novellierung des TMG neu einzufügende § 13a Abs. 1 TMG-E befasst sich mit verpflichtend vorgegebenen Sicherheits- und vor allem Sichtbarkeitseinstellungen. Die Diensteanbieter sollten verpflichtet werden, die höchste Sicherheitsstufe voreinzustellen, die ihr Dienst zum Schutz der Privatsphäre bietet.[1190] Durch diese Festlegung wird der Nutzer somit quasi gezwungen, sich mit den Privatsphäreeinstellungen auseinanderzusetzen und sich mit den Einstellungsmöglichkeiten vertraut zu machen.[1191] Zudem sollte den Diensteanbietern in § 13a Abs. 1 S. 3 TMG-E die Pflicht auferlegt werden, den Nutzern die Möglichkeit zu bieten, ihre Profile für externe Suchmaschinen unauffindbar zu machen.[1192] Die Unauffindbarkeit sollte als Anfangskonfiguration voreingestellt sein, § 13a Abs. 1 S. 3 2. Halbs. TMG-E. Auch schon der Hinweis auf eine Mitgliedschaft eines Nutzers bei einem Telemediendienst darf nicht ermöglicht werden.[1193] Womit die derzeitige Praxis von *Facebook*, wonach bei der Suche eines Namens z. B. bei *Google*, der Hinweis erscheint, dass diese Person ein Profil bei *Facebook* unterhält, gegen den § 13a Abs. 1 S. 3 TMG-E verstoßen würde.

1187 Mitteilung der Europäischen Kommission, Gesamtkonzept für den Datenschutz in der Europäischen Union, KOM (2010) 609 endg., S. 13.

1188 Entschließung des Europäischen Parlaments, P7_TA-PROV(2011)0323 vom 06.07.2011, Ziff. 35.

1189 Art. 29 Datenschutzgruppe, Stellungnahme 5/2009 zur Nutzung sozialer Online-Netzwerke, WP 163, S. 8.

1190 BR-Drs. 156/11, S. 11.

1191 BR-Drs. 156/11, S. 11.

1192 BR-Drs. 156/11, S. 12.

1193 BR-Drs. 156/11, S. 12.

Noch weiter geht eine Forderung der *Art. 29 Datenschutzgruppe*, wonach Profilinformationen nicht einmal durch eine interne Suchmaschine des Onlinedienstes selbst aufgespürt werden können, so auch nicht mittels einer Suchfunktion nach bestimmten Parametern wie etwa Alters- und Ortsangaben.[1194]

Nutzern unter 16 Jahren sollte gar die Möglichkeit genommen werden, die externe Suchbarkeit ihres Profils zu erlauben, § 13a Abs. 1 S. 5 TMG-E. In der Begründung heißt es dazu, dass Nutzer unter 16 Jahren keine entsprechende Einwilligung zur Auslesbarkeit und Auffindbarkeit ihrer Daten in Suchmaschinen geben dürfen.[1195] Jedoch ist dieser Schutz auf Nutzer beschränkt, die wahrheitsgemäß bei der Registrierung zu dem Online-Dienst ein Alter unter 16 Jahren angeben. Eine Überprüfung des tatsächlichen Alters ist derzeit noch nicht problemlos möglich.[1196] Von daher ist diese Form des Schutzes Minderjähriger zwar gut gemeint, jedoch fehlt ihm die nötige Durchsetzungskraft und Realitätsnähe.

Das Prinzip des Privacy by Design wurde in den 90er Jahren von der Datenschutzbeauftragten in Ontario (Kanada), *Ann Cavoukian*, entwickelt. Ihrer Meinung nach, kann die Zukunft des Datenschutzes nicht allein durch die Einhaltung von Rechtsvorschriften gewährleistet werden, sondern es sollte vielmehr idealerweise die Gewährleistung des Datenschutzes zum Standardbetriebsmodus einer Organisation werden.[1197] Im Jahre 2009 entwickelte und veröffentlichte sie die 7 Grundprinzipien des Privacy by Design.[1198] Dieser Ansatz soll u. a. Teil eines proaktiven Datenschutzes sein, er kommt zum Einsatz, bevor die Risiken für den Datenschutz überhaupt eintreten, der Schutz der Privatsphäre ist dabei die Standardeinstellung und ist systemimmanent.[1199] Zudem ist der Datenschutz Bestandteil des Systems, eine wesentliche Komponente der Funktionalität und nicht etwa ein bloßes Add-on.[1200] Diese zu befürwortenden Grundsätze sollten mehr Beachtung finden und auch in bereits bestehende Strukturen integriert werden[1201] und nicht etwa nur für zukünftige Projekte gelten oder erst eine Verankerung in Gesetzesform benötigen, bis man sie beachtet.

1194 Art. 29 Datenschutzgruppe, Stellungnahme 5/2009 zur Nutzung sozialer Online-Netzwerke, WP 163, S. 8.

1195 BR-Drs. 156/11, S. 13.

1196 BR-Drs. 156/11, S. 13.

1197 Abrufbar unter http://privacybydesign.ca/content/uploads/2009/08/-7foundational-principles-german.pdf (zuletzt abgerufen am 01.12.2012).

1198 AaO. Fn. 1197.

1199 AaO. Fn. 1197.

1200 AaO. Fn. 1197.

1201 Rost/Bock, DuD 2011, 30, 32.

Gerade durch die Vorverlagerung des Datenschutzes in den Prozess der Entwicklung der Webseiten bietet sich auch für die Anbieter die Möglichkeit, ihre Angebote datenschutzkonform aufzubauen, ohne der Gefahr ausgesetzt zu sein, im Nachhinein größere Veränderungen ihrer Dienste vornehmen zu müssen. Denn wenn Gefahren für die Daten der Nutzer faktisch nicht möglich bzw. deutlich verringert sind, müssen bestimmte Dienste und Funktionen auch nicht rechtlich verboten werden.[1202] Dass die derzeit geltenden Standardeinstellungen in sozialen Netzwerken Grund zur Kritik geben, stellte der irische Datenschutzbeauftragte in seinem Gutachten zu der Datenschutzkonformität von *Facebook* klar.[1203] Die Einführung entsprechender gesetzlicher Regelungen darf daher auch nicht mehr grundsätzlich in Frage gestellt werden. Allenfalls das „Wie“ der Umsetzung und inhaltlichen Anforderungen sollten dabei noch zur Diskussion stehen.[1204]

6.2 Datenschutz-Grundverordnung für Europa

Einen Schritt in Richtung des zukünftig stärkeren Schutzes der Daten von Nutzern im Internet und damit auch in sozialen Netzwerken möchte dabei die bereits erwähnte DS-GV auf europäischer Ebene gehen. Aufgrund ihres Umfangs (94 Seiten für Erwägungsgründe und die eigentlichen Artikel) und der Fülle von behandelten Themen soll hier nur auf einige, vor allem für die Nutzung von sozialen Netzwerken, relevante Bereiche eingegangen werden.[1205] Augenscheinlichste und grundsätzliche Konsequenz für den Datenschutz auch in Deutschland wird sein, dass bei Verabschiedung der Datenschutz-Grundverordnung deren neue Regeln unmittelbar in jedem Mitgliedstaat Geltung beanspruchen werden, es also anders als noch bei der DS-RL keiner Umsetzungsakte mehr bedürfen

---

1202 Hornung, ZD 2011, 51.

1203 Data Protection Commissioner, Fn. 4, S. 32 ff.

1204 Hornung, ZD 2011, 51, 54; dazu allgemein Schulz, CR 2012, 204, 206 ff.; vgl. auch Düsseldorfer Kreis, Datenschutzrechtliche Anforderungen an Facebook und andere soziale Netzwerke aus Sicht der deutschen Datenschutzaufsichtsbehörden, Ziff. 9; International Working Group on Data Protection in Telecommunications, Rom-Memorandum, S. 7.

1205 Einen Überblick über die durch die Datenschutz-Grundverordnung zu erwartenden Änderungen geben etwa Eckhardt, CR 2012, 195 sowie Hornung, ZD 2012, 99.

und die direkte Folge wird eine Vereinheitlichung des Datenschutzrechts in ganz Europa sein.[1206]

Dabei blieb dieser Entwurf von deutscher Seite nicht von Kritik verschont. Der *Bundesverband der Datenschutzbeauftragten Deutschlands* (*BvD*) kritisierte etwa, dass die EU-Datenschutzverordnung einen gewaltigen Rückschritt für den Datenschutz in Deutschland beinhaltet, weil sie zur Umsetzung von schlechteren Datenschutzstandards zwingt.[1207] Zudem wird bemängelt, dass, anders als noch in der DS-RL, der Schutzgegenstand nicht eindeutig identifiziert wird (dort noch „Privatsphäre") bzw. nur personenbezogene Daten erwähnt werden, was noch mehr als bisher zu dem Fehlschluss einladen wird, dass Daten um ihrer selbst Willen geschützt sind.[1208]

Zudem wird der zukünftige Entstehungs- und Konsultationsprozess dieser neuen Datenschutz-Grundverordnung wohl nicht ohne politische Reibereien auskommen, wie sich bereits jetzt abzeichnet, nachdem der Bundesrat eine Subsidiaritätsrüge zur europäischen Datenschutz-Grundverordnung erhoben hat, da er eine Erforderlichkeit für eine solche Regelung nicht erkennt und eine Kompetenzüberschreitung auf europäischer Ebene bemängelt.[1209]

6.2.1 Anwendungsbereich

Wie beschrieben[1210] sieht sich das derzeit geltende Datenschutzrecht der Aufgabe gegenüber, auch für solche Anbieter Wirkung zu entfalten, welche ihre Dienste an Nutzer innerhalb der EU erbringen, jedoch ihre Hauptniederlassungen und damit mindestens auch zum Teil die verantwortlichen Stellen i. S. d. Datenschutzrechts nicht in der EU besitzen. Dass ein lückenloser Schutz der Rechte der Verbraucher überhaupt erst mit dem zweifelsfreien Eingreifen von datenschutzrechtlichen Pflichten in Bezug auf alle Anbieter beginnen kann, welche sich an Nutzer innerhalb der EU richten, sah auch der europäische Gesetz-

---

1206 Hornung, ZD 2012, 99, 100; Spies, ZD-Aktuell 2011, 121; Reding, ZD 2012, 195, 196.

1207 BvD, Stellungnahme zu dem Entwurf der EU Datenschutzverordnung, S. 1.

1208 Schneider/Härting, ZD 2012, 199, 200; ders./ders., Datenschutz-Grundverordnung, Ziff. 2.

1209 BR-Drs. 52/12 (B); vgl. auch die Meldung unter becklink 1019631 (abrufbar über ww.beck-online.de), sowie die Pressemitteilung des Bundesrates, abrufbar unter http://www.bundesrat.de/DE/presse/pm/2012/051-2012.html (zuletzt abgerufen am 01.12.2012).

1210 Siehe unter 4.2.3.

geber. So wird in der DS-GV, abweichend von der derzeit im BDSG geltenden Regel, festgeschrieben, dass bereits das „Anbieten" von Dienstleistungen und Produkten die DS-GV zur Anwendung bringt, wenn der Empfänger, also der Verbraucher, innerhalb der EU ansässig ist, Art. 3 Abs. 2 a DS-GV.[1211] Damit wird eine abweichende Regel zu § 1 Abs. 5 S. 2 BDSG bzw. Art. 4 Abs. 1 lit c) DS-RL und den dort entscheidenden Mitteln geschaffen. Allein das Anbieten der Dienste und der Tätigkeit ist mithin der maßgebliche Anknüpfungspunkt für Betreiber, welche ihren Sitz bzw. den der verantwortlichen Stelle außerhalb der EU haben. Art. 3 Abs. 2 a DS-GV rückt daher von dem noch im BDSG bzw. der DS-RL zu Grunde liegenden Prinzip ab, dass es für die Anwendung des deutschen bzw. derzeit geltenden europäischen Datenschutzrechts darauf ankommt, dass der für die Verarbeitung Verantwortliche personenbezogene Daten im Inland erhebt, verarbeitet oder nutzt bzw. aktiv auf Mittel (also etwa den PC der Nutzer) zurückgreift. Insoweit stellt sich diese Regelung als Vorverlagerung des Schutzes dar, denn die DS-GV wird bereits eingreifen, wenn der Betreiber sein Angebot nur auf europäische Nutzer ausrichtet. Insofern dürften hier für die Bestimmung des Begriffs „anbieten" zumindest ähnliche Grundsätze gelten, wie sie für die Tätigkeit des „Ausrichtens" gelten. Man wird daher die Ausführungen zu den Art. 6 Abs. 1 Rom I-VO und Art. 15 Abs. 1 lit c) EuGVVO zumindest bei der Auslegung mit heranziehen können. Dagegen muss nicht sprechen, dass Art. 6 Abs. 1 Rom I-VO eine Kausalität zwischen der Tätigkeit des Unternehmers und dem „Ausrichten" erfordert, nämlich dass der geschlossene Vertrag genau in den Rahmen dieser Tätigkeit fällt. Vielmehr lässt der Entwurf ein solches Kausalitätserfordernis nicht erkennen. Das „Anbieten" wird daher wohl bereits eher erfüllt sein, als das „Ausrichten" nach Art. 6 Abs. 1 Rom I-VO. Wenn man sich die zur Auslegung des Begriffs „Ausrichten" herangezogenen Gedanken zu nutze machen möchte, so wird dies im Ergebnis bereits eine Übererfüllung der Voraussetzungen des „Anbieten" darstellen. Für das „Ausrichten" ist anerkannt, dass das Bereithalten einer aktiven Webseite ausreichend ist, auf der die Verbraucher einen Vertragsschluss initiieren können.[1212] Zudem lässt sich anhand des Wortlautes bereits eine Nähe zu dem rechtsgeschäftlichen Angebot nach § 145 BGB erahnen. Auch für das Bestehen eines Angebotes ist noch kein Vertragsschluss notwendig. In dem Antrag nach § 145 BGB muss allein der Wille zur rechtlichen Bindung zum Ausdruck kommen.[1213] Möchte man

1211 Siehe auch Erwägungsgrund 20, DS-GV.

1212 Vgl. etwa Pfeiffer/Weller/Nordmeier in Spindler/Schuster, Art. 6 Rom I-VO, Rn. 17 m. w. N.

1213 Palandt/Ellenberger, § 145 BGB, Rn. 2; Busche in MüKomm/BGB, § 145 BGB, Rn. 7.

die Voraussetzungen eventuell noch niedriger ansetzen, so könnte man mit den Ausführungen des *BGH* zu dem Begriff des „Anbietens" i. S. d. § 1 PreisangabenVO davon ausgehen, dass dies

> „entsprechend dem üblichen Sprachgebrauch immer dann anzunehmen ist, wenn mit ihm die Bereitschaft zum Ausdruck kommt, eine bestimmte Ware, Leistung oder Kredit gegen Entgelt zur Verfügung zu stellen".[1214]

Ein Rechtsbindungswille des Anbieters wäre dann noch nicht nötig. Wie der Begriff zu verstehen ist, wird sich wohl erst im Rahmen der verschiedenen Stellungnahmen und Überarbeitungen des Entwurfs herauskristallisieren. Feststellen lässt sich jedoch ein deutlich früherer Anknüpfungspunkt des Eingreifens des europäischen Datenschutzes im Gegensatz zur jetzigen Regelung.

6.2.2 Einwilligung

Auch die datenschutzrechtliche Einwilligung soll eine Änderung erfahren. So wird in der DS-GV festgelegt, dass diese „explizit" mittels einer Erklärung oder einer „eindeutigen Handlung" erfolgen soll,[1215] wobei die Erteilung einer stillschweigenden Einwilligung, ohne Zutun der betroffenen Person ausdrücklich als nicht ausreichend erachtet wird.[1216] Der Möglichkeit einer konkludenten Einwilligung wird damit eine Absage erteilt.[1217] Als Beispiel für die wirksame Erteilung der Einwilligung wird etwa das „Anklicken eines Kästchens" beim Besuch einer Internetseite angeführt.[1218] Zudem muss die Einwilligung so abgegeben werden, dass der erklärenden Person bewusst ist, dass sie ihre Einwilligung erteilt.[1219] Der einfache Klick auf eine Schaltfläche, ohne die erforderliche klare Information darüber, dass damit eine Einwilligung in die Verarbeitung von Daten erteilt wird, reicht folglich zukünftig nicht aus. Die etwa im Rahmen der Registrierung bei *Facebook* abzugebende datenschutzrechtliche Einwilligung durch einen einfachen Klick, ohne entsprechenden Hinweis auf dessen Wirkung,[1220] dürfte sich damit auch nach den neuen Bestimmungen als unwirksam darstellen.

1214 BGH, Urteil v. 16.01.1980 - I ZR 25/78 = NJW 1980, 1388.

1215 Art. 4 Abs. 8 DS-GV.

1216 Erwägungsgrund 25, DS-GV.

1217 Eckhardt, CR 2012, 195, 197; vgl. auch Reding, ZD 2012, 195, 197.

1218 Erwägungsgrund 25, DS-GV.

1219 Erwägungsgrund 25, DS-GV.

1220 Siehe unter 4.2.6.2.1.

Neu ist eine Regelung in Art. 7 Abs. 4 DS-GV, wonach die Einwilligung als Rechtgrundlage ausscheidet, wenn „wenn zwischen der Position der betroffenen Person und des für die Verarbeitung Verantwortlichen ein erhebliches Ungleichgewicht besteht“. Der Entwurf zur DS-GV nennt als Beispiel für ein solches Ungleichgewicht etwa ein Abhängigkeitsverhältnis, wie das zwischen Arbeitnehmer und Arbeitgeber.[1221] Hier lässt sich zwar die begrüßenswerte Absicht erkennen, den Nutzern in bestimmten Situationen, in denen sie kaum anders können als einzuwilligen, helfend zur Seite zu stehen. Jedoch wird die Unbestimmtheit des Begriffs des „erheblichen Ungleichgewichts“ wohl auch dazu führen, dass die Einwilligung an Rechtssicherheit verliert.[1222] Denn ein „erhebliches Ungleichgewicht“, ohne die konkrete Angabe, worauf sich dieses beziehen muss, lädt förmlich dazu ein, dass Nutzer die von ihnen einmal abgegebenen Einwilligungen unter diesem Gesichtspunkt als unwirksam erklären. Ein Ungleichgewicht könnte man etwa auch in Bezug auf die Einwirkungsmöglichkeiten auf gespeicherte Daten oder den Wissensvorsprung um die Verarbeitung personenbezogener Daten in Bezug auf Anbieter sozialer Netzwerke annehmen.[1223] Art. 7 Abs. 4 DS-GV sollte daher hinsichtlich des Bezugspunktes des Ungleichgewichts konkretisiert werden, um nicht eine Schwächung des Stellenwertes der Einwilligung im Datenschutzrecht zu riskieren.

Erwähnt sei noch die erstmalig definitive Festlegung eines Mindestalters für die wirksame Abgabe einer Einwilligung durch Minderjährige, welches in Art. 8 Abs. 1 DS-GV auf die Vollendung des 13. Lebensjahres taxiert wird. Damit wird der Streit über die Grenze der Einwilligungsfähigkeit bei Minderjährigen[1224] im Rahmen der datenschutzrechtlichen Einwilligung obsolet. Die Konsequenz hieraus wird auch für die Betreiber von sozialen Netzwerken sein, dass sie sich entweder die Einwilligung der Eltern einholen müssen oder aber sich darauf stützen werden, dass die Einwilligung der Eltern bereits konkludent dadurch erteilt wurde, dass die Minderjährigen das Internet und seine Angebote nutzen dürfen. Die konkludente Einwilligung der gesetzlichen Vertreter, etwa nach § 107 BGB, bleibt nämlich weiterhin möglich, wie sich aus Art. 8 Abs. 2 DS-GV ergibt, der ausdrücklich das allgemeine Vertragsrecht der Mitgliedstaaten unberührt lässt. Sollte dieser Weg durch die Anbieter gewählt werden, so wird sich jedoch spätestens bei ihrer Pflicht zur Protokollierung der Einwilli-

---

1221 Erwägungsgrund 34, DS-GV.

1222 Krit. auch DGRI, Ergänzende Stellungnahme zum Entwurf einer EU-Datenschutz-Verordnung, S. 3; vgl. auch Schneider/Härting, Datenschutz-Grundverordnung, Ziff. 6.

1223 Krit. auch Schneider/Härting, ZD 2012, 199, 201.

1224 Siehe unter 4.2.6.3.

gung, da sie für deren Erteilung nach Art. 7 Abs. 1 DS-GV die Beweislast tragen, das Problem ergeben, dass diese konkludente Einwilligung der gesetzlichen Vertreter[1225] gerade nicht protokolliert werden kann. Danach bliebe ihnen tatsächlich nur die Möglichkeit, sich die erforderliche Einwilligung explizit einzuholen. Dass dies für die Praxis im Internet und der Nutzung sozialer Netzwerke zwar ein Mehr an Rechtssicherheit, dafür aber eine deutliche Einbuße an Nutzungsqualität bedeuten wird, liegt auf der Hand.

6.2.3 Transparenz

Die bestmöglich zu erreichende Transparenz in Bezug auf die Datenverarbeitung ist eines der Hauptanliegen der DS-GV.[1226] So soll durch Art. 11 DS-GV ein neues Transparenzprinzip eingeführt werden.[1227] Der für die Verarbeitung Verantwortliche soll verpflichtet werden

> „alle Informationen und Mitteilungen zur Verarbeitung personenbezogener Daten in verständlicher Form unter Verwendung einer klaren, einfachen und adressatengerechten Sprache zur Verfügung“

zustellen, Art. 11 Abs. 2 DS-GV. Dieser gesetzliche Vorstoß der Festlegung klarer Vorgaben für die Darbietung der erforderlichen Informationen ist sicherlich zu begrüßen. Dennoch stellt dies keine große Veränderung zu den derzeit geltenden Informationspflichten nach §§ 4 Abs. 3 S. 1 BDSG, 13 Abs. 2 TMG dar. Zumindest inhaltlich ähneln sich die Vorschriften, wie aus Art. 14 Abs. 1 DS-GV sowie Erwägungsgrund 48 der DS-GV hervorgeht.[1228] Verbessert wird durch die DS-GV jedoch das Recht der Betroffenen, die Informationen in einer für sie passenden Form zu erhalten. Denn in § 13 Abs. 2 TMG wird etwa noch von einer „allgemein verständlichen Form“ und in § 4 Abs. 3 S. 1 BDSG gar nur vom „unterrichten“ gesprochen, wohingegen Art. 11 Abs. 2 DS-GV eine „adressatengerechte Sprache“ erfordert. Die Anbieter von Diensten im Internet müssen sich damit wohl oder übel darauf einstellen, entweder eine besonders leicht verständliche Darbietung der Informationen für alle Nutzer zu gewährlisten oder

---

1225 Art. 8 Abs. 1 DS-GV spricht insofern nur von den „Eltern“ bzw. dem „Vormund“.

1226 Siehe auch Art. 29 Datenschutzgruppe, Stellungnahme 1/2012 zu den Reformvorschlägen zum Datenschutz, WP 191, S. 6.

1227 KOM (2012) 11 endg., S. 8.

1228 Vgl. auch Schneider/Härting, ZD 2012, 199, 201; ders./ders., Datenschutz-Grundverordnung, Ziff. 7.

aber für jeden Kundenkreis spezielle Hinweise vorzuhalten. Gerade für Internetdienste, denen eine nicht leicht verständliche, komplexe Technik zu Grunde liegt, soll die Pflicht zur Abfassung von einfachen und leicht verständlichen Texten bestehen.[1229]

6.2.4 Recht auf Vergessenwerden

Völlig neu ist die Kodifizierung eines Rechts auf Vergessenwerden und auf Löschung in Art. 17 DS-GV. Dazu werden in Art. 17 Abs. 2 lit a) – d) abschließend die Gründe aufgezählt, wann die betroffene Person ein Recht auf Unterlassung der weiteren Verbreitung und auf Löschung von personenbezogenen Daten gegenüber dem für die Verarbeitung Verantwortlichen geltend machen kann. Dabei ähnelt dies zunächst dem § 20 Abs. 2 BDSG, der ebenfalls eine Löschpflicht etwa für solche Daten aufstellt, welche für die verantwortliche Stelle nicht mehr erforderlich sind. Art. 17 Abs. 2 DS-GV geht jedoch darüber hinaus den Verantwortlichen dazu zu verpflichten, quasi nur in den eigenen vier Wänden für Ordnung zu sorgen, wenn er die Forderung aufstellt, alle auch technisch vertretbaren Schritte zu unternehmen,

> „um Dritte, die die Daten verarbeiten, darüber zu informieren, dass eine betroffene Person von ihnen die Löschung aller Querverweise auf diese personenbezogenen Daten oder von Kopien oder Replikationen dieser Daten verlangt".

Dies gilt jedoch nur für solche Daten, für deren Veröffentlichung er auch verantwortlich ist. Hier muss die Frage gestellt werden, was unter dieser Verantwortlichkeit für die Veröffentlichung zu verstehen ist. Denn die Betreiber sozialer Netzwerke könnten sich auf den Standpunkt stellen, dass Daten nur im Internet veröffentlicht werden, wenn dies der Nutzer in seinen Kontoeinstellungen festgelegt hat. Verantwortlich wäre dann der Nutzer und nicht etwa der Anbieter des sozialen Netzwerkes. Will man die Vorschrift so verstehen, so hätte sie, zumindest im Bereich der sozialen Netzwerke, jedoch kaum einen Anwendungsbereich, da dann im Endeffekt immer der Nutzer für die Veröffentlichung seiner Daten verantwortlich ist. Auf der anderen Seite könnte man diese Verantwortlichkeit auch rein technisch verstehen. Wer als Anbieter die technische Möglichkeit, wie etwa die Plattform an sich oder die Möglichkeit der Durchsuchbarkeit durch öffentliche Suchmaschinen, bietet, der muss auch in der Pflicht sein,

---

1229 Erwägungsgrund 46, DS-GV.

das Löschungsbegehren des Nutzers Dritten mitzuteilen und ihnen gegenüber durchzusetzen. Ausgehend von dem Gesetzeszweck,

> „eine Stärkung und Präzisierung der Rechte der betroffenen Personen sowie eine Verschärfung der Auflagen für diejenigen, die personenbezogene Daten verarbeiten und darüber entscheiden“[1230]

zu etablieren, kann eigentlich nur die zweite Deutung durch die *Europäische Kommission* in Erwägung gezogen worden sein. Eindeutig ist dies dennoch nicht und es bleibt abzuwarten, inwieweit diese Verpflichtung Eingang in den endgültigen Gesetzestext findet. Zudem ist unklar, was mit den *„vertretbaren Schritten, auch technischer Art“* gemeint ist. Nach Art. 17 Abs. 9 lit b) DS-GV soll die *Europäische Kommission* dazu ermächtigt werden, hierzu genauere, die Anforderungen umschreibende delegierte Rechtsakte zu erlassen. Jedoch gibt bereits Erwägungsgrund 54 der DS-GV einen Hinweis darauf, dass damit wohl jene Anstrengungen gemeint sind, dass die entsprechende Information den Dritten überhaupt erreicht. So wird dort davon gesprochen, dass der Verantwortliche

> „die Pflicht hat, Dritten, die diese Daten verarbeiten, mitzuteilen, dass eine betroffene Person die Löschung von Links zu diesen Daten oder von Kopien oder Reproduktionen dieser Daten verlangt“ und er muss „alle vertretbaren Schritte, auch technischer Art, unternehmen, damit diese Information die betroffenen Dritten auch tatsächlich erreicht“.

Ist damit ein direktes Ansprechen der Dritten gemeint oder reicht es etwa aus, wenn die Informationen auf der Seite des Verantwortlichen gelöscht werden, weil dann für Dritte ersichtlich ist, dass diese eben nicht mehr öffentlich abrufbar sein sollen? Zudem erscheint fraglich, wie der Verantwortliche all diejenigen Dritten ausfindig machen soll, welche die veröffentlichten Informationen weiter verbreitet haben.[1231]

6.2.5 Privacy by Design und Privacy by Default

Vor allem für die Anbieter sozialer Netzwerke im Internet wird die Festschreibung des Prinzips von Privacy by Design und Privacy by Default in Art. 23 DS-GV bedeutend werden. Dabei wird den Verantwortlichen aufgegeben, sowohl

---

1230 Erwägungsgrund 9, DS-GV.

1231 Krit. auch Art. 29 Datenschutzgruppe, Stellungnahme 1/2012 zu den Reformvorschlägen zum Datenschutz, WP 191, S. 13; Hornung, ZD 2012, 99, 103; Spies, ZD-Aktuell 2011, 121.

zum Zeitpunkt der Festlegung der Verarbeitungsmittel als auch danach, zum Zeitpunkt der Verarbeitung, solche technischen und organisatorischen Maßnahmen durchzuführen, die eine Einhaltung der Regelungen der DS-GV gewährleisten, Art. 23 Abs. 1 DS-GV. Dies bedeutet für die Betreiber sozialer Netzwerke, dass sie bereits bei der Programmierung ihrer Dienste darauf achten müssen, dass später nur solche Daten erhoben werden, die für ihren Dienst erforderlich sind bzw. für die sie eine wirksame Einwilligung erhalten haben. Was geschieht aber nun, wenn der Entwickler des Internetdienstes nicht der spätere Betreiber eben dieses Dienstes ist? Denn Bezugspunkt der Pflichten der DS-GV ist der für die Verarbeitung Verantwortliche nach Art. 4 Abs. 5 DS-GV. Wollte man diese Pflicht aus Art. 23 Abs. 1 DS-GV auch auf einen vorgelagerten und unabhängigen Softwareentwickler erstrecken, so käme dies einem Bruch zum hergebrachten Datenschutzrecht gleich.[1232] Zudem würde eine Vorverlagerung der Pflicht dazu führen, dass die Anforderungen des Datenschutzes auf einer Ebene berücksichtigt werden müssten, auf der noch nicht einmal klar ist, ob das Produkt überhaupt fertiggestellt wird oder wie es im Zeitpunkt seines tatsächlichen Einsatzes aussieht und funktioniert.[1233] Daher muss der für die Verarbeitung Verantwortliche Anknüpfungspunkt der Pflichten aus Art. 23 DS-GV bleiben.[1234] Leider geht der Entwurf nicht auf konkrete Vorgaben zu den Verfahren an die Verantwortlichen ein, wie etwa eine Pflicht zur datenschutzfreundlichen Voreinstellung in den Internetdiensten oder zu Beachtung der datenschutzrechtlichen Vorgaben im Design des Produkts.[1235]

Nach Art. 23 Abs. 3 DS-GV soll die *Europäische Kommission* dazu ermächtigt werden in Bezug auf die Definierung der einzusetzenden Techniken und die Verfahren delegierte Rechtsakte zu erlassen. Dabei sollte jedoch beachtet werden, dass heutzutage die Entwicklung von Software und Internetdiensten keinem statischen, für Monate im voraus festgeschriebenen Mechanismus folgt. Vielmehr wird häufig ein agiles Programmieren bzw. die Methode des „Scrum" verwendet, wobei in kleinen Zyklen von 1-2 Wochen neue Features fertiggestellt werden. Die Arbeit erfolgt vor allem ergebnisorientiert und flexibel, so dass auf neue Probleme oder Ideen schnell reagiert werden kann. Dem würde eine Vorgabe der *Europäischen Kommission*, etwa an einem bestimmten Stich-

1232 Schulz, CR 2012, 204, 207.

1233 Schulz, CR 2012, 204, 207.

1234 Schulz, CR 2012, 204, 207.

1235 Vgl. auch Art. 29 Datenschutzgruppe, Stellungnahme 1/2012 zu den Reformvorschlägen zum Datenschutz, WP 191, S. 11; Hornung, ZD 2012, 99, 103; Schneider/Härting, Datenschutz-Grundverordnung, Ziff. 5.

tag oder zu einem bestimmten Zeitpunkt im Rahmen der Entwicklung die Vorgaben der DS-GV einzuhalten, nicht gerecht werden.[1236]

Die Implementierung der Prinzipien von Privacy by Design und Privacy by Default in die DS-GV ist sicher der richtige Schritt. Nur sollte der europäische Gesetzgeber versuchen konkretere Vorgaben an die Verantwortlichen zu machen. Dies freilich unter der Berücksichtigung der tatsächlichen Verhältnisse auf dem Gebiet der Software- und Diensteentwicklung. Jedoch schließt eine solche Rücksichtnahme nicht das Aufstellen gewisser Standards, wie automatische datenschutzfreundliche Voreinstellungen, aus.

6.3 Bildung und Medienkompetenz

Neben rechtlichen und technischen Verbesserungen des Schutzes der Nutzer im Internet müssen auf gesellschaftlicher Ebene weitere Anstrengungen unternommen werden, um den Menschen sowohl die Gefahren als auch die Chancen des Internets und seiner Möglichkeiten aufzuzeigen. Denn richtig ist, dass rechtliche Regelungen und technische Vorkehrungen zum Schutz der persönlichen Daten nicht wirkungsvoll sein können, solange die Nutzer keine Kenntnis zumindest von den Grundfunktionen des Internets und der Verarbeitung ihrer Daten haben. Zur Freiheit und zum Schutz im Internet gehört auch Selbstverantwortung.[1237] Ziel muss es dabei sein, den Bürgerinnen und Bürgern solche Fähigkeiten an die Hand zu geben, um den Gefahren für ihre Persönlichkeitsrechte selbst begegnen zu können.[1238] Denn sicher ist, dass effektiver Privatsphäre- und Datenschutz ohne die Mitwirkung der Betroffenen selbst nicht mehr möglich ist.

Dabei spielt sowohl eine Anpassung des deutschen Bildungssystems als auch eine verstärkte Unterstützung von Maßnahmen zur Erhöhung der Medienkompetenz in der Gesellschaft allgemein eine wichtige Rolle. Freilich überschneiden sich diese beiden Bereiche in vielen Punkten, da es gerade das Ziel von Bildung im Bereich der neuen Medien sein muss Medienkompetenz zu vermitteln.

1236 Schulz, CR 2012, 204, 207.
1237 CSU-Netzrat, Positionspapier, S. 8.
1238 Wagner, DuD 2010, 557, 559.

6.3.1 Bildung

Gerade junge und noch mit wenig Lebenserfahrung ausgestattete Kinder und Jugendliche sind für die Gefahren in sozialen Netzwerken und im Internet empfänglich und anfällig. Dies bedingt sich schon daraus, dass sie in jungen Jahren nicht vorhersehen können, welche Informationen ihnen etwa in 10 oder 15 Jahren schaden könnten, wenn diese im Internet veröffentlicht werden. Es fällt ihnen daher besonders schwer, zu sortieren, welche Informationen sie problemlos freigeben können und wo der Raum ihrer Privatsphäre beginnt.[1239] Hier sind als bewährte Vermittler von Wissen die Eltern und Schulen in der Pflicht. Es darf bei einer Einbindung des richtigen Umgangs mit den Internetangeboten im Hinblick auf die Ausübung des informationellen Selbstbestimmungsrechts in die Lernthemen nicht darum gehen, die komplizierten juristischen Inhalte der Datenschutzgesetze zu erläutern oder gar auswendig zu lernen.[1240] Es muss vielmehr vermittelt werden, welche Gefahren bei dem alltäglichen Umgang mit dem Internet auftreten und lauern und wie diese umgangen werden können. Ebenso muss es das Ziel sein den Kindern und Jugendlichen beizubringen, wie sie ihre eigenen Daten schützen können und bei einer eingetreten Verletzung ihrer Rechte, diese wirksam geltend machen können. Die dafür nötige Bildungsarbeit soll die jungen Mitglieder unserer Gesellschaft vor allem dazu bringen, die ihnen zustehenden Grundrechte verantwortungsvoll wahrzunehmen und auszuüben.

Aus den einschlägigen Gesetzen wird das für sie wohl kaum ableitbar sein. Daher muss es Aufgabe des Staates sein, Datenschutz als Bildungsaufgabe[1241] soweit zu vereinfachen und praxis- bzw. lehrtauglich zu machen, dass eine schulische Vermittlung möglich ist. Dass solche Maßnahmen flächendeckend und langfristig Erfolg zeigen, bedingt notwendigerweise die Einbindung dieser Inhalte in den Lehrplan der Schulen. Auch international tritt die Erkenntnis immer mehr zu Tage, dass der sichere Umgang mit den neuen Medien, gerade im Hinblick auf Kinder und Jugendliche, Teil der formalen Bildung werden muss, damit diese sich im Internet verantwortungsvoll verhalten können.[1242] Eventuell ist es daher an der Zeit sich Gedanken darüber zu machen, ein eigenes Schulfach einzurichten, welches sich mit den Fragen der digitalen Persönlichkeit und ihres

1239 Schertz/Höch, Privat war gestern, S. 41.

1240 Wagner, DuD 2010, 557, 559.

1241 Dazu Wagner, DuD 2010, 557.

1242 Entschließung des Europäischen Parlaments, P7_TA-PROV(2011)0323 vom 06.07.2011, Ziff. 21; International Working Group on Data Protection in Telecommunications, Rom-Memorandum, S. 5.

Schutzes befasst. Eine ausdrückliche Verankerung der Vermittlung von Datenschutz und Medienkompetenz in den Bildungsstandards und den Lehrplänen sollte hier das Ziel sein.[1243] Man kann insofern tatsächlich von der Forderung nach einer „vierten Kulturtechnik (nach Rechnen, Lesen und Schreiben)" sprechen.[1244] So wäre zumindest eine sichere Breitenwirkung garantiert, die allein durch Aufklärungskampagnen in den Medien wohl nicht zu erreichen wäre. Die Schulen und Bildungsministerien stehen bei dieser Aufgabe, die für sie sicher oft auch eine neue Materie darstellen wird, nicht allein. So bieten etwa die Anbieter sozialer Netzwerke selbst die Möglichkeit an, besonders geschulte und an den Umgang mit jungen Nutzern gewohnte Mitarbeiter in die Schulen zu senden, um hilfreiche Tipps und Vorschläge für das sichere Surfen in sozialen Netzwerken zu erhalten.[1245] Diese, speziell auf Schüler abgestimmten Inhalte sind gerade vor dem Hintergrund wichtig, dass diese Zielgruppe andere Informationen und auch eine andere Art der Vermittlung derselbigen benötigt, als etwa ältere Menschen.[1246] Meist wird man einem 12 Jährigen heutzutage nicht mehr erläutern müssen, was ein soziales Netzwerk ist, wie ich dort Inhalte mit Freunden teile oder ein neues Fotoalbum erstelle. Die direkte Zusammenarbeit mit den Anbietern sollte dabei ausgebaut und auch auf höheren politischen Ebenen vorangetrieben werden.

6.3.2 Medienkompetenz

Die Forderung nach einer verbesserten Medienkompetenz beschränkt sich nicht auf einen bestimmten gesellschaftlichen Bereich. Wie sich die Nutzer und ihre Daten im Internet effektiv schützen können ist eine Fähigkeit, deren Stärkung nicht mit der Ausgabe des Schulzeugnisses enden darf. Denn wie sollen etwa Eltern ihren Kindern einen verantwortungsvollen Umgang mit ihren Daten bei-

---

1243 Entschließung der 82. Konferenz der Datenschutzbeauftragten des Bundes und der Länder, Datenschutz als Bildungsaufgabe, S. 2; International Working Group on Data Protection in Telecommunications, Rom-Memorandum, S. 5.

1244 So der CSU-Netzrat, Positionspapier, S. 9.

1245 Vgl. etwa die speziellen Informationsseiten der VZ Netzwerke für Eltern und Lehrer, u. a. mit vorgefertigtem Unterrichtsmaterial, abrufbar unter http://www.schuelervz.net/l/parents (zuletzt abgerufen am 01.12.2012). Der Betreiber bietet auch ein Projekt („schülerVZ macht Schule") an, bei dem Unternehmensmitarbeiter zur Aufklärung direkt an die Schulen gehen.

1246 Wagner, DuD 2010, 557, 560.

bringen, wenn sie selbst nicht die Kenntnisse und Fähigkeiten dazu besitzen.[1247] Der Staat muss erkennen, dass er in einigen Bereichen der neuen Technologien mit gesetzlichen Regelungen nicht mehr effektiv für den Schutz seiner Bürger Gewähr bieten kann. Dennoch besteht für ihn eine Handlungspflicht, nämlich die Nutzer zu einem Selbstschutz zu befähigen.[1248]

Die *Konferenz der Datenschutzbeauftragten des Bundes und der Länder* fordert daher zurecht: *„die digitale Aufklärung ist unverzichtbar"*[1249] und stellt fest, dass die bisherigen Bemühungen noch nicht ausreichend sind.[1250] Dabei werden einige begrüßenswerte Forderungen geäußert. So soll die Möglichkeit des Selbstdatenschutzes verbessert werden. Ebenso muss versucht werden, den Nutzern einen verantwortungsvollen Umgang mit ihren Daten beizubringen.[1251] Dabei darf die Aufklärung und auch Förderung der Medienkompetenz nicht auf die Gebiete des Jugendmedienschutzes und des Urheberrechts beschränkt werden, sondern auch das Datenschutzrecht muss als wesentlicher Bestandteil anerkannt werden. Für Minderjährige sind Aufklärungs- und Sensibilisierungsinitiativen nötig, um die aktive Einbeziehung der Kinder sicherzustellen.[1252] Es muss insoweit das Bewusstsein insbesondere junger Leute für den Umgang mit ihren Daten gefördert werden. Dabei ist eine bessere Aufklärung über die Risiken der Verarbeitung personenbezogener Daten im Internet erforderlich, welche von verschiedenen Stellen, beispielsweise durch Behörden für Bildung und Verbände, zu leisten ist.[1253]

Nach einer Statistik des *BITKOM* fehlen 65% der Community-Nutzer nach eigener Einschätzung noch Informationen, was sie für den Schutz ihrer Daten in sozialen Netzwerken tun können.[1254] Freilich können solche Informationslücken nicht allein aus einer zu entwickelnden Medienkompetenz heraus geschlossen werden. Jedoch ist es wichtig das Zusammenspiel zwischen Grundkenntnissen

1247 Schertz/Höch, Privat war gestern, S. 223.

1248 Roßnagel, ZRP 1997, 26, 29.

1249 Entschließung der 82. Konferenz der Datenschutzbeauftragten des Bundes und der Länder, Datenschutz als Bildungsaufgabe, S. 1.

1250 AaO. Fn. 1249, S. 2.

1251 AaO. Fn. 1249, S. 2.

1252 Art. 29 Datenschutzgruppe, Stellungnahme 5/2009 zur Nutzung sozialer Online-Netzwerke, WP 163, S. 14.

1253 Mitteilung der Europäischen Kommission, Gesamtkonzept für den Datenschutz in der Europäischen Union, KOM (2010) 609 endg., S. 9.

1254 Presseinformation des BITKOM vom 01.12.2011, S. 2, abrufbar unter http://www.bitkom.org/files/documents/BITKOM_Presseinfos_Netzwerke_Datenschutz_11_12_2011.pdf (zuletzt abgerufen am 01.12.2012).

um die Funktionen von Internetdiensten und von deren Anbietern zusätzlich bereitgestellten Informationen zu erkennen. Mögen die den Nutzern dargereichten Hilfetexte und Umschreibungen auch noch so plastisch und einfach gehalten sein, viele Arbeitsweisen der Dienste des Internet lassen sich allein dadurch nicht verstehen. Hier gilt es für die Medienkompetenz anzusetzen und den Nutzern zu vermitteln, wie etwa ein Browser funktioniert, was Cookies sind, wie diese gespeichert werden etc. Aus diesem Wissen, im Zusammenspiel mit den von den jeweiligen Anbietern zur Verfügung gestellten Informationen, wird sich die Fähigkeit der Bürger ergeben müssen, sorgfältig mit ihren eigenen Daten umzugehen als auch die Fähigkeit, mögliche Folgen und Konsequenzen der Nutzung entsprechender Angebote zu erkennen.[1255]

6.4 Selbstregulierung

Auch im Bereich der Internetbranche selbst, also der Anbieter etwa von sozialen Netzwerken im Internet, sind weitere Anstrengungen auf den Weg zu bringen. Dies wird auch auf europäischer Ebene gefordert.[1256] Gerade der Bereich der Selbstregulierung und Selbstverpflichtungen bietet die Chance, unter Mitwirkung und Einbindung der entscheidenden Spieler, Regeln aufzustellen, die auf schnelle und breite Akzeptanz stoßen, da sie von den Unternehmen mitentwickelt werden.[1257]

Ähnlich wie schon bei den Prinzipien des Privacy by Design und Privacy by Default geht es darum, so früh wie möglich die entscheidenden Beteiligten zusammenzuführen und sie an dem Schutz der Nutzer und ihrer Daten mitwirken zu lassen. Die Gefahr an der Beteiligung der Anbieter, gerade bei einer großen Zahl und der Herkunft aus den verschiedensten Ländern, besteht jedoch darin, dass die Standards solcher Selbstverpflichtungserklärungen nicht die strengsten sein werden, um überhaupt einen Generalkonsens hervorzubringen. Zudem könnten die wirtschaftlich mächtigsten und von der Mitgliederzahl her größten Anbieter eventuell ein Übergewicht an Einfluss auf solche Erklärungen haben

1255 Enquete-Kommission Internet und digitale Gesellschaft, Fn. 6, S. 39.

1256 Mitteilung der Europäischen Kommission, Gesamtkonzept für den Datenschutz in der Europäischen Union, KOM (2010) 609 endg., S. 14.

1257 Roßnagel in Roßnagel, Handbuch Datenschutzrecht, Kap. 3.6, Rn. 53; vgl. auch Enquete-Kommission Internet und digitale Gesellschaft, Fn. 6, S. 74 f.; Beschluss des Düsseldorfer Kreises vom 08.12.2011, Datenschutz in sozialen Netzwerken, S. 1.

und so deren Inhalt in eine für sie angemessene Richtung lenken.[1258] Die Politik darf die Selbstregulierung und Selbstverpflichtungserklärungen daher nicht zum Anlass nehmen, um sich ihrer Verantwortung in diesem Bereich zu entledigen.[1259] Der Versuch, ein Substitut der gesetzlichen Regelungen zum Datenschutz durch eine Selbstregulierung zu schaffen, sollte daher nicht das Ziel sein.[1260]

Die Idee und die Möglichkeit der Selbstregulierung ist bereits jetzt im deutschen Datenschutzrecht (§ 38a BDSG) enthalten. Dort jedoch nur in der Form der Einbeziehung und Überprüfung der entwickelten Verhaltensregeln durch die zuständigen Aufsichtsbehörden. Gerade in dem hier untersuchten Bereich der Anbieter sozialer Netzwerke erscheint es jedoch eher unwahrscheinlich, dass sich vor allem ausländische Anbieter, die sich auf den Standpunkt stellen, nicht an deutsches Datenschutzrecht gebunden zu sein, einer Selbstregulierung oder Selbstverpflichtung unterwerfen wollen, welche durch deutsche Datenschutzbehörden auf ihre gesetzliche Konformität überprüft wird. Denn damit würde sich für die ausländischen Anbieter, zumindest über die Einhaltung der selbstauferlegten Verhaltensregeln, eine mittelbare Bindung etwa an deutsches Datenschutzrecht bzw. das deutsche Datenschutzniveau ergeben.

6.4.1 Safer Social Networking Prinicples for the EU

Auf europäischer Ebene bestehen bereits die *Safer Social Networking Principles for the EU.*[1261] In diesen, von verschiedenen internationalen Anbietern sozialer Netzwerke im Internet erarbeiteten und unterzeichneten Empfehlungen, werden die besten Methoden zum Schutz von Kindern und jungen Personen in den sozialen Netzwerken festgelegt. Diese Prinzipien sollen den Anbietern helfen, die Möglichkeit potentieller Risiken für Kinder und Jugendliche zu minimieren.[1262] Während die 7 Hauptprinzipien von allen Unterzeichnern selbstverpflichtend umgesetzt werden, liegt es jedoch an jedem einzelnen Netzwerkbetreiber für

1258 Roßnagel in Roßnagel, Handbuch Datenschutzrecht, Kap. 3.6, Rn. 62.

1259 Kritisch auch der Bundesbeauftragte für den Datenschutz, Peter Schaar, http://heise.de/-1384878 (zuletzt abgerufen am 01.12.2012).

1260 Roßnagel in Roßnagel, Handbuch Datenschutzrecht, Kap. 3.6, Rn. 108.

1261 Safer Social Networking Principles for the EU, abrufbar unter http://ec.europa.eu/information_society/activities/social_networking/docs/sn_principles.pdf (zuletzt abgerufen am 01.12.2012).

1262 AaO. Fn. 1261, S. 1.

sich zu entscheiden, wo und inwieweit sie die spezifischen Empfehlungen anwenden werden.[1263] Die Prinzipien sind rechtlich nicht bindend.[1264] Es werden verschiedene Empfehlungen gegeben, wie die gefährdeten Zielgruppen zu schützen bzw. zu behandeln sind. So soll das Sicherheitsbewusstsein gestärkt und altersgerechte Nutzungsbedingungen verwendet werden (Principle 1), den Nutzern Möglichkeiten an die Hand gegeben werden, den ungewollten Kontakt zwischen Erwachsenen und Kindern zu verhindern, sowie die Profil- bzw. Privatsphäreeinstellungen anpassen zu können (Principle 3) oder auch Verstöße melden zu können (Principle 4), worauf die Anbieter angemessen reagieren sollten (Principle 5).

Die *Safer Social Networking Principles* sind sicher ein erster Schritt in die richtige Richtung. Auffallend ist jedoch, dass diese nur auf das jüngere Mitgliederpublikum abzielen. Es sollte in Zukunft nicht nur ein, wenn auch besonders schützenswerter, Teil der Mitglieder einbezogen werden, sondern es sollten Selbstverpflichtungen in Bezug auf den Schutz aller Nutzer in sozialen Netzwerken entwickelt werden. Denn die Gefahren für das Persönlichkeitsrecht und die Daten der Nutzer kennen keine Altersgrenzen.

6.4.2 Deutschland

Seit 2009 besteht in Deutschland eine Selbstverpflichtungserklärung der deutschen Betreiber sozialer Netzwerke im Internet, welche unter dem Dach der *Freiwilligen Selbstkontrolle Multimedia-Diensteanbieter (FSM)* entstand.[1265] Dieser Kodex soll vor allem den Jugendschutz, den Datenschutz und den Verbraucherschutz in den deutschen Angeboten deutlich verbessern. Weiter wird nun von der deutschen Politik die Idee eines allgemeinen Kodex für soziale Netzwerke vorangetrieben, dem in Deutschland erstmals auch *Facebook* beitreten möchte.[1266] Auch dieser Kodex wird unter der Federführung der *FSM* entwi-

1263 AaO, Fn. 1261, S. 1.

1264 AaO, Fn. 1261, S. 1.

1265 Abrufbar unter http://www.fsm.de/inhalt.doc/VK_Social_Networks.pdf (zuletzt abgerufen am 01.12.2012).

1266 Pressemitteilung des Bundesinnenministeriums vom 02.11.2011, abrufbar unter http://bmi.bund.de/SharedDocs/Pressemitteilungen/DE/2011/11/kodex_sozialenetzwerke.html (zuletzt abgerufen am 01.12.2012).

ckelt und koordiniert.[1267] Die Idee einer solchen Selbstverpflichtung ist sicherlich begrüßenswert.[1268] Jedoch hat es den Anschein, als ob die Politik versucht, sich dabei ihrer Verantwortung in Bezug auf die Novellierung bestehender datenschutzrechtlicher Regelungen, so weit wie möglich zu entziehen. Dies wird auch deutlich, wenn in der Pressemitteilung davon gesprochen wird, dass das Bundesinnenministerium im Bereich der Netzpolitik verstärkt auf eine Selbstregulierung der betreffenden Branchen setzt.[1269] Zwar werden dabei flankierende gesetzliche Schritte nicht ausgeschlossen.[1270] Jedoch darf bezweifelt werden, ob die Probleme, vor allem im Zusammenhang mit sozialen Netzwerken im Internet, alleine bzw. größtenteils durch eine Selbstregulierung oder Selbstverpflichtung zu bewältigen sind.

So fragt es sich schon, welche Standards an diesen neuen Kodex angelegt werden sollen? Etwa die relativ hohen Standards der deutschen Betreiber, die sich schon selbst verpflichtet haben[1271] bzw. daneben an das deutsche Datenschutzrecht gebunden sind. Oder müssen die Anforderungen doch heruntergeschraubt werden, um ausländische Anbieter, wie eben *Facebook*, mit ins Boot nehmen zu können.[1272] Das *Facebook* wohl nicht davon ausgeht, größere Verbesserungen am eigene System vorzunehmen bzw. sich höheren Standards verpflichten möchte als den jetzt bereits erfüllten, kann man aus der Stellungnahme des europäischen Vertreters der *Facebook*-Politik in Europa entnehmen, wenn er davon ausgeht, dass *Facebook* den Menschen bereits jetzt die Kontrolle über den Umgang mit ihren persönlichen Daten ermöglicht.[1273] Dass dieser Aussage so nicht zugestimmt werden kann, wurde oben dargelegt. Zudem werden auf der anderen Seite deutsche Anbieter kein Interesse daran haben sich einer Selbstverpflichtung anzuschließen, die unter ihre jetzigen Standards, ja eventuell sogar

1267 Zu dem derzeitigen Stand und den Schwierigkeiten, vgl. etwa die Meldung auf Heise-Online, abrufbar unter http://heise.de/-1517347 (zuletzt abgerufen am 01.12.2012).

1268 Beschluss des Düsseldorfer Kreises vom 08.12.2011, Datenschutz in sozialen Netzwerken, S. 1.

1269 AaO. Fn. 1266.

1270 AaO. Fn. 1266.

1271 AaO. Fn. 1265.

1272 Zu den möglichen Anforderungen an eine solche Selbstverpflichtung vgl. auch: Gemeinsame Presseerklärung der Landesbeauftragten für Datenschutz und Informationsfreiheit in Berlin und Nordrhein-Westfalen, Verhaltenskodex für soziale Netzwerke nur mit den Aufsichtsbehörden, S. 1 f.

1273 Richard Allan, Director European Public Policy bei Facebook, Pressemitteilung des Bundesinnenministeriums vom 08.09.2011, abrufbar unter http://bmi.bund.de/SharedDocs/Pressemitteilungen/DE/2011/09/facebook.html?nn=109632 (zuletzt abgerufen am 01.12.2012).

unter die gesetzlich vorgeschriebenen Standards des Datenschutzrechts, absinkt.[1274] Denn welchen Sinn könnte eine solche Verpflichtung haben? Zumindest keinen, der einen besseren Schutz der Nutzer zur Folge hätte. Man sollte sich daher davor hüten, die Unterzeichnung von Selbstverpflichtungen allein aus dem Grund vorantreiben zu wollen, um den Betroffenen einen Schutz ihrer Daten zu suggerieren, der auf gesetzlicher Ebene sowieso einzuhalten ist.[1275] Die Selbstverpflichtung der sozialen Netzwerke darf nicht zur bloßen Augenwischerei oder politischen Profilierung (nach dem Motto: „Wir sind diejenigen, die es geschafft haben, *Facebook* in eine Selbstverpflichtung zu zwingen") eingesetzt werden.

Als mögliches Modell könnte man eventuell auch eine regulierte Selbstregulierung der Betreiber sozialer Netzwerke in Deutschland in Betracht ziehen, wie es im Jugendmedienschutz durchgeführt wird, bei dem der Staat die gesetzlichen Rahmenbedingungen schafft, innerhalb derer die Wirtschaft in einer Selbstkontrolle die Einhaltung der aufgestellten Regeln überwacht.[1276] Jedoch gibt es zwischen dem Jugendmedienschutz und dem Datenschutz einen wichtigen Unterscheid. Ob jugendgefährdende Medien, also potentiell entwicklungsbeeinträchtigende Angebote, vorliegen, ist vor allem eine Wertungsfrage innerhalb eines Beurteilungsspielraums, der durch sach- und fachkundige Personen ausgefüllt wird. Eine gesetzliche Vorgabe existiert hier nicht. Im Datenschutz gibt es solche Beurteilungsspielräume jedoch nicht. Die Datenverarbeitung ist entweder rechtmäßig oder sie ist es nicht. Zwar gibt es auch dort Tatbestände, in denen eine Abwägung sich gegenüberstehender Interessen vorzunehmen ist und auch unterschiedliche Ergebnisse erzielt werden können. Dies ist jedoch kein gesetzlich eingeräumter Beurteilungsspielraum, der durch fach- und sachkundige Personen, unabhängig von gesetzlichen Vorgaben, auszufüllen ist. Vielmehr handelt es sich dabei um rechtlich geschützte Interessen (etwa die Grundrechte Dritter). Das Datenschutzrecht zeichnet sich gerade durch die bestehende Grundrechtsrelevanz durch eine wenn man so will „Übernormierung" aus. Die Situation stellt sich damit anders dar, als bei der Beurteilung jugendgefährdender Filme oder Musik und deren Einfluss auf Kinder und Jugendliche. Die Idee einer

---

1274 „Einhaltung des geltenden Datenschutzrechts fördern", Gemeinsame Presseerklärung der Landesbeauftragten für Datenschutz und Informationsfreiheit in Berlin und Nordrhein-Westfalen, Verhaltenskodex für soziale Netzwerke nur mit den Aufsichtsbehörden, S. 1.

1275 Gemeinsame Presseerklärung der Landesbeauftragten für Datenschutz und Informationsfreiheit in Berlin und Nordrhein-Westfalen, Verhaltenskodex für soziale Netzwerke nur mit den Aufsichtsbehörden, S. 1.

1276 Vgl. etwa Roßnagel in Roßnagel, Handbuch Datenschutzrecht, Kap. 3.6, Rn. 68 ff.

regulierten Selbstregulierung im Bereich des Datenschutzrechts für soziale Netzwerke in Deutschland sollte daher nicht aufgegriffen werden.[1277]

Fast schon mangelndes Problembewusstsein lässt sich bei der Aussage in der Pressemitteilung des Bundesinnenministeriums erkennen, wenn davon ausgegangen wird, dass mit der grundsätzlichen Bereitschaft *Facebooks*, sich Selbstverpflichtungen anzuschließen und diese weiter auszubauen, die Diskussion, inwieweit deutsches Datenschutz- und Telemedienrecht für *Facebook* anwendbar ist, deutlich entschärft wird.[1278] Denn die Anwendbarkeit deutschen Rechts auf international tätige Anbieter von Internetangeboten, u. a. sozialen Netzwerken, ist mit der Erarbeitung einer Selbstverpflichtung nicht beantwortet. Zwar unterwerfen sich die Anbieter ihrer Selbstverpflichtungserklärung. Jedoch heißt dies nicht, dass auch definitiv in rechtlichen Streitigkeiten deutsches Recht auf sie anwendbar ist. Der Kodex wird zudem kaum verbindliche Sanktionen enthalten, die bei einem Verstoß gegen die in ihm aufgestellten Regeln anzuwenden sind und sollte dies doch so sein, so fragt es sich, wie ein Verstoß und dessen Folgen geahndet und durchgesetzt werden sollen. Welche Stelle ist dafür verantwortlich? Welche Mittel stehen ihr zur Verfügung? Die Möglichkeit eines rechtlichen effektiven Vorgehens bei Verstößen gegen das Datenschutzrecht oder Persönlichkeitsrechte der Nutzer ist jedoch entscheidend für einen zukünftigen wirksamen Schutz.[1279] Es muss gesetzlich, über der Ebene einer freiwillig eingegangenen und von den Akteuren selbst mit erarbeiteten Selbstverpflichtung, festgeschrieben werden, auf welche Betroffenen welches Recht anwendbar ist. Selbstverpflichtungserklärungen sind daher nur ein Bein auf dem der zukünftige Schutz der Persönlichkeit im Internet stehen muss.[1280]

1277 Krit. auch Spindler, Persönlichkeitsschutz im Internet, S. F 103 f.; vgl. auch Enquete-Kommission Internet und digitale Gesellschaft, Fn. 6, S. 75 f.

1278 Pressemitteilung des Bundesinnenministeriums vom 08.09.2011, abrufbar unter http://bmi.bund.de/SharedDocs/Pressemitteilungen/DE/2011/09/facebook.html?nn=10 9632 (zuletzt abgerufen am 01.12.2012).

1279 Gemeinsame Presseerklärung der Landesbeauftragten für Datenschutz und Informationsfreiheit in Berlin und Nordrhein-Westfalen, Verhaltenskodex für soziale Netzwerke nur mit den Aufsichtsbehörden, S. 1.

1280 Auch in anderen Ländern findet die Idee der Selbstregulierung für verschiedene Bereiche des Internets immer mehr Anerkennung. So veröffentlichte im Februar 2012 das Weiße Haus in Washington einen Entwurf zur Verbesserung des Schutzes der Nutzerdaten im Internet, überschrieben mit „Consumer Data Privacy in a Networked World" (abrufbar unter http://www.whitehouse.gov/-sites/default/files/privacy-final.pdf, zuletzt abgerufen am 01.12.2012) in dem sich auch die sog. Consumer Bill of Rights befindet. In ihr werden verschiedene Prinzipien und Regelungen aufgestellt, die dem

Schutz der Nutzerdaten im Internet dienen sollen. Diesen Prinzipien sollen Unternehmen im Rahmen von Selbstverpflichtungen beitreten und bei Verstößen sollen diese durch die FTC (in den USA die oberste Verbraucherschutzbehörde) geahndet und durchgesetzt werden können; vgl. etwa Spies, ZD-Aktuell 2012, 02788.

7 Ergebnis

Die vorstehende Untersuchung sollte zeigen, dass im Bereich des Schutzes der Persönlichkeitsrechte von Nutzern von Internetdiensten wichtige und richtige Schritte auf dem Weg sind. Ebenso gilt es jedoch zu konstatieren, dass weitere Verbesserungen, sowohl im rechtlichen als auch im gesellschaftlichen Bereich folgen müssen, um die Voraussetzungen dafür zu schaffen, dass Nutzer selbstbestimmt die Vorteile gerade von Phänomenen, wie sozialen Netzwerken, nutzen können, ohne Gefahr zu laufen, ihre Daten und andere Teile ihrer Persönlichkeit ungewollt zu veräußern und zu veröffentlichen. Denn ist diese Grenze im Internet erst einmal überschritten, bringen die meisten Gegenmaßnahmen keinen Erfolg mehr, die schädlichen Folgen zu beseitigen. Wichtig erscheint es für alle Beteiligten flexibel und anpassungsfähig zu bleiben, wie es auch das Internet und die dort angebotenen Dienste selbst sind. Ohne die Beteiligung und aktive Einbeziehung sowohl der Betroffenen, als auch der wirtschaftlichen Akteure und der Politik, wird sich ansonsten ein Missverhältnis entwickeln, welches mit fortschreitender Zeit, ohne effektive Gegenmaßnahmen, immer schwieriger zu beheben sein wird.

Schriften zum Wirtschafts- und Medienrecht, Steuerrecht und Zivilprozeßrecht

Herausgegeben von Jürgen Costede und Gerald Spindler

Die Buchreihe geht aus Dissertationsschriften hervor, die an der Juristischen Fakultät der Georg-August-Universität zu aktuellen Problemkreisen aus den renommierten Rechtsgebieten des Wirtschafts- sowie Medienrechts, aber auch des Steuer- und Zivilprozessrechts angenommen wurden. Das Wirtschaftsrecht ist breit vertreten mit Schwerpunkten im Gesellschafts- und Kapitalmarktrecht unter Einbeziehung des Kernstücks des Börsenrechts, aber auch der grundlegenden Fragen des Europarechts. Das Medienrecht hingegen umfasst das Urheberrecht, wesentliche Aspekte des gewerblichen Rechtsschutzes sowie das durch den enormen Stellenwert des Internets immer mehr an wirtschaftlicher Bedeutung gewinnende E-Commerce-Recht. Ein besonderer thematischer Schwerpunkt liegt dabei auf den rechtsvergleichenden Ansätzen, die in der heutigen Zeit auf Grund der Harmonisierung des Rechts auf europäischer und internationaler Ebene immer mehr an Bedeutung gewinnen und als *école de vérité* den Vorrat an rechtlichen Lösungsmöglichkeiten erweitern und bereichern. Die Rechtsvergleichung beschränkt sich dabei in der Regel nicht auf das sonst häufig beliebte deutsch-amerikanische Verhältnis, sondern bezieht auch andere europäische Länder mit ein. Die Reihe zeichnet sich durch ein hohes Maß an Aktualität aus, indem häufig hervorstechende Themen der rechtswissenschaftlichen Diskussion aufgegriffen werden. Aber auch grundlegende Arbeiten etwa zur Umsetzung von EU-Richtlinien in das deutsche Recht fehlen nicht in der Schriftenreihe.

Band 1 Reiner Fu: Die stille Gesellschaft im internationalen Steuerrecht aus deutscher Sicht. 1997.

Band 2 Kirsten Forsblad: Restschuldbefreiung und Verbraucherinsolvenz im künftigen deutschen Insolvenzrecht. 1997.

Band 3 Vassilios Tountopoulos: Die Reichweite der registerrechtlichen Gründungsprüfung einer AG. Eine Untersuchung unter rechtsvergleichendem Aspekt. 1998.

Band 4 Franc Pfahl: Die Maßgeblichkeit der Handelsbilanz, ein dem Steuerbilanzrecht vorgegebenes Grundprinzip? Von der Notwendigkeit einer steuerrechtlichen Begründung der durch § 5 Abs. 1 EStG in das Steuerrecht übernommenen handelsrechtlichen Vorschriften der Gewinnermittlung. 1999.

Band 5 Michael Schröder: Die Wertpapierhandelsaufsicht nach dem Zweiten Finanzmarktförderungsgesetz. 1998.

Band 6 Daniela Hasche: Die Sachgründung der GmbH. 1999.

Band 7 Oliver Wendt: Die rechtliche Problematik von Strahlenschäden. Rechtliche und rechtstatsächliche Aspekte der Haftung für Strahlenschäden unter Einbeziehung der Vorfälle in der strahlentherapeutischen Abteilung des Universitäts-Krankenhauses Eppendorf. 2000.

Band 8 Susanne Matussek: Zum Werbungskostenbegriff im Einkommensteuerrecht. 2000.

Band 9 Klaas Ziervogel: Rufausbeutung im Rahmen vergleichender Werbung. Veränderungen im Zuge der gesetzlichen Regelung vergleichender Werbung. 2002.

Band 10 Sven Wortberg: Lösungsklauseln und Insolvenz. 2003.

Band 11 Eva Ullrich: Die Zurechnung von Buchgutschriften. Zufluß und Leistungsfähigkeit im Einkommensteuerrecht. 2004.

Band 12 Carmen Werner: Einkommensteuerrechtliche Zurechnungen bei mittelbaren Beteiligungen an Personengesellschaften. 2003.

Band 13 Ulf Andreas Nissen: Die Online-Videokonferenz im Zivilprozess. 2004.

Band 14 Oliver Wiegmann: Grund, Grenzen und Wirkungsweise des § 105 InsO. 2004.

Band 15 Holger Seidler: Eigene Aktien. Eine Analyse des Aktien-, Handelsbilanz- und Kapitalmarktrechts zur Ermittlung von Deregulierungspotential und Regulierungsbedarf. 2004.

Band 16 Stefan Eck: Providerhaftung von Konzernunternehmen. Rechtliche Zusammenschau von Konzernunternehmen bei der Verbreitung rechtsverletzender Informationen im Internet. 2004.

Band 17 Frauke Fasold: Die einkommensteuerliche Problematik der Buchwertfortführung. Übertragung stiller Reserven und Gewinnrealisierung im Einkommensteuerrecht. 2005.

Band 18 Thomas Linke: Selbstregulierte Streitlösung für deutsche Domains. 2005.

Band 19 Malte Abel: Pfändungsschutz nach § 851 ZPO. Speziell die Pfändung zweckgebundener Forderungen. 2005.

Band 20 Harriet Eidam: Typische Risiken des elektronischen Rechtsgeschäftsverkehrs. 2005.

Band 21 Katharina Schmitz: Haftung für Links. Zur Verantwortlichkeit des Hyperlinksetzers und Suchmaschinenbetreibers unter besonderer Berücksichtigung von Verkehrs- und Garantenpflichten. 2006.

Band 22 Thomas Miserre: Rundfunk-, Multimedia- und Telekommunikationsrecht. Abgrenzung der Anwendungsbereiche von Art. 5 I 2 GG, Rundfunkstaatsvertrag, Teledienstegesetz, Mediendienstestaatsvertrag und Telekommunikationsgesetz. 2006.

Band 23 Mona Bandehzadeh: Jugendschutz im Rundfunk und in den Telemedien. Eine Würdigung des Staatsvertrages über den Schutz der Menschenwürde und den Jugendschutz in Rundfunk und Telemedien unter verfassungsrechtlichen Aspekten. 2007.

Band 24 Judith Volkmann: Mediation im Zivilprozess. Rechtliche Rahmenbedingungen für ein gerichtsinternes Mediationsangebot. 2006.

Band 25 Tino Grattenthaler: Die Vergütung von Vorstandsmitgliedern in Aktiengesellschaften. Eine grundlegende Betrachtung mit ausgesuchten Schwerpunkten aus rechtswissenschaftlicher Sicht. 2007.

Band 26 Till Dunckel: Online-Auktionen und Wettbewerbsrecht. 2007.

Band 27 Lena Katharina Landsmann: Die stille Gesellschaft in der Insolvenz. 2007.

Band 28 Jan Riebeling: Der Einsatz von Informations- und Kommunikationstechnologie im Insolvenzverfahren. 2007.

Band 29 Daniela Stiegel: Aktienoptionen als Vergütungselement aus arbeitsrechtlicher Sicht. Eine Vergütungsform an der Schnittstelle von Arbeits- und Gesellschaftsrecht. 2007.

Band 30 Jia Li: Nutzungen und Nutzungsrechte im Einkommensteuerrecht. 2007.

Band 31 Olaf Koglin: Opensourcerecht. Die urheber- und schuldrechtlichen Beziehungen zwischen Lizenzgeber und Lizenznehmer bei Open Source Software am Beispiel der General Public License (GPL). 2007.

Band 32 Katharina Padberg: Die Bedeutung des Börsenkurses für die Höhe von Barabfindungen. 2008.

Band 33 Karl Friedrich Balz: No-Shop-Vereinbarungen nach amerikanischem und deutschem Recht. 2008.

Band 34 Sascha Teichert: Die Besteuerung in- und ausländischer Investmentfonds nach dem Investmentsteuergesetz. Unter besonderer Beachtung der steuerrechtlichen Behandlung der Veräußerungs- bzw. Rückgabegewinne i.S. des § 8 InvStG sowie des Sondervermögens mit zusätzlichen Risiken (Hedgefonds) i.S. der §§ 112 ff. InvG. 2009.

Band 35 Stefan Zimmermann: E-Commerce, Verbraucherschutz und die Entwicklung Intelligenter Agenten. 2008.

Band 36 Zhe Huang: Zur Lehre von der Geschäftsgrundlage nach altem und neuem Recht. 2009.

Band 37 Torben Speier: Insiderhandel und Ad-hoc-Publizität nach Anlegerschutzverbesserungsgesetz. Rechtliche Grundlagen und ausgewählte Fragen in einem veränderten kapitalmarktrechtlichen Gewand. 2009.

Band 38 Stefan Rieger: Eigenkapitalersatz in mehrstufigen und mehrfachen Beteiligungsverhältnissen. Ein Beitrag zu den Grundlagen und Grenzen des Eigenkapitalersatzgedankens. 2009.

Band 39 Arnaud Lionel Ngassa Djomo: Die Corporate Governance aus Sicht der Rechtsvergleichung zwischen Deutschland und Kamerun. 2009.

Band 40 Matthias Lack: Rechtsfragen des individuellen Auskunftsrechts des Aktionärs nach dem Gesetz zur Unternehmensintegrität und Modernisierung des Anfechtungsrechts. 2009.

Band 41 Kirsa Steinke: Die Übertragbarkeit der *Keck*-Rechtsprechung des EuGH auf die Niederlassungsfreiheit. 2009.

Band 42 Frauke von Lücken: Parteifähigkeit der Gesellschaft bürgerlichen Rechts und Parteibegriff im Zivilprozessrecht. 2009.

Band 43 Katrin Kepper: Die mitbestimmende monistische SE deutschen Rechts. Eine Untersuchung der Kompatibilität der deutschen Mitbestimmung und der monistischen Führungsorganisation am Beispiel der Europäischen Aktiengesellschaft (SE). 2010.

Band 44 Marc Philipp Weber: Die Umsetzung der Enforcement-Richtlinie ins deutsche Recht. Unter besonderer Berücksichtigung der Umsetzung des Art. 7 RL. 2010.

Band 45 Xinmiao Yu: Substitution des Antidumpingrechts durch extraterritoriale Anwendung des EG-Wettbewerbsrechts. 2010.

Band 46 Parastu Bahramsari: Zur persönlichen Zuordnung von Betriebsausgaben und Werbungskosten im Einkommensteuerrecht. Drittaufwand und verwandte Erscheinungen. 2011.

Band 47 Henning Dehnert: Der deliktische Erfolgsort bei reinen Vermögensschäden und Persönlichkeitsrechtsverletzungen. Eine Untersuchung des europäischen und deutschen internationalen Zivilverfahrensrechtes und des internationalen Privatrechtes. 2011.

Band 48 Christian Conreder: Verfassungsrechtlicher Schutz von Aktionärsrechten. 2011.

Band 49 Jörn Heckmann: Die retrospektive Digitalisierung von Printpublikationen. 2011.

Band 50 Andreas Lönner: Die *actio pro socio* im Recht der Kapital- und Personengesellschaften. Eine rechtsformübergreifende Untersuchung unter besonderer Berücksichtigung des aktienrechtlichen Klagezulassungsverfahrens. 2011.

Band 51 Thomas Müller: Rechtsnatur und Wirkung so genannter „atypischer Beherrschungsverträge". 2012.

Band 52 Alexander Fritzsche: Anlegerschutz bei Zertifikaten. Der Rechtsrahmen bei Emission, Vertrieb und Handel von Zertifikaten im Spiegel anlegergerechter Regulierung. 2012.

Band 53 Carlo Piltz: Soziale Netzwerke im Internet - Eine Gefahr für das Persönlichkeitsrecht? 2013.

www.peterlang.de

www.ingramcontent.com/pod-product-compliance
Ingram Content Group UK Ltd.
Pitfield, Milton Keynes, MK11 3LW, UK
UKHW022105051026
15623UKWH00003B/683

9 783631 627358